U0299232

财富跨世代

家族财富的管理与传承

Cross-Generational Wealth
Management and Inheritance of Family Wealth

尚祖安 于永超 季亨卡　　　著

清华大学出版社

北京

图书在版编目（CIP）数据

财富跨世代：家族财富的管理与传承 / 尚祖安，于永超，季亨卡著 . —北京：清华大学出版社，2023.6

ISBN 978-7-302-63536-9

Ⅰ . ①财…　　Ⅱ . ①尚…　②于…　③季…　　Ⅲ . ①家族－私营企业－企业管理－研究　　Ⅳ . ① F276.5

中国国家版本馆 CIP 数据核字 (2023) 第 087064 号

责任编辑：顾　强
封面设计：周　洋
版式设计：方加青
责任校对：王荣静
责任印制：杨　艳

出版发行：清华大学出版社
　　　　　网　　　址：http://www.tup.com.cn，http://www.wqbook.com
　　　　　地　　　址：北京清华大学学研大厦 A 座　　　　　邮　　编：100084
　　　　　社 总 机：010-83470000　　　　　　　　　　邮　　购：010-62786544
　　　　　投稿与读者服务：010-62776969，c-service@tup.tsinghua.edu.cn
　　　　　质 量 反 馈：010-62772015，zhiliang@tup.tsinghua.edu.cn
印 装 者：三河市东方印刷有限公司
经　　　销：全国新华书店
开　　　本：170mm×230mm　　　印　　张：21.75　　　字　　数：375 千字
版　　　次：2023 年 7 月第 1 版　　　印　　次：2023 年 7 月第 1 次印刷
定　　　价：138.00 元

产品编号：094521-01

推荐序

祖安送来他与于永超律师、季亨卡律师共同完成的新书，希望我来作序。我知他在财富管理行业从业超过 25 年，对财富管理一直有着独到的见解。

在我国的高净值及超高净值群体当中，企业主占比高达 60% ～ 70%。而企业主群体又是一个多重身份的群体，他们是企业的经营者，是财富的创造者，是社会责任的承担者，同时还在很大程度上是一个家庭经济与生活的主要支撑者。这种多重的身份与责任，必然导致这一群体会将更多的精力和关注点放在企业及财富的创造之上。然而，财富的管理对高净值人群，尤其是企业主群体来说，更是显得重要。因为他们所创造财富的安全性、合法性，以及未来的财富传承，不但会影响到自身财富的持久，还会关乎企业的命运与社会的稳定。

另外，在新时代背景下，我们也会看到新的财富格局，即"财富货币化、资产证券化、金融杠杆化、社会城市化"。由此所带来的是社会财富形态的多样化，以及高净值人群家庭财富大比例的脱实向虚，手中 70% 是虚拟化财富，是通过交易创造的财富。勤劳是创造财富的基础，而交易则成了创造财富的主要手段，这也为我们带来了全新的财富管理格局、机会与挑战。

与此同时，虽然在财富管理行业中，把"财富"一词定义为"精神财富与物质财富的集合"并不新鲜，但难得的是这本书将财富的意义与价值转化为"身体健康、内心通达、家人和睦、资产充裕、人际通融"，并以此为核心去倡导与提供有高度、有深度、有广度、有温度的多维财富管理服务，这使得财富管理变得更加鲜活与务实。

这本书对财富管理体系化构建的理念也很重要——"企业财产合规化、合规财产私有化、私有财产系统化、系统财产传承化"，这正是企业主财富管理与传承的重中之重。没有顶层设计的财富管理是散乱、无序的，且很难一以贯之地去执行。所以，书中的财富理念、财富知识、财富技术、财富提示，都是值得读者去仔细品味与参考的。

　　财富的意义即在于服务它的创造者，更在于服务社会与大众。高质量的财富管理与财富管理教育，才能打造高质量的财富，才能使财富真正做到取之于民，用之于民，才能使个人财富、家庭财富、企业财富、社会财富发挥更大的效能。这也是财富管理的意义所在。

李吉平

国家开发银行总行原副行长

序言　关于财富管理的一点思考

一、怎么看待一本财富管理书

我在 2021 年初收到清华大学出版社的邀约，希望我可以写一本关于财富管理方面的书。事实上，于此之前的若干年中也曾有一些出版社与我沟通过此事。虽然我在 1997 年就进入了金融行业，曾经受邀写书时也有十几年的从业经历，但那时一来业务繁忙无心顾及，二来认为写书至少应该是人到不惑之年以后的事，总觉得未曾经历更多，何来写书的资本。更主要的是，当时中国的财富管理市场还处于新兴、混乱、探索的阶段，实在不愿也不敢多做妄言与定义。时至今日，中国式财富管理百花齐艳，不同属性的机构也逐渐摸索出既契合市场，又拥有自身特色的财富管理服务模式。与此同时，中国富裕人群的数量与财富量级逐年递增，法律法规以及监管日趋规范，这无疑为财富管理业务提供了有利的发展土壤。

中国财富管理行业的三个阶段

我以为，到目前为止，中国的财富管理行业可以分为三个阶段，这也是财富管理市场从无到有再到发展的三个阶段，更是我作为一个从业者以及见证者对财富管理认知的三个阶段：从无财可理、方式单一阶段，到财富管理与资产管理概念的混淆阶段，再到今天逐渐结合国内外的实践经验重新定义财富管理，同时也被称为泛财富管理时代。

首先是 2002 年以前，公众的财富积累逐渐从无到有，发展过程处于无财可理或方式单一的阶段。彼时大众基本没有理财的概念，更多的是缺乏规划性地选择储蓄、国债、保险、股票等。

其次是 2002—2012 年，公募基金被明确法律地位，私募基金业绩逐步凸显，资产管理和财富管理概念模糊，行业中的各类机构服务质量参差不齐，外资私人银行一度成为国内财富管理行业效仿的对象。

接下来就是 2012 年至今。其间，财富管理行业的监管与业态都发生了巨大的变化。例如，中国证券投资基金业协会（以下简称"中基协"）的成立，标志着私募基金行业开启了在监管下规范发展的新阶段。继而，2014 年中基协发布了《私募投资基金管理人登记和基金备案办法（试行）》，开始实施私募基金管理人登记和基金备案制度。另外，由中国人民银行、中国银行保险监督管理委员会、中国证券监督管理委员会、国家外汇管理局于 2018 年联合印发的，规范金融机构资产管理业务的政策法规《关于规范金融机构资产管理业务的指导意见》（以下简称"资管新规"）也在 2021 年 12 月 31 日结束了"过渡期"，市场打破刚性兑付的共识渐渐形成。在这个阶段，富裕人群对专业化长期资产管理、法律、税务、健康、传承等多元化财富管理服务的需求和认知明显日趋增强。一些第三方财富管理机构逐步具备规模，且开始从依赖产品代销向全方位资产配置转型。

当下，对于财富管理相关机构和从业者而言，如何推动行业"高质量"发展，解决财富增长快、投资渠道少、提高机构风险辨识力、满足个性化需求，这些问题开始考验着行业的智慧，也意味着行业开始被新的市场发展阶段以及富裕人群产生的新需求重新定义。

在经历这三个阶段的过程中，我也曾读到过很多市场中的财富管理类图书，发现分为几类：一类作者是来自海外的从业者，自身具有所在市场的发展经历及专业理论与实操经验。有的书中阐述了家族办公室的运营与管理，有的主要讨论资产配置的逻辑与运用，还有些是关于保险或海外家族信托的规划实务，不同的领域视角不尽相同。而国内的作者也是来自各个领域的专业人士或学者。律师主要写财富管理中法律风险的识别、防范与法律架构的搭建或家族文化的传承。资产管理方面的专业人士主要着重资产配置的理论及作用。而来自第三方机构及保险、银行、信托、证券、基金、衍生品等行业的从业者亦会从自身销售产品的角度讨论产品特性、需求分析与销售方法。也有学者从走访企业家或收集家族传承案例心得的角度来总结创富、守富、传富的经验。但很少有一本书可以从多个视角，集法律、税务、资产配置、案例分析、文化与传承、境内和境外这些元素去构建一个整体的财富管理体系。当然，术业有专攻，每个作者不可能涉及与精通所有的专业领域，同时当下又是一个多元化财富管理需求的时代，实在难以面面俱到。

写作方面的分工

基于以上方面的思考，我决定邀请未名律师事务所创始合伙人于永超律师，中伦律师事务所北京办公室合伙人季亨卡律师，与我共同完成这本书的创作。于永超律师与季亨卡律师都是法律界及财富管理领域非常专业且优秀的律师，他们在境内企业股权结构设计、境内外信托架构搭建、企业及个人税务合规、大额保单设计、家族办公室的搭建与运营等方面具有丰富的经验，同时更有着来自家族财富委托人方面的良好口碑。在共同完成这本书的过程中，我主要负责整体架构的确立与梳理、财富管理的相关定义、财富管理问题的分析、企业大股东减持变现，以及资产配置等方面的内容。于永超律师主要负责企业主家企风险分析、家族/家庭风险分析、风险隔离建议与解决方案等模块。季亨卡律师主要负责国际税务分析与筹划、传承工具分析、全球身份规划问题分析、家族慈善基金的运营管理、家族宪章等。同时，我们也共同协作完成了保险规划、家族信托规划与传承、艺术品的投资与传承、家族文化传承以及家族办公室等章节。

更重要的是，共同完成这样一本书，虽不能面面顾全，但我们一致认为一本财富管理书应该具有如下特点：

● 它应该是一本实用工具书。它可以帮助读者了解资产配置、财富安全、财富传承等重要内容，以及了解如何建立有效的法律架构。它需要具备实用价值。

● 它应该是一本财富底层逻辑书。它可以帮助读者揭示财富表象与本质的逻辑关系，消弭财富认知的盲区，纠正偏见与傲慢，让财富回归理性。

● 它应该是一本财富哲学书。它可以探究财富的时空及人文规律，让财富回归幸福，闪耀人性的光辉。

● 它应该是一本人生艺术书。财富管理应该成为每个人的终身职业，也是一堂人生修为课，读者可以通过这样一本书了解到财富管理不同维度的思考与行为，提供一个不同的财富人生视角。

当然，大作家托尔斯泰说过："多伟大的作家，也不过就是在书写他个人的片面而已。"所以，作为一名从业超过25年的从业者，我当然不会认为这样一本书能代表全面或准则，但我们希望本书不仅可以使读者了解和学习到某些技术与工具，还可以引发读者对创富、守富、用富、传富的意义和价值的思考。

二、怎么看待财富管理

不同的机构，不同的从业者，甚至不同的被服务者（也就是不同机构的客户，为方便理解，以下出现类似叙述，称为"客户"）对"财富管理"一词的定义也许会截然不同，当然也可能大同小异。我说截然不同，是因为不同的机构以及来自不同机构的从业者主要运用的工具与销售的产品不同，所以这必然会导致对财富管理的定义与侧重不同。比如私募基金主要从事资金投资，认为增值是财富管理的重中之重。保险公司则注重保障，认为财富安全、财富传承是财富管理的根本。而律师或税务师以法律见长，觉得法律架构设计才是财富管理的核心。

我说大同小异，是因为大家在学习财富管理类课程时，基本上都会获得来自书本上大致相同的定义。同时，2021 年 12 月 29 日，中国人民银行正式发布《金融从业规范 财富管理》（以下简称《规范》），从知识体系、职业能力、职业道德、行为准则、水平评价等几个方面，对财富管理从业者的职业标准做了详细的定义。同时，在《规范》当中亦对财富管理做了相关表述："贯穿于人的整个生命周期，在财富的创造、保有和传承过程中，通过一系列金融与非金融的规划与服务，构建个人、家庭、家族与企业的系统性安排，实现财富创造、保护、传承、再创造的良性循环。"

这个表述明确了财富管理服务的本质是跨生命周期的过程，从最初的财富创造，到最终的代际传承都是财富管理的服务范畴；确定了服务对象既可以是独立的个人，也可以是家庭以及家族，甚至包括家族企业。当然，这当中还可能涉及法律、税务、身份安排、医疗健康、子女教育等服务。《规范》的发布无疑对国内财富管理行业的发展具有深远的意义，也为从业者的职业规划和能力建设指明了方向，并有着极大的指导和参考作用。

财富内涵决定财富管理服务本质

既然谈的是"财富"管理，我以为，身处这些差异化或标准化的定义与服务当中，我们首先应该思考对于每个人而言到底什么是财富。是赚到足够的钱吗？是拥有多元化的资产吗？是风险来临后可以得到财务补偿吗？是避免法律风险，保证财产安全吗？是可以顺利地把创造的财产交给下一代吗？相信这些并不是财富以及财富管理的全部，因为财富并不是简单的金钱概念，财富更不应该是单纯的数字管理。对于每个人而言，财富的含义应该更加具有现实意义和温度。所以，**财富 = 身体健康 + 内心通达 + 家人和睦 + 资产充裕 + 人际通融**，这是我在 20 多

年的从业过程当中，在服务过无数个人客户以及家庭 / 家族之后，也是在我走过
40 多年的人生历程之后，所总结出来的财富定义。事实上，无论是财富管理服
务的购买者，还是提供方，都需要更加深入地思考财富对人的意义和价值，从而
才会明白到底如何管理这些对我们最具价值的财富，才能使个人及家庭 / 家族，
或相关受益者获得持久的满足与幸福。

　　所以我认为，财富管理应该是以人为核心的，围绕着身体健康、内心通达、
家人和睦、资产充裕、人际通融的，提供有深度（专业化）、有高度（结构化）、
有广度（多元化）、有温度（个性化）的，同时可持久的、稳健的、温暖的、伴
随每一代人的系统化服务。

尚祖安

目　录

第一章

为什么富过三代
这么难

　　本书之所以从财富传承的角度来探讨财富管理，是因为在实践中发现，传承是一个需要长期建立体系的过程。它至少需要提前八到十年，甚至从更早的阶段就要去思考与安排财富管理结构的搭建、资产的安全、继承人的培养、家庭/家族成员的能力特征分析、家风的延续，乃至百年目标的设定等，以达到传承者传承的初衷。所以，完整的财富传承周期与规划本就涵盖了财富管理的每一个环节，也是一个传承者可能需要花费半生的时间与心血，去建立对财富的认知，以及打造管理系统的过程。好的财富管理要以终为始，因为成功的传承不但承担着传递财富的责任，还承担着家族血脉、家族文化与家族使命的延续，更承载着传承者与其家族对社会责任的担当与延续。

　　当然，纵观全球，成功的传承都不是一个大概率的事情。麦肯锡就曾发布报告，指出全球范围内家族企业的平均寿命只有 24 年，其中有约 30% 的企业可以传承到第二代，不到 13% 的企业可以传承到第三代，仅有 5% 的企业可以传承到第四代。汇源果汁前总裁朱新礼多年前就曾谈道："我们这一代响应小平同志的号召，'下海'完成财富积累，现在我头发白了，面临一个传承问题。但是未来的财富怎么管理呢？"朱新礼道出了诸多中国企业家面对这一课题的普遍担忧与困惑。财富传承之困并不局限于国家或地区，而是全球富人所面临的普遍性问题，也是一个挑战人性的问题。若希望一生所创造的财富能得以有序管理与传承，就必须直面问题与挑战，学习理论与逻辑，总结教训与经验，才可能提升久富与久传的概率，才可能让财富为后代及社会创造更多的价值。

第一节
富有阶层，跌落的原因

经常听到很多人谈及"阶层固化"，其实这样的说法只讲对了一半。因为普通人想实现跨越性的财富阶层跃升确实很难，即便"共同富裕""三次分配"①将成为未来我国社会发展的主基调，国家也将不断推出相对应的政策与举措以缩小贫富差距。事实上，很多年前，政府就提出大力发展"橄榄型"社会结构，而所谓"橄榄型"社会，是指"两头小、中间大"的椭圆形社会财富分配格局。这一社会财富分配模型表明极富极穷的"两极"在社会财富阶层分布结构中只占很小的比重，而中间阶层占主导。

与"橄榄型"社会相对应的是"哑铃型"社会。假如一个国家长期处在"两头大、中间小"的"哑铃型"结构中，那么贫富分化所导致的阶级对立肯定会加剧"为富不仁"和"杀富济贫"的矛盾并存。所以，推进式且不断加剧的阶级斗争肯定不是追求安定繁荣的国家政府与国民希望见到的。另外，随着"城市化"进程的推动、新经济模式的确立、创富模式的转变、消费模式的不断升级，中产及富裕阶层将逐渐成为社会的主流群体。

政策虽然可以带来小康与中产群体数量的增加，但难以使普通中产阶层甚至大众富裕阶层轻易地跃升至富贵阶层。原因在于这些群体想要实现阶层跃升，不仅是钱的问题，还要有资源、意识、心智以及环境的提升，或许还存在很多人并不相信的"命运"因素。富人拥有的不只是钱，还拥有强有力的社会关系、有利的周遭环境，更重要的是，"人是人的环境"。因为在哪上学、同学是谁，在哪生活、朋友是谁，在哪工作、与谁共事，这些都决定了一个人的阶层。而且，钱带来的不仅是物质的享受，长期富有更多的是带给一个人思维、认知、习惯、判断力和视野的不同。在当今社会，对大多数人而言，赚取大量的财富成为富有群体本身就是一件非常困难的事情，很多人即便靠着勤奋和某些机遇赚到

---

① 三次分配：有别于初次分配和再分配，主要由高收入人群在自愿的基础上，以募集、捐赠和资助等慈善公益方式对社会资源和社会财富进行分配，是对初次分配和再分配的有益补充，有利于缩小社会差距，实现更合理的收入分配。

一些钱，对于他们来说也不知道如何管理、如何长期保有，甚至不知道如何花钱，更不要说代代相传了。过去有一种说法："树矮墙新画不古，此处必是内务府"，这讲的就是新富或暴发户的状态。还有一句民间老话叫"为官三代才懂穿衣吃饭"，形容的也是阶层并不是光有钱就可以提升的，哪怕像穿衣吃饭这点事儿，也需要三代才能形成品味、习惯和文化。因为钱仅仅可以让人成为一个有钱人，而成为富贵阶层则需要久富和长期的积累，所谓"一代出富翁，三代出贵族"。之所以说"阶层固化"的说法有一半是对的，还有一个原因就是中国已经从波动及高速发展的阶段过渡到稳定与高质量发展的阶段，绝大多数普通中产人群大幅跃升阶层的机会在减少，并逐渐开始面临一定程度的、一定区间的固化。

如果"阶层固化"的说法还有一半是不能被认同的，那是因为普通人到富有阶层或富贵阶层的晋升虽然很难，但由上而下的阶层跌落却常常发生。新的政治形态、新的法律环境、新的市场形势与商业模式，甚至新的投资方式、消费习惯，诸多因素都有可能导致很多富人快速甚至一夜之间陨落。这里面主要有以下三个原因。

一、被变化淘汰

有经济学家指出，1978 年以来，中国人经历了 7 次阶层跨越的机会。1977 年恢复高考，很多寒门甚至贫民依靠努力读书实现了第一次阶层跨越。到了 20 世纪 80 年代，乡镇企业又给了一部分农民翻身实现阶层跃升的机会。第三次是价格双轨制时期，依赖计划内低价买进、计划外市场高价卖出，一大批人完成了原始积累。20 世纪 90 年代，随着市场经济的繁荣，党的十四大确定建立社会主义市场经济体制，许多不满足于现状的人转而"下海"经商，再次成就了一批富人。第五次是中国加入世界贸易组织（WTO）的红利期，让"煤老板"及从事进出口贸易的商人获得了暴富的机遇。紧接着迎来了中国楼市的"黄金 20 年"，无数的人被疯狂上涨的房价改变了财富地位。第七次无疑是互联网的兴起，创造了一大批互联网企业以及众所周知的财富新贵。这些机遇把抓住它的人们推向了不同的财富阶层，更有些人甚至抓住了不止一次的致富机会。同时，我们应该看到：时代的发展会不断提升识别这些机遇的门槛。当前，我国推进建立全国统一大市场，打破地方发展壁垒，构建内循环为主外循环为辅的国内国际双循环发展格局。可以想象，靠质量、技术、科技创新、可控成本来立命的企业及创富者，必将迎来阶层跨越的新机会。而曾经靠拉关系、低质低价、偷税漏税、地方性保护等创富的企业主，则将面临阶层跌落的风险。

据不完全统计，自 19 世纪开始，社会知识总量 50 年左右就翻一番，到 20 世纪末，十几年就翻一番。甚至有一种说法，2020 年开始，73 天就会翻一番。无论如何，全球日新月异的科技发展、时时更新的数据与资讯、不断呈现的研究与学科，都把我们带入了知识爆炸与革新的新时代。很多富人就是在社会与时代的更迭变化中把多年的战果消耗殆尽。改革开放以后"下海"创业的人不在少数，这当中也造就了不少有钱人。一个人从万元户变成百万元户不难，而从一百万元变为一亿元甚至变为十亿元，同时还能保住成果，就将是一个巨大的挑战。

例如，一个企业主赖以生存的企业如果想跟得上市场的变化，想跟得上时代的变革，想继续走向下一个巅峰，无论是管理者的认知水平，还是整个团队的人员结构调整，抑或是产业技术升级、市场营销策略等，都需要质的改变才能获得量的飞跃。很多时候，变化不但不能让老板们升级，甚至维持现有水平都是一种奢望。

二、思维的固化

很多老板成功之后、有钱之后，就会产生盲目且过度的自信。"过度自信"在行为经济学中的解释是：**大多数情况下你并不清楚"你自认为掌握多少知识或信息"与"你实际掌握多少知识或信息"之间的差距。**直白地说，就是经常自我感觉良好。并且，随着获得知识或信息的增加，"过度自信"的程度也会随之增加。这几乎是大多数人常伴却经常忽略的风险，在很多老板身上更是体现得淋漓尽致。他们总觉得成功就是靠自己的认知、经验，还有运气，而且这种认知、经验与运气可以一直让自己继续成功，但现实往往事与愿违。

有一种说法是"在你熟悉的领域做投资"，这句话并不适合所有人或所有阶段。不少老板所从事的行业已经接近"夕阳"，他们虽然隐隐感觉到了危机，但又不敢或不知道如何改变现状，只懂得把赚到的钱与借到的钱或主动或被动地继续投入到原有的业务中，以为单纯地扩大规模就可以解决所面临的问题。当行业的黑夜降临时，这些人既没能成功转型，也无法保住曾经的财富。当然，其中不乏抱着旧思维盲目转型而以惨败收场的人。

笔者曾和很多上市公司的董事会秘书（以下简称"董秘"）交流，了解到他们所服务的企业已经在融资这件事上举步维艰，但老板还是会想尽办法融资。董秘们觉得，之所以融不到钱，是因为一些老板的认知和企业的局限性已经不足以使其获得更多资金了，很多要素得不到改变与提升，就算融到资，企业也可能越陷越深，最终走向颓势。而家庭/家族的资产管理亦是如此。曾经有一位老板谈到未来传承的问题，特别强调已经开始主动收缩业务，回流的资金他只放在银行储蓄、保本的理财、国债、房子方面，并写好了遗嘱，觉得这样保守的策略是最安全的，并希望他的财富至少可以传到孙辈一代。事实上，如果他只想富过自己这一代，也许这样的方式是可以的，但如果他希望多代传承，这就是一个极大的挑战。

世界上有很多知名的家族，如罗斯柴尔德家族传承了两百多年；列支敦士登家族传承了几近九百年。类似这样历史久远、多代传承的家族，其财富管理与传承都很难仅依赖国债、银行理财和买房子来实现。即便不是如此庞大的家族，即便仅考虑传给下一代，诸多需要直面的传承问题与市场变化也使我们难以达成目标。这种所谓的"保守"策略只是在有限的经历中所获得的经验，并非长远的稳健策略。

另外，2021年12月31日起资管新规的"过渡期"结束，所有银行理财产品将彻底打破刚性兑付，不再兜底，不再保本保收益，且开始由预期收益型转变为净值型，收益曲线由直线回归曲线，还原了产品波动的本来面目。此后，理财产品的风险开始增加，这就需要参与者不仅要具备辨别风险的能力，还要对长期资产管理逻辑有所认知。

生活中，过往的经验是很多人曾经成功的缘由，但这些经验也可能成为未来失败的因素。当问题随着发展与变化出现时，如果不能改变当下固化的思维，那又如何期待未来会有一个理想的结果？同时，每个人都有机会陷在自己的经验和认知圈里。没经历过自身想象与认知以外的问题，就总觉得自己的视角与判断正确、英明且无所不能，并事事尽在掌握中。然而只有经历之后才知道自己的渺小、局限、无知无畏和天地不仁。

所以，任何市场中"黑天鹅"与"灰犀牛"带来的恶果，其实也是"认知局限＋盲目自信＋心存侥幸"的结果。事实上，人的觉醒和智慧源自"我不知道"，而不是"这个我懂"；源自未知，而不是已知。财富是流动的，并且总会流向与其匹配的人。如果我们可以把富人分为"久富人群"（old money）和"新富人群"（new money）的话，一个人只有开始认识到自己在智商和知识上的不足、基因上的局限性，以及运气上的偶然性时，那他才会勇于面对自身能力上的缺陷，并转变思维，再次升级自己，以获得在不断变化中依然可以管理现有财富和获取新财富的能力。

三、财富没有体系

"不要有了万全的准备才去做事，只要有一点机会，就要勇于尝试。"这句话是很多人信奉的名言。360公司的创始人周鸿祎曾说："在中国做生意、当老板，一半甚至大多都是靠运气。"这就很好地诠释了成功的随机性。在"初级变革"的市场中凭借匹夫之勇赚到钱是一种幸运，但在"深度变革"的市场中守住钱并持续赚钱需要的是运筹帷幄。无论是对已有财富的管理与运用，还是对未来财富的设计与获取，抑或是对一生财富的延续和传承，都需要借助顶层架构设计与体系化的运转来实现。仅凭胆子大、情商高、人面广，已经不足以管理具有一定规模的财富。有多少人大半辈子靠运气获得的财富最终靠"实力"亏光，有多少人一生的积累在下一代的手里败光。这些问题不解决，不要说阶层跃升，就是固化现有阶层都是一种奢望。所以很多人的成功往往靠的是机遇和运气，但失败源自认知与能力。大量的案例证明那些无法持久拥有财富的人、无法成功传承的人面临着一些共同的问题。

（1）企业随着创始人的成长而成长，随着创始人的衰弱而消亡。

（2）财富随着创富者的成长而增加，随着下一代的继承而衰减。

由此不难看出，这些曾经的富人普遍存在"缺乏金融工具及法律架构的合理运用""缺乏家族文化建立与培养的有效机制""缺乏企业传承与资产管理的长效系统"三大问题。简单说就是企业管理上没有体系，无法复制，全凭经验，难以传承；财富管理上没有系统，无迹可寻，无矩可守，随性传承。

美国"石油大王"约翰·戴维森·洛克菲勒（John Davison Rockefeller）有句名言："我不靠天赐的运气活着，但我靠策划运气发达。"高质量财富（具备安全性、系统性、持续性）的积累从来都是与时间相伴的，难以一蹴而就，更不可能一帆风顺，而且必须经历深入的思考以及长期的体系构建与打磨。所以，如果赚钱大多是性格和命运的事，那么守钱则需要远见和智慧；如果运气是成功和创富的重要因素，那么守富就要做到尽可能少靠运气，多靠筹谋与掌控，这样才可能实现久富。

第二节

富过三代，艰难的挑战

其实，"富过三代"更多表达的是一种愿望，指人们希望前人或自己创造的财富可以长久地存续与传承下去，甚至不止三代。事实上，即便实现三代传承，大致也要经历上百年的时间，而在这百年中传承者将面临诸多不确定的因素和风险。据统计，在一百年中每个国家大致会经历无数次小的经济周期与十次左右的大经济周期，还会经历三到四次的政治周期，以及一到两次的战争周期，而这些周期性因素几乎都是传承者无法准确预测和控制的。很多人认为战争离自己很远，所以未曾目睹或不曾体会战争带来的不确定性与多变性，也就很难能明白这件事对财富有什么影响。2022 年俄乌冲突期间，据新闻报道[①]，俄罗斯总统普京签署了新的法案，要求所有在海外上市的俄罗斯企业全部退市，并回到俄罗斯境内。退市企业相关决定均由公司负责人做出，无须董事会及股东大会通过。同时，把在国外上市的企业股票换成"股票收据"，企业则可回到境内直接上市。也是说，股票持有者需要等这些公司回到境内上市后，才能把手中的收据再换回股票，这一切都具有强制性，如果不遵守该项规定，手中的股票将被作废，而"股票收据"一词是过去百年现代经济体系里从没出现过的。我们还看到包括美国及其他国家对俄罗斯的一系列制裁，其中包括强行没收和冻结俄罗斯公民的海外资产。对此，俄罗斯也对西方国家的制裁予以回应，决定冻结不友好国家人士在俄的资产。俄罗斯与美国及欧盟诸国一系列的相互制裁举措，也为没有经历过战争的人充分展示了战争对财富不同程度的影响以及打击。

除此之外，很多内在因素也会为长久的传承带来不同程度的障碍。例如创富原罪的风险（过程中是否存在违法违规）、人身健康或意外的风险。如果有企业，则不可避免地存在经营风险、决策失误的风险、行业衰退的风险等。在保富的过程中有可能面临投资失败的风险、婚姻失败的风险、税务不合规的风险等。在传富时还可能遇到例如只有一个子女且能力不足或中途夭折的问题，多子女因安排

---

① 财新网：《普京签法令，俄罗斯在海外全退市》，2022 年 4 月。

不当而引起纷争问题，或因忽略子女特质分配的财富类型匹配度较差进而导致财富折损的问题，子女教育失败问题，等等。这些都可能导致传承失败，使财富无法代代延续。

一、财富筹划过程中的矛盾

无论是普通收入家庭，还是一般高收入家庭，抑或是成功企业主家庭，都或多或少要面临上述问题以及这些问题有可能带来的财富流失与传承障碍。越富有的家庭，越多成员的家庭，尤其是拥有家族企业的家庭，就越会面临传承的复杂性和不确定性。英国著名军事家托·富勒有一段关于财富的有趣论述："财富得之费尽辛苦，守则日夜担忧，失则肝肠欲断。"[1] 其实这也反映了高净值人群财富管理应该明确的三大目标：财富创造、财富保护和财富传承。在事业上有所成就甚至建立了自己商业帝国的成功人士往往希望子女能够继承自己的财富。同时，很多企业主都把企业当成自己的另一个"孩子"。他们把所有的心思都放在这个"孩子"身上，所以在调配资源、资金、精力、时间时，常常最先考虑的是企业。对于市场中的财富管理顾问而言，在接触企业主客户时就要理解这个逻辑，否则就会把焦点放在劝说其要先做好财富隔离，要先拿出时间、拿出钱安排好家庭在"万一"情况下的宽裕生活。而很多企业主的思维是必须先养好企业这个"孩子"。财富顾问考虑的是企业主家庭在企业出现危机后怎么生活，道理上没错，但有多少企业主会总想着这个"孩子"不久就会"死"在我手里，所以我要先做好财富隔离这件事呢？

另外，很多企业在发展和扩张初期，由于资金短缺需要对外融资，无论是机构还是个人资方也经常要求企业主以个人资产做无限连带责任的担保。试想如果这个企业主创业成功就皆大欢喜，创业不成功也不影响富裕的家庭生活；如果这个企业主不敢或不愿孤注一掷去做事，那谁敢拿出真金白银给企业主去"试试看"呢？往往企业做不下去了，企业主最担心和难过的根本不是自己的生活将不好过，而是自己有可能要失去这个为之付出一切的"孩子"。所以只有在企业稳定且成熟之后，他们才会开始考虑如何让企业和手中的财富持久，并希望自己的子女能够继续伴随这个"孩子（企业）"长久地走下去。但是，也会随之产生一个问题，

---

[1]　托·富勒：《箴言集》。

不少小企业主认为"现在我的财富规模还不够大，等企业和资产规模更大以后，我就会考虑规划问题"。但可预见的是，企业的成长势必要经历起伏，且谁也无法确定每次都能顺利地转危为安，企业规模小的时候如果没能做好相应的风险防范措施，没有做好一旦失败还能东山再起的准备和筹划，也许就未必有机会做到更大规模了。

如此一来，应该在什么时点筹划；如何做符合不同阶段的筹划；如何在"企业的融资需求"与"建立投资人及资金借出方的信心"以及"企业主家庭生活基础保障"之间做到平衡；如何做到"全力以赴"又兼顾"顺时做好逆境翻盘的规划"？这些都需要创业者、企业主进行深刻的思考与深入的筹谋。

二、不要片面地看待传承的成败

一项针对新加坡、中国香港、中国台湾地区上市的 250 家华人家族企业的传承研究显示："在传承过程中，他们的家族财富平均下跌了 60%。"同时，2021年普华永道发布的《2021 年全球家族企业调研中国报告》显示，虽然中国内地家族企业对 2021 年及 2022 年的业务增长抱有更乐观的态度，但在备受关注的"接班人"问题上，超过八成的中国内地家族企业没有"继任计划"，将近一半的中国内地受访者表示没有家族新生代参与企业运营。据波士顿咨询公司（BCG）在2021 年《基业长青：探寻家族企业传承的成功之道》中的统计，中国百强家族企业创始人的出生年份多为 1950 年至 1960 年；超过 1/4 的创始人年龄在 70 岁或以上；当前仍然在企业担任董事长或首席执行官（CEO）重要职位的创始人平均年龄已超过 60 岁。然而，目前国内仍有约 80% 的家族企业在传承议题上尚无相应的继任计划。数据显示，到 2020 年底，我国民营企业已达 4000 多万家。可想而知，未来这些企业家想让子女顺利地继承自己的家业并不是一件容易的事。

另外，很多情况下，传承得好与不好，社会和媒体的评价也往往过于狭隘和主观，总是把错误归咎于二代不争气上。其实，在传承过程中存在很多复杂的情况和客观原因。比如，施展教授有这样一段关于历史的讲述，也许可以给我们一些启发。

诸葛亮在《前出师表》有言，"亲贤臣，远小人，此先汉所以兴隆也；亲小人，远贤臣，此后汉所以倾颓也"。

　　诸葛亮把亲近小人远贤臣归结为后汉衰败的根本原因。后汉的皇帝为什么如此愚蠢的被小人蒙蔽呢？是他们都特别无能特别昏庸吗？不是的！因为后汉的皇帝需要面对不同于先汉的形势，所以他们的选择是很有限的。在后汉时期，世族一代代发展壮大，逐渐成为世家大族，他们垄断了知识和地位，垄断了社会上的舆论并在朝中担任要职，从而开始对皇上形成了各种制约。如此一来，皇上就需要找到自己人来与之抗衡，来支持自己。那么找什么人呢？只有两种，宦官还有外戚（皇后的家族）。宦官和外戚还彼此看不顺眼，也完全被世家大族们所瞧不起。外戚有不少也是出身世家大族，一旦与皇上结了亲，马上就会有压过其他世家大族一头的感觉，会借此不断扩大自己的势力范围，这又会与其他的世家大族之间发生矛盾。所以宦官与外戚就会亲近皇上，而这些皇上的支持者在世家大族这些"贤臣"眼里就会被指责为"小人"。这与他们实际上的人品、官品如何其实关系不大。但皇上的这种行为，在世家大族嘴里，就会是"亲小人、远贤臣"了。

　　曾经东汉开国的头几位皇帝比较有实力，而世家大族也还在发展中，他们彼此还能相互制衡，当时还不算上什么大问题。到了后面的皇上，越来越受到世家大族的约束。才使得后汉的皇上步履维艰，需要得到更多支持。当然，这些人的忠诚是指望不上的，能指望的是，他们的身份地位都完全依赖于皇上，这些人即便是出于自私，也得站在皇上一边了。所以，

　　所谓的"贤臣"真的是贤臣吗？未必！

　　所谓的"小人"一定是小人吗？未必！

　　后汉这些皇上即便不能算明君，但真的就昏庸无能吗？未必！ [①]

　　这段讲述可以让我们思考几个问题：

　　（1）我们平时听到的、以为的，并不一定就是真实的情况。正如诸多媒体报道的二代如何败家、败业的新闻未必就是事实的全部。

　　（2）不成功的传承未必全要归结到后代继承人身上。在不同时代、不同市场环境、不同发展阶段下，后代所面临的问题、威胁、挑战，也与被继承人所面对的情况不同，可能更为复杂和困难。

　　（3）传承过程中需要考虑到各种因素所带来的问题。既要有对下一代综合能力及素质的培养，也要有针对未来可能发生问题的解决预案，更要有相对健全

---

① 　引用自施展在得到 App 上开设的课程"中国史纲 50 讲"。

的机制，才能让继承人在有序的安排下发挥最大的潜能，或在突发的问题中顺利渡过难关。这需要天时、地利、人和等多方面的因素共同发挥作用。

当然，只要企业家的子女足够优秀，即便没有给子女一定数量的财富，他依然可以创造财富；即便没有传给他企业，他依然可以做出更成功的企业。而且，好的传承并不一定就是接手前人所创办的企业。如果子女可以凭个人的兴趣与天赋发展不同的事业，或从事了其他的职业并表现优秀，这依然是一种成功的传承。虽然许多企业家明确表示："我就是要把企业和我辛苦得到的传给我的后代，让他们持续兴旺家业。"但是，如果企业已经不能正常发展和生存，假如后代的所长并不适合原有企业的发展路径，导致企业在后代手中衰败，那家族企业领袖传给后代的就很可能不是财富，而是麻烦，甚至是巨大的负担。

三、传承工具并非完美，但不可或缺

不富有的人不会希望代代相传，富有的人大多希望世袭罔替。但古语有云："君子之泽，三世而衰，五世而斩。"[①] 传承之难自古有之，所以才使"富不过三代"的问题被很多人研究和关注。当前，社会环境更为复杂多变，人们也将面临诸多与时代并存的导致传承失败的因素，尤其是前面谈到的企业传承，这也让财富传承成为时下火热的生意。目前"工具传承论"大多是非富人及非企业主思维下的产品销售逻辑。把信托安排、保险安排、遗嘱安排等作为财富传承成功的关键，甚至是"富过三代"的关键，这既是对大众的误导，也是对传承的误读。资深从业者杨后鲁先生讲过一句话："财富架构采取哪种形式要从具体需求出发，而不是从某种工具出发，然后将具体需求硬塞到工具里。"这种执业态度才更能体现出专业从业者的操守与水准。

不要指望任何工具可以解决人与人之间的猜疑、贪婪、无情、妒忌、伤害……所以工具解决的是继承问题。只有教育、习惯、传统、文化、家风以及因需而生的财富管理系统，解决的才是传承问题。当被继承人的创业精神、事业能力、眼界格局、为人处世、社会关系等软实力没能成功传承，说得更直白一些，若继承人没能力把所继承的企业更好地经营下去，或没能把自己的事业做出一番天地，抑或不懂得如何掌握与管理财富，而只想着享受和争夺更多资产时，即便依靠工

---

① 《孟子·离娄章句下》。

具能完成财产的继承，就传承而言也已经失败了。所以，传承会比继承更慢、更久、更具前瞻性。不过也正是因为成功传承的概率极低，顺畅的继承才在某种程度上变得重要起来，因为那至少可以满足被继承者希望下一代有钱、有资产可以支配的诉求。

从传承工具的角度看，家族信托是一个时髦的话题，甚至很多人认为只要使用家族信托，诸多传承问题便会迎刃而解。信托是一个舶来品，西方崇尚自由平等，讲求公正公平；而华人家族是垂直治理，讲求绝对控制。信托这种以西方文化和司法为基础的工具一旦进入华人家族，必然会产生一定的冲突与水土不服。同时，信托更多体现的是有形财富的安排，而传承的核心是对无形财富的赋予。

其实，家族信托并非传承与管理家族财富唯一或最好的方式，它只是多元化的财富管理工具之一。曾有调研机构对中国香港 150 个用家族信托控制家族企业股权的家族进行调查，得出的结论是信托创立人在退休或过世之后，家族企业的业绩并没有表现得很好。信托是在普通法与衡平法背景下产生的法律工具，其中信托财产独立的特性与华人文化中所有权从属特定主体的思想还存在着差异，信托的应用还需要更多时间的磨合与实践探索，即便是在此方面已经走在前面的中国香港、新加坡等以华人为主的地区也存在着此类问题。当然，很多业内人士为推动家族信托的发展不断做出努力，也使目前市场上的家族信托有了更多的落地经验。

以上阐述并非在否定诸如遗嘱、保险、家族信托、公益基金等工具与手段的作用，相反，这里更要强调工具在传承过程中是有必要且起到了积极作用。同时，传承需要的是各种工具与手段综合运用所搭建的系统。事实上，财富传承是一个越来越被重视的课题，因为如果成功创造财富的最终归宿是失败的传承，那对创富者们而言将是巨大的遗憾。

财富平分，错误的选择

能够多子多福是中国人的美好期望，同时多子女从某种角度上来说也是提高传承成功概率的一种举措。多子女比单一子女家庭在传承上有了更大的选择空间，也降低了单一子女因病或意外早逝导致继承人缺位，或因健康问题无法接班以及子女无意或无力接班的风险系数。

哈佛商学院教授约翰·戴维斯多年前曾谈道："当中国家族企业第一次面临代际问题时，不仅是在企业控制权和所有权的转移方面缺乏经验，中国家族企业传承还会因为计划生育政策而受到影响。这使得家族企业领导人的选择受到限制，唯一继承人可能缺乏经验和能力，但老一代也没有更多更好的选择。有限的选择机会妨碍了企业的专业化和持续发展，无以为继甚至成为一种常态。"

同时，在传承中，很多案例（家庭传承／家族传承）都表明，拥有多子女的被继承人也容易走进一个误区，就是希望所有的财富对子女们都能实现雨露均沾。毕竟我们常说"不患寡而患不均"，尤其是在同宗同姓之间。很多人会认为，都是自己的孩子，如果没有极特殊的原因，并不想让任何一个子女吃亏或让他们觉得父母有明显的偏爱。殊不知，这种做法往往为成功的传承埋下了隐患。"龙生九子，各有不同"，每个孩子即便在同样的环境中长大，父母给予了同样的生活水平、教育机会以及关爱，但子女们仍会有不同的性格、不同的偏好、不同的习惯，以及不同的能力与优势。所以不同特质的子女并不适宜继承完全相同类别的财产。例如一些企业主在面对多个子女的情况下，希望做到公平，每个子女都要给予住房、现金、股权、收藏等，力求平等，其实这并不是明智的选择。

笔者主张不同能力与特质的子女更适合拥有符合自身条件的财产。比如，并不是每个子女都能够很好地管理运用大量的现金，而愿意去创新或寻找更多创业机会的子女则未必适合持有非现金类资产，还有一些子女并不适合或不愿经营企业以及成为企业的股东。

以李嘉诚的传承为例。他早年对子女进行了精心的培养，2000 年让李泽钜进入集团核心管理层，2003 年前后开始进行大量的海外并购，2010 年前后开始大幅减持中国内地与香港的资产并将重心移向欧洲，后来安排长子接班，次子自行拓展事业，然后正式退休。由此可以看出，李嘉诚在接班安排上充分考虑到两个儿子不同的优势，看清楚了子女不似自己在中国内地商政关系上的长袖善舞，从而将资产及事业有序转移到接班人熟悉、擅长的海外市场。同时他分析了两个儿子不同的性格与适合的发展方向，最终决定由李泽钜继承家业，掌管长和系，次子李泽楷则继承了大量现金，打造自己的商业王国。[①] 相较其他华人商业家族

---

① 《李嘉诚资产腾挪背后的传承逻辑》，《新财富》，2013 年。

为争夺家产掀起波澜而最终家业破碎，李嘉诚在对接班人的培养以及事业的选择上，确实做到了根据子女不同的能力和特质来安排不同的发展路径与资产持有，这确实是绝佳的案例。择时择势将事业重心进行迁移，且依据子女的特点与优势而传，这种设计与思考是值得很多内地企业家、高净值人士乃至普通富裕家庭学习的传承智慧。

第四节

认知局限，失败的根本

当前，越来越多的中国早期创业的财富人群开始进入家业交替、代际传承的阶段，随着中国民营企业接班高峰期的到来，对传承的需求逐年增加，问题亦日趋凸显。记得某知名企业家就曾表示："未来我最不愿意看到的两个局面就是我不成器的子女继承了我辛苦打拼的企业，并最终把它搞垮；或是特别优秀的子女为了我，放弃个人梦想回来继承家业，被困在自己不喜欢的破公司里。"这充分表达了部分企业家对"成功传承"的困惑与烦恼。

事实上，很多企业家在传承中都要面临复杂多样的问题与抉择，诸如以下几种。

一、传子还是传女

很多企业家认为一定要由儿子继承家业，如果是女儿继承家业，很可能将来大权旁落，业归他人。曾有一位企业家表示："儿子继承后，即便儿子无能，被儿媳妇掌控了家业，只要他们生的是孙子，早晚继承人还是我家族的血脉。但如果家业由女儿继承，她结婚生子后，未来家族企业就可能改名易姓，这是不能被接受的。"相信这也代表了一部分企业家的真实想法。而且，现实生活中也有不少进入豪门的女婿因为各种原因而出现内斗、婚姻出轨、离婚争产的案例。

当然，也有企业家认为女儿接班比较顺利，儿子接班比较困难。原因在于如果女儿接班，至少女婿可以选，但儿子没得选。再有就是女婿是来到一个新的大家庭，他对老人尊重。女婿和老人有什么矛盾，女儿还可以从中调解，女婿进了门之后不仅对老人尊重，对企业元老也尊重。但儿子有时则不然，他们会认为，你们曾经都是我爸的手下，现在成为我的手下，而且可能只是混资历的手下，所以处理一些问题难免无所顾忌。企业主群体中有不少类似的情况，创始人的儿子出国归来进入企业，一心想大展拳脚，希望运用所学改善并治理企业中存在的弊病与问题，但在管理方式和用人理念上与创始人及创始团队出现极大的分歧。最终，或女子离开企业另谋发展，或因管理分歧导致企业内部闹得人心惶惶，影响经营，严重的甚至父子反目。其实，很多海归的二代与父辈之间、与企业现有领导层之间、与父辈的合作伙伴之间、与当地政府之间都存在着沟通与理念上的错位，这也是传承中不得不去面对和处理的问题。

放眼看，市场中并不乏女儿成功接班的案例，如娃哈哈集团的宗馥莉、新希望集团的刘畅、立白集团的陈丹霞、碧桂园集团的杨惠妍、雨润集团的祝媛等。当然，无论是女儿接班还是儿子接班，现实中都会遇到每个企业特有的场景，也需要解决一些共性的障碍。

二、传长还是传贤

由于历史原因，在传承时，中国人自古注重嫡长子的地位，这也导致很多企业家对"传长"有着莫名的执念。有一位多子女的企业家一直希望长子接班，但在与长子常年的矛盾、争执中发现两人难以达成共识，长子并不愿意自己的未来完全被父亲掌控，于是这位企业家便开始把更多的关注与培养放在了长子的儿子——他的长孙身上，以求未来长孙可以继承家业，却并不考虑自己的其他子女。事实上，有长子、长孙继承思维的企业家并不在少数，但并不是每个企业家的长子都能成为继承家业的首选，有些子女对家族企业所涉及的领域"无心恋战"，有些虽为长子却难成大器。所以，在诸多子女中去挑选和培养愿者、能者来继承家业才是明智之举。

三、传内还是传外

有专业的传媒机构做过调研，参与调研的 155 位中国最富有的人当中，一半以上是"50 后"。这个年龄层的企业家有一个明显的特点，即他们的孩子多为"80后"，且数量明显受到计划生育政策的影响，人均子女数量为 1.57 个。单个子女在传承中的好处是提升了确定性，加快了传承的进程，但也加大了传承的风险。一旦子女没有能力、没有意愿甚至出现健康问题或不幸故去，都会使传承面临受阻的困境。所以，当子女不愿、不适合或没有子女可接班时，就需要内部提拔，或引入外部合伙人，亦或聘用职业经理人接班。

然而，中国职业经理人的代理机制尚缺乏成熟的土壤，这使得家族式企业聘用外部职业经理人的风险加大，成为继承中最不容易被选择的方式。无论是类似某家电零售连锁企业经理人与家族间的控制权之争，还是某制药企业新掌门人同外部人员与创始人子女之间的股权之争，这样的案例不在少数。这些事件也多少动摇了民营企业家对职业经理人的信心，并促使他们更加笃信"交给外人不如交给自己的子女"。某大型摩托车制造民营集团的董事长曾表达过这样一个观点："我知道，如果我把班交给家族成员，我们的企业就会慢慢'死'掉。而如果我急急忙忙地把班交给职业经理人，我们的企业就会很快'死'掉。在慢慢'死'掉和很快'死'掉之间，我选择慢慢'死'掉。"

所以，无论是传内还是传外，在家族企业的传承问题上，都需要多去思考和研究与之配套的制度。

四、共权还是独权

子女接班的事往往无法一蹴而就，很多时候子女在接班初期还不能够完全独立顺畅地掌管企业及接手与之关联的社会关系，这就需要创始人提早设计好辅助与辅导的策略，同时也要构建合理的与继承人相匹配的继承方案和架构，否则很可能在继承后出现问题，从而导致家庭与企业的双重损失。例如，曾经公开报道的香港新鸿基郭氏家族的传承安排。"根据郭得胜先生的遗愿，把55%的家族财富分给太太邝肖卿，三个儿子郭炳湘、郭炳江和郭炳联各占15%。后来，邝肖卿又和三个儿子签下'谅解备忘录2006'，在备忘录中明确表示郭氏家族信托持有的全部资产，在设立人死亡后，应在三名儿子（或其各自的家属）之间平均分配。"

根据后来的事态发展可以看出，家族内斗很重要的一个原因在于，接班架构本身试图让三兄弟在同一高度的结构下持有所有资产以及长期共同管理企业，专注于同一个核心业务。好处在于，兄弟三人齐心协力，团结奋斗。据港媒报道：三兄弟年纪相仿，无话不谈，重要决策均共同制定。三弟郭炳联曾说三人是"最亲密的战友，也是永远的战友"。1992 年底，新鸿基的市值已经超过了李嘉诚，成为香港最大的地产公司。但问题在于，时间一久，经过了各种家族变故与摩擦后，在共同管理家族企业的过程中开始出现因一己私欲或不同理念而争夺权力，相互掣肘，最终导致兄弟反目，企业发展受阻。

其实华人企业家李嘉诚早期也向社会公开过，曾将李泽钜与李泽楷作为受益人放入同一个信托基金控股公司的结构中，后将李泽楷在其中的资产移至李泽钜名下。最终家族企业由李泽钜独掌大权，李泽楷则获得大笔现金补偿。相信其中很重要的一个原因就是为了避免同在一个受益结构中可能出现不希望看到的利益争夺，同时也是为了李泽钜的接班更加顺畅。[①]

方太集团创始人茅理翔先生分享过他认为传承过程中面临的十大难题：舆论压力、家族矛盾、元老阻力、父不交权、两代分歧、子不愿接、子不争气、只有女儿、多个子女、企业走下坡路。所以他结合国内家族企业传承的实践，总结出了家族企业传承的五阶段论。他把传承过程分为准备期、导入期、变革期、掌控期和提升期五个阶段。他还总结了方太传承"带三年、帮三年、看三年"的家族企业传承"三三制"。他倾向于把家族企业传承分成准备、交接、掌控三个阶段，也就是分为一代主导的准备阶段，两代人互动的交接阶段和二代为主的掌控阶段。[②]这也是值得很多企业家借鉴思考的模式。所以无论是共权还是独权，重点都在于对"权属"安排的合理性、适应性、系统性以及持续性。这不是一件轻松的事，需要长期谋划与实践，以及精准的策略与执行。

五、传产还是传业

子承父业是很多企业家的传承愿望，甚至认为是成功传承的标准。而笔者认为这样的定义过于狭隘。企业家的子女还会是企业家，而且世世代代都应该是企业家，这既不符合逻辑，也不符合社会发展规律。事实上，传承是会出现多种形态的。

同时，每个成功人士都有过人之处，或者说是符合自己所处时代的过人之处。那么子女接手企业时，既要具备守业者的沉稳踏实，还要具备创业者的拼搏果敢，同时更要懂得与时俱进，改革创新，其挑战可想而知。这就需要企业家意识到，

---

① 引用自 https://www.businesstoday.com.tw/article/category/80393/post/202008260011/。
② 茅理翔. 家业长青 [M]. 杭州：浙江人民出版社，2008.

到传承时才思考传承是很不明智的选择。如果已经决定要让某个子女继承自己的企业，就必须建立一套完整的传承机制，并且要从长计议、从早计议，甚至从小计议。

这里举一些例子。

（1）从"小"培养。很多企业家在接班人还未成年的时候就已经让其接触家族企业，了解企业文化，甚至让接班人在假期旁听企业股东会议，告诉接班人自己处理企业问题时的思考，讲解商业逻辑等，使其从小耳濡目染。

（2）从"头"培养。传承过程中，管理权、控制权、所有权的背后其实更多的是员工与企业的命运、每位股东的利益，以及应有的社会责任。所以从小就灌输创业思维、培养对企业经营的兴趣、开阔其眼界格局、磨炼其所需要具备的能力与特质，使接班人尽早形成接班意识以及责任感与使命感，说是洗脑也不为过。

（3）着"力"培养。花大量的时间与精力塑造接班人，并注重培养接班人的综合能力，同时为其将来继承事业铺好道路，扫清障碍，做好准备。

（4）定"向"培养。让接班人选择学习与企业有关的学科与专业，帮助其掌握接手企业所需要的相关资源，并提供实习锻炼的机会等。培养子女的接班志向以及让子女清楚地知道未来自身的发展方向。

（5）刻"意"培养。例如，国内某知名家族企业的接班人，从小父母就带她在逢年过节时和一些慈善机构及被帮扶人群一起度过，培养她的回馈社会与责任担当意识。这位接班人上学时因为各方面都优秀而被选为班长，但她的母亲特意和老师沟通，希望选她当劳动委员，养成她勤奋的性格。而且一直教导她要对父母孝顺，因为未来接班是否愿意为父母分担重担，也是一种孝顺的表现。

当然，一个合格的接班人还需要具备很多异于常人的条件。企业家郭凡生就曾总结"企二代"需要具备的素质：

- 独立比被照顾重要（人早晚要独立面对一切，创业的路上往往是孤独的）。
- 领导力的培养比上什么学校重要（一个人可能会因为上什么学校而被雇佣，但很少会因为上过什么学校而让他人追随）。
- 眼界比分数重要（看世界的逻辑与方法）。
- 能力比技巧重要（技巧易学，能力难得）。
- 学问比学历重要（学问是智慧，而学历只证明学过）。
- 知贫比知富重要（能享福不一定能耐贫）。
- 吃亏比占便宜重要（没人会愿意和永不吃亏的人交往，更别说追随）。
- 知恶比知善重要（居不必无恶邻，会不必无损友，惟在自持者两得之）。

- 打架骂人比文明礼貌重要（企业家更多的不是别人眼里的风光、诗和远方，还有更多无奈与眼前的苟且）。
- 交往能力比做事能力重要（社交能力是做事的基础）。

这位企业家坦言："如果这样才能成为企业家，我才不希望我的宝贝孩子去成为企业家。我已经受过这些罪了，不想再让我的孩子走我走过的路了。"但这也从另一个侧面使我们看到，培养一个具备企业家特质的接班人的难度显而易见，强求不来。

事实上，子承父业、另起炉灶、资本玩家、安享家业、败家败业这些都是传承中有可能出现的结果。尊重子女的职业选择，培养他们的君子志向，适合传业就好好培养；不适合传业，就做好"产"的传承，为其发展自身的志向创造好的条件。这也是一个家族在世代传承的过程中能代有人才出的基础。所以，狭隘的子承父业观必定会呈现更多传承失败的局面。

六、隆奥达亨银行的启示

有一个很好的家族企业传承案例，或许可以给我们一些启发。在欧洲有一家多家族经营的私人银行，这也是全球最长寿的家族银行之一——瑞士隆奥达亨银行（Lombard Odier Darier Hentsch & Cie）。

隆奥达亨银行的历史最早可以追溯到1796年。19世纪中后期，在合伙人的努力下，隆奥达亨成了日内瓦知名的银行。第二次世界大战后，欧洲的银行业受到了严重的影响，当时许多瑞士金融企业面临破产，而隆奥达亨银行由于采取了保守的经营策略，最终得以渡过难关。这个经历了223年的家族比路易威登和爱马仕的历史还要悠久，并且已经传承到了第七代。隆奥达亨银行作为家族的核心产业，管理着1700亿美元的资产，全球拥有24个办事处。它刻意坚持小而精的经营风格，既是为了保持传统，也是为了确立自身在市场中的定位。同时，隆奥达亨家族认为："不会有谁比有钱人更了解有钱人的需求。"

隆奥达亨家族的顶层设计采取了无限责任合伙制，其核心合伙人都要对隆奥达亨银行承担无限连带责任，这意味着如果某一天银行倒闭，合伙人必须用自己的全部身家来偿还客户的损失。两百多年来，他们靠着"谨慎"的理念，成功渡过了40多次金融危机，核心资本比率高达20%以上，没有接受过任何外部资金的援助。

从传承的角度，从隆奥达亨家族的治理与传承模式上，我们或许可以得到一些启发。他们从初期就选择了家族合伙人的管理模式，其无限合伙人既是银行的所有者也是银行的实际经营者。在一代又一代的传承中，他们始终坚持除家族成员外，亦可以从外部引进有能力的合伙人加入银行的核心管理经营中。当有新的无限合伙人需要加入时，或者需要提拔现任的家族成员成为无限合伙人时，需要所有的无限合伙人全票通过。如果有某位无限合伙人要退出或退休时，就必须转让自己的股权。同时，按家族规定，无限合伙人的子女是不能直接继承股权成为无限合伙人的。

当前，家族核心管理中有六位无限合伙人（包括四位家族成员和两位引进的外部成员）。直至 2016 年，创始家族姓氏的一位最主要的核心成员，也是曾为家族立下汗马功劳的家族成员，售出了其所持有的股份且不再担任无限合伙人。至此，无限合伙人当中仅剩下了一位具有创始家族姓氏的成员，且也会在不久的将来退休。

由于隆奥达亨品牌始终由早就设计好的顶层架构来持有，可以试想，即便有一天创始家族姓氏成员在某个时点全部离开家族核心企业，也不会影响到隆奥达亨这个家族品牌的正常运营。同时，隆奥达亨家族对于"家族成员"的定义也有别于我国大多家族传统的认知。他们并不认为必须是具有创始人家族的姓氏成员才是家族成员，才可以继承家业。即便是外部筛选引进的成员，或是家族的女性后代出嫁后，结婚所生的孩子虽然不带有家族姓氏，也会被定义及选择成为家族成员与继承人。"你不会因为你的姓氏而获得额外的照顾"，这也是其家族企业在经营管理过程中所坚持的原则。目前，由于代代相传的过程中会不断引进优秀人才，这个家族现在已经成为包含多个姓氏的家族企业。在经营隆奥达亨银行的过程中，每位家族成员也许在能力上各有所长也各有所短，但每个人都像一个不可或缺的零件，在精密的架构下发挥着最大的效能。

简单了解完这个家族的经营与传承模式后，我们发现，隆奥达亨家族能够两百多年屹立不倒，并且成为欧洲最成功的家族私人银行之一，主要原因在于他们运用了适合自身家族持续发展的模式。两百多年前，在这个家族刚刚开始兴旺的时候，就确定了未来的管理与传承策略。创始人考虑的不只是他能看得到的子辈或孙辈，更考虑到今后看不到的一代又一代继承人应该在什么样的制度和体系中才能领导家族走向更远的未来。这也是为什么他们选择了家族成员结合筛选外部成员成为家族企业管理者，并共同经营企业的机制。这种机制避免了长期传承过程中创始家族人才凋零的问题。同时，他们采用全员投票通过制，很好地解决了权力集中在某个大股东手里，以及大股东个人专断或选人不慎的问题。当然，这也伴随着效率低下的弊病。所以选择了这样的制度，就意味着传承人既要清楚企业的发展方向、风格与定位，还要明白在发展的过程中会舍弃什么，以及注重什么。

每一位成为无限合伙人的家族成员，都必须在其家族的核心企业（银行）任职并做出贡献，即便他们也许都有属于自己的生意。正如前面讲到的，家族无限合伙人只能在任职期间享受股权为自己带来的权益，离任时必须转让股权，更不能任意传承给子女，这也就使得每位无限合伙人在任期间必须全力以赴为家族创造利益，这样自己才能在任期和卸任时获得应有的高回报。而他们所承担的无限责任，也会让每位无限合伙人更注重风险的管理与经营。

另外，隆奥达亨银行不上市，保持极低的负债，经营上专注私人银行业务（非商业银行），核心资本充足率极高，这些都大大降低了经营风险，更有利于长久的发展与延续。更重要的是，由于巧妙的架构设计，无论家族核心成员如何变动，隆奥达亨银行这个品牌都可以不受影响继续经营并代代相传。

类似这样的传承模式还有瑞士百达（PICTET）等家族，他们的存在让我们反思成功的传承是否应该具有多元化的定义。

- ■ 一定要直系血亲或家族本姓才可以是家族核心成员或成为继承人吗？
- ■ 成功的传承必须由自己的子女绝对拥有企业、掌握核心管理权吗？
- ■ 在传承设计中，我们应该只关注看得到的继承人，还是也应该考虑未来看不到的继承人？（目标只看一两代，结果怎么可能久远！）
- ■ 传承与继承到底有什么区别？"成功传承"是只局限于继承人完全继承家财和家业，还是把创始人所建立的品牌与文化得以代代相传也视为一种成功的传承？随着中国市场的不断发展，很多企业已经从初期的谋求生存发展到成熟并开始做大做强。同时，中国企业若要成为中国乃至全球知名品牌依然有很长的路要走。每个企业都有自己的产品商标和"牌子"，但如果谈到成为"品牌"或者是具有代表性的且享誉全球的大国品牌、百年品牌，这确实不是一件容易的事情。作为一个品牌，需要具有品牌文化、品牌价值、品牌影响、品牌精神、品牌责任，这种立体形象的打造与传承是需要一代甚至几代人去完成的，且品牌的传承也是更久远的、更具人文意义的，以及更具社会价值的传承。

百年的传承势必要面临诸多的障碍与挑战，也许当我们重新定义传承时，也许当我们把目光放得更宽更远时，也许即便当下的子女不是经营家业的最佳人选但只要我们坚信家族后代总会有优秀的人才出现时，我们才会放开胸怀去关注更长远的规划、可持续的制度、能传承的体系，也就更有可能代代相传。因为我们的传承可以作为一个品牌、一种文化、一种精神不断延续下去。

第二章

财富管理是在管什么

作为财富的拥有者或财富管理的从业者，不能忽略一个重要的问题："究竟什么是财富，财富管理到底应该管什么？"改革开放至今，国民从无产到有产，很多人从贫困到富有，随着各项收入的增加，"财富管理"一词也越来越多的为大众所接受。不少金融机构和第三方机构在与他们的客户谈到这个话题时，通常会沟通如何投资理财，如何把控风险，如何使资产在一定的时间内获得增值。然而从业者却没有花心思了解他们的客户那么费尽心力地赚钱到底图的是什么。

笔者与很多高净值人士深入交流后发现，很少有人的快乐是源于单纯地看着银行存款数字的增加或企业市值的增长，而更多的是来自理想的实现，让家人获得好的生活，受人尊重，通过金钱让自己变得更加健康和长寿，可以获取更多的优质社会资源，造福他人，对生活拥有更多的选择权，等等。他们认为这些才是真正的财富，而金钱只是获取这些财富的工具而已。

在汇丰银行公布的《2018 年中国大众富裕人群财富管理白皮书》中提出过一个问题，对于大众富裕人群而言，"财富"是什么？其调查结果显示，除了不动产、现金、金融投资、股权等有形资产外，"家庭和睦""知足心""实现梦想"等非物质类的选项，也分别得到了 45%、41%、39% 的高比例投选。金钱以外的因素，逐步在"财富"概念中获得更大的比重。财富这一概念得到了扩展与外延，从个人到家庭、从健康到事业、从理性到情感、从梦想到知足，这些精神财富、个人成就、家庭幸福都构成了财富新的内涵。物质富有、精神富足、个人成就、家庭幸福等重要基石铸就了富裕人群的全新财富理念。

同时，在财富管理中对资金、资产进行科学有效的安排同样是重要的，尤其是对资金流动性的管理与风险的管理，更是重中之重。

另外，很多人在富有之后也会面临如下问题：

（1）没有私有化意识，即家企不分，缺乏企业财产属于自己的部分合规私有化转换的意识。

（2）没有结构化与系统化意识，即缺乏无序管理向有序管理转换的意识。

（3）没有低调意识，即缺乏从张扬奢侈、有钱任性向暗夜潜行转换的意识。

所以，当资产达到一定的规模时，对财富管理系统的顶层设计与整体搭建，就是一个必要且必须的举措。

重新定义财富管理

财富就是对人有价值的东西。什么是对人有价值的东西？如前文所述，不只是金钱或资产。正如本书序言中所提到的，"财富 = 身体健康 + 内心通达 + 家人和睦 + 资产充裕 + 人际通融"。这样的"财富"定义应该是财富管理的核心价值所在，这也是本书一直强调且笔者不断践行的财富管理逻辑。当我们做财富管理的时候，如果可以围绕着这样的理念，就会有的放矢，就不会为资产数量的起伏所裹挟，也就会更加明确对我们而言什么才是最重要的。如此，财富管理才会全面而深远。对于每个人而言，无论身处什么阶层，创富一定不是只为了创造更多的钱财，而是要创造更美好的生活和更高的生命质地。

一、身体健康，创富的基础

谈到财富的定义，将身体健康排在第一位，是因为没有人会否认身体健康对自己而言是重要的财富，而且是最重要的财富。古人说："养天地浩然之正气，而后足以任天下之大事。如果体虚则意味着正气不足；正气不足则易生百病，病痛缠身则事业无心无力。"可见，忽略了健康，所有的追求都将成为泡影。所谓"身弱不担财"，体力和心力是一个人学业与事业成功的基本要素。每个人都有一项与生俱来的财富，叫作人力资本。我们在成长的过程中，都会希望通过在教育上的投入带来人力资本的增值。同时，在大多情况下，人们创富的第一种方式，就是通过勤劳致富。有了一定的基础之后才会开始依赖资本去实现财富升级，而后享受财富积累带来的种种快乐。在这个过程中，有了健康才会使人力资本有用武之地，有了健康才能享受财富积累带来的幸福感受。

　　然而，在生活中，人们常常不得不陷入用健康换金钱，再用金钱买健康的怪圈。为什么现在越富有的人越重视健康？因为有钱之后人们就开始有了更多的选择，可以选择更好的生活、更好的教育、更优质的伴侣、更美味的食物、更长远的事业与人生目标，等等。而一旦失去健康，这些选择都会变得索然无味。所以财富管理一定要先管理好自身的健康。

　　我们是否可以在规划时间管理时做出锻炼的计划？我们是否可以在饮食管理上让自己选择健康的食谱？我们是否可以购买优质的定期体检，以便更好地预防而不是积劳成疾后去使用昂贵的药品？我们是否会规划充足的医疗保障，让自己万一生病后能获得最好的治疗而无须担心费用的出处？事实上，从经济学的角度来看，健康是有价格的，而价格就在我们的权衡与选择中产生。如果一个人还没有积累大量的资产，那么请记住，健康是最需要依靠与拥有的财富。如果一个人已经拥有了大量的资产，那么请记住，如果无法管理好健康，很可能也无法再继续管理好这些资产。更重要的是，一旦失去健康，也会丧失资产所带来的快乐。同时，如果失去身体的健康，心理也未必能健康到哪里去。大多人都生过病、住过院，我们会发现：有时候生病久了，人的心态就变了，就开始怨天尤人。因为长期处于病痛的折磨，是很难保持心理的健康与安宁的。所以，身体健康是心理健康的前提，更是事业成功的基础、家庭美满的核心、人际通融的资本。

二、内心通达，决定财富质量

　　通达，有通晓、洞达之意。能够内心通达，便可从心所欲不逾矩。或者用通俗的语言来形容，就是想得明白、看得通透，这是一种境界，对每个人来说也是一项极其重要的财富。

　　首先，生活中我们所追求的大多事物最终会归结为内心的感受。而就大众而言，内心感受的最高境界应该是快乐。考学考得好、婚姻好、买了喜欢的大房子、买了喜欢的车、拥有幸福的生活、赚了很多钱、完成了目标或实现了理想，等等，给人最直接的感受就是内心的快乐。还有人讲求修行获得的自在，也就是"如实知自心"（不以外在事物粉饰自我而快乐。同时，不否认缺点，不否认过失，修行中修正自己）以及《般若波罗蜜多心经》当中所说的心无挂碍。

　　事实上，财富自由是指以经济自由为基础的独立人格与自由意志，从而可以自由地处分自己的财富、身体、思想、言论，当然重要的是不能逾矩。一旦富有了，就想任性，钱进来了，却让自己的烦躁、戾气、恶念和情绪都溢出来，想干什么就干什么，随时发泄，那就叫"为富不仁"。财富自由中的"自由"，肯定不是有钱任性，而是内心可以不被自己的情绪左右、不被外在情况左右、不被他人的行为左右，可以承载，才能够自由。所以，财富自由不是在任何情况下"想干什么"或"不想干什么"的肆意妄为，而是在不断变化的情况和标准下，都能游刃有余的面对，这确实需要我们拥有与财富相匹配的修养。

孟子说："养心莫善于寡欲。其为人也寡欲，虽有不存焉者，寡矣；其为人也多欲，虽有存焉者，寡矣。"也就是说，修养品性最好的办法莫过于减少欲望。如果为人欲望很少，即便善性有所失去，失去的也有限；如果为人欲望很多，即便善性有所保留，留下的也很有限。在现代经济学中，有一个简单却含义深远的"幸福公式"：幸福 = 所得 ÷ 欲望，简单地说就是欲望大于所得，则容易患得患失，幸福感也会降低。但人并非不需要欲望或是欲望极低，反而欲望是促进社会发展和个人发展的要素。某种程度上而言，幸福感也正是源自人们恰当地使用了欲望和恰当地控制了欲望，使之不过度膨胀，且不迷失在无尽的欲望当中。这个逻辑决定了我们在做财富管理、投资、理财的时候要以什么样的态度对待金钱，挣多少钱才能够满足，包括挣钱的策略是什么、手段是什么。同时，不同的心态也决定了不同的金钱使用方式，更决定了每个人到底是金钱的主人还是金钱的奴隶。

曾经看到两个小孩子参加一个演讲比赛，一个孩子获得了奖杯之后，另一个孩子说："这个奖杯真漂亮，还是金色的，如果是纯金的就好了。"得奖的小朋友问他："要金子干什么？"那个孩子说："可以换好多钻石。"得奖的小朋友又问他："换好多钻石做什么用呢？"他说："要用钻石盖一所大房子。"当被问到："用钻石盖一所大房子的意图是什么？"那个孩子说："我可以炫耀。"其实这也是童言无忌，但是一个人的金钱价值观可能在很小的时候就形成了。曾经的家庭和学校大多在两项教育上是缺失的：财商教育和性教育。如果从小不给予孩子这方面正确的价值观，那么生活中经常看到，很多人在工作上出现重大违法违规，一些富人由富到贫，多是财色观念扭曲所致，就不足为奇了。所以，这两项教育应该从小就开始，帮孩子树立一个正确的观念，对于未来他们拥有财富、掌控财富、如何看待财富，都有着极大的帮助。

中国传统文化中对于通达的解释离不开"仁"。孔子评价颜回："一箪食，一瓢饮，在陋巷，人不堪其忧，回也不改其乐。贤哉，回也！"可见孔子对颜回的评价多么高。这也说明颜回的内心不为外在事物所裹挟，始终可以心处正念，保持一份最初的快乐，大概这也就是"仁"的一种状态。当然，大多人都做不到"不以物喜，不以己悲"，如颜回一般的修养。但古时的君子认为，事事追求功利就失去了当下生活的快乐，也会丧失一个人应有的"好的行为"。如果一个人觉得生活只因功利而产生快乐，就可能做出一些始料未及的事来，也可能给自己、家庭、社会都造成不良的影响。只因钱而快乐的财富还有什么意义呢？一个人贫困时不被世俗和他人的眼光左右，富有时内心也能承载所拥有的财富，不去违仁，这才是真正的财富。而我们从事财富管理，服务富人时也更愿意服务心内通达的仁富，与"富仁"同行。

三、家人和睦，别让富有成遗憾

中国人自古讲求"家和万事兴"。《礼记》中有言："父子笃，兄弟睦，夫妻和，家之肥也。"所表达的意思就是父子之间感情笃深、互相信任，兄弟之间同心同德、齐心协力，夫妻之间恩爱和美、相濡以沫，一家人一条心，财富才会滚滚而来，家业才能兴旺发达。因为只有家人和睦，每个人才能安定愉悦的各司其职，才能一起为家业发达而努力。家庭和教育会为一个人的成长刻上最深的烙印，一个和睦的家庭对每个家庭成员而言都是一份最好的人生礼物与财富。

有一位佛教法师说过这样一句话："因为昨天那样，所以今天这样。"这当中主要谈的就是一个因果的问题。如果一个家庭，或夫妻不和，或父母子女不和，或兄弟姐妹不和，或婆媳不和，或翁婿不和，甚至多种关系的不和交织在一起，那么很难想象这个家庭的人会是快乐、阳光、积极、健康、豁达的。如此一来也就很容易想象，这样的人怎么会有好运相伴呢？从而也会进一步影响到他们的事业与人际。每个人在与人交友、合作、共事时，如果有机会了解的话，相信也更愿意与那些家人和睦、家庭氛围良好的人去交往和配合，因为这从某种程度上说明了他是一个高情商、有能力的人。所以《增广贤文》里说："父子和而家不败，兄弟和而家不分，乡党和而争讼息，夫妇和而家道兴。"

很多人都读到过"修身、齐家、治国、平天下"。如果一个人都不能扮演好家庭成员的角色，都不能处理好家庭成员之间的关系，都不能为家庭带来和睦的氛围，都不能把生活中的家庭矛盾大事化小、小事化了，又怎么能指望他可以在社会上、在企业中可以处理好复杂的人际关系和诸多的业务与合作呢？就更不要说去掌管好一个企业甚至商业帝国了。因为家人至少天然具有血亲与姻亲而产生的理解、包容与爱，外人则不会。所以说"攘其外必先安其内"，若是家中没有和睦可言，事业上也大多会分身乏术、无能为力。

家庭和睦与传承也有着极大的关系。生活中不乏因为利益而家人失和、兄弟反目、父子成仇的。这种事在普通家庭中都屡见不鲜，在富有家庭中就更是如此。财富量级越大，家庭/家族成员越多，家族企业利益牵扯方越广泛，传承也就越复杂，同时也越考验人性与家庭/家族的教育。这当中最普遍的问题就是传承开始后兄弟姐妹之间的纷争。很多情况下，父辈健在及掌权时，兄弟姐妹尚能和睦相处，齐心协力，即便有摩擦也能因为"大家长"而化解或隐忍。一旦"大家长"离开，传承启动，子女们就可能会因为性格不合、理念不一或各种权力、利益而明争暗斗，有的甚至连带家族企业一同出现问题。

方太集团原董事长茅理翔说过："家不和，企业想和也难；家破了，企业不破也破。"[1] 有的企业家一生面对无数的波折与起伏，面对百般的困难和危机，都不曾言败，靠着自身的努力与心智，走向一个又一个成功。然而，在面对失和的家庭/家族关系时却束手无策，焦虑不堪。家庭/家族成员之间的关系如果处理不好，矛盾重重，人心就散了，家人的"心"散了，家族的"业"还怎么可能良性发展呢？

当然，这里所说的教育对于家庭和睦的作用只是一方面，因为有时再良好的教育在巨大的财富诱惑面前，也不能确保绝对不会家人失和。无数事例证明，"留下一笔高额、无明确指定、无有效安排的遗产，是整治子女和打破他们幸福的最佳选择"，而这也常常会导致失败的传承。所以好的教育还需要配合好的传承制度与系统，才能有效约束、管理和影响家庭/家族成员共同营造与维护"家和"文化的传承。家庭和睦在任何情况下都是不可或缺的财富，它也体现了创富者最初一心去创造财富的目的与核心价值。

四、资产充裕，生活幸福的基石

财富管理如果只看重资产管理，而缺乏对人的精神与情感需求的关注，那便失去了持久创富的意义；财富管理如果只停留在对精神与情感需求的关注，而缺乏对资产与市场的研判能力，以及对资金与风险的管理能力，那便失去了依托，

---

① 茅理翔.家业长青［M］.杭州：浙江人民出版社，2008.

徒有其表。有钱不一定感到幸福，但没钱肯定不会幸福到哪里去。生活中，绝大多数需求与问题的解决依然需要金钱的支撑。所以资产充裕也是每个家庭都期望的状态。同时，金钱是没有品格的，其品格由使用者决定。也就是说有了财富基础之后，幸福感在很大程度上取决于每个人支配金钱的态度。当然，一个家庭资产能否充裕，还取决于家庭成员创造财富与管理财富的能力。所以，除自己的创富主业之外，身处不同的生活阶段、事业阶段、年龄阶段、财富阶段匹配不同的、有针对性的资产管理模式，更可以帮助每个人实现资产充裕的人生。

大约 20 世纪 90 年代末，我国才告别长达 40 年的以商品短缺为特征的短缺经济时代；21 世纪开始，更多的人才逐步拥有自己的商品房；2005 年以后，才开始看到财富效应；2012 年以后，才开始有了财富管理的概念；"富起来"的经验和希望自己"富下去"的念头从改革开放至今充其量也就 40 多年。我们的财富价值观还有待建立与打磨，我们的财技（生财、理财、保财、传财的专业技能）还有待学习与提升。用 40 多年的财富经历与经验去实现长远的家庭富足以及百年传承，确实是一件非常具有挑战性的事情，也是一件非常值得且必须去挑战的事情。

五、人际通融，一生的宝贵财富

如果现在需要对自己的未来做一项最好的投资，我们会选择什么？会把精力和时间投向哪里？曾有调研机构对"千禧一代"①做过一个调查，去了解他们的生活目标是什么。80% 的受访者选择要变得富有，还有 50% 的人同时认为要变得出名。他们常常被家庭、被来自社会的声音告知要努力工作，专注事业，以获得更大的成功。但哈佛大学医学院麻省总医院（MGH）精神科医师、精神分析治疗师罗伯特·瓦丁格（Robert Waldinger）曾参与的一项有关"幸福要素"的研究也许会给我们带来不一样的启发。

这项研究历时 75 年，跟踪研究了 724 位男性的生活。被研究对象在参与这项调研时还是少年，如今绝大多数人已经过世，只剩下不到 60 人，且大都已经 90 多岁了。但在研究过程中，还有很多受访者的太太以及子女（2000 多名）也被邀请参与其中，使得这项研究至今仍在继续。最初，所有的受访者被分为两组，

---

① "千禧一代"是指出生于 20 世纪且 20 世纪时未成年，跨入 21 世纪以后成年的一代人。

一组是毕业于诸如哈佛大学这种名校的少年，另一组则是来自贫民区的少年。这些少年成年后进入各行各业，他们当中有工人、律师、医生、金融从业者、泥瓦匠等，甚至有一位成了美国总统。

研究历经了几代研究人员的坚持。为了清晰了解受访者的生活，研究团队不仅持续通过各项问卷跟进调查，还会持续采访并分析受访者的健康情况，为这些人进行体检并与他们的家人和子女进行深入交谈等。在这些人当中，一些人染上了酒瘾，一些人得了精神分裂症，也有人从社会底层一路爬到社会的顶层，有些人则从顶层跌落。在长达75年的时间里，通过对几千位受访者的长期观察与研究，所获得的最明确的发现就是"良好的人际关系可以让人更加幸福与健康"。同时，关于人际关系，研究团队给出了三大结论：

结论一：维持社会关系对人有积极的作用。

与家庭、朋友、团体保持更多关联的人，更快乐、更健康，也更长寿。保持社会联系较少的人会明显感到孤独、不开心，且从中年早期时健康开始走下坡路，脑功能减退的更快，寿命也更短。

结论二：幸福感取决于社会关系的质量而不是数量。

研究显示，人在充满冲突的环境与生活中，对健康的损害十分明显。例如在婚姻中糟糕的关系对人的影响要比离婚还严重。而充满温暖的生活环境，对健康有显著的保护作用。研究人员在项目进行期间对中年受访者进行了老年健康的预测，几十年后他们发现，决定人到了老年后依然保持健康的主要因素并不是胆固醇的指数，而是中年时对人际关系的满意程度。50岁时最满意自身人际关系的人群在80岁时更健康。而夫妻关系良好的伴侣，在老年后即便处于身体开始产生病痛的日子里，依然可以保持乐观的心态。反之，人际关系不好的人群，不良的情绪会加重病痛所带来的折磨。

结论三：良好的人际关系不仅保护身体健康，还保护我们的大脑。

研究发现了有趣的现象：拥有安全可依赖的人际关系，在80岁左右时对大脑起到了积极的保护作用。因为这些受访者相信拥有良好人际关系，在自己有难时，可以获得他人的出手相助。同时，这些人的记忆系统也维持得更健康、更长久。反之，则呈现衰退较早的现象。

这是不是让我们有所反思？无论我们身处什么年龄段，20多岁、40岁，甚至60岁，我们都应该思考如何去培养好的人际关系。然而，良好的人际关系是一项长期投资，因为它更加复杂以及需要时间的考验，它是一生的课题，且伴随终身。它虽然不像我们做一单生意、健身一年、涨一级工资那么立竿见影，它虽然不像完成一个目标或挣到一大笔钱那么让人激动兴奋，但健康快乐的人生在很大程度上取决于人际通融。它可以让人拥有持久的、长远的幸福感。

我们相信，美好的人生由良好的人际关系构筑而成，它也是一生宝贵的财富。

管理流动性：财富不流动不增值

前面谈到了对"财富"的定义，由此可知财富管理不只是资金与资产层面的管理。然而，"管钱"又是财富管理过程中非常重要的组成部分，通常称为"资产管理"。"管钱"其实是一个很抽象的概念，因为有人认为应该低风险，有人希望高回报，有人觉得就是钱生钱，但在一点上达成了共识，即人们都希望通过一些手段或策略使钱变得越来越多而不是越来越少。所以，我们必须清楚"钱"在管理中可以变得更多的逻辑。

首先，要知道人们获得财富的第一种形态大多是现金，然后会以投资的方式来购买资产，资产升值后再出售资产或相关权益换回现金，也就是进入了"现金购买资产→资产增值／亏损→资产变现"这样一个循环中。由此可以看出，资产管理的第一要素也是最重要的一步就是要管理"流动性"，因为资产（包括资金）有一个特性，就是不流动不增值。

如果我们问自己一个问题"在生活中，有什么东西是不流动却可以增值的呢？"有人会认为是房产，也有人说是黄金，还有说收藏品的。但是如果这些资产丧失了流动性，那么从投资的角度来看，这些资产已经失去了增值的机会，也失去了资产属性。从法律层面而言，从权属的角度来看，个人财产也好，企业财产也罢，都是财富的一种统称。但从生产经营的层面而言，从金融的角度来看，资产和财产的概念就有所不同。财产是人们可使用、可支配、可处置并拥有所有权的物质财富。它并不生产更多的财富，同时还需要花钱来进行维护。资产则不同，资产具有金融属性，具有较好的流动性，可以通过交易带来现金流，带来增值的可能性。

一套房子，从最初购买时的 300 万元涨到 3000 万元，如果我们不去交易，或不被允许交易，它就只是钢筋水泥，而且这些钢筋水泥也不会由 150 平方米变成 300 平方米，它的功能只是居住或存放东西，我们还要为了维护它的正常使用而产生开销。当我们被允许对它进行交易，又自愿开始交易后，并产生流动性时（如出售、出租、抵押），300 万元的房子才有机会真正获得增值，黄金或收藏品也是如此。我们可以想象，每个人的身边是否都有类似这样的群体：假如他们是年收入 30 万元左右的家庭，却拥有着除居住之外的，或早年购买的，或来自家庭的，已经增值到几千万元的两三套房产，既不出租，也不抵押，更不出售。试想每年家庭可支配收入 30 万元在一线城市中并不是一个非常富裕的生活状态，但他们依然会因为那些没有给生活带来太多改变的钢筋水泥而长年"暗爽"，其最主要的原因就是认为资产"增值了"。但一直没有产生流动性的资产，如何谈得上增值呢？我们再设想一下，假设几千万元的资产一年可以产生 8%~10% 的现金回报，那么每年可以支配 30 万元和可以支配几百万元现金，这两种生活会有所不同吗？所以，只有流动性才可能使钱变得更多，使资产真正增值，使生活得到改变。我们赚钱的最初想法不就是为了让生活变得更好吗？因此要记住以下两点。

第一，资产不流动，不增值。

第二，资产增值的基本目的是使生活得到改善，是满足各种需求，是实现各类目标，而不是看着数字的变化"自娱自乐"。无论什么样的收入或财富量级的人群，均是如此。

2018 年，福布斯公布了全球最大的网上购物商城亚马逊（Amazon）的创始人杰夫·贝索斯以 1120 亿美元的身家超越了比尔·盖茨（900 亿美元），成为新一届的世界首富。但对于拥有 900 亿美元的比尔·盖茨而言，当年他也创造了自身财富的新高。

有报道提到，比尔·盖茨之所以能常年保持着世界前三的地位，是因为1994 年他聘请了一个叫迈克尔·拉尔森的投资经理，并成立了一家叫卡斯凯德（Cascade Investment）的投资公司为他打理财富。

1994 年，比尔·盖茨的身价仅为 50 亿美元，所以这位投资经理为比尔·盖茨的财富增长立下了汗马功劳。在过去的 20 多年中，拉尔森不断地帮比尔·盖茨抛售微软的股份，从持有 45% 降低到 3%，然后做了多元化的资产配置（房产、地产、企业股权、股票组合等）。但如果比尔·盖茨没有减持自己公司 45% 的股票，那么他 2018 年的身家应该是近 3000 亿美元。

所以很多人说："找专业人士打理还不如什么都不干，一直持有自己公司的股票不是更好吗？"

以上事例能给我们一些什么启示呢？

启示一：如果企业主能一直经营好自己的企业，那会是他最大的财富来源。不要相信理财顾问或投资经理会比企业主自己更懂得赚钱。如果他们比企业主更懂赚钱这件事，那么他们就不需要伺候（服务）这些挑剔的老板了。

但是——

事实证明，能做到永远把企业经营在巅峰状态或理想状态的人几乎不存在。因为企业从诞生开始就在走向死亡，企业主的使命就是尽可能延长企业的寿命。在这个过程中，企业将面临各种各样的不确定性和风险。所以，从某种意义上来说，专业化投资是一种对冲主业收入风险的行为。

启示二：如果我们能看得准一项投资，最好的办法不是分散而是"All in"（全部投入）。不要相信投资组合可以赚到最大的财富。

但是——

事实证明，能有信心、有勇气、有能力、有眼光看得准的，且一直看得准的人几乎不存在。所以，投资组合虽然不是创富的最优选择，却是大多数人不得不选择的保富方案。

启示三：如果能够一直看好并持有一项资产，那么它终将带来巨大的回报。不要相信频繁地"高抛低吸"会使人发财。

但是——

事实证明，绝大多数人都不可能在资产价格的起伏之间做到毫不在意，也不太可能在长久持有大量资产的过程中而不需要现金流，更不可能忽略需要变现后的资金用于其他领域的发展。所以，"现金→资产→增值／亏损→现金"这种轮转是不可避免的选择。

对于富人来说，真正的财富是他们能够掌握的流通财富。流动资金越多，资产的流动性越好，才是真的"有钱"。

第三节

管理风险：富贵险中求

接下来我们探讨资产管理的第二个要素。资产一旦流动起来，必然会面临不确定性，因为我们购买的资产不能够确保一定是增值的，也有亏损的概率，甚至可能血本无归，这就是我们经常说的——风险。经济学家金岩石说过："在中国人的传统意识中，是厌恶风险的，所以风险一词对我们而言是个恶词，从而导致我们经常谈到的都是规避风险的话题，如此一来也就规避了财富。"如果希望更好地理解风险，我们需要借助两个英文单词"RISK"和"VENTURE"，虽然它们都有风险的含义，但本质不一样。"RISK"可以视为"被动风险"，"VENTURE"一词则有冒险的意思，可以视为"主动风险"。

想一想在我们的生活中哪些属于被动风险。顾名思义，不在自己预期内的，不由自己控制的风险就是被动风险。例如，我们都不希望早亡，但谁也不知道明天和意外哪个先来。我们都不希望生病，即便生病也不希望是重大疾病，但得感冒还是患癌症，很大程度上都不由自己左右。即便我们生活规律、定期锻炼、健康饮食，有时也无法战胜基因带来的隐患。再如，我们都不希望承担赔偿责任，但生活中就常常看到低价车撞到超级豪车的新闻，相信这种事故中的责任方一定不是为了体验撞击豪车的新奇感而故意为之。所以诸如生命、健康、责任等风险都属于我们会面临的被动风险。这种风险我们在管理上就需要控制，并不是控制它的发生与否，而是要控制风险一旦发生，可以把产生的财务损失降到最低。

如此一来大家自然而然就会想到一种工具——保险。保险是在风险发生后有效控制财务损失的工具。而且保险的作用不只是补偿损失，从现金流的角度来看，一些家庭的投资需要长期持有并穿越周期获利。如果出现被动风险并产生巨大的资金缺口，那么资产（如房产、股票、股权、收藏品等）就有可能在还未盈利时需要被迫变现，如此一来，我们的损失就会叠加。所以，被动风险在管理上需要我们运用工具来做到有效控制。

虽然保险是一种非常好的家庭财务风险控制工具，但依然有很多人并不愿意关注，因为他们认为自己的运气比别人好，风险不会降临到自己身上；他们认为自己比大多数人更有钱，不需要此类工具来控制风险。更重要的是，相较花钱买保险而言，人们更愿意用钱去赚钱。但要知道，只有控制好被动风险，确保财富不流失或少流失，才有更充足的资金以及更大的概率在冒险中获得回报。当人们选择投资、选择创业这种模式去赚钱时，其实也是一种主动冒险行为，因为我们自愿参与具有不确定性的投资活动，自愿选择了承担风险。

生活中，不冒险是不可能快速获得财富积累的，因为所有的投资获利都是伴随一定风险的获利。华尔街有句名言："**Nothing Ventured，nothing gained**"（不

承担风险就没有收益），说的就是这样一个道理。但冒险不意味着没有规划、没有管理。例如企业主开办公司会有股权设计、会设立公司章程，做交易会选择用法律保护各方利益，投资时会选择各种类型的风险控制手段，如抵质押、担保、回购条款、特别约定、对冲等。甚至当人们自认为对趋势判断的正确概率很高时，还会放大风险（加杠杆）以谋求更高的回报。这些手段我们称为"对风险的经营"。巴菲特曾说："最大的风险就是不承担任何风险，以及不知道承担了多大风险。"换句话说，当一个人知道在承担什么风险，知道了承担多大的风险，也就知道了如何去运用风险、经营风险且从中获利。

一、懂得承担风险，才是合格的投资人

对待风险，据说巴菲特举过一个左轮手枪的例子。当我们把这个例子延展一下讲给身边的人时，也会看到不同的风险偏好。

6个弹孔的左轮手枪里只有一颗子弹，对着自己的脑袋开枪，一枪100万美元，有人干吗？

大多数人会说：不干。

为什么不干？

因为一旦失败，代价惨重，承受不起。

也有极少数人说：可以！

因为冒着不到17%概率的风险，可以获得成为百万富翁的机会。

如果现在把这个例子的条件换一下。

这把手枪有100个弹孔，里边只有一颗子弹。对着脑袋开枪，一枪100万美元，有人干吗？

相信愿意参与其中的人会变得多一些。

为什么？

因为付出惨重代价的概率变小了，所以有更多的人愿意冒看似很低的风险获得100万美元。

这给了我们什么启示？

启示一：

这就像投资一样，风险总是在那里，只是概率大小而已，不要以为概率小就不是风险，就不会发生风险。如果没有"必要"，那就连1%的风险概率都不要去选择。

启示二：

如果"缺钱"，如果希望获取更多的财富来改变现状，冒险是一种必要的选择。

启示三：

如墨菲定律所讲："如果坏的结果有可能会发生，那它就一定会发生。"所以，决定是否冒险，取决于是否可以或愿意承受风险发生后的结果，然后才是评估风险概率。

然而这其中还有一个关键的问题，那就是大多数非专业人士难以准确判断投资过程中的风险，就更不要谈经营风险了。所以针对非职业投资者，给出三点关于投资风险管理的建议：

（1）投资时知道风险在哪儿。

（2）知道风险如何经营（风险控制手段）。

（3）一旦发生风险，损失可以承受。

在这三点中，前两点需要依赖经验、专业和辨别力来实现对投资这件事的判断，虽然重要，但第三点才是重中之重。因为投资即概率，市场上不会有永远的常胜将军。所以投资的额度要能够控制在自己可以承受的范围内，出现极端情况时，即便全部亏损也不会影响自己的生活和心境，这是很重要的。我们会看到金融机构在接受投资者时都会要求"合格的投资人"。比如需要投资人具备一定的投资经验（年限），需要投资人具有一定量级的资产，或需要投资人年收入达到多少，等等。但这些都不是最关键的，因为本质还是在于投资人能否承受损失。如果一个投资人拥有五年以上的投资经验，资产量级达到5000万元，年收入达到100万元，但习惯了刚性兑付，一出现亏损就患得患失，甚至寻活觅死，那他就不属于真正意义上的合格的投资人。但如果一个投资人只有100万元，即便亏损50万元，他能坦然接受，认为这就是一个过程，投资有赔有赚是正常的，并愿意继续参与市场，那么他就是一个合格的投资人。

二、流动性管理与风险管理并重

重复一下关于资产管理的两个基础要素："流动性管理"与"风险管理"。

（1）流动性是创造财富的基础，资产不流动便不增值。流动性管理是资产管理中最重要的环节。

（2）资产一旦流动起来便会面临风险，风险管理是资产管理的重中之重。

（3）风险可以分为"被动风险"（如死亡、疾病、意外、战争、政治、系统性风险等不可控的风险）与"主动风险"（如投资、创业、博彩等主动参与的风险活动）。被动风险管理的目的是控制风险发生后的损失；主动风险管理的目的是通过经营风险以获取超额回报。

（4）没有流动性管理与风险管理，就等于对资产没有任何管理。

第四节

富人的财富管理逻辑

不同的富人，其创富来源、生活方式、消费观念、家庭状况以及所面临的问题诚然各不相同，而且每个人似乎都有着独到的认知与技能。但能够在激烈且多变的市场竞争中、能够在不断更迭的周期中、能够在快速发展的时代中依然可以化险为夷、捕捉机会、稳健发展的佼佼者，一定有着一些他人可以学习的财富逻辑与珍贵的经验。他们为什么在市场中具有良好的口碑，或可以在起伏的风浪中一次又一次转危为安，或许我们可以从案例中看出一些端倪。

一、俞敏洪的经营启示

2021 年 11 月的一天，新东方的创始人俞敏洪的一段话刷屏了朋友圈。

因为（新东方）在 2003 年非典期间遇到过一次资金危机，所以在那之后我就给新东方立下了一条规矩，如果有一天新东方倒闭，新东方账上可支配的钱必须要满足可以支付所有学生的退款和员工的离职工资。随着业务不断增加，这笔钱也在增加，并且毫不动摇地一直坚守到今天再次遇到危机。

这些年当中，很多人都说这是对钱的一种浪费，对金钱可以创造资源的一种不尊重，不能为了一万年不一定出现一次的万一，就如此浪费资源，应该把这么多的钱投入到更多创新业务中去创造利润。但我们始终坚持为万分之一的概率做好准备，现在看来这是对的，这条规矩救了新东方。[1]

---

[1] 该文字源于俞敏洪直播时的自述。

视频中，俞敏洪所讲的道理简单而直白，而且懂得这个道理的人也是千千万万，但能做得到的人却是万中其一。正所谓"上士闻道，勤而行之；中士闻道，若存若亡；下士闻道，大笑之"。在过去这些年，无数的企业因投资扩张而做大，而且赚到了钱。而在 2019 年至 2022 年，又有无数大举扩张的各类企业因轮番面临资金链断裂的灭顶危机而难以支撑。

新东方可以撑过行业的寒冬，并不代表俞敏洪一定就比其他企业家更聪明。因为知道且能践行简单的道理，并不是由智商决定的。

- 每个经营者想把企业做成什么样；
- 希望顺的时候能够惠及什么人；
- 而不顺的时候能够不影响什么人；
- 遇到危机时要如何应对；
- 为了应对哪怕万分之一概率的危机要舍弃什么。

这些不主要取决于聪明和智商。能把企业做成且做大的企业家，在智商上没有巨大的差异。是否可以在面对一次又一次的危机之后走得更远更好，虽说运气也起到了很大的作用，但品性、价值观、道德水平、风险管理逻辑这些都与企业家以及企业未来的运势有着一定的因果关系。做事的起心动念，其实就已经决定了这件事未来的命运。

同时，视频中俞敏洪讲述的"留余"思维也让人得到启示。清朝同治年间，河南康百万庄园的康家有一条家训曰"留余"，并由进士牛瑄题字"若辈知昌家之道乎？留余忌尽而已"，并制成匾额悬挂堂上。这也是儒家"财不可露尽，势不可使尽"之中庸思想的体现。"留余"思维从小聪明来看是为了自己在未来万一陷入危机时家业与人生不至于坍塌。然而能考虑到自己在陷入危机后不使更多的人成为垫背或也陷入万劫不复，这更是一种大智慧和大慈悲。中国人自古就相信"仁义"与"留余"文化，可以使一个家族化险为夷、延长家业寿命，甚至得以延续久远的传承。

事实上，成就越大的人可以"看得到"更远，传承越久的家族可以"看得到"未来。这里所说的"看得到"，是说那些人真的可以付诸行动而非只停留在理论上。有智慧的人都是因为可以"看得到将来"，才能在最初就制定下可以让自己及自己创造的财富走得更远的策略。往往当繁荣和机会遍布眼前，就会阻碍一个人看清远处的萧条与隐患。所以，看得远的人，才可能走得远，才可能走得到他人无法企及的未来。

二、李嘉诚的财富管理启示

据港媒报道，2018 年 3 月 16 日在长和系旗下四家公司的业绩发布会上，长和系主席李嘉诚正式宣布于当年 5 月 10 日股东大会后正式退休，整个长和系将交由长子接棒，他一手缔造的商业帝国从此进入李泽钜时代。之后李超人（即李嘉诚）除了继续担任公司顾问，也将披上新的战衣，投入基金会的工作，尤其是医疗和教育方面。

是什么让李嘉诚从白手起家到常年蝉联香港首富以及全球华人商界领袖？通过对公开信息的梳理可以发现，他对投资及财富管理的理念，有三点足以让我们思考并借鉴。李嘉诚在谈及投资的时候曾表示，充足的流动性、注重风险管理（互补的行业选择）、低资产负债比，是他控制风险的三个基本要素。

公开报道显示，2008 年后金融风暴蔓延全球，香港经济也走入一个严峻的寒冬，大部分投资者的腰包都缩水过半，就连华人首富李嘉诚控股的公司股票市值也大幅缩水上千亿港元。即便如此，当时的李嘉诚依然表示他对旗下公司的业务充满信心。那么他的"过冬策略"又是什么呢？

他立刻停止了和记黄埔的所有投资，更重要的是他手中积累了大量的现金。当时大概有 220 亿美元，其中绝大部分是现金形式，其他则是债券的方式，且具有很好的流动性。同时，他的负债比极低。

李嘉诚对现金流极其的在意是负有盛名的。他经常说的一句话就是："一家公司即使有盈利，也可以破产。但一家公司的现金流如果是正数的话，便不容易倒闭。"而面对全球性的金融危机，李嘉诚一直遵循"现金为王"的理念。他当时大手笔减持手中的中资股，回笼资金至少上百亿港元。2008 年，他旗下的公司更是多次抛售手中的物业与楼盘。据当时公开报道，李嘉诚在北京投资的第一个别墅项目"誉天下"也以很低的折扣甩卖，而这几次腰斩似的甩卖，正是李嘉诚一贯坚持的"现金为王"的理念在起作用。李嘉诚曾说："现金流对我来说是最重要的，这么多年来，从 1950 年我开始做生意，世界上有这么多风波，如果我不注重流动性，我早就会被改变了。"

那么除了重视流动性，李嘉诚还秉持着哪些投资理念呢？

李嘉诚的和记黄埔其核心业务有几个方面：一个是港口，再有就是地产和酒店，还有零售、能源和电信。他的投资是有逻辑的，并不是简单的多元化投资。内地也有很多企业做多元化投资，其中有不少是全盘失败。李嘉诚做产业多元化的成功之处在于他所投资的行业之间都有很强的互补性，风险可以形成对冲。如果其中一个行业，它的利润走势有起伏，那么第二个行业一定会和第一个行业的利润走势形成互补，然后好坏可以相互抵消，最终使现金流达到稳定，这也是他一贯秉持的战略方针。而内地很多企业家的投资是兴致所致，或市场热度所致，常常要好一起好、要坏一起坏，一旦碰到坏的时期则有可能一起出现危机。对李嘉诚公开的数据进行分析，会发现相较于产业布局集中的企业家而言，他透过这种行业之间的互补使风险大大缩小。这也充分体现了他在参与风险的过程中对风险经营的态度。

有一个关于李嘉诚的小故事：在长江中心70层的会议室里，摆放着一尊别人赠予李嘉诚的木制人像，是一个中国旧时打扮的账房先生，手里原本握着一杆玉制的秤。但因为担心被打碎，李嘉诚干脆将玉秤收起，只留下人像。这从另一个侧面也反映了李嘉诚是一个时刻注意风险的人。

李嘉诚在一次办公室采访中谈道："我在1956年以后，个人没有欠过一个债，我的负债是这个（边桌上有两只金属做的一大一小的北极熊雕像，他指着小北极熊说）；而我的现金是这样大（指着大北极熊）。投资我不是只投资一种行业，我是分散投资的，所以无论如何都有回报，因为我比较谨慎。而且我个人资产，在安排上都是一个礼拜便可以拿得到现金，并且拿到占我投资比例不少于三分之一的现金。例如债券、股票，一个礼拜都能拿到。我当然还有其他的投资，例如地产，但这不是马上可以兑换为现金。我是比较小心的，曾经经历过贫穷，怎么会去冒险？我们看到很多人一时春风得意，又一下子就变为穷光蛋，我绝对不会这样做事，我都是步步为营。"①

李嘉诚一直强调现金流和公司负债的百分比是他一向最注重的环节，而控制负债比也是他的公司在一次次危机中能够化解风险、继续稳定经营的关键。由此可见，充足的现金流、注重风险对冲、低资产负债比，这就是经历过大萧条的人的心态与策略。一个卓越的企业家，不在于他是不是首富，也不在于他赚了多少钱。要知道，最好的财富拥有者，一定是一个最好的流动性与风险的管理者。

---

① 引用自2007年李嘉诚接受《商业周刊》采访的访谈实录。

第五节

财富管理的系统化

很多初代创富者在财富管理这件事上都略显随性与杂乱无章。当然，这主要也是缺乏精力与经验所致。正如前文所讲，初代富人例如一些企业主会把更多的注意力和时间放在企业经营（创富）上，且有时他们当中的一些人认为其所创造的财富量级尚未达到自己满意的程度，也就顾不上系统地管理财富。另外，每个人的精力都是有限的，由于术业有专攻，这些企业主在专注自己的领域时，就很难在其他领域投入更多的时间去研究学习，更不要说财富管理所涉及的专业范畴又较为多元了。当然，还有一些非企业主的创富者，或是因为自身的专业能力，或是因为机遇与运气，也在一段时间内累积了一定数量的财富，但也都面临同样的问题，就是他们中大多数人没有刻意系统地去了解、研究长期财富管理和有效代际传承这件事。

书中多次强调了财富管理系统化的概念。高净值人群尤其是高净值企业主群体的财富管理和传承之所以面临极大的挑战与困难，主要原因就是以经验替代系统、以运气替代运筹、以继承替代传承。国外媒体曾评价中国市场是创造财富的沃土，也是财富管理的荒漠，主要原因就是中国为数不少的富人更愿意将精力用在赚钱的手段与方法上，更愿意关注资金的短期回报率而非长期有效地保值增值以及成功地传承。所以这也导致了他们对财富的管理与传承往往是随机的、散乱的、缺乏底层逻辑的，而非预设的、系统的，后代有章可循的，可复制、可检视、可更新可调整的，具有顶层设计思维的。只注重财富的创造而忽略财富的管理，以如此的思维与行为去历经和穿越快速发展的时代、复杂多变的社会环境，最终很可能白白辛劳一生。

当前市场中比较流行"家族办公室"这一说法，虽然笔者对这个名词在国内的使用从态度上有所保留，但它的被关注和市场热度恰恰说明了行业以及高净值群体对系统化财富管理的认知在逐步建立，因为家族办公室本身就是一种财富管理体系。同时，这样的体系需要具备几个特征：个性化、多元化、法制化、系统化。

一、个性化

由于每个被服务的家族情况不同、文化背景不同、产业结构不同、成员构成不同、问题诉求不同，根据现状及目标所需量化的数据不同，服务的侧重点也就不同。不同的家族，一定存在不同的背景和地缘文化，包括自身情况、需求和他们看待事物的视角是完全不一样的。越富有的群体，需求也就越个性化，这就决定了服务系统的功能与重心对于每个家族而言都各不相同。

二、多元化

财富管理本身就不是单一对钱的管理，也不是对数字的管理，本书多次提及做财富管理时首先要对财富进行定义，如果身体健康、内心通达、资产充裕、家庭和睦、人际通融都是我们所定义的财富，那么在管理的过程中就要涉及多元化的专业、人才、资源、工具、服务以及机构。

三、法制化

家族财富管理是一个企业财富私有化转换，私有财富再次企业化（架构搭建）管理的过程。这当中一定是在合法合规的范畴内，否则拥有再多的财富也是泡影。很多案例表明，一旦出现违法违规，且涉及规模较大时，其非法所得和合法个人家庭资产就容易模糊难辨。个人财产、父母财产，甚至身边的一些朋友的财产都可能被牵涉其中。

所以，法制化应该有两个层面的理解：一个是指个人／家族在创富过程中，是否所有的财富都是合法所得；另外一个就是从政策和司法的角度，是否能够把创富者创造的财富认定为合法所得。

四、系统化

系统化运营最大的好处就是传承。文化、精神、经验、关系这些是最难以传承的。以往的经验是我们拥有各类资产，然后让下一代继承就好了。但代代相传的过程中，若总是无迹可寻、无法可依，就难免会因经验不足、管理缺位，而流失财富。系统是一个载体，有这个载体，管理与传承就能有章可循、有所依归，并且有一个可以长期经营的逻辑。另外，这个系统也应该是一个以人为核心，对家风、家法、家业、家事、家产进行有效管理安排的系统。同时，家族财富管理系统化的核心应该着重于四个模块：企业财产合规化、合规财产私有化、私有财产系统化、系统财产传承化。

（一）企业财产合规化

企业主无论是在创业初期要解决活下去的问题，还是需要快速完成原始积累，过程中难免出现"经营原罪"。有人说既然知道是原罪，就不应该去做，这就如同一句正确的废话。一来有些属于遗留问题，在曾经的市场中，某些不合规的行为是行业普遍做法，而且从当时的监管环境来看，并不会被深究。这也是早年改革开放初期为了搞活经济，我们所经历的特殊市场阶段。二来属于习惯问题。一些"普遍做法""长期做法""有效做法"一旦形成思维和行为上的惯性，那么违法违规的手段自然也会随着法制的完善与健全变得越来越隐秘和巧妙。但做过必有痕迹，各种遗留的隐患大概率会在未来的某个时点爆发。

另外，人性总是避免不了侥幸心理，"上有政策，下有对策"被不少人奉为至理名言。它会使人们的思想在不知不觉中发生变化，严重的后果都是由一点一滴的小事积累形成的。

我国从一次分配的效率为先，到二次分配的兼顾公平，再到三次分配提出在高质量发展中促进共同富裕，正确处理效率和公平的关系。这一过程当中对"下有对策"并非无法治理、不能治理，而是不同的阶段会有不同的侧重点。针对企业主在经营企业获得财富过程中所存在的不合法、不合规等问题，于当下及下一个阶段国家必定会加大治理力度。而企业主与企业之间存在的家企不分风险、刑事犯罪风险、税务不合规风险等，则必须要开始重视。用尽半生甚至一生所创造的财富如果有一天不能被定性为合法合规，那么再庞大的规模也将化为过眼云烟。

（二）合规财产私有化

企业的资产是属于企业的，无论是大股东还是创始人都无权在不合法不合规的情况下占为己有或擅自挪用，哪怕企业只有一个股东。对于很多企业主来说，将属于自己企业股权对应的权益变现时，都会忽略家企不分这个问题的严重性。另外，无论是创始人还是企业股东，在其创造财富的诸多目标或期望中，一定有一条是希望自己以及家族成员最终能享受成果，改变生活，并成为真正意义上的富人。同时，也会有将财富回馈社会、回馈他人的需求。所以，把合规的企业财富中属于自己的部分落袋为安，是每个企业主必要的需求。但无论是希望在一轮一轮的融资中部分变现，还是获得来自企业的薪资与分红，抑或是未来上市的退出，对于企业而言，股东的财富变现都将是牵一发而动全身的。创始人以及创始股东既需要让企业运营有足够的资金，还需要满足投资人提出的限制他们退出的要求，更需要考虑企业上市后股东变现对股价的影响，这当中也要考量监管、合规、纳税等种种问题。规模越大的企业，拥有股权对应财富量级越大的股东，其变现就越复杂、多变且困难。这就需要提前进行系统的规划与设计，并历经长期的执行。

（三）私有财产系统化

系统化指的是财富具有系统化的管理特性。高净值人士持有多种类型的资产时，有可能存在币种的不同、司法管辖的不同、所处的市场周期不同、持有的方式及主体不同、收益模式不同、所对应的税负不同、所面临的风险不同，还可能存在用途不同，以及将来传承时的继承人不同，从而导致持有财富数量与质量的模糊与无序。

打理这些资产时，在很大程度上需要不同的专业人士的协助与管理。例如不同类型的职业投资人、专业融资顾问、专业财务顾问、专业法律人士、专业税务人士，等等。同时，要将布局在不同区域或不同国家的多类别资产进行有效的组合，并在不同轮换的经济周期、政治周期乃至战争周期中调整不同类型资产的持有比例，使其尽可能地降低风险，实现长久的保值增值，这绝对是一件非常具有挑战性的事情。同时由于资产属性不同以及司法管辖的差异，私有财产系统化还可能涉及持有者的海外身份规划、资产持有架构设计以及法律税务合规等事务。

可见，私有财产系统化是一个具有顶层设计、长期目标、多元分布、动态调整、统一管理的体系，需要不同专业人士的智慧与经验来构建，最终还要实现可有序运行、可监督管理、可随时校正、可有效控制、可顺利传承的效果。

（四）系统财产传承化

本书一直强调传承过程中"有章可循"的重要性。中国的富人群体中，"一代"占据了绝大多数，由于经验的缺乏，更多的是继承替代了传承。如果打一个比方，继承更像"授之以鱼"，传承则是"授之以渔"。继承更多是将各类资产的所有权由被继承人转换为继承人，例如企业股权、现金、不动产或其他。由此产生的问题是，并非所有的继承人都能够在时移"世"易中管理好不同类型的资产，哪怕只是数额不小的现金或金融资产。何况除了资产的所有权变更以外，还可能要解决家族文化的传递、家风的延续、企业的持续发展、社会责任的承担、继承者自我价值的实现等问题。

所以，传承需要传的是传承逻辑、传承方法以及传承系统。这远比继承散乱的资产遇到的阻碍要少，同时也会大大提升成功传承的概率。如此便需要传承者做到注重文化与家族基因的培养，以及对传承架构的搭建，并逐渐将传承的系统性思维、运作法则、工具使用、专业人士的选择逻辑等也变成一种家族文化传下去，以此让一代又一代的继承人找到其中的规律，进而加以完善和调整。最终，提升财富代代相传的概率。

这当中诸如对子女的刻意培养，全球化的资产与产业布局，法律顾问与税务顾问的选择，家族财富管理办公室（以下简称"家族办公室"）的设立，家族信托的运用，全球身份的安排，产业的布局转型等，都可能是需要设计与考虑的措施。

五、家族财富管理系统的搭建

一般较为完整的家族财富管理体系，会先由整体或核心家族成员组成家族委员会，并轮选出家族成员担任委员会主席一职。

家族委员会将下设家族理事会（也可以称为家族管委会或执行委员会），并对理事会进行监督与管理。从名称上就可以了解到家族理事是一个对家族事务进行具体管理，同时代表家族成员做出决策的组织或机构，当然其成员应该通过家族委员会的选举而产生，并且一般会选择对家族事务管理有丰富经验的人士和在家族企业内部正在担任或曾经担任重要职务的精英人士。

家族理事会也可以通过设立家族办公室来为家族成员提供一系列诸如前面提到的以人为核心，对家风、家法、家业、家事、家产的有效管理及个性化服务。其中可能涉及但不限于以下内容。

- 投融资管理；
- 保险规划；
- 遗产规划；

- 慈善捐赠；
- 家族成员健康管理；
- 法律问题解决与税务的安排及筹划；
- 家族成员关系以及事务的协调与沟通；
- 家庭成员个性化需求的满足；
- 家族文化的打造与培养；
- 家族企业的品牌管理与传承；
- 家族规章的制定。

同时，家族理事会在对家族办公室进行管理的过程中还应该具备核心人员人事任命、战略制定、监督执行、年度审计、检视督促等职能。

家族办公室必须由专业且实务、经验丰富的资深从业者组成。当然，人员可以少则两人，多则若干人。例如，埃隆·马斯克（Elon Musk）的家族办公室就仅由两人组成。家族办公室的核心事务一般由专属职业人士进行管理，而一些服务性事务可以由内部管理人员通过严格筛选，采取对外合作或采购的方式提供给家族成员。在对家风、家法、家业、家事、家产等的具体管理上可以包括但不限于以下内容。

家风：打造家族文化基因，协助家族核心成员管理家族形象，培养以及培训家族成员的家族文化意识，追求可持续性传承。

家法：协助家族制定家族规章，做到家族管理有法可依，依法治家。

家事：不仅可以包括健康管理、教育安排、档案管理、冲突处理、个性化需求服务等，还可能包括家族和睦、人际通融等。

家业：家业管理主要在于协助家族企业做到可持续性发展、良性发展，其中可能涉及投融资安排、股权持有优化、法律服务、企业税务筹划、接班人培养、品牌传承等。

家产：包括对职业投资人的选择、家族基金的设立、法律顾问、税务合规，并通过资产配置实现穿越周期、风险管理、保值增值、现金流稳定等需求。

不同财富量级的人群完全可以根据需求建立和选择适合自己的财富管理体系和服务，并非所有的财富人群都需要设立家族委员会、家族理事会或成立家族办公室等职能组织，也可以通过对外采购并组合专业服务的方式，或者委托专业机构和专业人士为自身提供规划与执行服务。即便是中产或富裕家庭，有目标、有筹划、有执行、有效果的财富管理体系也是必不可少的，且需要提早、长期去搭建。当一个人已经完成了财富创造，从长远的财富管理角度而言，其主要目标不应该再是"Becoming Rich"（变得更富），而是要调整为让自己以及后代尽可能久的"Staying Rich"（保持富有）。各种不可预期的变化和风险，决定了一个人或一个家族不可能永远都在赚大钱，所以一旦赚到了钱，就应该有意识去管好、留住、善用、传承。

需要强调的是，财富管理体系的建立与运用对委托人而言，不应该是极其复杂且繁冗的，相反，它应该是化繁为简的，为家族成员提供最有效率与效果的服务，它应该是把家族内部及外部复杂、模糊的需求变得明确化、可评估、能执行。

笔者希望本书可以呈现出系统性的财富管理逻辑，从而让读者尤其是达到一定财富量级的私营企业主群体，了解企业财产合规化、合规财产私有化、私有财产系统化、系统财产传承化这四个管理步骤与其所涵盖的内容，以及对自身财富的作用与意义。

第三章

企业财产合规化

　　企业财产的合法合规是每个企业主在创富阶段就需要去关注的重要问题。因为，在我国法制渐趋健全与完善的过程中，它不仅意味着财富的安全问题，还意味着人身的安全问题。很多企业主在创造财富的过程中或主动或被动地触犯法律法规，最终轻则遭受高额处罚影响企业经营，重则锒铛入狱致使企业陷入危机。企业财产合规化就是为了守护企业、自身以及家族财富的安全。现实生活中，家族财富大多来自经营收入，企业是创富的根本，其安全性自然也就成为最受关注的财富目标之一。每位创业者无论出于什么目的创办企业，"家企隔离"都应被视为财富管理中的根基策略。

第一节

家企隔离：守护家族财富安全

　　中国家族企业的企业主很多是以一己之资本创办企业，以一己之力为企业打拼，且"以企为家"已然成为一种常态。"以企为家"如果作为一种职业文化，固然值得褒扬，如果作为一种管理方法，却有着十足的风险。在过往和当下，甚至在未来的一段时间内，中国的企业主正在且将继续为这种简单的认知付出代价。故而，"家企隔离"是企业主经营企业时面临的必修课。

一、走出"以企为家"的错误认知

　　"我出资，公司就是我的，我就等于公司。"这是一个错误认知。公司法人人格必须独立于股东而存在。出资者既是公司的投资人，也是公司的股东，但不能是公司本身。公司是依据法律设立的企业法人，与出资的股东是相互独立的法律主体，不能互相代替，出资的股东也不能凌驾于公司之上任性地操控公司。这就好比父母生育了子女，但父母与子女是各自独立的主体，父母并不是子女，父母也不能代替和包办子女的生活与社会活动。公司法律身份的独立，是在公司股东会、董事会、监事会以及经理层的权力分立的基础上，经由公司治理结构而得以实现的。因此，公司不能等同于股东，股东自然也不能替代公司。所以"我出资，公司就是我的，我就等于公司"这种错误的认知就会导致错误的行为，其后果常常是出资人完全取代了公司股东会、董事会、监事会和经理层。如此一来，公司治理结构形同虚设，公司主体与股东主体身份混淆，公司财产与家庭财产彼此不分，进而将公司财产等同于个人和家庭财产，使公司成为个人及家庭的提款机，这必然会造成债务穿透而直抵家庭，从而给家族财富带来直接风险。

诸多案例表明，家企不分甚至还会给企业主以及家族成员带来不可预知的刑事责任（对于企业主的刑事责任，本书将有专章讨论）。公开资料显示，某知名快餐连锁品牌的创始人之一，该公司的前董事长，就是因为将企业财物非法占为己有，挪用单位资金归个人使用，以及在公司成立后抽逃其出资，最终以职务侵占罪、挪用资金罪、抽逃出资罪被追究刑事责任，判处有期徒刑 14 年。

《中华人民共和国公司法》（以下简称《公司法》）第三条明确规定："公司是企业法人，有独立的法人财产，享有法人财产权。"也就是说，公司财产和股东财产必须彻底分离。公司是以企业法人的主体身份而存在，与自然人一样具有独立性。虽然投资人出资成了股东，但投资进入公司账户后就不再是股东的个人资产了，而是公司财产，股东只享有出资所对应的股权资产。这时，公司以股东投资的资产进行运营所创造的增值部分，在没有缴纳税款及分红到股东个人账户之前，都属于公司资产，股东无权动用与处分。通俗一点来说，就是一般情形下，财产记载在谁的名下，谁就是财产的权利人，谁就有权对其进行占有、使用、收益和处分。当然，合法代持的财产除外。至此我们应该清楚：公司账户里的财产，是公司的法人财产，不是出资人的财产。所以，股东在公司财产上不可以任性。

鉴于中国的企业形式包括个人独资企业、合伙企业、有限合伙企业、有限责任公司、股份有限公司等，且中国家族企业大多数以有限责任公司的形式设立，故本书提及的"企业"或者"公司"，如果没有特别说明，均指有限责任公司。而在涉及有限责任公司的情形下，以探讨家族企业为核心，民营企业据此参照。

二、出资不慎，股权也是负债

家企风险，往往在设立公司之初的出资阶段就已经埋下了种子。成立公司时，大多公司的名称中带有"有限"两个字，这不是说公司责任的有限，而是股东责任的有限。根据《公司法》的规定，公司以其独立的财产承担无限责任，但股东仅以其投入的资本为限，对公司的债务承担有限责任。需要清楚的是，股东有限责任的适用必须遵循公司和股东彻底分离的原则。

股东的有限责任，既保护了股东的利益，也降低了股东的风险。但切不可因"有限责任"产生对法律的错误认知。客观而言，正是企业主对有限责任制度的忽视或者误读，才有了家企风险的存在，才有了公司债务直抵家庭的事件频频发生。

就出资方面的风险而言，股东有以下四大风险。

第一大风险：股东没有按期足额如实出资的，应当对公司债务承担补充赔偿责任。

公司章程中有专门条款规定股东认缴出资的数额和出资期限，这是股东的义务，必须照章履行。但是许多企业主既不关注公司章程的具体规定，也不按照章程的规定履行相应的义务，这就可能为自己和他人埋下风险隐患。

我们举案说法，比如有一家公司欠债 2.5 亿元，股东却要偿还其中的 9000 万元。原因就是股东出资没有实缴到位。公司设立之初，登记的股东认缴出资额为 1 亿元，但实收资本仅为 1000 万元，且该股东并未在规定实缴期限内完成实缴。后来，公司对外负债 2.5 亿元到期未还。这时，股东就要在尚未完成实缴的 9000 万元本金及利息的范围内对债务承担责任。这就是因为股东没有全面履行出资义务，因此应当在没有出资的本金和利息范围内对公司债务不能清偿的部分承担赔偿责任。

经营中，股东未能如实出资的，有的是因为不知道出资的期限，没有按时出资到位；有的是因为按时出资了，但没有足额到位；有的是因为已经把钱投入公司运营中了，但是没有履行出资程序，公司财务上并无出资记载。凡此种种一旦发生，本来属于公司法人的独立债务，就会由股东来补充清偿，于是公债就变成了私债。

第二大风险：出资期限还没到期的股东，也有可能对公司的债务承担补充赔偿责任。

前面我们谈到，股东认缴出资到期而股东没有按期出资的，股东应当对公不能清偿的债务承担补充赔偿责任。那么，对于那些认缴出资期限长至几十年，并且没有到出资截止日期的，股东是不是对公司的债务就不用承担赔偿责任了呢？事实并非如此。

比如，高某与章某两股东设立公司，注册资本为 1000 万元。假设公司于 2015 年 11 月成立，股东约定于 2016 年 12 月 31 日前一次性缴纳注册资本。公司设立后，对外经营的过程中负债 300 万元到期未还。两位股东为避免出资没有到位而承担责任，于是在 2016 年 10 月修改公司章程，将出资期限推迟到 2035 年 11 月 5 日。对此，由于公司在债务已经存在的情况下修改章程，延长股东出资期限到 2035 年，显属恶意逃债。于是，不仅该公司要偿还 300 万元款项及利息，两位股东也要对此承担补充赔偿责任。

这是一些企业主自信"对症下药"就能逃避债务的"民间"打法。其实，法律有着严谨的逻辑，也会伴随不断出现的"民间对策"进行实时完善。根据全国法院民商事审判工作会议的相关纪要，出资未到期限股东不承担补充赔偿责任，这是一般性规定。但在两种情形下，没到出资期限的股东也要在未出资范围内对公司不能清偿的债务承担补充赔偿责任。其一，就是在公司债务产生后，故意延长股东出资期限的；其二，就是当公司作为被执行人时，如果法院已经穷尽了执行措施仍无财产可供执行的，公司已经具备破产条件但不申请破产的，这在法律上叫作股东出资加速到期责任。这种股东出资加速到期责任，实际上是将公司的债务施加到股东身上，也是一种不可不知的家企风险。

第三大风险：其他股东没有履行出资承诺，创始股东也要承担连带责任。

股东自己没有履行出资承诺，就要为公司的债务承担补充赔偿责任，虽然风险延伸到了家庭，但这至少是自担的风险。但是如果出资做股东，还要为其他股东的过错承担公司债务，这就大大超出了很多企业主的认知。这一点，恰恰是很多人不了解的投资风险。

比如，张某和李某商议共同设立甲公司，注册资本为 500 万元。张某通过自己控制的乙公司认缴 400 万元，实缴了 100 万元，剩余 300 万元未实缴。李某认缴 100 万元，实缴 100 万元。如果甲公司对银行负债，比如 400 万元，被法院判令偿还，但甲公司没有财产可供执行，于是银行就有权追加甲公司的股东乙公司和李某为被执行人，由乙公司对甲公司承担其未出资的 300 万元本息范围内的补充赔偿责任，而且由李某承担连带责任。这在法律上是成立的。这种情形下，李某就会发现，自己不经意间陷入了一场"毫不相干"却又实实在在的家企风险。

其一，自己已经完成出资义务，却要为乙公司"背锅"。其二，自己是小股东（出资 100 万元），却要为乙公司这个大股东承担超出自己出资几倍的责任（300 万元本息）。其三，本意是与张某联手创业，然而张某以乙公司为股东，张某在乙公司负有限责任，债务终结于乙公司，不会追及张某；而李某是自然人股东，公司债务直抵李某个人和家庭。

这正是由于存在盲区的认知偏差，造成了企业主要严重的损失后果。之所以走到这样的局面，是因为相关法律规定，公司股东如果没有按章程缴纳出资的，发起人股东均要承担连带责任。在这个案例中，李某作为公司的发起人，在乙公司没有全面履行出资义务的范围内，就应该对乙公司没有出资的行为承担连带责任。发起人连带责任制度就是平衡发起人、公司和债权人利益关系的重要法律手段，是保障公司债权人利益及维护交易安全的利器，同时也是对出资人威胁巨大的杀伤利器。

第四大风险：抽逃出资，不仅是股东的债务，也是法律责任。

投资的目的固然在于可以收回本金并获得丰厚的回报。"现金为王"，这是投资企业最基本的道理。然而在企业经营中经常会出现资金"趴"在账上，短期内无法创造利润的情况。于是，股东们向公司履行了出资义务后，通过利润分配、债权债务、关联交易等手段，在没有经过法定程序的情况下将出资抽回，将其用于"更有用的地方"，造成公司并未实际使用出资。同时，抽走资金的股东并未因此影响其股东身份和占股比例。这在民营企业中屡见不鲜，在法律上叫作"抽逃出资"。

比如，王总与甲公司共同设立乙公司，注册资本 1 亿元。而王总也是甲公司的实际控制人。此外，王总还担任着乙公司和甲公司的法定代表人。公司设立后，王总通过乙公司向甲公司汇入 5000 万元，资金转出没有经过乙公司的任何决策程序，这就构成抽逃出资。如果乙公司在经营过程中对外负债，王总个人需要在 5000 万元及相应利息范围内对乙公司的债务承担补充赔偿责任。王总的这种操作，将给个人和家庭带来 5000 万元的私人债务。

抽逃出资行为具有普遍性，即常见于多个股东或全体股东均抽逃出资，则债权人的合法权益更容易被侵害。因此，对于抽逃出资行为，法律规定，无论注册资本认缴还是实缴，股东均不得抽逃出资。一旦发生抽逃出资，股东要承担民事责任，包括：第一，向公司返还出资的本金和利息；第二，在抽逃出资的本息范围内，对公司债务不能清偿的部分承担补充赔偿责任；第三，限制抽逃出资股东的相关财产权利，比如利润分配请求权、新股优先认购权、剩余财产分配权等；第四，协助抽逃出资的其他股东、董事、高管、实际控制人也对此承担连带责任；第五，如抽逃了全部出资，依法可以解除股东资格。

抽逃出资行为是鼓了股东的口袋，方便了股东的资金使用，伤害的却是公司以及其他股东和债权人的利益。最终还可能给家庭埋下严重的隐患。股东出资，是权利，也是义务。出资不慎，股权不仅不是正向资产，反而会成为债务负担。

股东出资认缴制下，有太多的误区需要企业主予以认知和保持警醒。

（1）不是公司资本认缴得越高越好。股东以其认缴的出资额为限，对公司的债务承担有限责任。认缴出资越高，为自己留下的责任风险就越大。

（2）不能忽略出资期限。没有按照公司章程规定的出资期限出资，不仅对公司、对其他股东是债务，还可能要承担未来公司债务的补充偿还责任。

（3）不是认缴期限届满前都可以不出资。特殊情形下，出资期限加速到期，也是一种隐患和风险。

（4）不是如期如数出资了就没问题。创始股东的瑕疵出资仍然会将完全出资的股东裹挟成为债务人。

（5）不是出资不实的责任只存在于出资本金的范围内。所有出资瑕疵的责任，例如未能按期出资、抽逃出资等都包括了出资本金和相应利息的责任。要知道，利息也是一笔不菲的数额。

（6）不是股权转让了就能一走了之。出资瑕疵的责任可能游走于转让股东和受让股东之间。例如，带有出资瑕疵的股权转让会让出让方与受让方均可能承担补充赔偿责任。

（7）不是出资之后就可以抽走另用。抽逃出资的责任远比想象的要严重。

总之，在出资风险方面一旦有意或无意做出了错误的决策，"你欠江湖的早晚要还"。而且企业发展的规模越大，隐患爆发后，所付出的代价也就越大。

三、家企混同，债务穿透

前面谈到出资瑕疵带来的是出资人作为股东对公司的债务要承担补充赔偿责任，这固然是一种风险，但企业主经常面临更大的风险——家企混同风险。这个风险将彻底穿透到股东，使其对公司的债务承担连带责任，也就是将股东的有限责任变成了无限责任，而这个无限责任风险也会直抵家庭。

纵观中国的家族企业，通常是以个人或者家族为创业肇始，企业的创业资金往往来源于创业者的家庭或者家族成员，故而控制权自然要掌握在所有者手中。同时，公司的股权也大都由创始人全部持有或者由家族成员绝对控股，经营权和所有权也相对集中，这属于典型的家族型公司。如此一来，很多企业都存在着企业主个人、家庭和企业财产混为一谈的现象。这带来的结果就是，一旦公司发生债务，企业主本人以及股东们要一起承担无限连带责任，甚至裹挟整个家庭。

在这个方面，常见的有四大法律风险。

第一大风险，家企资金互用，风险游走于家企财富之间。

首先，从企业主个人角度来看，动用公司款项归个人使用，将造成公司债务穿透到家庭。创业时企业主不但要自掏腰包，甚至后续还要不断地向公司"输血"，所以公司盈利后就开始想消费公司资产。很多企业主认为"公司是我出资设立的，公司由我主要经营，公司的财产自然也属于我"。公司需要我时，我全力以赴、倾家荡产，到了我有需要时，公司自然应当为我服务。所以企业主动用公司款项供个人使用的情形也就普遍存在。

前文已经提到，《公司法》有着明确且严格的规定，公司的财产独立于股东，公司的资金是属于公司的，不能与股东财产有任何混同，不能用公司的资金为股东个人购置资产或者谋利，更不能将公司资产占为股东个人所有。大量的判例显示，老板作为控股股东挪用公司巨额财产用于清偿个人债务或其他用途，构成了公司和股东之间的财产混同。一旦公司在经营中形成对外债务且无法偿还时，老板就要对债务承担连带清偿责任。于是，家企混同也变成了债务混同。中国家族企业最大的问题就是很多企业主并非遵照现代企业经营的标准去合规运营，而是选择了家族式的、一言堂的、灵活变通的、按自我喜好的模式去经营。这也为企业埋下了诸多隐患。

其次，个人向公司提供资金支持，不断向公司"输血"，一旦公司出现风险，也将直接造成家庭财产的损失。有一位企业主，设立公司时并未完成出资实缴，当公司接到新项目后，便将家庭存款3000万元全数借给了公司。后来投资失败，尽管这位企业主也是公司的债权人之一，但他不仅无法获得公司借款的偿还，作为公司的股东，还要履行股东义务去承担相应的实缴责任。如此一来，便造成家庭财富巨大的损失。这样的情况在家族企业的经营中是非常普遍的。

最后，家企混同也会导致税责相随。税负成本一直是许多企业主的纠结点，所以很多企业主即使经营利润丰厚，账上资金不少，也不愿意纳税分红，而是选择用各种办法从公司里"倒腾"出来。这种没有交税就把公司的钱放到了个人的口袋里,毋庸置疑是违法的,因为他既没有缴纳个人所得税,也可能连企业增值税、企业所得税也没有缴纳。而相应的法律责任就是补缴税款,以及按未缴纳税款总额的日万分之五支付滞纳金和可能高达未缴纳税款总额5倍的罚金,严重的还要承担刑事责任。

第二大风险,用个人账户收取公司经营款,导致债务穿透和刑事责任双重风险。

既然从公司"倒腾"钱到个人口袋会面临家企混同的债务风险,甚至要承担挪用资金、抽逃出资等法律责任,那么收款不进公司,不就没有这个麻烦了吗?于是有些老板另辟蹊径,款项干脆不入公账,而是直接用私户收取业务收入,这样自己用起来方便自由,也免去了税负的负担和法律的监管。如此操作,在大多数家族企业、民营企业中都是心照不宣的常态。很多典型的司法判例以及税务机关公开的处罚信息都显示,股东以个人账户收取公司款项的,不但会被处罚,还可能被认定为财产混同,使得股东对公司债务承担连带责任。对于家族企业的股东而言,特别是作为大股东和实际控制人的,千万不可以认为没有其他人的监督和约束,就可以任意地"公转私",这很可能被认定为个人财产未与公司财产独立,从而连带家庭财富一起受到损害。

第三大风险,一人公司、夫妻公司、父子公司都可能被风险穿透。

只有一个人股东的公司,在法律上叫作"一人有限责任公司"。既然是有限责任公司,那么股东就需要以其认缴的出资额为限对公司债务承担有限责任。这样的公司,股东、执行董事、法定代表人等公司身份与自然人身份和家庭身份集于一身,如此这般,是不是既保证了公司的高效运营,又隔离了家企风险呢?显然没那么简单。

一般而言,对于普通的有限责任公司,证明股东财产和公司财产混同的举证责任采取"谁主张谁举证"的原则,由债权人举证。但对于一人有限责任公司而言,如果股东不能证明公司的财产独立于自己的财产的,就可能需要对公司债务承担无限连带责任。让股东就公私财产独立这一问题自证清白,实属不易。所以设立一人有限责任公司需要谨慎。

如前所述,一人公司要求股东自证清白,这给股东带来了巨大的举证责任和债务风险。那么,夫妻二人设立公司,股东身份独立,是不是就规避了一人公司的风险了呢?

比如，宋先生和宋太太夫妻二人成立了一家有限责任公司，出资全部实缴到位。后来公司对外负债 300 万元。按法按理，公司负债公司偿还，股东出资已经实缴，不应再承担公司的债务。但在司法实践中，夫妻型公司有被视为一人公司的判例，理由就是夫妻二人无法证明公司财产独立于自己的财产，因此，需要对公司债务承担连带责任。当然，司法实践中也有对夫妻公司不视为一人公司的判例。但是，鉴于某一家夫妻型公司是否会被法院视同一人公司，存在一定的不确定性，因此其风险应当引起我们的重视。

"夫妻档""兄弟团""父子兵"类型的有限责任公司，都很可能被认定为一人有限公司，从而作为股东的一方要承担证明股东财产独立于公司财产的责任。但这类家族公司的家企混同又是一种常态，因此风险如影相随。出资设立公司，必须考虑如何隔离此类风险。

第四大风险，母子公司、关联公司混同，揭开公司的面纱，股东承担债务责任。

家族公司的特点就是股东与高管的亲族关系复杂，以及母子公司、关联公司之间的人格混同。这造成的结果就是，公司股东滥用公司法人独立地位和股东有限责任逃避债务，严重损害债权人的权益。对此，法律规定：在某些情况下应当否定股东的有限责任，允许公司债权人直接向股东追偿，让股东承担无限责任。这就是"否认法人人格"制度、"揭开公司面纱"制度。

根据司法实践和相关规定，下列情形值得企业主高度关注，一旦发生下列情形，将由股东对公司债务承担连带责任。

（1）人格混同。其中包括人员混同、业务混同、财务混同、财产混同。这些情形造成股东完全控制公司，公司法人人格形骸化，会严重损害债权人的利益。

（2）纵向滥用控制权。其中包括母子公司之间或子公司之间进行利益输送；母子公司与子公司之间交易，收益归一方，损失由另一方承担；抽走原公司资金，或者先解散公司，再成立相同或相似经营项目的新公司，逃避原公司债务。

（3）横向过度支配。实际控制人控制多个子公司或者关联公司，或者财产边界不清、财务混同，利益相互输送，公司丧失人格独立性，从而使得这些公司沦为实际控制人逃避债务、非法经营甚至违法犯罪的工具。

上述情形都否认了公司的法人人格，从而由控股股东承担连带责任。从这个角度而言，家企混同的风险等同于企业主的另一种"自杀"方式。

四、家企风险隔离建议

前面谈到，家族企业的最大经营隐患就是家企不分。如此一来，会导致财产混同、业务混同、机构人员混同。创始人如果用个人意志去控制公司甚至取代公司，致使公司空壳化，就会带来巨大的风险。这种普遍存在的问题若不为企业主所正确认知，一旦债务穿透风险发生，就会造成夫妻财富甚至家族财富受到牵连，其连带责任也可能让家族财富受损甚至归零。若要公司长远、健康地经营下去，就必须将个人的风险与家族企业的风险予以隔离；家族财富若想安全永续传承，也必须将个人的风险与家族企业的风险予以隔离。这样，纵使公司遭遇重大危机，企业主的个人资产也不会被认定为公司的资产而被查封、冻结、偿债，既可以保证和维持家庭正常的生活，也可为东山再起留下资本，并且可以传承给下一代合法合规的财富，而不是为继承者"埋雷"。

家企风险隔离，就是将个人资产与企业资产进行区分与隔离，这需要从出资到运营管理进行系统谋化。

（1）摒弃以企为家的理念。企业主必须有清晰的认知，公司是公司，个人是个人，相互不可混同和替代。公司的财产就是公司的财产，没有经过合法程序私有化的，不能私用。个人的身份只是股东，不要以股东身份取代公司身份。

（2）认缴出资必须量力而行。企业主必须清楚，股东的责任范围是按照认缴出资来界定的。不是所有的公司认缴出资越高越好。越高的认缴也意味着越高的债务风险。因此，认缴出资，必须量力而行，匹配公司发展即可。

（3）严格按照章程规定履行出资义务。公司章程中记载的认缴出资数额和期限是股东之间的承诺，也是对外向债权人和潜在债权人明示的一种股东责任。企业主应当如实、足额、按期出资。特别是对于以非货币资产出资的，要及时将房屋、货物、商标、股权、机器设备、知识产权、特许经营权等非货币性资产进行资产评估，并过户登记至公司名下。避免出资不实造成个人和家庭财产的损失。

（4）杜绝抽逃出资。抽逃出资要承担返还出资本金和利息的责任，要在抽逃出资的本金和利息范围内对公司的债务承担补充赔偿责任，还可能受到分红、财产分配等方面权利的限制以及被解除股东资格的惩罚，甚至衍生刑事法律责任。这一点必须引起企业主的高度重视，严守入资用资制度，摒弃侥幸心理。

（5）避免合伙股东有意或者无意"挖坑"，敦促其他股东及时出资。企业主不仅自己要及时足额缴纳出资，还需要关注和督促其他共同发起人及时足额履行出资义务。为避免被"拉下水"，可以在公司章程中规定，如果任何一个发起人股东不履行出资义务，则需要对公司或其他发起人股东承担违约责任，达到一定程度的可解除其股东资格。

（6）建立独立规范的财务制度，公私账目各自独立。防范家企混同的首要任务就是避免财产混同。家族企业，尤其是一人公司、夫妻型公司、父子型公司、兄弟型公司，必须杜绝个人与公司混用账户，严格划清个人财产和公司财产的界限，建立严格、独立、规范的财务制度。

（7）严格界定个人与公司的财务收支流程，避免公司与企业主之间资金混同。严格遵守会计准则，严格划清公司支付与股东支付的界限。对于股东个人与公司的资金与债务，必须明确区分、独立管理，更要避免私户收取公款，公私现金混同回流。

（8）避免经营混同，避免一套人马多块牌子。股东个人公司以及直系亲属关联公司之间要严格划分界限。股东的财产权要和公司的经营权彻底分离。不同公司应设立独立的经营场所，各自聘用高管与员工，做到法律关系和工作职责分工清晰，各自业务边界清楚，管理运营独立。

（9）家庭成员出资设立公司的，要提前进行财产分割。由于夫妻、兄弟、父子型公司容易被认定为一人公司，个人要承担严格的举证责任并有可能连带家人承担公司债务，因此，作为公司股东，夫妻、兄弟、父子也要明算账，出资相互独立。家庭成员必须以各自的财产作为注册资本，并承担相应的责任。

（10）设公司架构。公司债务能够穿透到家庭的直接原因，就是公司的股东是自然人，自然人承担了债务，自然就延伸到家庭。为了避免这种情况的发生，可以通过公司架构设计，为家企风险构建一道防火墙。比如，公司设立时，公司的股东不是由自然人担任，而是由出资的人事先另立一家公司，将这家公司作为专门出资持股机构。这样，新设立的公司是子公司，先设立的公司是母公司。一旦子公司发生债务穿透，需要股东承担责任时，母公司就以其全部资产承担责任。一旦资不抵债，就可以破产清算，终结债务。而作为母公司股东的自然人就得到了一定的保护。

（11）用好法律金融工具，隔离债务风险。以上都是制度性、管理性策略，需要企业主在运营公司过程中借鉴参考。家企风险，更需要将家财与企财隔离，将公司风险与个人风险隔离。这就需要法律架构和金融架构进行综合规划，比如夫妻财产协议、家族信托以及人寿保单等形式，以制度和法律架构构筑起家财、企财之间的防火墙，保证企业与家庭财产的安全、保值、增值和传承。关于这些制度和架构，在后面的章节将有更多阐述。

担保、对赌与代持：穿透的不只是财富

如果说家企混同给企业主和家庭带来的债务风险尚有些许被动之意，那么担保、对赌与代持所产生的债务，就纯属于明知而"自投罗网"了。对于有家庭的人而言，这会为配偶和家庭的财产带来不小的风险。

担保与对赌，是企业主融资常用的方式。很多人认为这些是企业主在融资过程中不得已而为之的举措，事实上，无论是担保还是对赌，不全是企业主迫不得已的行为。融资方需要现金，出资方需要保障，这本身就是一种公平的商业逻辑。但是，在实施过程中，需要企业主评估风险，做出理性选择并做好风险防范措施。

一、担保，一种自选式风险

提到"担保"二字，大多数人浮现在脑海里的恐怕是"无限连带责任"。但是，提供担保是不是一定就要承担无限连带责任？担保责任是如何影响个人及家庭财富安全的？我们应该如何提供担保以及如何规划家庭财富，以便最大限度地减少风险，保护财富？这些问题都值得企业主高度关注，也是必须提前进行思考并规划的重点。

（一）《民法典》之下，担保负担有所减轻

有必要澄清的是，并不是所有的担保都要承担无限连带责任。通常所说的担保是指保证担保，分为一般保证和连带责任保证。二者的核心区别就在于，在连带责任保证方式下，债权人既可以请求债务人履行债务，也可以请求担保人承担保证责任，不分先后主次；而在一般保证方式下，只有债务人客观上无力偿还债务时，保证人才承担保证责任。可见，一般保证比连带责任保证要安全。

在《中华人民共和国民法典》（以下简称《民法典》）之前适用的《中华人

民共和国担保法》（以下简称《担保法》）规定："当事人对保证方式没有约定或者约定不明确的，按照连带责任保证承担保证责任。"这造成很多企业主在糊里糊涂的情况下就承担了连带保证责任。值得欣慰的是，2021年施行的《民法典》中明确规定："当事人在保证合同中对保证方式没有约定或者约定不明确的，按照一般保证承担保证责任。"简单来说，只要担保合同或者担保条款中没有"连带"两个字，就认为是一般保证，担保人就不需要承担连带责任，也就是无须与债务人不分先后地承担债务。这样就大大减轻了保证人的责任负担。

（二）连带责任，一如既往地直抵家庭

尽管《民法典》就一般保证和连带责任保证的认定做了减轻保证人责任负担的重大调整，但是，一旦连带保证责任成立，保证人的责任就会一如既往地构成对保证人及其家庭的风险威胁。

所谓连带保证责任，就是担保人在担保的范围内，与债务人不分彼此、不分主次、不分前后地承担所有债务，这些债务的法定范围包括主债权及其利息、违约金、损害赔偿金和实现债权的费用。而实现债权的费用范围存在着很大的空间，包括取证、维权、诉讼中发生的各种开销以及律师费等。当然，如果当事人另有约定，还要按照约定的范围承担责任。可以预见的是，一旦连带责任加身，个人承担企业债务风险的洞口就自动敞开。

担保，常见于企业主的人脉圈层之间。一旦为他人担保构成连带保证责任，债权人就可以不经过向主债务人主张清偿的过程，而直接要求保证人清偿所有的债务。甚至有的债务人因此"金蝉脱壳"而把债务转嫁给了提供担保的"好哥们"。企业主的连带保证责任，常发生在自家企业融资的过程中。出借方不仅要求企业主提供不动产担保、股权质押担保，更不会放过要求企业主、大股东、法定代表人提供连带保证担保，甚至要求配偶到场一并签字。虽然表面上是企业借款，但是，一旦企业主及配偶在借款合同中签了字，承诺对企业债务承担连带责任，那么如果企业不能如约还款，债权人就有权起诉企业主及配偶，并冻结其家庭财产，直至执行。尽管借款的企业是有限责任公司，企业主对公司债务只承担有限责任，但是，这种连带保证责任引发的债务，即便是公司破产了，也要用个人财产去偿还，就算企业主不在了，配偶也需要继续偿还。配偶不仅要用婚后共同财产偿还债务，婚前个人财产也要用于偿还债务。相当于配偶用上了婚前和婚后财产对企业债务进行了担保。

当然，最安全稳妥的做法是不提供担保。但是，对企业主来讲，完全不提供担保并不现实。因此，如果企业主一定要提供担保，首先，要评估自己的实力，拒绝不能承受之债。其次，要评估担保给婚姻与家庭带来的风险。最后，即便必须签字担保，也要尽量选择"一般保证"的担保方式，而不是"连带保证"方式。特别需要注意的是，尽量在担保文件中规避"连带"两个字。为安全起见，一定要与债权人明确界定担保的范围，特别是有多个保证人的情形下，更要约定各自的担保份额，以避免对全部债务承担责任。

二、对赌，一种杠杆式风险 ①

民营企业经常会出现现金流短缺的情况。在进行债权融资时，需要企业主提供担保，连带责任成为企业主背负的一大风险。在股权融资中，企业主让渡了股权，但资方仍需要最大限度的安全保障，一般就会采取对赌的方式。在私募股权投资领域，甚至存在"凡融资，必对赌"的说法。

（一）对赌的风险

在民营企业融资难、融资贵的背景下，很多企业主在面对投资方时常常处于弱势地位，导致对赌协议的不平等。即便通过对赌协议获得了融资，企业主也会面临对赌失败的巨大风险，这就为企业主及家庭埋下了极大的隐患。有的企业主彻底失去了控制权，有的企业主甚至因为控制权之争诱发刑事责任而锒铛入狱。更多的情形是，融资人常常承担的是巨额的现金对价。任何一个对赌目标没有实现，都要按照约定对投资人进行现金回购股权或者给予溢价现金补偿。一般是按一定的年化利率计算股权回购价款和现金补偿额度。同时，还会约定没有按期履行对赌义务的违约金条款。这笔现金往往不是小数目，少则千百万元，多则上亿元。这种杠杆式对赌将形成巨额的个人及家庭债务，严重的倾家荡产，结局极其惨烈。

---

① 本书所讲的对赌，不是赌博上的对赌，而是一种股权融资模式的形象化表达，这已经成为一种常识性认知。对赌协议是股权收购方（也就是投资方）与股权出让方（也就是融资方）在达成并购（或者融资）协议时，对于未来不确定的情况进行一种约定。如果约定的条件出现，融资方可以行使一种权利；如果约定的条件不出现，投资方则行使一种权利。

（二）家族企业如何管理对赌风险

对赌固然有风险，但也不能因噎废食。企业发展到一定阶段，股权融资是一种选择，但也要考虑其风险是否可控。

以业绩指标进行对赌的，无论是经营指标、利润指标还是分红指标均是不可控的。对未来业绩的对赌要慎之又慎，不能草率接受。

以首次公开发行上市为对赌条件的，尤其是以上市时间为条件的，更要慎重。企业上市，除了企业自身要具备硬件条件之外，更受到上市条件、上市政策、上市时机等外部条件，以及市场变化的影响，这些都是超出企业主自身控制的外部因素。同时，还应充分考虑对赌条款对公司股权结构变动可能产生的影响，包括可能产生的公司控制权的移转，以及对公司长远发展可能产生的弊端，要慎用股权补偿条款、控制权反转条款以及强制随售条款。

（三）夫妻共债，一种最难厘清的风险

企业经营所形成的债务，很容易成为夫妻共同债务，从而影响婚姻家庭财富。前面提到，担保和对赌是企业主面临的两大债务风险。而这两大债务风险也非常容易衍生为夫妻共同债务。

在担保关系中，如果没有配偶同时提供保证担保，而是企业主独自一人提供担保，这样即便企业主提供的是连带责任担保，也只应当是其个人的债务，不应成为夫妻共同债务。在对赌关系中，本是融资方股东与投资方之间的对赌，对赌失败，也是融资方股东承担股权回购或者现金补偿，不应成为夫妻共同债务。

在家企模式中，一方全身心奋战商场，另一方全身心照顾家庭，是家族企业中夫妻分工的常态。企业主个人有债务，由其个人承担，配偶的财产不受影响，这本是情理之中的事。但是，现实中确实有不少企业主个人的债务最终被认定为夫妻共同债务，这着实是家族财富的一大隐患。

《民法典》规定，夫妻婚姻关系存续期间，一方以个人名义所负的巨额债务，一般不会轻易被认定为夫妻共同债务。但法律也规定了夫妻共同债务的具体情形。比如，夫妻双方共同签字确认的债务，通过短信、微信、邮件等方式表示认可的债务，夫妻一方事后追认的债务，为家庭日常生活需要所负的债务以及用于夫妻共同生活的债务，用于共同生产经营的债务，等等。作为企业主家庭，如果没有做好家企隔离，很容易将个人所负的债务界定为共同生产经营所致，从而成为夫

妻共同债务。比如，配偶登记为监事、在公司领工资上社保、参与公司会议、参与对赌条款的谈判或者履行，以及从配偶账户中向债权人转过款，等等，都有可能被认定为"共同生产经营"或者"共同意思表示"，企业主个人债务从而衍生成为夫妻共同债务。

如何防范夫妻共同债务？首先，非举债的一方要避免在债务协议类文件上签字，不参与举债的协商谈判，远离相关场景和某些敏感的关联微信群。配偶要特别注意债务追认情形的发生，重点是避免以个人行为对债务进行追认，比如从配偶账户向债权人账户转款还钱等行为。其次，避免对家族企业有共同经营行为，包括但不限于参与股东会、董事会，挂名担任董事、监事、高管（以下简称"董监高"）或者法定代表人，直接参与经营，以及签署文件，等等。最后，避免夫妻双方现金款项相互流动。通俗而言，当夫妻双方其中一方负有债务，但在生活中夫妻之间又存在账户往来（难以避免），这笔债务就有可能被认定为夫妻共同债务。

（四）继承，也逃不过债务的追及

前面谈到，债务波及配偶和家庭。如果债务人过世，家庭是不是就不用承担债务了呢？这个问题不能简单回答"是"或者"不是"。

《民法典》规定，当开始进行遗产继承时，要先清偿被继承人依法应当缴纳的税款和债务。有些情况下，继承人不曾想到原以为富可敌国的家族财富背后还有如此巨大的债务。曾经有一家家族企业，几十年打造的品牌名声显赫中外。掌门人突然去世，继承人继承财产的过程中，发现掌门人对外为他人的巨额债务进行了担保。考虑到债务总额甚至超过了遗产总额，继承人一致放弃了几十亿元的财产继承。可想，如果为自己的企业承担债务，也就算了，但为他人作嫁衣，最终还要家人背负债务，这一生的打拼终究是为了什么呢？

继承发生时，除了要先清偿被继承人的债务外，税也是一个重要方面。而这一点常常被严重忽视。也许很多人会认为，遗产税尚未出台，死亡与税无关。但这里所说的税，并不是遗产税，而是被继承人生前应当缴纳而没有缴纳的税款，主要是个人所得税。作为高净值或超高净值人士，在两点上必须有"自知之明"。其一，在个人收入中，有些明确是税后所得，比如工资收入、房租收入等，而有些收入是否应当交税以及是否已经交税，并不是所有人都清楚。尤其是企业主，从公司账户到个人账户的现金、分红所得、投资理财所得等，都有可能存在着没有缴纳个人所得税的情形。发生继承时，这些未缴纳的税包括税金、滞纳金甚至罚金都要先结清才可以继承。其二，不要侥幸时间久、资产复杂，就无法查清。要知道以目前的稽查水平，我们都生存在算法里，大数据、云计算以及人工智能技术让每个人的资产都变得透明。因此，先清偿被继承人依法应当缴纳的税款，将成为继承中不可跨越的程序。

三、股权代持，存在于双方的法律风险

如果说担保和对赌所带来的债务风险在大多情况下造成的是财产的减少，那么代持所带来的风险则是财产的易主甚至是无法主张。股权代持，对于代持双方都存在着不同的风险。

股权代持的原因是复杂而多维的。有的是不愿意公开显示自己的股东身份，或者是为了隐藏个人财产收入、节省税务成本；有的是为了规避法律、政策或纪律对特定身份的限制；有的是出于隔离家企风险的考虑；有的是为了规避竞业禁止或隐藏关联交易；还有的是为了避免有限责任公司股东人数超过 50 人的法定上限，或者为了避免意见过于分散而无法达成协议，造成公司僵局，从而由少部分股东替其他股东代持股权。

（一）股权代持对隐名股东的风险

不管出于什么原因和目的，无论亲朋还是好友，代持的股权毕竟是放在别人的名下。因此，隐名股东（出资人）的信任和显名人（代持人）的诚信至关重要。那么，是不是找个靠谱的人就没问题了呢？事实远没有那么简单。

选择代持，至少要面临以下七大风险的考验。

（1）不是所有的股权代持都受法律保护，合法有效才是财富保护的基础。

股权代持的合法有效受到诸多因素的影响，其中一个大前提就是，不能违反法律法规的强制性规定。而股权代持的目的很大程度上影响了代持协议的效力。股权代持动机是否具有合理性、是否存在恶意破坏公司人合性，以及是否恶意规避监管等，都是影响审判的重要因素。这对代持双方而言，是最大的不确定性。

一个备受关注的敏感问题是，《中华人民共和国公务员法》（以下简称《公务员法》）明确规定，公务员不得违反有关规定从事或者参与营利性活动，那么，为规避公务员特殊身份限制的股权代持，受不受法律保护呢？按照目前的司法规

定及相关判例，股权代持只会导致被代持人受到纪律处罚，代持的法律效力不受影响，被代持的公务员可以继续享受作为实际出资人的经济利益。因为这种情形的股权代持，违反的是"管理性禁止性规定"，并不属于"效力性强制性规定"。只有违反"效力性强制性规定"的代持，才是无效的。具体什么是"效力性强制性规定"，需要根据法律的规定来解读。

（2）出资不一定成为股东，代持成立才能保护股权。隐名投资人出资给代持人，代持人再将资金投到公司，这样隐名投资人就能成为公司股东吗？麻烦和风险常常就发生在这笔资金上。这笔资金的性质，决定了股权代持是否成立，也决定了隐名投资人能否享受到股东权益。在实际案例中，常常发生的争议就是，如果股权价值高，隐名投资人主张他的出资是股权投资，从而享有股权，而代持人主张是借款，"还你钱，我留股权"；如果公司亏损、资不抵债，隐名投资人就会主张他的出资是借款而索要本金和利息，代持人则主张这是投资款，自己只是代持股权。于是，这笔资金到底是代为投资持股，还是委托理财，抑或是借贷，常常混淆不清，这可能造成代持双方的风险和财产损失。

（3）代持人不一定诚信靠谱，股权被恶意变卖、质押是最常见的风险。再靠谱的人，穷途末路时也可能选择不靠谱一次。现实中经常发生代持股权被私下变卖的情形。法院往往会确认股权代持合法有效，但对于代持人变卖股权的行为也认为有效，隐名人则无法追回股权。这在法律上是两个层面的问题。其一，隐名人是实际出资人，股权代持关系受法律保护。其二，隐名人的身份和权益并不为外界所知，代持人在向第三人转让股权时，并未明示股权代持的事实，第三人无从知晓股权代持关系，第三人在不知情的情况下支付了合理的对价取得股权，属于善意第三人，应当受到保护。

现实中，代持人作为显名股东登记在公开的工商文件中，如果隐名股东没有采取有效的防范和管理措施，代持人背信擅自转让、设定质押或者以其他方式处分股权就并非难事，而且隐名股东不易察觉也不易控制，这将给隐名股东造成巨大的财产损失。

当然，这并不是说，隐名股东要吞下苦果自吃哑巴亏。隐名股东仍然可以依据代持股协议要求代持人赔偿损失。但往往这时的代持人已经没有偿付能力，于是，风险也只能由隐名股东自行承担。

（4）代持人也有债务风险，代持股权被执行大多无力回天。代持人持有股权是公示于天下的，名义上这就是代持人的财产。代持人一旦发生债务不能清偿而成为被执行人，代持股权就有可能作为执行财产被冻结、拍卖。

显然，代持股权是隐名股东的财产，为代持人承担债务是不可接受的。那么，隐名股东可不可以主张代持股权不属于代持人的财产，从而收回股权并阻却法院的执行呢？答案是"不能阻却执行"。因为法院和债权人只认可对外公示的股东，不能以内部的代持约定对抗外部债权人对代持人主张的正当权利。因此，代持人由于未能清偿到期债务而成为被执行人，债权人有权依据工商登记中记载的股权归属向人民法院申请对该股权强制执行。

所代持的股权被执行给他人，造成隐名股东的财产损失，隐名股东固然可以向代持人主张赔偿股权损失。但是，代持人是因为已经负债才遭遇代持股权被执行，因此，代持人很可能已经没有偿债能力，从而难以弥补隐名股东的损失。或者，如果代持人被处以行政罚款或者因违法犯罪被判处刑事罚款，而代持人又没有现金资产可供执行，那么代持股权也有可能被变现用以承担罚款责任，从而造成隐名股东的财产损失。

（5）代持人的婚姻风险，也是一大考验。如果隐名股东对出资和股权疏于管理，比如全权委托代持人出资，没有出资凭据、没有签署代持协议，等等，都会造成隐名股东与代持人之间的股权关系不清的后果。如果遇到代持人婚变，代持股权的财产权益很有可能作为代持人的夫妻共同财产而被分割。况且，现实中也不排除代持人干脆用假离婚来分割和占有代持股权的可能性。

如果代持关系不清、代持委托流程混乱、没有留下充分的证据，那么一旦代持人发生婚变，隐名股东和代持人都需要进一步提出证据来证明代持关系的存在，以推翻代持股权系夫妻共同财产的主张。这将是一个非常困难的过程。

（6）代持人发生继承，代持股权直接分割。如果代持人过世，依据《民法典》和《公司法》的规定，其股东资格将由继承人继承。如果隐名股东与代持人之间没有有力的证据证明代持关系的合法有效，那么隐名股东的股权就将成为代持人的遗产而被代持人的继承人继承。逝者不能作证，隐名股东的股权或许就此彻底"隐名"了。

即便隐名股东有充分的证据证明代持关系的存在和有效，也难免一场股权归属的博弈。再有，纵使代持人的继承人认可代持关系有效，隐名股东要想显名成为公司股东，也将面临其他股东是否认可和接纳的法律风险和障碍。

（7）代持股权过户给隐名股东障碍重重。代持协议的效力与代持协议的履行是两个区分开的问题。代持协议有效，还得需要代持协议得以履行才具有现实意义。但代持协议有效并不必然使得隐名股东能够取得股东身份或实际享有股东权利。

根据相关法律规定，当隐名股东要求将股权变更登记到自己名下时，即便代持人积极配合，仍然需要获得公司其他股东过半数的同意。而大多数情况是，其他股东对股权代持并不知晓，对于陌生的隐名股东进入公司自然不会轻易同意。这便造成隐名股东无法真正持有公司股权。

再有，隐名股东行使股东权利也存在法律障碍。也就是说，在代持股协议有效的前提下，如果公司其他股东不知道显名股东是代持人，或者即便知道但对代持人背后的隐名股东的身份也不予认可，那么代持股协议对公司和其他股东就毫无意义，隐名股东就无法行使股东权利和享受股东利益。比如，隐名股东无法参与和享有分红，也无法行使股东知情权，即便股权权益受到侵害，也不能以自己的名义主张权利和追索责任。

（二）对代持人的风险

前面我们细述了隐名股东面临的各类风险，似乎种种案例都将代持人指向了不诚不义的境地。其实，所有的风险都是相对的。在股权代持的过程中，代持人也面临种种来自隐名股东的法律风险和责任。

1. 代持人承担清偿公司债务的责任

正如在家企混同章节所阐述的，如果股东存在出资不实、虚假出资或者抽逃出资，那么在公司资产不足以偿还债务的情形下，股东依法应当在应缴未缴出资的范围内承担补充清偿责任。尤为值得注意的是，如果有发起人股东在设立公司时存在出资不实，那么所有的发起人股东要在不实出资范围内对公司债务相互连带承担清偿责任。在股权代持关系中，常常有代持人甚至其他股东由于隐名投资人出资不实而被拖累成债务人。

代持人是以自己的名义代替隐名股东出资，并且对外登记公示在工商企业信息中。而工商登记的股东信息、股权结构以及出资情况，是交易相对方获知公司信息的正当途径，并据以信赖而进行交易。如果发生隐名股东未出资、未按期足额出资、拒不出资或者抽逃出资等情形，债权人就可以根据登记的股东信息要求代持人对公司债务承担清偿责任。当代持人主张自己只是代持他人股权并没有出资义务，这很难获得法院的支持。

2. 代持人难以退出公司

出于法律、健康、身份、意愿或者依据代持协议的约定等原因，当代持人希望终止代持关系退出公司，从而需要隐名股东显名或者将股权转让给隐名股东指定的其他人，这对代持人而言有时并不是一件容易的事情。

根据《公司法》的规定，如果代持人欲退出公司或者依据代持协议将股权转让给隐名股东或者其他人，那么就应当经过公司其他股东过半数同意。如果其他股东事先不知有股权代持的情形，事后又不愿意隐名股东显名或者不愿其他人进入公司，那么代持人就难以退出。

通过上述分析，我们发现：第一，由于股权代持行为容易造成交易对象对公司资信的信息误判，影响公司商业信誉，不利于市场诚信体系的建设，因此，司法上并不鼓励股权代持行为。第二，股权代持协议的效力内外有别。对内而言，股权代持协议在隐名投资人与代持人之间一般是有效的，但是对公司和其他股东的效力存在障碍。对外而言，代持关系不产生对外效力，股权对应责任仍由代持人承担。即使股权代持协议约定由隐名投资人承担出资义务，或者约定代持人对公司的债务概不负责，但如果该代持股权出资不实，公司的债权人仍可以要求代持人在出资不实范围内承担责任。第三，对于刻意隐瞒特殊身份，规避法律纪律规定的代持股行为予以遏制，除了不支持隐名投资人成为显名股东，还将向相关法律纪律监督机构反馈信息，由相关职能部门依法依纪进行处理。

（三）代持风险隔离策略

股权是产权的重要组成部分，股权是财富的一种形式。如上所述，股权代持行为是当事人在市场经济条件下的自主行为，法律对一般的股权代持行为并未禁止。股权代持固然解决了隐名投资人的很多担忧，实现了某些特殊的目的，但是股权隐身所隐藏的风险也不容小觑。选择了代持，也就等于选择了一系列的风险隐患。所以，隐名投资者要学会如何保护自己的权利，代持人也应该懂得如何防范自身的风险。

股权代持应当权衡利弊，审慎选择。股权代持，合法有效是前提，顺利执行是关键，财富安全是目标，选人是核心。因此，隐名出资人在选择代持人时不仅应当考虑代持人的诚信品质，还应该权衡评估代持人的资信状况。从代持人的角度，这个问题亦如是。股权代持需要一套系统完善的风险隔离策略，防患于未然，才是最恰当的选择。

（1）进行法律政策分析和风险评估，保证股权代持合法有效。对于法律法规的禁止性规定要严格遵守，对于违背公序良俗的行为要严格禁止。在当下的科技条件与严格监管下，财富早已透明于天下，代持绝不是完美的藏身之术。因此，代持一定要合法，不受法律保护的代持，最终只能赌人性、拼运气，甚至要承担法律责任。

（2）签署代持协议。合法的代持协议是确立代持关系、保护隐名出资人权益的基础。代持协议需要明确约定出资方式和流转路径、隐名股东的权利、对代持的权利限制等内容。但代持人能否严格履行代持协议，在一定程度上取决于代持人的诚信，因此有必要特别约定代持人擅自处分代持股权的违约赔偿责任，提高代持人的背信成本。

（3）为确保证明隐名出资人出资的事实，要对资金转账环节进行留痕，包括银行汇款的备注，代持人收到款项以及向公司出资的银行凭证，代持人出具的书面确认函，由被投资公司出具的出资证明，等等。如果可能，最好隐名股东也记载于公司的股东名册。股东名册无须对外公示，这样既能起到对外隐名的作用，也能证明隐名股东的身份，避免公司和其他股东拒绝接纳隐名股东而造成隐名股东出资的风险。

（4）为保证隐名出资人股东身份的确认，隐名股东需要参与股东权利的行使，比如参与股东会会议、发表股东意见、进行表决、在股东会会议记录或者纪要上签字，等等，也可以通过主张分红、行使知情权等方式留存证据，证明股东身份。

（5）为避免隐名股东的股权发生权属争议，在条件允许的情况下，隐名股东需要最大可能地获得公司和其他股东对于股权代持的书面认可和确认。一个值得隐名股东特别关注的风险是，当代持人受隐名股东委托向公司出资时，就已经给代持人的配偶和继承人主张共同财产或者遗产提供了有力证据。在代持人的离婚争议以及继承争议中，隐名股东需要提供充分的证据证明股权代持关系的存在，以推翻代持人的配偶和继承人关于代持股权属于夫妻共同财产或者遗产的主张。为防范类似隐患的发生，应当尽可能取得代持人的配偶及相关继承人的书面认可，避免因代持人婚姻和继承带来的对代持股权的争议。

（6）为避免代持人的道德风险和债务风险，有必要设计股权代持的风险阻断机制，防止代持股权被变卖、质押和偿债。这是一个系统设计，比如在资金流转环节与代持人签署借款协议、担保协议，以保障出资款项的安全；在股权流转环节设计股权转让协议，以实现股权的闭环回转；设置股权质押，以获得潜在债务清偿时的优先顺位。

（7）为避免代持人为隐名股东承担出资不实的法律责任，代持人决定帮助隐名股东代持时，需要判断隐名股东的诚信和资信能力，要求隐名股东一次性全额出资，或者要求隐名股东提供相应的担保，并就出资不实造成代持人损失的情形承担赔偿责任。

（8）为避免代持人退出困难，可以提前与其他股东约定代持人退出的条件。比如，代持人有权随时向隐名股东转让股权，其他股东一致同意并放弃优先购买权，等等。同时，代持人与隐名股东约定，当代持人因不能自由退出造成损失的，由隐名股东向代持人承担赔偿责任。

（9）如出于特殊需求，确实需要代持，可以通过家族信托，以制度架构的方式合法合规地实现代持目的。

举例来说：王总出于个人隐名的目的，希望自己所持有的 AI（人工智能）公司股权既可以被代持，同时又避免他人代持有可能出现的风险，并且自己拥有掌控权。那么可以采取以下措施：

①王总成立家族信托，并通过家族信托设立有限合伙企业，家族信托成为有限合伙企业的有限合伙人（LP）。

②王总指定自己信任的人作为有限合伙企业的普通合伙人（GP）。

③通过有限合伙企业出资成为 AI 公司的股东。

④通过有限合伙协议，约定家族信托有权随时更换普通合伙人（GP）。

⑤王总可以将自己及家人设为家族信托受益人。

如此一来，王总既可以实现股权被代持且公开信息无法查询的目的，又可以通过制度对自己的股权实现掌控与受益。

隐名有风险。因此，但凡有可能，尽量不要采取代持方式。如果代持确属必要，就要做好风险和收益评估，设计系统的风险防范策略。但也要知道，没有面面俱到的代持，不要期待占尽机缘，也不要奢望万无一失。

第三节

家族债务风险隔离策略

债务风险是家族财富最大的入侵者。筑好家族财富防火墙，隔离、转移、消化债务风险，是家族财富管理的重中之重。

前面我们在各个主题中谈及如何防范债务风险，使之尽量不发生。下面我们探讨如果债务的发生不可避免，应该如何做好风险隔离，使未来的债务尽可能不殃及家族财富。

一、夫妻财产约定可以隔离债务吗？

《民法典》规定，夫妻双方可以就婚前及婚内财产进行自主约定，既可以约定各自所有，也可约定共同所有，还可以约定部分各自所有、部分共同所有。约定财产各自所有的，在法律上叫作分别财产制。分别财产制的好处就是，你的是你的、我的是我的，财产互不相干。既然如此，那么一方所负的个人债务不应当影响另一方。但在共同财产制中就无法实现隔离，因为一旦一方负债，就要从共同财产中偿债，而在夫妻共有的财产中，是不可能明确分清哪些是属于负债一方的个人财产的，于是配偶一方难免被裹挟其中。

尽管在分别财产制中夫妻财产各自独立，个人债务无须相互承担，但是，对于债权人而言，并不必然产生债务隔离作用。根据法律规定，只有债权人知道这个约定的，才以负债一方的个人财产清偿。因此，夫妻约定实行分别财产制的，应当在对外签署协议之前，以书面形式向债权人披露夫妻实行分别财产制的信息，或以其他合适的方式向债权人明确告知，并留存债权人已经知悉的证据。但在实践中，这存在一定的操作难度，债权人愿意接受举债一方单独偿债的概率并不大，因为夫妻之间进行财产约定和财产调配是分分钟的事情，完全可以临近举债而签署相关协议，以实现债务风险的转移。不过也确实有债权人出于种种考虑而愿意接受这种关于债务独立的夫妻约定。因此，从举债一方而言，要尽可能隔离自身风险，给配偶和家庭一份安稳。如果可能，就要通过夫妻财产约定债务由举债一方承担并向债权人明示，这也是一个可以选择的风险防范策略。

二、离婚可以隔离债务吗？

有的企业主因债务而离婚，企业留给自己，不动产和绝大部分现金资产分配给配偶，但配偶最终也没能摆脱债务。其原因就是家企不分，企业债务穿透成为个人债务。虽然债权人是在债务人离婚之后主张的权利，但是，如果这些债务都是发生在二人婚姻关系存续期间的共同债务，那么依法，离婚之前发生的共同债务，不因离婚而隔离。从这个角度而言，离婚不能隔离婚内发生的债务。当然，企业主与配偶离婚后，企业及企业主产生的债务就与配偶无关了。

确实有许多企业主通过"假离婚"的方式隔离个人的债务风险。法律上是离婚了，但事实上仍然保持夫妻关系。但是，"假离婚"是一步险棋。一般而言，"假离婚"就是把更多财产分配给配偶而将债务风险留给自己。所以，"假离婚"至少会留下四大隐患。

（1）通过合法程序完成的"假离婚"，无论是协议离婚，还是法院调解的离婚抑或是判决离婚，在法律上都是真离婚。

（2）假戏真做，"假离婚"弄假成真。如果配偶一方坚持已经依法离婚，甚至与第三方重新组成家庭，那么各自所分配的财产就属于个人财产，"假离婚"分割到债务的富翁就真成了"负翁"，而分割到实实在在财产的配偶也就真正彻底切割了风险。

（3）如果双方将来重新结婚，那么，在法律上，前一次离婚后至这一次结婚前各自名下的财产，都属于各自的婚前财产，结婚后也不一定会恢复到离婚前的共有状态。

（4）如果名为离婚实为恶意逃债或者逃避执行的"假离婚"被证实，那么恶意转移的财产将被追回，而且双方可能涉嫌虚假诉讼而被追究刑事责任。

三、人寿保险可以隔离债务吗？

自个人寿险营销业务在中国市场展开至今，一直都有保险能避债的说法，这导致企业主越来越具有投保的热情。但在司法实践中确实有人寿保单被查封冻结甚至被采取执行措施的情况发生，于是又有很多企业主纷纷远离保险甚至选择退保，理由就是"不能避债，买它何用"。对这些企业主而言，俨然配置保单的唯一目的就是隔离债务，这其实是对保险功能认知的极大扭曲。在法律上，保单只要具有财产性权益，就属于相应的个人财产，该保单就可以作为被执行的标的而被法院采取法律措施。事实上，大额保单的主要作用在于通过合理的架构设计，实现其在风险救济中不可替代的功能和价值。

第一，保单架构中最典型的隔离债务功能是需要特定条件的。也就是说，在明确指定了身故受益人的保单中，如果被保险人身故，那么受益人领取的身故赔偿金（也叫身故受益金或保险金）则可以隔离被保险人生前的债务。

例如，小丽爸爸可以把 1000 万元存入银行，也可以用 1000 万元给自己投保一份终身寿险，保额是 3000 万元，投保人和被保险人都是小丽爸爸，唯一身故受益人是小丽。如果小丽爸爸生前负债 500 万元，那么，当小丽爸爸去世后，如果这 1000 万元是银行存款，就要先偿还负债 500 万元，剩余的 500 万元才会给到小丽等继承人。如果这 1000 万元是一张保单，当小丽爸爸去世后，小丽则无须用该保单的身故赔偿金偿还爸爸生前的 500 万元负债，保险公司赔付给小丽的 3000 万元只属于小丽，而且不用与其他继承人平分。其底层逻辑是，1000 万元存款在法律上是小丽爸爸的遗产，在继承时要先偿债再继承。而 1000 万元保费所购买的保单在小丽爸爸去世后产生的 3000 万元身故受益金给到小丽，这是小丽获得的赔偿金，在法律上属于小丽的个人财产，当然不能用于偿还小丽爸爸的负债。显然，小丽爸爸的这张保单彻底隔离了小丽爸爸生前的债务。这就是我们所说的保单的债务隔离功能。

人们常常认为的"保单能避债"是一种误区，以为只要买一张保单，保费一进保险账户就保险了；或者认为自己名下持有一张保单，就可以完全"避债"了。这种认知不但完全错误，而且极其危险。前面讲过，任何人只要持有保单，这张保单就是其名下的财产，就具有财产利益，就可以作为被执行的标的。

第二，通过保单架构设计才能隔离债务风险。既然投保人名下的保单无法隔离自己需要偿还的债务，那么最简单的逻辑就是，保单不要放在有债务风险的人的名下。相对安全可选的架构有两种，第一种是以企业主的父母为投保人和被保险人，企业主作为受益人。由于企业主和父母的财产是各自独立的，因此，企业主的债务风险不会追及父母。父母名下的保单就得以安全。第二种是以企业主父母为投保人，以企业主为被保险人，以父母、配偶或子女为受益人。这种架构适合终身寿险，因为作为被保险人的企业主本身不享有财产性收益，同样企业主有债务也不会波及保单。

第三，通过保单贷款救济债务风险。企业或者企业主会经常需要现金流，尤其是短期救急的现金流。而公司股权、不动产变现程序复杂、耗费时间且难以变现。于是，一种能够随时灵活变现的资产就显得弥足珍贵。具有现金价值的保单，一般情况下都可以用于向保险公司贷款，贷款额度可能高达现金价值的 70% 甚至 90%。而且，大多情况下，贷出来的资金可以持续使用，有的定期偿还利息即可。如此，一方面可以将保单这一资产及时快速地变现，救急企业或个人的现金需求；另一方面，即便保单的部分现金价值通过保单贷款的方式贷出去了，也丝毫不会影响保险合同承诺的各种权益。比如，年金类保险的权益就包括生存金返还、保底利息、收益分红、复利以及身故赔偿金的支付。保单是为数不多的个人可以快速向金融机构融资的工具。

第四，介入权的行使。或许有些情况下穷尽了所有的方法仍无法避免保单被查封冻结、被采取执行措施的命运，但保单仍有其他金融工具所不具有的独特价值，这就是介入权的行使。也就是说，当投保人持有的保单面临被强制执行，司法程序的结果就是保险公司协助法院将保单的现金价值划拨给法院或者债权人，保单就归零了。但是，如果被保险人或受益人愿意向法院交付相当于保单现金价值的现金，偿付投保人债务，就可以承受投保人的合同地位、维系保险合同的效力，这样就保住了这份具有价值的财产。而这正是保单资产优于其他财产之处。

四、家族信托能隔离债务吗？

家族信托的债务隔离功能体现为放入信托的财产保持独立，不受设立人及受托人自身债务的影响。当然，家族信托的债务隔离功能也是有条件的。

（一）家族信托可以隔离担保和对赌带来的债务风险

回到前述担保及对赌的案例，家族信托是如何解决企业主夫妇在担保和对赌中所带来的对家庭的债务风险呢？

这需要企业主在财务状况健康时（如收入合法、财产完税、无恶意逃债等），就把家庭财产中需要隔离的部分委托给受托人，设立家族信托，然后设定受益人。这样这笔委托给受托人的财产就成了家族信托财产，而不再是企业主的个人财产。根据《中华人民共和国信托法》（以下简称《信托法》）第十五条规定："信托财产与委托人未设立信托的其他财产相区别。"这笔信托财产就与企业主的其他财产相隔离，从而不能用于偿债。从受益人一方而言，这笔信托财产在依照信托合同的规定进行受益分配前，也不属于受益人个人所有的财产，这时受益人享有的是受益权而不是财产所有权，即便受益人对外负债，债权人也无从追及这部分信托财产。而对于收益权，则可以通过信托文件进行限制规定，从而排除被偿债的可能。

需要注意的是，信托的设立需合法且不得有恶意。如果企业主在提供担保和对赌之前，在财富安妥之时就已经善意规划了这个家族信托，那么即便企业主因承担担保责任或者对赌责任而被法院执行，也只能执行信托财产以外的财产，信托财产则依旧受到法律保护而不被偿债和执行。一个依法合规设立的家族信托，具有锁定财产、保护财富的功能，能够有效隔离连带责任担保和对赌带来的家庭财富风险。

（二）家族信托保障家财不偿企业之债

信托还可以解决家庭财产和企业财产混同的风险，保障家财不偿企业债。前面我们分析过，公私财产混同，结果就是企业债务穿透直捣家族财富。如果企业主在财产状况良好且家企财产权属清晰的状况下规划了家族信托，那么信托财产便不能被强制执行，债权人也不能直接对信托财产主张权利，如此便保障了家财不偿企业之债。

（三）信托"代持"，保障特殊身份财产合法安全

从某种角度而言，家族信托就是一种变相的财产"代持"架构。根据《信托法》的规定，信托机构持有信托财产，并不是形成财产所有权关系，只是形式上的名义持有。在信托架构中，企业主可以将自己以及其他家庭成员一并设定为信托受益人，这样受托人是信托财产的名义持有人，企业主与其他受益人则是家庭财产的实际享有人，同时又隔离了企业主的债务风险。

当然，信托财产独立制度与保护债权人合法利益需要平衡维护。并不是所有的信托都必然隔离债务。根据相关法律规定，以恶意逃避债务、税务和执行等为目的的信托，属于非法目的信托，应属无效。而信托设立人如果是债务人，并且有放弃其他债权或者无偿、低价转让财产的行为，从而侵害债权人利益的，这种信托也有可能被撤销。信托一旦无效或者被撤销，信托自然不成立，也就失去了财产的独立性，隔离债务的功能也就消失了。

综上所述，企业主一旦合法合规地将财产规划到信托架构中，这部分财产便可以与企业主的其他财产及债务相隔离。对于受托人而言，尽管财产为受托人所持有，但财产所有权并不属于受托人，也就不能随意处置这笔财产，更不能将其用于偿还受托人的债务。对于受益人而言，只有满足信托合同约定的条件，才能获得信托财产的分配。受益财产划拨到受益人的账户之前，这部分财产仍然是信托财产，债权人无权就此主张偿债。可见，信托财产与委托人、受托人和受益人的债务均实现了法律上的隔离，这就是信托架构财产隔离的价值，同时也是风险隔离的价值。但前提应当是及早筹划，合法、合规地实施。

刑事责任风险：企业主的成功陷阱

　　保护民营企业主的人身安全和财产安全，始终是国家的一项重要方针，但经营上的合法依规是大前提。现实中，一些民营企业主确实存在着大量触犯法律的情况，尤其是触犯刑事法律。

　　网上一直有这样的说法："所有暴富的方法都写在了刑法里。""中国的企业家不是在监狱里，就是走在通往监狱的路上。"这些说法虽有些极端，对诸多优秀的民营企业主也有所不公，但也充分揭示了在现行法律制度之下，企业主的经营行为有着极高的法律风险。客观上，一些人自觉或不自觉地踩踏到法律的红线，尤其是许多名噪一时的大企业家相继入狱，更让企业主们如履薄冰。个中原因，有的是不知道而为之，有的是知之有限，有的却是知道而心存侥幸，也有的是明知故犯。《2019—2020 企业家刑事风险分析报告》以"中国裁判文书网"上传的刑事案件判决书、裁定书为检索对象进行了统计分析，发现企业主触犯法律频次最高的仍然是经济犯罪，这成为民营企业面临的重要风险形态。其犯罪大致可分为融资类犯罪、腐败犯罪和与税收征管有关的犯罪等。经济犯罪对企业主是致命的打击，企业主要承担的后果有：失去人身自由、财产被罚没、公司瞬间瘫痪、几十年打拼的财富帝国崩塌，凡此种种，令人惋惜，也令人痛心。创业不易，莫因违法犯罪葬送宏图大业。对此，我们研究整理了民营企业主常面临的法律风险，谓之"七宗罪"。前事不忘后事之师，寄望广大企业主以此为鉴，始终走在平安幸福的大道上。

一、非法吸收公众存款

　　非法吸收公众存款罪，民间称为"非吸"，是企业主最易触犯的罪名，多发于民营企业的融资活动中。

　　民营企业融资途径不通畅，"融资难"是不争的事实。于是企业主们纷纷使出浑身解数，为企业筹钱谋发展，有向企业内部员工集资的，有找民间借贷的，有找亲朋好友东拼西凑的，也有直接向社会吸纳资金的。但不管以何种方式筹资，一般都需要给予回报。然而，随着经济下行，现金压力不断加大，融资需求不断攀升，非法吸收公众存款罪已经成为企业主犯罪的高频罪名，是主要的刑事法律风险来源之一。所以，什么是非法吸收公众存款罪，在什么情况下构成犯罪，如何做到既合法融资又不触碰法律红线，这些都是企业主需要高度关注的问题。

对于"非法吸收公众存款"，在法律上有严格的界定，就是没有经过主管机关的批准，公开向社会上的不特定对象吸收资金，承诺在一定期限内还本付息，这样的活动就是"非法吸收公众存款"。说得再具体一些，"非法吸收公众存款"可表现为以下四个行为：

（1）没有经过批准、没有资格从事吸收公众存款业务而吸收资金，或者借用合法经营的形式吸收资金。

（2）通过媒体、推介会、传单、手机短信等途径，向社会公开宣传。其中既包括以各种途径向社会公众传播吸收资金的信息，也包括明知吸收资金的信息向社会公众扩散而予以放任等情形。

（3）承诺在一定期限内还本付息或者给付回报，还本付息和回报方式是货币，也可以是实物、股权等。

（4）向社会公众也就是社会上的非特定对象吸收资金。

这四种行为统一构成了"非法吸收公众存款"的行为要件，企业主需参照借鉴。

从主观上而言，构成非法吸收公众存款罪只能是故意，但不要求具有非法占有目的。如果具有非法占有目的，就不是非法吸收公众存款罪而是集资诈骗罪了。从刑法对非法吸收公众存款罪做出大幅调整的角度来看，对非法吸收公众存款罪的认定有扩大化的倾向。

企业主只要在主观上不存在非法吸收公众存款的故意，行为上没有前面提到的四种行为，就无须担心涉嫌这个罪名的犯罪。法无明文不定罪，并不是所有的吸收公众资金的行为都是犯罪。需要特别说明的是，以下情形就不构成非法吸收公众存款罪：

（1）如果存款人只是少数个人或者是特定的个体，而不是非特定的群体，就不能认为是吸收公众存款。因此，没有向社会公开宣传，只是在亲友或者企业内部针对特定对象吸收资金的，不属于非法吸收公众存款。

（2）如果行为人没有将吸收来的资金用于金融业务，而是用于正常的生产经营活动，即便资金用途有所改变，也不应当构成非法吸收公众存款罪。

关于非法吸收公众存款罪，有这样一个案例做了很好的诠释。多年前，某企业主开发房地产项目，因缺少资金而成立了一家投资公司，通过委托理财的方式吸收公众存款，同时，与投资人签署了委托理财合同，共筹集项目资金 800 万元，过程中偿还了 160 万元给投资人，但也把其中一部分资金用于偿还个人债务。后来资金链断裂，导致不能如期如数兑付投资款而案发。案发后，这位企业主虽然积极筹集资金偿还本息，但仍不能如数兑付，由于一部分投资款用于了个人还债，便构成了非法吸收公众存款的事实。最终该企业主被法院以非法吸收公众存款罪判处有期徒刑 4 年。

企业主融资有风险，不仅是债务混同和穿透的风险，更有刑事责任的风险。因此，企业主既要有未雨绸缪的认知，也要掌握远离风险的常识。

首先，选择合法合规的融资方式。"资本从来是江湖"，市场更是风云莫测。企业主在融资时，要在纷繁复杂的融资方式中选择成熟规范的融资方式，且必须合法合规，避免触犯非法吸收公众存款罪等犯罪，避免个人遭受刑罚，避免家庭和财产受到创伤。

其次，选择特定的融资对象，避免向社会不特定对象筹集资金。一般而言，企业内部员工和亲友都属于特定对象，向他们吸收资金并不违反法律规定。但要严格防范内部员工和亲友向社会大众宣传和吸收存款。

再次，选择内部定向说明，避免向社会公开宣传。目前法律明确禁止通过媒体、推介会、传单、手机短信等途径向社会公开宣传，这一点要严格把关。

最后，吸收的资金必须确实用于生产经营。用于生产经营的，属于企业客观所需，属于民间借贷行为，这是法律保护的融资方式。而吸收的资金仅仅用于生息返利的，就属于以信贷为目的的非法吸收公众存款，就会涉嫌犯罪。企业主必须高度注意的是，民间借贷行为与非法吸收公众存款最本质的区别就在于吸收资金的去向。

二、集资诈骗

在筹集资金的过程中，为什么有的公司看似"圈钱"也不会涉嫌犯罪，而有的公司向外借贷就涉嫌非法集资犯罪？这确实给很多企业主带来困扰。在筹资过程中如何避免涉嫌犯罪的风险呢？

避免犯罪的前提是对犯罪的认知。辨别集资诈骗罪就不得不和非法吸收公众存款罪相比较。集资诈骗罪和非法吸收公众存款罪都属于"非法集资"类的犯罪。然而，两者有着很大的差异。其中最本质的区别就是：集资诈骗罪是以"非法占有投资者的集资款"为目的，非法吸收公众存款罪的目的则不是非法占有，而是在非法从事信贷活动中牟利。尽管两者都实施了非法集资的行为，但集资诈骗罪一般采用的是诈骗方法，而非法吸收公众存款罪不以使用诈骗方法为构成要件，并且一般行为人并不掩盖自己吸收资金用于牟利的意图。集资诈骗罪最高的刑罚是无期徒刑，这一犯罪的死刑至 2014 年《刑法修正案（九）》颁布才被废除，而非法吸收公众存款罪的最高刑为 10 年以上。非法吸收公众存款罪具有基础性意义，属于非法集资犯罪的一般法规定；集资诈骗罪是非法集资犯罪的加重罪名，刑罚也是最严厉的。

分辨集资诈骗罪还要和民间借贷相比较。集资诈骗的目的是非法占有他人款项，这里的非法占有不是指暂时占有，而是指意图永久性占有他人款项，没有履行债务（如还本付息）和回报出资人的意图。民间借贷则是为了弥补生产、生活等方面出现的暂时性资金短缺，并在约定时间内偿还本息的行为。在这种情形下，即使为获得集资款而夸大了收益回报，集资后因经营管理不善或市场因素变化等原因造成亏损而无力偿付集资本息的，也不构成集资诈骗罪。

企业主为企业融资，要避免涉嫌集资诈骗犯罪，就要清楚哪些行为将构成犯罪。刑法规定，以非法占有为目的，使用诈骗方法非法集资，数额较大的，就构成集资诈骗罪。所谓"诈骗方法"，就是指行为人采取虚构资金用途，以虚假的证明文件和高回报率为诱饵，或者其他骗取集资款的手段。所谓"非法集资"，就是指违反法律、法规有关集资的规定，以承诺回报为前提向社会公众募集资金的行为。所谓"数额较大"，根据目前的司法规定，一般情况下，个人集资诈骗数额在 10 万元以上的，单位集资诈骗数额在 50 万元以上的，应当认定为数额较大。

显然，民间借贷、非法吸收公众存款与集资诈骗有着本质的区别。如果说民间借贷与非法吸收公众存款尚有容易混淆、把握不准之处，那么集资诈骗与前两者相较而言就是无争的区别。企业主对于集资诈骗的风险，不是如何"规避"的问题，而是如何"拒绝"的问题。因为主观上的"非法占有"是完全可以认知、掌控的。尽管主观目的无法证明，但行为是可以明显判断的。比如司法实践中主要从以下两方面认定非法占有的目的：一是集资后不用于生产经营活动或用于生产经营活动与筹集资金规模明显不成比例；二是明知资不抵债，已无偿还能力的，仍集资用于拆东墙补西墙。从司法实践看司法方向，集资风险不可小觑，犯罪风险不可心怀侥幸。

三、合同诈骗

合同诈骗罪，是企业主们一不小心就摊上事儿的罪名。问题的核心就在于，合同签署和履行过程中一旦有虚假不实，就容易触犯法律，也会授人以柄。到底是合同诈骗还是民事合同欺诈，这其中可做的文章很大，对企业主是巨大的法律风险。

为避免踏坑或者被人坑，企业主首先要知道什么是合同诈骗罪。

合同诈骗罪是指以非法占有为目的，在签订、履行合同过程中，使用欺诈手段，骗取对方当事人财物，数额较大的行为。构成这个犯罪，首先，必须是故意并且具有非法占有的目的。其次，必须有具体的犯罪行为。这些行为包括：①以虚构的单位或者冒用他人名义签订合同的；②以伪造、变造、作废的票据或者其他虚假的产权证明作担保的；③没有实际履行能力，以先履行小额合同或者部分履行合同的方法，诱骗对方当事人继续签订和履行合同的；④收受对方当事人给付的货物、货款、预付款或者担保财产后逃匿的；⑤以其他方法骗取对方当事人财物的。①

2014年4月，甲公司实际控制人屠某因资金链断裂，以甲公司的名义委托乙公司代开信用证，进口塑料粒子。为骗取乙公司开证，屠某向乙公司谎称进口的塑料粒子系用于生产经营，并提供了虚假的生产产品可行性报告，还提供100亩土地等作为开证担保，但故意隐瞒土地已被抵押的真相。屠某与乙公司签订不可撤销担保书，保证严格履行进口合同及代理进口协议项下的全部责任和义务，且无条件承担共同和连带责任。但实际上屠某在收到塑料粒子后即以低于成本价销售给其他机构套取资金用于归还个人欠款及个人使用等。对此，法院判决屠某犯合同诈骗罪，判处无期徒刑，剥夺政治权利终身，并处没收财产人民币200万元。这个案件中，屠某就是在签订和履行合同期间，使用欺诈手段，骗取对方当事人财物，其结果就是构成了合同诈骗罪。

合同诈骗虽然是主观故意所致，但也有一些企业主存在并非故意，而是"被

---

① 参见《中华人民共和国刑法》第二百二十四条。

犯罪"的。这就是典型的刑事"合同诈骗"与民事"合同欺诈"之争，也是企业主们常常陷于被动的风险所在。因此，认知什么是合同诈骗犯罪，什么是民事合同欺诈就显得尤为重要。二者有相似之处，但也有本质上的区别。

民事合同欺诈的典型特点是，欺诈一方本身是真实履行合同的，只不过是在签约和履行合同的过程中，存在虚假宣传或者欺诈行为，从而诱导对方产生重大误解签订合同，致使对方遭受损失，而欺诈一方通过合同的履行获取不法利益。这里的欺诈一方是具有履约能力的，并且在合同签订后积极履行合同义务。其初衷并不是以非法占有为目的，而是确实以签订和履行合同为目的，通过虚假或有陷阱的合同条款取得不法利益。存在合同欺诈的经济纠纷，可以通过民事诉讼主张解除合同，并要求欺诈方承担赔偿责任，以此挽回经济损失。

合同诈骗罪则是以合同作为工具，以非法占有为目的，诈骗一方没有履行合同的能力，或者没有履行合同的意愿，即便履行合同也是其实施犯罪的方法和过程，最终达到骗取财物的目的。存在合同诈骗的，就要通过刑事司法程序，追究犯罪嫌疑人的刑事责任，判处拘役、有期徒刑、无期徒刑，并处罚金或者没收财产。

在商事交往中，合同不能履行或者不能完全履行均属正常。对于被违约方一般通过主张违约责任维护自己的权利。但也常常发生双方争议升级导致对方一怒之下举报合同诈骗。如果违约方在签署、履行合同过程中确有欺诈情形，就有可能将本是合同纠纷的案件作为刑事案件来处理。这无疑会严重影响企业经营和企业主的人身财产安全。这在合同对象为强势主体时，一旦合同履行不力，强势一方出现亏损或利润偏低，而弱势一方取得利润又明显高于对方，就会导致强势一方利用优势或者资源，借合同诈骗罪之名，借行政权力强行介入经济纠纷，以此限制弱势一方的人身自由，迫使弱势一方让出利益或者补偿损失。

合同是经济活动中不可或缺的交易手段，合同的签订与履行不仅关系着交易的安全与商业的繁荣，也关系着企业主的人身安全与财产安全。很多企业主遇到的情形是：一开始有履约能力，并不重视合同相关条款，等到突然遭遇经营困难时，就可能招致"明知没有履约能力而签订合同"的诈骗罪名。因此，企业主在合同管理方面应做到以下几点：第一，在签订合同的时候就要考虑到未来的履行的风险，让对方在一定程度上了解这种风险，同时留存书面资料。这样在日后能够证明自己于合同签订之初就没有任何欺骗的恶意。第二，完善合同管理制度，确保合同的签订与履行合法合规。第三，杜绝虚假宣传、虚构事实、伪造变造文件等现象。第四，积极履行合同。如的确遇到履约能力不足的情形，或者发生不可抗力以及其他影响合同履行的情势，就应当积极采取措施，固定相应证据，证明并没有不履行合约的恶意，避免陷入合同诈骗的风险。

四、挪用资金

我们在家企混同的章节中提到，公司与公司股东均是各自独立的法律主体，公司与公司股东之间的财产当然也是互相独立的，公司与公司股东之间应避免出现财产混淆。无论是公司的创始人，还是公司的实际控制人，均不得利用个人的威望和控制权随意将公司财物或资金挪归个人使用或用于与公司无关的业务。民营企业经常发生企业主以各种名义从公司提取款项供私人使用，或者由其控制的企业之间拆借资金，这种资金的使用和转移的风险之一就是有可能构成挪用资金罪，从而可能让企业主身陷囹圄。

企业主们也许会疑惑，自己是公司的实际控制人，自己使用自己公司的钱，如何就构成犯罪了呢？按照法律的规定，首先，企业主作为公司的工作人员甚至是高管或者实际控制人，符合法律上挪用资金罪的主体身份要求。其次，利用了职务上的便利，挪用本公司资金归个人使用或者借贷给他人，其中的"归个人使用"，按照目前的司法规定，包括以下三种情形[1]：第一，将本公司资金供本人、亲友或者其他自然人使用的；第二，以个人名义将本公司资金供其他单位使用的；第三，个人决定以公司名义将本公司资金供其他单位使用，谋取个人利益的。最后，挪用资金后，由于某种原因主观上不愿意归还的，则转化为职务侵占罪。依据这个标准，企业主们确实有必要审慎回顾一下自己的资金使用情况，看看有没有挪用资金的情形，以避免风险。

有这样一位企业主，在担任公司法定代表人期间，利用职务便利，未经其他股东的同意，私自将公司的资金 1.09 亿元挪用用于个人营利活动，包括与他人合资设立公司、购买土地、投资煤矿等，且一直未能归还。法院认为，这位企业主任公司法定代表人，利用职务便利，挪用公司资金归个人使用，数额巨大且不退还，严重侵犯了公司资金的财产权，构成挪用资金罪，判处有期徒刑十年。要注意的是，类似这样的案例，即便这家公司只有一位股东，公司事实上百分百属

---

[1] 全国人民代表大会常务委员会关于《中华人民共和国刑法》第三百八十四条第一款的解释（2002 年 4 月 28 日）以及全国人民代表大会常务委员会法制工作委员会刑法室关于挪用资金罪有关问题的答复（法工委刑发〔2004〕第 28 号）。

于股东个人所有，这样的行为依然会构成挪用资金罪。

挪用资金罪是很多企业主不易察觉却非常危险的罪名，往往在发生股东纷争、企业控制权争夺、控制人婚姻危机中，成为被要挟和控制的手段。因此，企业主使用公司资金不可不慎。

另一个判例显示，某控股股东、实际控制人持有公司 90% 的股权。在未经公司股东会、董事会表决通过的情况下，实际控制人利用职务便利，擅自决定以公司名义将 1000 万元资金借贷给自己实际投资、控制的两家公司，用于经营活动。一直以来频生嫌隙的小股东发现后报警，检方控告该大股东构成挪用资金罪，法院判决罪名成立。

所以，为更好地预防挪用资金犯罪、做到监守有道，企业主应当做到以下两点：第一，在个人使用公司资金方面，增强自身的法律风险防范意识，完善公司内部资金管理制度，加强公司资金收发、使用流程管理，建立资金数额和占用、使用时间预警制度，避免用资不慎滑向犯罪的边缘。第二，在控股股东、实际控制人利用公司资金在关联企业之间进行拆借方面，要严格做到确保合法合规。首先，转移资金必须有合法依据，诸如借贷、投资、预付款以及业务往来的关系证明等；其次，转移资金须有合法程序背书，比如经董事会乃至股东会表决，将其转化为公司意志；最后，严格按照公司内部现行的财务管理制度完成流程。

五、职务侵占

企业主要了解，近年来职务侵占罪始终高居刑事犯罪前十的位置。对于民营企业而言，挪用资金罪与职务侵占罪是一对姊妹罪。由于民营企业家企混同现象的普遍存在，企业主常常动用企业资金用于个人、家庭消费，或者用于其他私人事务的现象屡见不鲜。很多企业主总是或有意或无意地忽略这一风险，其实是他们忽视了公司财产的独立性与公司的公众性。公司事务处理不当将直接损害公司其他股东的利益、公司债权人的利益以及国家利益。当个别企业主随意从公司账户提取资金，任意处分公司资产，脱离法律的约束，最终既可能涉嫌挪用资金，又可能涉嫌职务侵占。相对而言，后者的风险更大。因为用于个人和家庭消费的资金，企业主本就认为是属于自己的，这个"占为己有"是个铁定的事实。可见，职务侵占罪并不遥远。

那么，职务侵占罪到底有多严重，为何民营企业主屡屡遭受职务侵占罪的惩罚？通过了解法律的底层逻辑就会一目了然。

法律上所说的职务侵占罪，就是指公司的工作人员利用职务上的便利，将公司的财物非法占为己有，且数额较大的行为。以这个法定的条件为标准去审视民营企业主，恐怕有很大一批人经受不住这个"卡尺"的测量。只要回顾一下有没有直接将公司的财物据为己有就再清楚不过。比如直接从公司账户划款到个人账户用于个人和家庭消费或者购置房产、汽车的，或者伪造报销凭证向公司报销不存在的支出并将报销所得据为己有的，或者通过个人账户收取企业经营款项的，等等。对于企业主而言，这些行为轻则被税务机关以逃税漏税追责，构成个人财产与公司财产混同的会被裁决对公司债务承担无限连带责任，严重的甚至有可能被追究挪用资金罪，最严重的就是追究职务侵占罪。

有这样一个案例，某私募基金公司大股东赵某在向投资人推荐一只私募基金时，为了获取大客户的投资，以基金公司的名义和投资人签署了保本协议。在基金存续期间，基金公司引进新股东张某，并在张某入资时隐瞒了该保底协议的存在。后来私募基金出现了亏损，大股东赵某决定动用公司资金为投资人保底，新股东张某则以入股时未披露该协议为由而拒绝同意。于是两位股东之间便产生了极大的矛盾甚至激烈的争执。在一次协商中，新股东张某提出可以支付保底资金，但不能以公司名义支付，因为担心其他投资人知道后会影响公司声誉，可以允许大股东赵某先将公司资金转到他自己名下，再由赵某以个人名义转给投资人。赵某同意后并按此操作，当然款项支出后赵某也没有再返还给公司。张某却在半年后向公安机关举报了赵某利用职务之便将公司资金占为己有，且不承认知悉此事，最后赵某被法院判定构成职务侵占罪。

这个案例简直好似商战剧一般，却是真实存在的。由此可见，企业主一定要清楚认知到，企业的资金是不可以随意挪用占有的，否则一不小心就可能游走于犯罪的边缘。在许多企业主的眼里，创业之初企业资金短缺，自己把个人资产无偿投入公司，帮助公司化解危机，当自己遇到困难时再从公司把钱提出来用于个人或家庭，觉得这也合情合理。但是，法律的底层逻辑是规则，不是情理。这种随意挪用资金的行为一旦进入司法程序，追究起来就难免会触及刑法的边界。很多侵占行为都不为企业主们所重视，且长期操作习以为常，其实犯罪风险就在身边。

职务侵占罪是所有民营企业主都必须认知并应当予以防范的犯罪。传统的职务侵占罪，根源大多集中在企业主对于公司财产和个人财产的界限存在认知缺失。

同时，缺乏严格的企业内部财务监管和审计，容易发生"公私混同"，这便为公司负责人侵占公司资产提供了空间。而公司负责人动用公司资产的实际目的和用途有时难以明确判断，具有相当的隐蔽性，这也是这类行为常常发生的重要原因。这类行为还为公司内部股东争夺控制权甚至婚姻中争夺财产提供了"把柄"，往往成为相互攻击对方的"撒手锏"，所以特别需要引起企业主们的重视。

司法实践中不断出现的案例已经表明，职务侵占罪的定罪要点更多在于是否利用了职务便利。为此，职务侵占罪的防范应当重点聚焦运营管理流程和职权范围上。

（1）明确企业主在公司中的身份，厘清职务范围，区分职务行为。

（2）建立完整的风控制度，完善流程管理，尤其是财务使用流程，设立内部监督审计和预警机制，避免企业主因疏忽而形成侵占资产的事实。

（3）杜绝家企混同，严格区分公司资产与个人家庭资产。杜绝随意占用、使用、处分公司资产。

六、抽逃出资

说到抽逃出资，对于很多企业主而言恐怕也不是一个鲜见的现象，以各种方式将出资到公司里的资金抽出来另做他用的情形大量存在。如何认定抽逃出资呢？在司法上界定了四种形式条件外加一个实质条件。这四种形式包括：

（1）制作虚假财务会计报表，虚增利润进行分配；

（2）通过虚构债权债务关系将其出资转出；

（3）利用关联交易将出资转出；

（4）其他没有经过法定程序将出资抽回的行为。

一个实质条件就是"损害了公司权益"。也就是说，这四种情形中的任何一种造成损害公司权益的，都构成抽逃出资。损害公司利益是认定抽逃出资的实质要件，如果只有抽逃出资的行为，而没有造成公司利益损害，就不会以抽逃出资论。当然，有抽逃出资的行为而没有造成公司利益损害的情况是少见的。

不得抽逃出资是股东的基本义务。但并不是所有的抽逃出资都承担刑事责任。抽逃出资是否构成犯罪，与《公司法》要求的不同公司的注册资本登记制度相关。根据现行《公司法》的规定，一般公司采取注册资本认缴制，特殊行业公司采取注册资本实缴制。在认缴制下，注册资本由股东自由认缴数额并自行约定实缴比例以及实缴的时间。在实缴制下，股东在公司设立时必须将全部注册资本实缴到位。这一般是针对银行、保险、信托、担保、融资租赁、小贷等金融类公司的特殊要求。

那么，什么情况下抽逃出资构成犯罪，答案是明确的。大前提就是，只适用于实行注册资本实缴制的公司。当公司的发起人、股东违反《公司法》的规定，在公司成立后又抽逃其出资，数额巨大、后果严重或者有其他严重情节的，即构成抽逃出资罪。也就是说，对于实行注册资本认缴制的公司则不适用抽逃出资相关刑事犯罪。

综上所述，在实行注册资本实缴制的公司里，抽逃出资存在构成刑事犯罪的风险。因此，注册公司需要量力而行，按节奏出资。避免出资后再抽逃而造成"花钱买罪"的后果。

七、偷逃纳税

逃税罪，都是主观故意而为之。也就是明知自己的行为会发生逃避缴纳税款的结果，并且希望或者放任这种结果的发生。以下这些常见做法都是逃税的行为，企业主当引以为鉴：

（1）采取欺骗、隐瞒手段进行虚假纳税申报。比如隐匿账簿、记账凭证；或者私设小金库，以及在账簿上多列支出或者少列、不列收入；或者报送虚假的纳税申报表、财务报表，代扣代缴、代收代缴报告表或者其他纳税申报材料，进行虚假的纳税申报。

（2）不申报。也就是税务机关已经通知申报后仍然不进行纳税申报的。

（3）缴纳税款后又以假报出口或者其他欺骗手段，骗取所缴纳的税款的。但漏税不构成逃税罪。比如因工作粗心大意、错用税率、漏报应税项目等过失漏缴或少缴税款的，就不构成逃税罪。

比如，某公司为了偷逃税款，经股东集体讨论，由总经理安排财务和销售人员，采用单独做账或者不进入公司大账等方式隐瞒销售收入，并将每日实际的总产量报表和隐瞒销售收入的报表报董事长、总经理审核，这就构成逃税罪。法院除判处公司承担罚金外，董事长和总经理也都被判处有期徒刑并处罚金。

但是，也常有企业主逃税最终竟也安然无恙的。这是什么情况呢？根据现行刑法，逃税行为经税务机关依法下达追缴通知后，行为人在规定的时间内，按照规定的数额足额补缴应纳税款，缴纳滞纳金，已受行政处罚的，便不追究行为人的刑事责任。也就是说，税务机关没有处理或者不处理的，司法机关不得直接追究行为人的刑事责任。只有行为人超过了税务机关的规定期限而不接受处理，司法机关才能追究行为人的刑事责任。曾轰动娱乐圈的阴阳合同偷税案，就是在税务机关下达追缴通知后，行为人在规定期限内缴纳了税款而依法不予追究刑事责任的。如果超过规定期限不缴纳税款和滞纳金、不接受行政处罚的，税务机关就会依法移送公安机关处理。

需要高度注意的是，并不是"不予追究刑事责任"就是安全着陆。要知道，除了按日加收滞纳税款万分之五的滞纳金以外，行政罚款金额仍可能高达不缴或者少缴税款的五倍[①]，这对企业发展和个人经济利益而言或将是沉重的负担。可见，偷税无小事。行政责任可能令人倾家荡产，刑事责任可能使人身陷囹圄。偷漏税的风险不可无视，切勿总认为能侥幸过关，实则因小失大。因此要高度重视税务的合规性，采取有效行动，以避免或控制风险的发生。

对企业主的启示：

（1）企业主作为自然人，本身要积极切实履行纳税义务，严格按照法律规定，按时足额缴纳税款。

（2）企业主作为公司实际控制人，应当督促公司履行纳税义务，杜绝任何形式的偷税、逃税、漏税。

（3）科学制定、持续完善、严格执行公司税务管理制度。严格按照法律法规的规定，规范涉税业务的核算、申报、筹划等流程，有效防范、控制税务风险。

（4）一旦被税务机关依法下达追缴通知，应当积极按时足额补缴应纳税款，缴纳滞纳金，接受税务机关相应的行政处罚，避免触犯刑罚处罚。

---

① 参见《中华人民共和国税收征收管理法》第六十三条。

第四章

合规财产私有化

本章将通过介绍什么是财富管理中财富的私有化，以及企业主投资企业后可以变现的若干方式，来阐述合规财产私有化的意义、方法以及合法合规的重要性。

什么是财富管理中的财富私有化

从财富管理的角度而言，很多企业之所以在经营当中存在家企不分的问题，主要是因为企业主尚未建立企业财产合规私有化的意识。他们常常认为公司的财富就是个人的财富、公司的财富就是家族的财富。家企不分的风险我们在前面详细分析过，那种将公司财产"为我所用"的种种行为，都带有被种种债务穿透的风险。家企不分的行为会导致的另一个结果，就是财富始终在公司里流转、增减、生灭，不能落袋为安成为私人的财富。而在本章，我们谈到的是，如何有效合规地转化已经创造的财富，这是企业主们需要认真思考的核心问题。将企业创造的财富合法依归转化为个人财富，使其"为我所有"，才能使财富真正回归家庭，服务于生活品质；真正回归人生，维护生命的尊严；真正回归责任，赋能教育、养老、婚姻、传承以及回馈社会。最终让财富真正服务于财富的创造者。

合规财产私有化也是在法律法规逐年完善、公司经营逐步趋于规范的环境下，私营企业主必须学习与关注的内容。在过往的很多年中，由于商业环境的不成熟，经营管理的不规范，法规税制的不完善，很多企业主把企业账户直接当作了自己的私人账户，从而留下了诸多经营上的问题与法律上的隐患。同时，企业上市后，很多企业的创始人及大股东手中持有大量上市公司的股票，也都有将其在合法合规的前提下落袋为安的诉求。对于财富量级庞大的企业主而言，将拥有的企业股权或股票真正变成自己可以任意支配的现金财富，需要长时间的筹划，并通过不同的方式与税务合规等举措，系统性地逐步实现。

企业财富私有化的实现路径

企业财富私有化的实现路径可以分为薪酬、未上市企业分红、股权转让、企业上市后的二级市场退出、股票质押、上市并购、企业清算等。这其中也涉及诸多操作上的风险与隐患，非常值得企业主去关注与防范。预先设计好相应的结构与系统，并通过长期执行，才能使财富真正安全而无后顾之忧的属于它的创造者。

一、薪酬

作为企业的创始人或创始股东，同时也身为企业的主要经营者，一般也会在企业中担任董监高的职务。比如创始人任董事长兼总经理，其他创始股东任董事或监事。所以工资、津贴、奖金、福利是企业主从自己创立的企业中所获得的基础收入。虽然《公司法》第三十七条规定，股东会行使的权利包括选举和更换由职工代表担任的董事、监事，决定有关董事、监事的报酬事项，而董事长由董事会选举产生，也就是说原则上董事长或监事的薪资由股东会决议。但在现实经营中，可能会出现以下几种情况：

（1）有些公司规模较小，股东人数少甚至只有一人，并不需要设立董事会、监事会，只需要执行董事、监事即可。如此，就形成了大股东、执行董事、总经理为一人的情况。此时，薪酬实质上由企业主自己决定。

（2）企业的创始人一般都在企业中任董事长，即便"三会一层"架构[①]完善的企业，高管的薪酬只要在合理范畴内，形式上经董事会决议通过即可，而董事长对董事会决议往往有决定性导向。同时，在创业初期，或企业规模虽然较大但

---

① 一种公司的治理结构，具体指股东大会、董事会、监事会及高级治理层。

还未产生利润之前，创始人出于一些个人安排等或为了体现将企业做好的决心，都会选择较低的薪资。例如有的企业主就把自己的薪酬设为1元。

（3）一般在企业发展至规模较大以及产生较好的利润时，或企业上市后，创始人且作为董事长的工资、津贴、奖金、福利才会有更好的体现。例如2478家A股上市公司披露的年报显示，2021年有29位董事长的薪酬达到千万元，排名第一的高达2500万元，而最低的薪酬仅为5.13万元，同为上市公司，差距也有天壤之别。从另一个角度而言，即便是2500万元的年薪，如果对比企业创始人所持有的股权所对应的财富，也是微不足道的。可见薪资收入对于企业主而言，只是一项基础收入，并非是他们期许的且最大的财富来源。

（4）当然，有些企业主虽没有给自己设定较高的薪资，但很多个人花费都尽量走公司报销，其实也是一种变相提高自己收入的行为，这当中还包括以公司名义买车买房为自己家庭所用，以达到提高公司费用成本，降低利润，减少纳税，同时还能自己享受经营成果的目的。但这其实属于典型的家企不分及偷税行为。《中华人民共和国税收征收管理法》第五章第六十三条规定：纳税人伪造、变造、隐匿、擅自销毁账簿、记账凭证，或者在账簿上多列支出或者不列、少列收入，或者经税务机关通知申报而拒不申报或者进行虚假的纳税申报，不缴或者少缴应纳税款的，是偷税。对纳税人偷税的，由税务机关追缴其不缴或者少缴的税款、滞纳金，并处不缴或者少缴的税款50%以上5倍以下的罚款；构成犯罪的，依法追究刑事责任。同时，家企不分的风险隐患本书在前面的章节已经分析过，这里不做赘述。

二、未上市企业分红

从自己投入的心力、体力、资金中获得收益，将企业的利润转化为私人财富，这是每个创业者的创业初衷之一。但很多企业主努力经营企业的背后，存在着共性的问题：或是绝大部分财富沉淀在公司，私人消费和重大支出都由公司承担，个人和家庭并没有多少私人财产积累；或是公司资金、资产随性转到私人账户，成为私人财产，形成了对公司资产的违规占用。如前所述，这两种情况带来的结果都将直接影响私人财富的安全和质量。要么投资创造的财产始终是公司财产，而公司财产也有被消耗、被偿债的风险；要么构成抽逃出资或者公私财产混同，造成公司债务穿透而追及私人财富；要么构成挪用、侵占公司资产或者逃税，其至被追究刑事责任。造成这些风险的根本原因就是没有依法进行公私财产的区隔，没有将公司创造的财富合规私有化。

公司财富的私有化，就是将投资公司获得的利润，依法依规，通过法律程序和法律形式，转化为企业主个人所有的财产。分红是合法私有化的主要方式。依照法律规定，公司的股东享有分红权。分红权就是股东的盈余分配请求权，是股东基于公司股东的资格和地位所享有的请求公司向自己分红的权利。只有通过合法合规的程序将公司的税后可分配利润分配给股东并缴纳个人所得税后，这部分财产就被打上了合法私有财产的标签，真正成为个人财产。对于有限责任公司的企业主而言，分红是财富回归的必由之路。然而，创业艰难，分红也不易。持有股权者通过分红将资产落袋为安也常常面临多重风险和障碍。

（一）分红面临的法律风险

一般而言，公司要先在经营所得中扣除所有成本费用、各项税款，然后经过弥补公司亏损、提取法定和盈余公积金、缴纳税款，公司存在利润的情形下才能进行分红。因此，并不是公司账上有钱就可以分配，而是符合法律规定的剩余利润才可以进行分配。

在没有弥补亏损以及没有提取公积金的情形下，公司所获得的利润是不得用于分配的。在司法实践中，有案例显示，股东会决议无论是以向股东支付股息或红利的形式，还是以减少公司资产或加大公司负债的形式分发款项，都属于为股东谋取利益、变相分配公司利益的行为，这些行为都贬损了公司的资产，使公司资产不正当流失，损害了部分股东的利益，更有可能影响债权人的利益，属于公司股东滥用股东权利。这种股东会决议损害了公司以及公司其他股东的利益，违反了《公司法》的强制性规定，是无效的。

再者，并不是公司有了可分配的利润，股东自然就可以获得分红。依照法律规定，股东有权获得分红，必须具备两个条件：第一，在实体上公司本身要有实际可供分配的利润；第二，从程序上利润分配方案已经经过股东会的通过。分红能否实现，取决于公司的意思。只有当公司的治理机构宣布分红时，股东的盈余分配请求权才得以产生。

有限责任公司的利润分配方案应由公司董事会制订并由公司股东会审议批准，然后才可以进行分红。在公司董事会、股东会没有就公司利润分配方案进行决议之前，股东无权直接要求公司分红。于是，公司股东面临的风险就是公司不召集董事会、股东会，或者董事会、股东会不提议案、不表决，或者公司董事会、股东会陷入僵局无法做出议案，股东分红权陷入无法实现的困境。

这种情形下，如果司法不介入，公司中小股东的利益很难受到保护。于是股东只能通过诉讼解决。在司法实践中，法院会根据法律的规定，征求公司其他股东的意见，并根据其他股东的多数意见进行裁决。法院对此进行裁决是有条件的，其一，公司没有召开股东会；其二，公司章程中有具体的分配方案且方案合法；其三，公司的盈余符合分配方案；其四，公司其他股东多数同意按公司章程中的分配方案进行分红。由此可见，公司章程中关于分红方案的规制有多么重要。

当然，并不是所有的股东都有充分的分红权。对于股东没有履行或者没有全面履行出资义务以及抽逃出资的，公司可以根据公司章程或者股东会决议对其利润分配请求权、新股优先认购权、剩余财产分配请求权等股东权利作出相应的合理限制。

（二）如何合法顺利分红

如前所述，股东分红有多种风险和条件限制，这也造成了分红中的种种障碍。如何才能顺利分红，实现企业财富合法合规私有化呢？

首先，公司章程应当就利润分配规定可操作的方案，避免发生争议。其次，公司章程中要明确规定分红比例。按照《公司法》的规定，如果公司章程中没有特别约定的，股东按照实缴的出资比例分取红利。这里值得注意的风险是，如果股东没有按时足额实缴出资，那么在公司章程没有另行规定其他分红比例，也没有全体股东另行约定分红比例的情况下，没有足额实缴的股东将面临分红权受限或者无法分红的风险。最后，公司章程可以约定股东按认缴出资比例或者按照特别约定的比例分取红利，还可以设置有条件的分红权或可调节的分红比例。全体股东甚至可以约定公司单独向某一股东分红、其他股东不分红。特别需要强调的是，当分红比例与出资比例不一致时，必须由全体股东共同进行约定，而不适用一般公司决议中的 1/2 以上表决权同意或特殊决议中的 2/3 以上表决权同意。如公司未经全体股东一致同意，即向个别股东单独分红，则侵犯了其他股东的合法利益，甚至有可能被认定为抽逃出资。

总之，分红既是股东的基本权利，也是投资企业获得回报的基本方式。合法的分红使得创造合法私有化，分红的制度规范尤为重要，特别是公司章程对分红的规范，既有效保护了股东的分红权利，又有效避免了纷争。

三、股权转让

企业股权转让一般有两种形式：老股转让和增资扩股。老股转让，指的是原始股东出售自己持有的股权，卖给新股东。增资扩股就是在原有注册资本上增加出资，新股东受让老股东的股权。当一家企业的价值被新的投资人认可时，投资人就会通过"老股转让"或"增资扩股"的方式成为公司新的股东。只有投资人同意购买原始股东手中的"老股"，原始股东才能将企业中属于自己的财富进行变现。因为这部分投资人的钱会流入原始股东的手中，既不由公司支配，也没流进公司账面，原始股东如何利用这笔资金与公司无关，他们完全可以将这笔资金用于改善生活或其他个人用途。

通常情况下新的投资人入股企业时（例如财务投资人），如果该企业还未达到上市的标准，或还未存在短期内上市的预期，投资人一般不太可能接受老股套现的行为。只有在企业上市前的融资阶段，投资人才有可能同意原始股东出让变现部分老股，或用以补足未完成实缴的注册资本金，或部分改善生活之用。

另外，当企业经营到一定的阶段，如未能上市但被上市公司收购也是一种变现的方式。一般上市公司会以换股或支付一部分现金、一部分股票的方式进行收购。例如公司控股股权以 5 亿元价格转让，上市公司可能会以 2 亿元现金和 3 亿元市值的股票来进行支付。这时，企业主需要缴纳转让所得的 20% 的所得税后才能进行工商转让。[①]当然，以这种方式变现，也会让创始人失去对公司的控制权。

对于有限责任公司而言，股权转让不同于普通的财产交易，并不是买卖双方达成合意就可以付款交割。有限公司特有的人合的法律属性，使公司股东并不能完全自由的转让股权，这其中有着一系列的法律风险和障碍，必须充分考虑，以免落入法律陷阱。

第一个风险，企业主转让名下股权，或将影响夫妻财产关系。

夫妻关系，往往对家族财富具有重要的影响。企业主名下的股权，是具有双重属性的财富，既涉及公司法律关系，也涉及婚姻法律关系。公司股权是集身份、财产与管理等权利于一体的独立的权利形态。

既然涉及夫妻关系，企业主通过转让股权实现企业资产变现，就存在着股权资产在夫妻之间的权属和归属问题。如果企业主是婚后创业或者婚后投资，在夫

---

① 参见《中华人民共和国个人所得税法》（2018 年修正）第三条。

妻双方没有特别约定的情形下，股权所对应的财产当属夫妻共有，即便股权只登记于一方名下。如果股权是企业主的婚前资产，那么结婚后股权的权属仍然属于企业主个人所有，但婚后基于股权所产生的收益，包括分红以及股权的增值，就都属于夫妻共同财产了。因此，通过转让股权变现的形式实现企业财产私有化，除了婚前的价值属于企业主个人所有之外，婚后增值部分则属于夫妻共有财产。

对于面临情感危机和困境的企业主家庭，在股权财产上就会不断发生纠缠和伤害。比如有的公司就因为企业主离婚而股权融资失败，这对股权未来的变现和可变现的预期金额都将产生极大的不利影响。因此，夫妻关系是影响企业主股权变现的重要因素。现实中，婚姻幸福的企业主家庭，有幸福能力的企业主，都能很好地处理婚姻家庭与企业的关系。

第二个风险，企业主转让名下股权，受股东关系的制约。

企业主股权变现退出公司，绝不可以直接从公司中将股权对价拿走。这种做法的风险我们在前面也讨论过，要么涉嫌抽逃出资，要么涉嫌挪用或者侵占，要么构成家企混同，都必须远离。股权转让是安全之选。

有限责任公司是人合属性的公司，股东退出转让股权，并不像一般财产转让那样，股东自己决定就可以财产易主，而是要经过公司其他股东同意这一关。

转让股权，可以首先考虑内部转让。公司股东之间转让股权，不需要征得其他股东的同意。这种方式保证了公司原有股东的稳定，因此容易达成一致，快捷高效。但并不是所有的股权转让都能在内部实现，比如对价是否能达成一致，股东购买实力是否能承接，等等，限制了股权的内部流转。

另一种转让退出的方式就是向股东以外的人转让股权。向外人转让股权相当于给其他股东引进了一个陌生人，这将影响原来已经形成的股东之间的人合关系，为公司带来不利影响。对此，法律规定，股东向股东以外的人转让股权，应当经其他股东过半数同意。但有可能发生其他股东以种种方式阻止转让的顺利进行，比如其他股东不同意转让，或者拖延不表态，等等。于是，股权转让变现就将面临重重阻碍。

法律总会尽最大可能的公平。法律规定，其他股东没有在规定的期限内答复的，视为同意转让；其他股东半数以上不同意转让的，不同意的股东应当购买该转让的股权；其他股东不购买的，视为同意转让。

为充分保障原有股东的人合，法律仍然给了足够的选择权。经股东同意转让的股权，在同等条件下，其他股东有优先购买权。

　　但在现实中，确实存在着股东对外转让股权没有知会其他股东的情形，这常常发生在家族企业中，以及实际控制人自行转让股权变现的情况下。显然，这构成了对其他股东优先购买权的侵害，但是不是这样的转让合同就无效了呢？如果无效，这对于已经支付对价完成变更的外部人而言是否构成另一种伤害呢？实际上，如果股权转让变现过程中没有履行其他股东优先购买权的程序，也并不导致股权转让合同无效。一方面，其他股东依法享有优先购买权，如果其主张按照股权转让合同约定的同等条件购买股权，那么将得到法院的支持；另一方面，在没有其他影响合同效力的事由的前提下，股权转让合同也是有效的。显然，如果其他股东行使优先购买权，股权受让人就无法依据股权转让合同获得股权，但其有权请求转让股东承担相应的违约责任。法律既要保护其他股东的优先购买权，也要保护股东以外的股权受让人的合法权益。问题是，股权转让的目的是股权变现，高效、快捷、低成本的变现应当是最基本的诉求。如果操作有误，可能股权转让不成，也会错过了最好的时机和最好的价位。这一点应当引起企业主们的足够重视。

　　股东转让股权变现，并不是股权转让完成、现金落袋就彻底安稳了。很多公司存在着股东出资未完全到位的情形，如有认缴期限未到的、有逾期未出资的、有出资后又抽逃出资的各种情形。如果股东转让的股权存在上述情形，是不是股权一旦过户出资义务就成为受让方的义务，自己从此就隔离了继续出资的风险了呢？当然不是。前面的章节提到，如果股东没有履行或者没有全面履行出资义务就转让了股权，在受让人对此知道或者应当知道的情形下，转让股权的股东需要继续履行出资义务，受让人要承担连带责任。因此，转让股权变现不能一走了之，所欠的出资是要继续出资的。当然，如果转让方和受让方另有约定，如由受让方承担继续出资义务的，转让股东就不用承担继续出资的义务了。但是，这也仅限于转让方和受让方之间的约定。

　　所以，如果企业主的认缴出资没有全部到位，那么在转让股权时就要与对方就此作出明确的约定，并且就股权转让价格做出综合平衡，避免价格做了让步，还要继续承担出资的责任。要知道，这个出资责任可能延续几十年。处理不当，就有可能造成"落袋不为安"的结果。

　　第三个风险，企业主转让股权获得对价的风险。

　　企业主转让股权的目的就是将股权变现落袋为安，但这并不是一件简单的事情。第一，股权受让方能否按照约定支付股权转让款就是一个大问题。对于数额巨大的股权转让款支付，一般会约定分期支付，时间跨度比较长，变数比较大。这期间，要么对方财务发生变化影响款项支付，要么对方改变主意主张撤销或者解除合同，要么干脆就是主观不付款。而对于出让股权的企业主而言，对方已经成为公司股东，享有股权利益，自己已经退出公司，无法约束对方，受让款却迟迟不能落袋。尽管可以通过诉讼主张，要求对方依约付款，亦有希望获得法院的支持，但是诉讼周期长、对方财力不确定，即便胜诉，能否顺利执行也是不确定。

有这样一个股权转让的判例，受让方欠付股权转让尾款迟迟不予履行，转让方起诉主张解除合同，收回股权。法院认为，公司的股权结构已经发生重大改变，一方面股东由出让时的四个自然人股东变更为现有的两个；另一方面，注册资金也发生了重大调整，且均经过了工商变更登记手续。据此认定股权转让合同的目的已经基本实现，受让方欠付股权转让款的行为并未构成根本性违约，不符合合同的解除条件，双方应当继续履行股权转让协议。由这一判例可以看出，股权转让后希望通过解除股权转让协议的方式收回股权并不是一件容易的事情。

第二，股权受让方也会基于种种原因，以受到欺诈为由，主张撤销股权转让协议，焦点常常就发生在股权价格的确定上。客观而言，公司生产经营活动受市场因素的影响较大，股权受让人所接受的股权价格，实际上包括股权转让协议签订时公司的投入状况、经营状况、财务状况、市场前景、技术水平等一系列复杂因素，因此，股权价格容易发生争议，甚至转让前后出现显著差距都会诱发受损一方改变主意。如果受让方关于转让方欺诈的主张成立，转让股权的企业主就要退还款项、收回股权，不仅未能实现变现的目的，而且股东、控制权、运营等多方面的变动会对公司产生伤筋动骨般的影响。

综上所述，企业主股权转让变现，要面临三方面的考验：其一，要经过其他股东同意以及优先购买权的考验；其二，要经过交易对手支付款项的考验；其三，要经过夫妻财产关系的考验。

企业股权如何落袋为安，家庭和美，企业主需要关注以下策略：

（1）股东之间的人合关系胜于资本关系，企业主转让股权退出公司，关系到其他股东能否与新股东共同走得更远，从而持续创造更多财富。因此，要依照法律需要征得其他股东过半数的同意，并尊重其他股东的优先购买权。如果转让程序存在瑕疵，造成转让无效，则违背了企业主退出变现的初衷。故而，企业主要从控制人、大家长的角色中跳脱出来，依法依规、严格按照法律和公司章程的规定进行操作。这里需要完善和规范的工作包括公司章程的完善，股东会的召开以及决议的表决和通过，拟定转让股权征询意见函以及送达和回执，等等。程序的完善保障结果的正当。

（2）企业主对股权受让方的选择决定了最终退出变现的成败。一般情况下，股权转让都是买方对卖方及标的公司进行尽职调查，专业的尽职调查要翻到"底朝天"，但少有对买方进行尽职调查的。固然乙方对甲方进行尽职调查似乎有违常理，然而买方的信用和支付能力，是企业主能否实现财富落袋的根本。否则，一旦被设计，卖方股权转让与人，买方依法成为公司股东却不付款，甚至恶意诉讼拖延付款，结果就是卖方失去了股权却得不到对价。因此，股权变现，选择对的买家是根本，尽职调查也是必不可少的。即便规范的尽职调查不可行，也要通过多种渠道了解买家信息，了解其资信情况、购买实力以及市场口碑，这是非常重要的。再者，股权转让协议是保障权利的基础，对于买方获得股东资格、行使股东权利、变更登记与付款的时间节点要严格约定，针对认缴未缴出资的处理、对价的确定及锁定、对价支付的担保以及买方违约的救济措施，要有以足够匹配的制度约束和保障。

四、企业清算

企业主投资公司，除了转让股权、减持股份、分红实现企业财富私有化之外，还有一种方式就是清算，通过清算行使剩余财产分配权，获得投资的最终回报。

（一）清算的法律意义

公司清算，是基于多种情形下公司解散事实的发生。但凡经清算后有剩余财产的，股东均有权获得分配。并不是所有的清算都是资不抵债，公司经营期限届满，股东会决议解散，公司合并、分立、解散甚至被吊销营业执照、责令关闭或者被撤销，都不乏财务良好的公司，股东通过清算获得理想的投资回报。从某种角度而言，清算是企业主们的企业资产彻底私有化为个人资产的终极途径。

（二）清算面临的法律风险和障碍

所有的公司都是设立容易解散难。清算，是一个严格的法律程序。其中有太多的法律风险和责任，不为企业主所深知。如果清算操作不当，不仅不能实现公司财产落袋为安的初衷，还有可能承担不应承担的公司债务，造成不必要的家族财富损失。清算面临五大风险和障碍，对于企业主而言，不可不知。

第一大风险，逾期不清算，股东个人要为公司背负债务。

比如，公司召开股东会决定注销公司，并于同日成立清算组，但清算组并没有开展清算工作。相反，公司继续进行生产、对外销售产品、对外支付货款、对外无偿提供担保等与清算无关的活动。这些都证明股东并没有依法履行清算义务。此时，如果公司的债务经法院强制执行后仍然没有得到全额清偿，那么对于没有清偿的部分，法院就会推定是股东没有及时履行清算义务而造成的损失，股东又不能证明公司责任财产的减少并不是自身怠于履行清算义务所致，因此法院判决股东应当对公司不能清偿的债务部分承担赔偿责任。

再有，现实中有很多公司因为种种原因被吊销营业执照而被股东弃之不管，以为公司可以自生自灭，这无疑又是埋了一颗大雷。有这样一家公司，2013年10月9日被吊销营业执照后搁置，股东于2015年4月2日刊登了注销公告，并向债权人寄送了债权申报通知书，开始清算。但这并不能免除股东承担公司债务的责任。《中华人民共和国公司法》第一百八十三条规定"应当在解散事由出现之日起十五日内成立清算组，开始清算"，这个公司股东应当自被吊销营业执照之日起十五日内成立清算组开始清算，但公司股东刊登公告进行清算工作的时间已经远远超出法律所规定的期间，构成怠于履行清算义务，应当为公司债务承担责任。

可见，成立清算组是公司解散中的法定义务。根据相关法律规定，股东在公司解散事由出现十五日内没有成立清算组或者成立了清算组但没有开始清算，导致公司的财产出现了贬值、流失、毁损或者灭失的情况，是需要在债权人损失的范围内承担赔偿责任的。

第二大风险，股东怠于履行义务，导致公司无法清算的，股东需要对公司的债务承担连带清偿责任。

在清算环节上，股东无法提供完整的公司财务会计资料，或者股东怠于履行义务，导致公司主要财产、账册、重要文件等灭失而造成无法清算的，股东需要就公司的债务承担连带清偿责任。这一责任不分股东大小而相互连带，一旦产生责任，极可能伤及中小股东，均会被公司债务拖入深渊。

当然，根据《全国法院民商事审判工作会议纪要》（以下简称《九民纪要》）的规定，如果股东举证证明自己已经为履行清算义务采取了积极措施，或者小股东举证证明其既不是公司董事会或者监事会成员，也没有选派人员担任该机关成员，并且从未参与公司经营管理，以不构成"怠于履行义务"为由，主张其不应当对公司债务承担连带清偿责任的，应能获得法院的支持。

除此以外，只要在公司能够履行清算义务的情况下，股东故意拖延、拒绝履行清算义务，或者过失导致无法进行清算的消极行为都是需要承担责任的情形。

第三大风险，股东恶意处置公司财产或者虚假清算骗取注销登记的，对公司债务承担相应赔偿责任。

公司注销登记必须依法经过清算程序，没有依法清算的，股东责任并不能免除。这是股东必须清醒认知的重大责任。

最高院案例显示，公司因经营亏损，无法清偿其全部债务，股东作为公司清算组的成员，签字确认清算报告及确认清算报告的决定，并称注销清算已结束，公司债权债务已清理完毕，清算报告所列事项准确无误、合法、有效，公司债权债务如有遗漏由公司股东承担，于是获得了市场监督管理部门准予公司注销登记。当事人作为清算组组长以及公司唯一的股东，明知公司债务没有清理完毕，没有书面通知债权人申报债权，以虚假的清算报告骗取公司登记机关办理法人注销登记，存在重大过错，于是判决这个股东对公司债权人的债权承担赔偿责任。

可见，股东有义务维护好公司的财产、尊重公司债权人的利益、如实向登记部门进行报告，否则即使公司清算完毕，股东也依然需要承担赔偿责任。

第四大风险，公司没有经过清算就注销登记，从而导致无法清算的，股东及公司的实际控制人应当对公司债务承担连带责任。

根据法律规定，清算是注销的前置程序。理论上公司未经清算是无法注销登记的。但是实践中，由于历史形成、管理失职等原因，客观上存在部分已注销但未清算的企业。公司未经清算即办理注销登记，导致公司无法进行清算，公司的股东以及公司的实际控制人对公司债务承担清偿责任。切不可不经清算而擅自注销公司，否则股东有可能对债权人承担赔偿责任。

第五大风险，清算组成员有过错也要承担责任。

前面我们谈到的都是股东的责任。在清算程序中，清算组是核心机构。清算组成员既可以是股东，也可以是法律规定的其他人。作为清算组成员，需要严格按照法律规定履行职责。如果清算组成员在清算过程中出现过错，就要承担相应的法律责任。

第一种情况，清算时没有通知公司债权人。很多公司在清算过程中，只向债权人公告通知而不定向通知，导致通知债权人申报债权这一关键清算流程流于形式。清算组通过当地报纸刊登公司解散清算公告后，并没有书面通知债权人，不算是履行了通知义务。清算组在明知债务尚未清偿，能够书面通知债权人的情况下而未通知，应当对债权人承担责任。

第二种情况，执行未经确认的清算方案。清算组一般由股东组成（通过法院程序清算的由法院组织清算组），因此清算方案未经股东同意即执行的情形不多。但在股权代持的情形下，这种情况却时有发生。

比如，公司的注册股东是甲和乙，甲、乙分别代持隐名股东丙和丁的股权。在没有经过丙、丁同意并确认的情况下，甲、乙清算并注销了公司。对此，法院认为：甲、乙召开股东会并形成注销公司的股东会决议，确定了清算组成员为甲、乙，甲为清算组组长。在清算注销该公司时，作为公司实际股东的丙、丁并不知情，甲、乙也没有将清算方案交丙、丁予以确认。因此，甲、乙的违法清算行为，不仅损害了公司的利益，也损害了股东的合法权益，现因公司已经注销，因此，甲、乙作为清算组成员应当向股东丙、丁承担赔偿责任。

名义股东作为清算组成员办理清算事宜时不征求实际股东的意见，导致实际股东的利益受损。法院在这个案例中保护了实际股东的利益，这对于代持股权的名义股东而言应当引起警惕。

第三种情况，强制承诺。有些情形下，公司股东出于规避风险的考虑，会匆忙注销公司。比如在公司诉讼过程中，还没有生效判决认定公司承担责任的情况下，股东明知公司尚有未决诉讼，仍然在诉讼期间注销公司。

依照法律规定，作为公司法定清算义务人的股东，负有诚信义务，应当将公司解散清算事宜通知全体已知债权人，并在法定期限内及时组织清算组进行清算。由于法律规定的滞后性，客观上无法提前规制所有的违法清算情形，加之登记机关无法就清算事宜的合法性进行实质性审查，所以实践中，登记机关会要求股东或者第三人在公司申请注销的过程中，向其作出承诺。当发现清算组成员违法清算时，债权人便可以根据"兜底承诺"向股东或者第三人追责。

如上述案例，股东在诉讼期间匆忙注销公司，由于股东在注销程序提交了清算报告，并且承诺公司债务已经清偿完毕，清算报告内容如有虚假，全体股东承担法律责任。基于此，如果法院最终判决由公司承担债务，那么股东就要对公司对外的债务承担责任。

（三）如何合法合规清算，才能让财富安全家族私有化

合法合规清算，是终结公司债务、剥离股东责任的重要环节。

第一，成立清算组。这也是最重要的工作之一。公司应当在解散事由出现之日起十五日内成立清算组，有限责任公司的清算组由股东组成。通过清算组清理公司财产，通知、公告债权人，清缴税款，清理债权、债务，处理剩余财产。

第二，通知和公告。这是清算中最重要的环节。如果操作不当，就会产生股东责任。清算组应当自成立之日起十日内通知债权人，并于六十日内在报纸上刊登公告。债权人应当在规定的期限内向清算组申报其债权。需要特别注意的是，登报公告仅作为一个法定的流程存续，还需要实际通知到债权人，避免公司注销后债权人主张损害赔偿，否则责任将追及股东。

第三，清理公司财产。清算组应当全面清理公司的全部财产，包括但不限于债权、股权、实物等财产权利以及债务。这个环节琐碎而复杂，但不能因急于取得注销文件而简单化处理，草草了事。否则，公司虽然注销，但仍有潜在的责任风险，或有未获清偿的债权，这将增加股东的责任风险。

第四，制订实施清算方案。制订清算方案要详细编制资产负债表和财产清单。确定的清算方案需报股东会确认后方可实施。实施清算的过程中，公司剩余财产要按照法律规定的顺序进行分配：支付清算费用、职工的工资、社会保险费用和法定补偿金，缴纳所欠税款，清偿公司债务后的剩余财产，有限责任公司按照股东的出资比例进行分配。直到这个步骤，股东投资的公司财产才算最终彻底成为私人财富。

第五，申请注销。申请注销包括申请税务注销和申请工商注销。申请税务注销是近年来逐步实施的一道必经程序，也是公司注销环节中至关重要且尤为艰巨的一步程序。只有税务部门出具了税务事项通知书，同意公司注销的，才能申请工商注销。工商注销较为简单，只要提交相应的文件，工商部门出具注销登记核准通知书，公司的自行解散清算流程即宣告结束。

第三节

企业上市，财富落袋为安

企业上市对绝大多数公司而言，都是一个里程碑式的阶段性成功。无论是去海外如美国、新加坡、瑞士，还是在中国香港、A股主板、创业板、科创板等，上市都意味着企业开始发展到相对成熟的阶段，开始进入公众的视野，更多地为市场所关注。从经营的角度而言，与非上市企业相比，上市企业可以利用证券市场进行筹资，广泛吸收社会上的闲散资金，从而迅速扩大企业规模，以求增强产品的竞争力和市场占有率。同时，企业上市对其品牌的推广与声誉的提升也具有积极的意义。当然，对于创业者来说，企业上市更是一个财富倍增和财富变现的最佳阶段，绝大多数的企业创始人或联合创始人都会作为上市企业的大股东，在这个阶段去享受多年辛劳经营的成果。

一、上市企业分红

上市企业的分红方式与未上市企业的分红方式有所不同。上市企业分红一般采取现金股利、股票股利（送股、转股）或二者相结合的方式，如表 4-1、表 4-2 所示。当然，也有财产红利和负债红利的分配方式，但这两种方式是极少采用的。

表 4-1　利润分配的主要实施方式

形　式	含　　义	优　点	缺　点
现金股利	将未分配利润以现金形式向股东分红，是股利支付的主要方式	（1）稳定的现金分红对保持股票的价格有积极作用，进行现金分红会带给投资者企业经营状况好的信号，增强其信心。（2）有利于股东取得现金收入和增强投资能力	在企业营运资金和现金较少，且又需要追加投资的情况下，进行现金分红将会增加企业的财务压力，导致企业支付能力下降
股票股利	送股：将未分配利润转化为股份向股东分红	（1）不需要支出现金，可以避免采用现金分配股利而导致企业支付能力下降、财务风险加大的情况。（2）送、转股可以降低股价，增加公司股票的发行量和流动性，提高公司的知名度。（3）当企业现金紧缺时，发放股票股利可起到稳定股价的作用，从而维护企业的市场形象。（4）股票股利可避免发放现金股利后再筹集资本所发生的筹资费用	会被认为是企业现金短缺的象征
	转股：将资本公积金转化为股份向股东分红		

表 4-2　送股与转股的区别

形　式	来　源	是否与盈利有关	是否同时派发现金	股东是否交税
送股	可分配利润	是，在公司税后利润有盈余的情况下才能送	是	是
转股	资本公积金	"资本公积金－股本溢价"在期末有余额即可以转，与盈利无关	否	否

在上市企业分红的过程当中，除了公司章程本身的规定外，更需要遵守中国证监会及交易所的相关规定。

（1）为避免出现超分配的情况，公司应当以合并报表、母公司报表中可供分配利润孰低的原则来确定具体的利润分配比例。

（2）上市公司通过回购专户持有的本公司股份，不享有参与利润分配和资本公积金转增股本的权利。因此，分红送股转增应以公司扣除回购专户上已回购股份后的总股本为分配基数。

（3）利润分配方案应当符合公司在招股说明书和其他公开披露文件中做出的承诺、公司章程规定的分配方案以及股东回报计划，确定是否达到证监会《上市公司监管指引第 3 号——上市公司现金分红》第五条的最低现金分红比例要求。

（4）公司应将"派现、送股、转增"作为一个整体议案提交董事会或股东大会审议，不得分拆为多个议案进行审议。

（5）分配方案中包括资本公积金转增股本的，应当注意转增金额是否超过报告期末"资本公积金－股本溢价"的余额；资本公积金不得用于弥补亏损。

（6）公司拟送红股的，应当同时进行现金分红，并保证现金分红的数额能完全满足为个人投资者代扣代缴所得税的要求。

（7）分配方案公布后至实施前，公司总股本因可转债转股、股份回购、股权激励行权、再融资新增股份上市等原因发生变化的，分配比例应当按照"分派总额不变"的原则进行相应调整。

（8）分配方案中现金分红的金额达到本期公司净利润的 100%，且达到公司报告期末累计可供分配利润 50% 的，公司应当披露该现金分红方案的提议人、确定理由、是否将造成公司流动资金短缺、公司在过去 12 个月内是否使用过募集资金补充流动资金以及在未来 12 个月内是否计划使用募集资金补充流动资金等内容。

（9）上市公司在报告期结束后，至利润分配、资本公积金转增股本方案公布前发生股本总额变动的，应当以最新股本总额作为分配或者转增的股本基数。

（10）上市公司应当在股东大会审议通过方案后 2 个月内，完成利润分配及公积金转增股本事宜。

就现金分红而言，需要关注《上市公司监管指引第 3 号——上市公司现金分红》中规定的最低分红比例要求。

（1）公司发展阶段属成熟期且无重大资金支出安排的，进行利润分配时，现金分红在本次利润分配中所占比例最低应达到 80%；

（2）公司发展阶段属成熟期且有重大资金支出安排的，进行利润分配时，现金分红在本次利润分配中所占比例最低应达到 40%；

（3）公司发展阶段属成长期且有重大资金支出安排的，进行利润分配时，现金分红在本次利润分配中所占比例最低应达到 20%。

同时，《上市公司证券发行管理办法》中明确要求，再融资需满足以下条件：最近 3 年以现金方式累计分配的利润不少于最近 3 年实现的年均可分配利润的 30%。可分配利润是指合并报表归属于母公司的净利润，上市未满 3 年按照每年 10% 执行。

特别要注意的是，如果企业上市未能按照相关规定进行分红，将受到监管的关注或处罚，还可能影响到公司的再融资等资本运作。

除此之外，纳税规定也是一个需要关注的重要环节，其中，股息红利所得税的税率、征收时点与投资者身份和持有股份性质有关，如表 4-3 所示。

表 4-3　股息红利应缴个税

	个人、证券投资基金	QFII、RQFII、境外战略投资者、香港投资者	机构（其他）
首发前限售股	一次性 10%	一次性 10%	无须上市公司代扣代缴
首发后限售股	差别化征税政策	一次性 10%	无须上市公司代扣代缴
股权激励限售股	差别化征税政策	一次性 10%	无须上市公司代扣代缴
无限售条件流通股	差别化征税政策	一次性 10%	无须上市公司代扣代缴

股息红利个人所得税差别化征税如表 4-4 所示。

表 4-4　股息红利个人所得税差别化统计

股权登记日		暂不征税
原则		按照先进先出的原则计算持股期限
卖出股票日	持股期限在 1 个月以内（含 1 个月）	补缴税，税率 20%
	持股期限在 1 个月以上至 1 年（含 1 年）的	补缴税，税率 20%，应纳税所得额减半计征（可理解为实际税率 10%）
	持股期限超过一年	不补缴税

二、股票减持

　　企业上市以后，股东将手中持有的股票变现也是合规财产私有化的必经之路。我们以企业国内上市后大股东减持为例，简单梳理一些可变现的方法以及相关问题。根据 2017 年中国证监会发布的文件来看，我们将大股东定义为"持有上市公司股份 5% 以上，并能直接或间接对公司经营决策、财务决策、发展规划和信息披露等方面施加重要影响，使得上市公司按其意图进行各项重大经营决策的股东"。上市企业大股东一般可以采取多种变现方式，例如通过二级市场竞价减持、大宗交易减持、资管计划减持，或通过协议转让、股票质押、企业并购等方式变现。最重要的是，需遵守上市企业大股东及董监高解禁与变现的相关规定。

　　例如，根据证券交易所股票上市规则的相关规定，如果作为上市企业的董监高，必须上市后锁定满一年才可以减持（包括当年新增股份），如果是企业控股股东或实际控制人，则需要锁定 36 个月后方可减持。同时，根据《上市公司董事、监事和高级管理人员所持本公司股份及其变动管理规则（2022 年修订）》第五条规定："上市公司董事、监事和高级管理人员在任职期间，每年通过集中竞价、大宗交易、协议转让等方式转让的股份不得超过其所持公司股份总数的 25%，但因司法强制执行、继承、遗赠、依法分割财产等导致股份变动的除外。上市公司董事、监事和高级管理人员所持股份不超过一千股的，可一次全部转让，不受转让比例的限制。"第七条规定："因上市公司公开或非公开发行股份、实施股权激励计划，或因董事、监事和高级管理人员在二级市场购买、可转债转股、行权、协议受让等各种年内新增股份，新增无限售条件股份当年可转让 25%，新增有限售条件的股份计入次年可转让股份的计算基数。因上市公司进行权益分派导致董事、监事和高级管理人员所持本公司股份增加的，可同比例增加当年可转让数量。"第八条规定："上市公司董事、监事和高级管理人员当年可转让但未转让的公司股份，应当计入当年末其所持有本公司股份的总数，该总数作为次年可转让股份的计算基数。"也就是说，全年减持额度不得超过上一年持股的25%。

（一）二级市场集中竞价交易方式减持

所谓二级市场集中竞价交易减持，通俗的说就是在企业上市之后将自己手中持有的股票通过二级市场卖出。而在这个过程中，作为大股东，售出手中的股票必须遵守相关规定的限制与管理。除了遵守前述规定外，还需要遵守其他一些规定，例如以下两条规定。

（1）根据《上市公司股东、董监高减持股份的若干规定》以及《证券交易所上市公司股东及董事、监事、高级管理人员减持股份实施细则》的相关规定，要求大股东减持采取集中竞价交易方式，在任意连续90日内，减持股份的总数不得超过公司股份总数的1%。大股东通过集中竞价交易减持的股份属于上市公司非公开发行股份的，在股份限制转让期届满后12个月内，减持数量不得超过其持有的该次非公开发行股份的50%。

（2）还需遵守《证券交易所上市公司规范运作指引》和《证券交易所上市公司股东及董事、监事、高级管理人员减持股份实施细则》等，符合对减持信息披露以及不得减持情况的相关规定。

（二）大宗交易减持

大宗交易，又称为大宗买卖，是指达到规定的最低限额的证券单笔买卖申报，买卖双方经过协议达成一致并经交易所确定成交的证券交易。大宗交易可以简单理解为一笔交易数量和金额都较大的证券买卖，例如单笔交易金额在200万元以上的盘后交易。买卖的双方可以在规定的定价范围内达成协议，用约定好的价格来交易卖出者手中的股票。对于买方而言，通过大宗交易买入股票后有6个月的锁定期，也就是说买入后6个月内不可以售出股票。由于股票市场经常波动较大，6个月当中股票价格的涨跌存在不确定性风险，所以大宗交易一般都会折价或溢价成交，其价格区间大概在80%~110%。同时，国家对上市公司大股东或董监高采用大宗交易出售股票时，也会有所限制。例如，《证券交易所上市公司股东及董事、监事、高级管理人员减持股份实施细则》中规定，大股东及董监高减持采取大宗交易方式的，在任意连续 90 日内，减持股份的总数不得超过公司股份总数的 2%，与集中竞价交易方式减持合计不超过 3%。减持后不再具有大股东身份的，自持股比例减持至低于 5% 之日起 90 日内，减持股份的总数不得超过公司股份总数的 2%。一般大宗交易的接盘方可以是公募基金、私募基金或个人。

当然，在大宗交易中，大股东或董监高除了可以直接将手中的股票卖给接盘方以外，还有些人会采用资管计划代持或私募基金代持的方式来进行管理。这样的好处在于可以起到诸如稳定股价，继续保有对应持股量的投票权，以及传承和节税的作用。例如，某上市公司实际控制人张某打算售出自己持股中的 1000 万股股票，具体操作流程如下。

（1）首先通过券商成立资管计划，或用自己控制的已有的私募基金作为接盘方。

（2）选择一个股票价格较低的价位进行交易（低价卖出，缴税额则较低）。

（3）提前发布公告，例如说明实际控制人张某因个人资产规划需要，增加×××资管计划，为一致行动人，向该资管计划内部转让 1000 万股，并说明实质持股量未发生变化，不涉及向外部市场减持，不涉及控股股东及实际控制人的变化。同时说明转让价格、时间以及相关一致行动人占股情况等需要披露的信息。此举的好处在于，因为并未发生实质上的减持，所以有利于稳定股价，控制权也不会因减持而削弱。

（4）一般来说，该资管计划持有股票期间，还可以通过打新股来谋求资产增值的可能。同时，锁定期过后，待股价回到高位时，依然可以选择高位变现（同时也存在股价下跌的风险）。

（5）有些实际控制人或大股东也会直接让子女持有该资管计划或私募基金，如此也起到了一定的传承作用。

（三）上市公司股权协议转让

当大股东希望出让股权比例高于公司股份总数的 5% 时，或希望出让控制权时，可采用股权协议转让的方式进行变现。当然，当大股东采用协议转让方式时，更多是为了引入战略投资人，为企业谋求更长远的发展。但需要清楚的是，战略投资人也会对企业提出相应的条件，例如业绩对赌等。

同时，要注意《上市公司股东、董监高减持股份的若干规定》和《证券交易所上市公司股东及董事、监事、高级管理人员减持股份实施细则》中的相关规定。

（1）单个受让方的受让比例不得低于公司股份总数的 5%，转让价格下限比照大宗交易规定执行，法律、行政法规、部门规章、规范性文件及交易所业务规则另有规定的除外。

（2）大股东减持采取协议转让方式，减持后不再具有大股东身份的，出让方、受让方在协议转让后 6 个月内采取集中竞价交易方式减持的，在任意连续 90 日内，合计减持股份的总数不得超过公司股份总数的 1%，即共享该 1% 的减持额度（受让方受让后为持股 5% 以上的股东，6 个月内不得减持，否则构成短线交易）；出让方自持股比例减持至低于 5% 之日起 90 日内若采取大宗交易方式减持的，在任意连续 90 日内，减持股份的总数不得超过公司股份总数的 2%。

（3）大股东减持采取协议转让方式，减持后不再具有大股东身份的，出让方、受让方在协议转让后 6 个月内采取集中竞价交易方式减持的，在任意连续 90 日内，合计减持股份的总数不得超过公司股份总数的 1%，即共享该 1% 的减持额度。

三、股票质押

股票质押是上市公司大股东或董监高在急需资金的情况下经常采用的一种短中期融资方式。这就好比普通人缺钱时将自己的保单或房产抵押给金融机构以换取流动资金是相同的道理。根据 Wind 的统计数据，截至 2021 年 3 月 9 日，A 股市场共有 2521 家上市公司存在质押股票的情形，占到 A 股上市公司总数的 59%，其中 1694 家上市公司的大股东存在质押公司股票的情形，占质押股票公司总数的 67.2%，并且这 1694 家上市公司中，有 800 家上市公司的大股东累计质押股份数占持股数的比例在 50%（含）以上，有 470 家上市公司的大股东累计质押股份数占持股数的比例在 70%（含）以上。

虽然股票质押可以从某种程度上解决股票持有人资金使用上的需求，例如直接投资企业的股权或私募股权基金，偿还现有债务，借给自己实际控制的企业，用于现有企业的生产经营，等等。根据上海证券交易所（以下简称"上交所"）、深圳证券交易所（以下简称"深交所"）与中国证券登记结算有限责任公司（以下简称"中国信算"）修订发布的《股票质押式回购交易及登记结算业务办法（2018 年修订）》以及《股票质押式回购交易会员业务指南》，通过股票质押获得的融资不得用于以下用途。

（1）投资于被列入国家相关部委发布的淘汰类产业目录，或者违反国家宏观调控政策、环境保护政策的项目。

（2）进行新股申购。

（3）通过竞价交易或者大宗交易方式买入上市交易的股票。

（4）法律法规、中国证监会相关部门规章和规范性文件禁止的其他用途。

在实务操作中，当大股东将股票质押给金融机构时，金融机构出于风险管控的原因，一般会采取更为严格的限制，如要求出质方获得资金后只能用于实体企业的经营。另外，对于质押股票的数量与质押率，在监管上也有着严格的规定。要求单一证券公司接受单只 A 股股票质押的数量不得超过该股票 A 股股本的 30%，单一资产管理产品接受单只 A 股股票质押的数量不得超过该股票 A 股股本的 15%。同时，要求证券公司提交交易申报前，应做好交易前端检查控制，该笔交易不得导致单只 A 股股票市场整体质押比例超过 50%。也就是上市公司股东就该上市公司股票进行质押的数量不得超过该上市公司股票的 50%。而且，根据《股票质押式回购交易及登记结算业务办法（2018 年修订）》，股票质押率上限不得超过 60%。例如，持有 1000 万股股票，每股价格 5 元，能质押的股数按规定不能超过 500 万股，用 500 万股（市值 2500 万元）质押，质押率最高 6 折，也就是实际可质押出现金 1500 万元。

事实上，自 2018 年开始，股票质押业务风险管理措施日趋从严，目前市场上质押率普遍为 30%~50%。同时需要注意的是，股票质押过程当中，金融机构会设定预警线（补仓线）与平仓线来管控股票下跌的风险。例如，上市公司股东进行质押式回购初始交易时，其持有的 A 股股票价格为 10 元，质押 100 万股，质押股票的市值为 1000 万元，质押率为 50%，利率为年化 10%，融资金额为 500 万元，此时，按照履约保证比例的定义，质押股票市值 1000 万元 / 融资金额 500 万元，履约保证比例为 200%。假设将履约保证比例 150% 设置为预警线，质押预警价 =10×50%×（1+10%）×150%=8.25 元，当股票价格低于 8.25 元时，即触发预警线，出质人就必须补足相应的股数；假设将履约保证比例 120% 设置为平仓线，按上述公式，质押平仓价为 6.6 元，当股票价格低于 6.6 元时，即触发平仓线。

2017 年之前，股票质押业务在市场中管理相对宽松，甚至存在 100% 质押手中持股的现象，导致很多良莠不齐的上市公司的股票被质押，当市场风险来临时，大量的质押爆仓，为金融机构带来了极大的风险与损失。所以，当前市场中各种严苛的条件与措施，无论是对金融机构，还是对希望质押股票的出质者，都不失为有效的风险管理手段。大股东在选择股票质押时也应该明白，虽然这个举措可以从某种程度上解决资金为己所用的问题，但毕竟股票质押是一个中短期债务行为，一定要评估好市场风险、股价下跌风险和资金成本（利息偿还）问题，最重要的是，要评估资金用途是否匹配借款周期，否则就会将自己置于极大的风险与困境中。

四、上市企业并购

企业并购也是上市公司大股东比较常用的一种财富私有化方式。作为上市企业大股东，可以在企业上市前或上市后成立、控股或参与投资一家与上市公司在法律层面上没有关联，但在业务层面上可以成为产业链环节的企业，或者是可以拓宽上市公司业务板块的企业。该企业可以通过自身发展或与上市企业的关联交易将规模与营业额逐步做大，同时也能在市场中体现出合理的估值水平，然后由上市公司进行收购，最终被收购公司的投资人就可以逐步获利离场。

企业并购的模式也会存在一定的问题。有些上市公司大股东将被收购的企业估值做得虚高，然后用上市公司完成并购，之后因企业经营不善将该企业的商誉逐年减值，将估值减至正常水平，这其实就是一个"圈钱"的行为，也会为监管所稽查。正常的企业并购是估值合理，并购企业与上市公司业务可以形成良性互补，对公司发展起到积极推动作用，同时也可以让上市大股东的付出获得合理回报。

第四节
个税，不可跨越的必经之门

首先我们应该了解，根据《中华人民共和国个人所得税法》（以下简称《个人所得税法》），个人所得应缴纳个人所得税的项目包括以下几种。

（1）工资、薪金所得。

（2）劳务报酬所得；合规财产。

（3）稿酬所得。

（4）特许权使用费所得。

（5）经营所得。

（6）利息、股息、红利所得。

（7）财产租赁所得。

（8）财产转让所得。

（9）偶然所得。

居民个人取得前款第一项至第四项所得（以下简称"综合所得"），按纳税年度合并计算个人所得税；非居民个人取得前款第一项至第四项所得，按月或者按次分项计算个人所得税。纳税人取得前款第五项至第九项所得，依照《个人所得税法》规定分别计算个人所得税。个人所得税率如下。

（1）综合所得，适用3%～45%的超额累进税率，如表4-5所示。

（2）经营所得，适用5%～35%的超额累进税率，如表4-6所示。

（3）利息、股息、红利所得，财产租赁所得，财产转让所得和偶然所得，适用比例税率，税率为20%。

表4-5 个人所得税税率表（综合所得适用）

级 数	全年应纳税所得额	税 率	速算扣除数
1	不超过 36 000 元的	3%	0
2	超过 36 000 元至 144 000 元的部分	10%	2520
3	超过 144 000 元至 300 000 元的部分	20%	16 920
4	超过 300 000 元至 420 000 元的部分	25%	31 920
5	超过 420 000 元至 660 000 元的部分	30%	52 920
6	超过 660 000 元至 960 000 元的部分	35%	85 920
7	超过 960 000 元的部分	45%	181 920

表4-6 个人所得税税率表（经营所得适用）

级 数	全年应纳税所得额	税 率	速算扣除数
1	不超过 30 000 元的	5%	0
2	超过 30 000 元至 90 000 元的部分	10%	1500
3	超过 90 000 元至 300 000 元的部分	20%	10 500
4	超过 300 000 元至 500 000 元的部分	30%	40 500
5	超过 500 000 元的部分	35%	65 500

在个人所得税问题上，尤其要注意"税收洼地"的税筹问题。

一些企业主在面对个人所得税的问题时，会利用地方政府的一些税收核定政策或者变相的优惠政策来规避税款，至少在 2021 年之前类似现象比较普遍。但随着税收监管的趋严，这种方式将为企业主带来越来越大的风险与隐患。

曾经，一些"网红"在"税收洼地"设立多家个人独资企业及合伙企业，且利用设立的企业与其所在直播带货的平台公司签署服务合同。如此一来，这些"网红"的平台底薪、直播带货分成、粉丝打赏、坑位费、线下商业活动等诸多个人收入便转化为企业收入，再通过这些设立在税收优惠地的企业（包括个人独资企业和合伙企业）向当地主管税务局申请以"核定征收"方式计算缴纳个人所得税。于是，这些"网红"利用注册的"空壳"企业，成功地将劳务报酬所得转换成核定征收方式下的经营所得，实现大幅降低纳税的目的。

2021 年 12 月，浙江省税务局官网就曾披露某"网红"的偷逃税信息：2019—2020 年，黄某隐匿其从直播平台取得的佣金收入进行虚假申报，偷逃税款。通过设立上海××企业管理咨询中心、上海××企业管理咨询合伙企业等多家个人独资企业、合伙企业虚构业务，将其个人从事直播带货取得的佣金、坑位费等劳务报酬所得转换为企业经营所得进行虚假申报，偷逃税款。

该"网红"的主要问题就是通过设立诸多个人独资企业及合伙企业，将劳务报酬所得转换为经营所得，并违规申请核定征收。另外，其注册在税收优惠地的企业并没有进行真实的经营，并未在当地提供就业，很明显这些企业就是为了少纳税而设立的，这也违反了税收优惠地吸引企业的初衷。

其实，一些"网红"在所谓的税务筹划过程中都存在以下的问题。

（1）隐匿其从直播平台取得的佣金收入，虚假申报，偷逃税款；

（2）设立多家个人独资企业、合伙企业，虚构业务，将其从事直播带货取得的佣金、坑位费等转换为企业经营所得，进行虚假申报；

（3）从事其他生产经营活动并取得收入，未依法申报纳税。

这些问题终究会被税务机关稽查，行为人将面临补税与罚款，更严重的还可能被追究刑事责任。

有一些上市公司大股东减持股票变现时，也会采取类似的节税手段。大多托管券商会注册在一些"税收洼地"。根据财政部、国家税务总局、证监会联合发布的《关于个人转让上市公司限售股所得征收个人所得税有关问题的通知》（财税〔2009〕167 号），自 2010 年 1 月 1 日起，对个人转让上市公司限售股取得的所得，按 20% 的税率征收个人所得税。证券公司预扣预缴的个人所得税，在规定时间上缴当地税务部门纳税保证金账户后，按照国家相关规定，税务部门必须将其 60% 上缴国库，对留存部分（入库金额 ×40%），在扣除国家规定的其他上缴比例后，各地政府方可自行处理。也就是说，在首次转让到资管计划的环节中，该实际控制人要缴纳 20% 的所得税，在"税收洼地"，所缴税额的 40%，可由当地政府通过不同的形式予以补贴（例如地方人才引进补贴），对于补贴部分，则需要缴纳 20% 的个人所得税（偶然所得）。同时，资管计划将持有的股票高位变现时，只需要对增值部分缴纳增值税与增值附加税，合计 3.36%。

　　需要注意的是，这类税收筹划存在一定的风险。一来"低税区"的政策并非长期性的，很有可能随时取消或变化。二来该"低税区"也随时有可能面临上级机关的政策指导与稽查，所以存在较大的不稳定性与不确定性，这是需要特别关注的。

　　市场上经常会听到"税务筹划"这个词，而将企业设在"税收洼地"也是一些税务筹划机构或从业人员经常推荐和使用的手段。事实上，逃税、避税对于中国民营企业来说并不陌生，但是这并不等于人们能够清楚地鉴别和认识到合理合法节税与偷逃税、避税之间的差别和风险。一些企业主对于税务合规完全没有清晰的认知，而且抱有能避则避的侥幸心理。随着税法税制的逐渐完善和监管的从严，这种惯性思维在未来有可能给企业主带来巨大的风险。《国务院关于 2021 年度中央预算执行和其他财政收支的审计工作报告》中提到：2018—2021 年，22 省市 544 名高收入人员通过隐瞒收入、弄虚作假等手段，偷逃个税 47.22 亿元。有的地方在近年来连续查处少数高收入群体偷逃税款的情况下，仍以财政扶持资金等名义，违规向 10 省市 22 县的高收入人员返还个税，有违个税调节收入差异、促进社会公平的初衷。

　　笔者发现，到目前为止，纳税问题在市场中大致经历了四个阶段：从过去法律意识淡薄，监管缺失环境下的"偷税漏税"，到逐渐有了一点点法律意识下的"节税避税"，再到尽可能合规但希望少缴税的"税务筹划"，再到目前社会三次分配发展阶段下的"税务合规"。这四个阶段从国内的发展到与国际的接轨，逐渐让每个人明白，任何国家都只会保护合法财富。而非法财富、来路不明的财富、不负责任或不尽义务的财富都不可能受到保护，不但不保护，还将面临取缔与罚没，更可能会影响市场声誉，进而造成更大的损失，甚至承担刑事责任。同时，从合规的趋势来看，税务筹划下的少缴税款，在未来或将被纳入"清理规范合法不合理收入"的范畴中。所以，本书主张真正的财富是符合以下几点要求的：

- ■ 合法合理的收入。
- ■ 合法合规的规划。
- ■ 合法共有的支配（共有最明显的体现就是合法纳税）。
- ■ 合法共享的传承（享受财富的同时回馈社会）。

税务合规才是未来税筹应有的主题，这当中包括以下三点：

（1）按时申报。申报不宜早也不宜晚。有些机构有内部合规要求，提早或延迟申报会被认为是对政府机关的行贿。

（2）做正确的申报。不要隐瞒收入及虚增扣除项目等。

（3）做任何投资决策前要先清楚税收成本与风险，再做出与目的匹配的选择。例如，一些地区有税收优惠，但相关法规与适应性不明确。

第五章

私有财产系统化

　　私有财产系统化是财富管理体系中的重要环节，是继企业财产合规化与合规财产私有化之后，真正开始有序管理私人资产的行为举措。当然，私有财产系统化需要根据每位高净值人士的家庭／家族情况、资产管理规模，以及个性化需求进行整体搭建。这当中可能需要长期资产配置、各类资产所属地司法环境分析、核心成员身份规划以及法律和税务合规架构的搭建相结合，以达到管理上的资产结构与数量清晰、整体可操控、过程可监督、结果可检视、责任可追溯、运转可持续的效果，从而使得资产管理在最大程度上满足保值增值、风险隔离、穿越周期、持久富裕、照顾家人、利于传承、造福社会等需求。对于资产规模庞大的群体而言，可以选择成立家族基金或设立家族财富管理办公室。但无论是家族基金模式还是家族财富管理办公室模式，抑或是普通富裕阶层的资产管理或资产配置，私有财产系统化都是具有积极意义的。它并不完全是超级富豪的专利，对于大多资产持有人群，都是不可或缺的选择。

第一节
资产配置的相关概念、作用及结构

　　对于资产配置的理解与运用，不同的机构甚至不同的个体，都有不同的观点和经验。然而，有什么样的认知就会有什么样的行为。同时，资产配置并非是所有问题的万能解药，它只是一种满足某类诉求所对应的策略。例如，匹配的、有效的资产配置策略，更能够满足家庭／家族长期资产管理的需求。

一、理解不同的名词，建立对应的预期

- 把"理财"当发财
- 把"投资"当理财
- 把"投机"当赌博
- 把"财富管理"当赚钱

这些大概是很多人理解当中最混乱的认知。

理财、投资、投机、资产配置、财富管理等词汇自 2002 年左右开始逐渐出现在大众的视野中。同时，由于不同金融机构或投资机构推出的以上相关服务侧重点各不相同，因此大众很难对这些名词有一个准确的理解，或者说在行业中对这些名词也不都有一个统一的共识。其实这些名词不只是说法上的不同，还有着本质上的区别。理解上的不同也会导致选择以及预期上出现巨大的偏差。

如果通俗一点来解释这些服务（本质上全部是一种金融或非金融服务），笔者认为可以这样阐述。

（一）理财

理财即对资金的合理安排，作用是防止人变穷，但不是为了让人变得更富有。

如果多探讨一些，理财，顾名思义是对财务（资产和负债）进行管理，目的是实现资产的保值增值。当然，也有不少从业者喜欢谈论"理财规划"，认为"理财规划就是对人生的打理，通过对家庭财务合理科学的规划，以实现人生各个阶段的财务目标"。也有人说理财是为了实现"财务自由"。对于这样的定义，笔者有不同的看法。

正是因为理财规划被赋予的功能是实现人生各阶段的财务目标，如此一来就不得不兼顾对应目标的现金流管理和多种金融工具上的资金配置。而一旦兼顾现金流管理和资金配置，就很难实现高收益。没有实现高收益的可能性，就难以实现每一个以财务为基础的人生目标（可以部分实现）。同时，如果不考虑"颜回式"的低欲望因素，普通人是不可能通过"理财"实现财务自由的。大多数的理财方案都是线性增长，无法几何倍增。普通人也未必能理解和承受与收益几何倍增相伴的风险。所以，理财是一个防止人变穷而不是让人变富的行为，因为它需要最大限度地确保风险防范与合理目标的达成。

事实上，投资和投机才有可能让人变富，才有机会实现更多以经济为基础的人生目标。而且，作为在一个市场中以理财为职业的从业者，如果不能把很大的精力放在投资研究上，却只和他的客户强调财务目标、人生目标，这只能是自欺欺人。

另外理财还需要注意以下几点：

（1）理财不是为了达到"资金的效益最大化"，而是为了达到"资金分配的效能最大化"。

（2）理财是人们希望通过有效分配资金的手段，实现生活中各个阶段的与资金规模相匹配的财务目标。

（3）有人说贪念是理财的大忌，应该戒除。其实理财不是教人如何消灭贪念，而是教人如何把贪念控制在适当的范围内。

（4）从对资金的安排上而言，理财既不是为了让我们的人生全部充满可能性，也不是为了让我们的人生全部都是确定性，而是帮我们在确定性的基础上设立可能性。

（二）投资

投资是一种未来获取收益或亏损本金的可能性。投资的目的是用钱赚取更多的钱。其承担风险的各种投资形态，也是获得财务自由的重要途径。

如果多探讨一些，对投资的理解应该是基于"概率"的理解。投资其实是一种价值与价格交换的过程。是流动的过程，流动离不开交易，而一旦交易，就产生两个基本概念——概率与法律。

就概率而言，我们知道它的解释是"机会率、可能性"，是一个在 0 到 1 之间的实数，是对随机事件发生的可能性的度量，表示一个事件发生的可能性大小的数。在金融当中我们应该把概率理解为"不确定性"，当然也可称为"风险或收益"。

由于我国金融市场经历了特殊的发展阶段，刚性兑付和保本保息在很长一段时间里，在某种程度上成了民众对"投资"约定俗成的理解。很多人觉得投资或理财都应该是安全的，亏损了是可以通过"闹"来解决的。当然，这里面肯定也存在着产品发行机构和销售机构的道德风险，并不能全怪罪于投资者。但我们必须明白，投资即概率，概率即风险／收益的逻辑。做金融工作使人明白人性中有两个恶习——既"渴望确定性"又"贪婪"。而最要命的就是总希望"能确定性的去获得贪婪所期望的结果"。所以，在选择投资理财产品的过程中就有两种行为是较为常见的。

一种是产品发行方或销售方，在销售的时候信誓旦旦地说高收益，还保本保息；或是说短时间就能获得高收益，而且用各种所谓的"专业分析"告诉投资人"绝对安全"。然而，一旦出现问题，这些产品发行方或销售方就告诉投资人自己回去看合同，再通过所谓的"专业分析"来撇清责任。正所谓卖时"小甜甜"，出事"牛夫人"。

另一种是投资者明明知道自己做的是投资，而不是储蓄。但出现亏损后，投资者口口声声说自己是因为信任产品发行或销售机构，并且"投"了多少就至少要拿回多少，绝不接受任何亏损。

就销售方而言，不能因为投资人的信任而忽略对风险的客观披露。对于投资人而言，即便是因为信任而选择，也要搞清楚"信任"的含义。信任并不能阻止风险的存在与发生，更不能把自己的"信任"当作项目发行方或销售方绝不亏损的承诺书。

投资时，风险认定的前提是可以承受，而非发生与否。参与者如果能意识到风险的存在，就必须去选择是否要承担风险，但承担风险不是说"赌一把，赔了我认了"，而是通过科学的、合理的安排，让自己真正从主观和客观上都确实能承受风险带来的后果。要知道，无视风险才是最大的风险。

所以，投资人首先要承认风险的存在，并确定能承受风险，进而才能利用风险、经营风险且从风险中获益。做到前两点，就是合格投资人；三点都能做到，就是高手。

另外，时间也是一个关键要素。曾有一位职业投资人说："投资的两端分别是分析和交易，而连接这两端的是等待。"投资分析的核心是商业理解力和概率思维，投资交易的核心是赔率和逆向思维，等待的核心是谨守能力圈和尊重常识。

从长期来看，出色的交易无法挽救糟糕的分析，出色的分析却可能毁于糟糕的交易。而最难的是学会等待（无论是持股还是持币）。等待，既由"心态"决定，更是一个"时间"定义。

还有就是要考虑"法律"这一因素，简单说就是选择合法合规的投资行为或形式。很多情况下，投资者出现亏损是道德风险所致，而道德风险又常常伴随着违法违规，这也就加大了原本概率所带来的风险。

说了这么多，核心要放在一个词上，风险。

记住这句话："收益只是投资的艺名，它的真名叫风险。"往往真名没有艺名那么好听。但两个名字一起看，才能了解它的真实面目。

如果我们希望财务自由，除了用自己的事业创造高收入，投资也是一个重要的选择。

（三）资产配置

资产配置是理财的高级阶段。

资产配置的理念是 20 世纪 70 年代在美国开始应用的。它的逻辑是建立在均值—方差模型（Mean-Variance Model）理论基础之上。均值—方差模型是美国人哈里·马科维茨（H. M. Markowitz）在 1952 年提出的。

其实 20 世纪 50 年代以前的美国民众，甚至很多职业投资人对理财与投资的理解和我国当下的大多民众没有什么明显的区别，其本质都是在追逐涨幅，押多，以求高位获利。但后来人们发现单纯地追高、押多，并不那么容易掌握，而且时常需要承担很大的亏损风险。于是，一些职业投资人开始运用均值—方差的理念将多种资产组合投资，以达到分散、对冲、降低风险的目的。

约翰·伯尔威廉姆斯在 1938 年的《投资价值理论》里，用严谨的数学方法，提出 DDM 模型（股利贴现模型），说白了就是用做债的思维模式去评估股票的内在价值，但他有意或无意地忽视了股票的风险。也就是说，他忽略了股票价格的风险，因为股票价格未必符合股票价值。

马科维茨（H. M. Markowitz）在导师的指引下，阅读了《投资价值理论》。他发现多元化投资的好处是符合很多人的直觉，但又没有人能将其讲清楚。于是马科维茨在考虑多只股票投资时，通过均值方差的框架来计算股票组合的风险是多少。但这样的计算量对于很多经济学家来说都是一个挑战，于是熟悉编程的马科维茨通过对比有效组合和无效组合，量化出多元化投资的好处，以及背后的逻辑。之后的很多经济学家无非是不断优化均值方差的框架。1958 年，詹姆士·托宾（James Tobin）通过引入一个无风险资产组合，拓展了马科维茨的有效前沿和资产集合理论，为量化基金的发展埋下伏笔。但多元化投资组合并不能消除所有的风险，于是这个问题就留给了后来者继续进行研究，如威廉·夏普（资产定价模型的奠基者）等。虽然诸多相关人士不断研究与改良这一投资模式，但笔者认为，直到现在也没有人研究出脱离这一框架的投资组合理念。

要想理解投资组合理念，要先理解什么是均值—方差。

"均值"，其实可以简单理解为某些资产在过往一定时间内的平均收益，也可以理解为需要设定的未来的收益目标，说通俗些就是"想挣多少钱"。但收益目标的设定需要参考过往这些资产的平均收益。我们都知道，过去永远不代表未来，所以还需要看过去的结果是在什么样的市场环境与宏观条件下产生的，然后结合对未来宏观条件的预测分析等数据，通过模拟测试来设定一个合理的预期收益。而"方差"就是某些资产价格涨跌的波动水平。在投资中，很多人常常会产生一个认识误区，认为波动就是风险，事实上波动与风险是两回事。风险是亏损，是结果，而波动是一种过程。职业投资者认为只有关注过程，才能利用过程中的波动获取预期的收益。

大多数人在投资中往往没有或不关注方差（波动）的概念，只有赔和赚的概念。但就是因为没有方差的概念，才变得只关注结果，而常常做出错误的决策。例如，如果通过一系列的建模及数据分析得出一个资产组合，并且设定了这个组合是一个三年的周期，那么在这三年中，只会因为市场的变化和资产的波动做出调整或不调整组合行为，而不会因为看到资产的价格起伏就做出追涨杀跌的行为。也就是说，关注过程，就会设法利用波动赚钱。若只关注结果，就很容易把过程中的价格起伏视为赔或赚的结果，进而做出不理智的或非常主观的决策。

所以，资产配置就是将不同资产的均值—方差数据、宏观数据（如 GDP、CPI、PPI 等）、资产表现预测等，做建模分析与模拟，然后找出最优的资产组合，进而通过资产的低相关性或负相关性来降低风险，获取合理收益。对于长期财富管理而言，其中的资产管理模块要打造一个可以通过控制与经营风险来获得长期合理收益的系统。而这需要时间、耐心、技术和经验。资产配置思维应该是一种战略思维，战略思维要思考做对的事、做难的事、做需要时间可以积累的事，同时这一思维也会让财富在周期更迭中获得保障与稳健增长。

（四）投机

投机是投资的高级阶段，或许可以让人更快地实现财务自由。

华尔街的投资家曾说："无论是谁，如果天生具有投机倾向，就应当将投机视为一行严肃的生意，并且诚心敬业，不可以自贬身价，向门外汉看齐。许多门外汉想都不想便把投机当成单纯的赌博。如果你的观点正确，即投机是以一行严肃的生意为大前提而成立的，那么所有参与此项事业的同行朋友就应当下决心认真学习，尽己所能，充分挖掘现有的数据资料，使自己对这项事业的领悟提升到自己的最高境界。"

所以"投机"即投资于机会。对于机会的捕捉，眼光、技术、胆识、经验、知识缺一不可。美国著名财经作家约翰·S.戈登所写的《伟大的博弈》一书为"投机"一词做了最好的注解。书中写道："投机不仅是不可避免的，也是顺应市场要求的。正如20世纪初伟大的英国金融家欧内斯特·卡塞尔爵士所说：'当我年轻的时候，人们称我为赌徒；后来我的生意规模越来越大，我被称为一名投机者；而现在我被称为银行家。但其实我一直在做同样的工作。'"

（五）财富管理

以上都可以归于财富管理的范畴，把理财、投资、资产配置、投机结合生活、事业、有效地管理起来，即为财富管理。

当下"银证保基信"各金融机构都会推出各自的财富管理业务。第三方理财认为自己是在做财富管理，私募基金也谈财富管理，曾经的P2P也认为自己做的是财富管理，甚至房地产销售、艺术品收藏、奢侈品收藏都认为自己的业务和财富管理有关。不同的行业、不同的视角、不同的产品、不同的服务模式对财富管理有着不同的诠释。

起初我们会把财富管理和资产管理混淆，资产管理主要针对资金的管理，管理的是钱的流动性与风险。书中前章已经阐述，财富并不局限于数字与金钱概念。所以，富人需要的绝不只是管钱的服务，还需要身心健康服务、法律服务、税务合规服务、教育服务、身份安排服务、传承规划，等等。财富管理是一种资源的整合，是一种专业的组合，是一种体系的构建，以满足与应对来自生活与事业中的各种期望与问题，也许财富管理本身更像一场人生重要的修行。

二、资产配置的作用

与理财的作用如出一辙，仅通过资产配置同样难以实现财务自由。选择以资产配置的方式管理财富，便意味着不愿意承担更多更大的风险，当然也意味着会失去获取巨大收益的机会。事实证明，只有懂得投机和勇于承担风险的投资才能让我们"财务自由"。"做好理财或资产配置最终会使我们获得财务自由"基本是一个谎言。资产配置的作用只是让财富"保级"，而不能实现财富"升级"。

所以，不要把投资当理财（希望低风险或无风险），也不要指望理财可以发大财（希望获取高额收益），一定要明确自己到底在追求什么，只有选择与目标匹配的行为，才可能出现和目标相符的结果，这是从业者和接受服务的客户都需要明白的逻辑。另外，在金融营销行业中常会看到，市场好的时候，很多项目用"高收益，低风险"来吸引和忽悠投资人，因为人们都逐利；市场不好的时候，很多项目用"低收益，很安全"来吸引和忽悠投资人，因为人们都恐惧。还有一些投资者判断投资安全与否的逻辑很简单——"高收益绝对是骗局"和"低收益基本都安全"。很多"智商税"就是从仅凭收益高低来判断投资安全与否的人群那里收取的。因为他们不愿意花精力与成本去了解本质，而只看说法是否符合自身的逻辑与认知。想要无风险就不要总想着追求高收益。想要高收益，就一定要有风险意识。

理财与资产配置其实都是在追求让自身已获得的财富相对安全。有数据显示，高净值人群趋于稳健的投资心态日益成熟。在创富一代与其继承者中，对于保障本金的稳健型投资诉求最为强烈。对于拥有企业的"一代"而言，其财富大部分为企业股权，所以稳健的投资组合可以有效降低金融投资的整体风险，并对冲企业的经营风险。通过继承而跻身高净值人群的"二代"，更应该先学会如何避免家族财富的流失。

总结起来一句话：资产配置更多的是为了实现财富的稳健与安全，以及帮助财富持有者尽可能长久的"staying rich"（保持富有）。

（一）资产配置，从量化开始

生活中，我们常常会看到两类人：一类人琢磨人或事，愿意通过数据得出结论，所以这也是为什么理财规划、资产配置、量化投资等模式更容易受到这类人的青睐。其本质就是通过事物的相关数据做可行性分析，力求得出尽可能精准的量化结论。例如，把现状、目标、周期、风险、收益通通量化……以此作为投资决策与规划的基础。他们认为，行动如果没有准确的数据支撑，则难有理想的效率与结果。

另一类人琢磨人或事，更习惯依靠经验和感觉来判断与决策，甚至有时相信"人算不如天算"（有些人相信易经，并喜欢以此占卜，事实上其内涵逻辑也是精密的算法，但遗憾的是这没能成为普世的逻辑与技术）。严格来说，经验也是一种规律，有规律就有数据。如果没有规律，就不可能成为经验，只不过他们没有意识将这种"经验"转化为量化数据。

往往已经成功完成创富的人，无论在生意上的投资，还是在金融上的投资，做决策时都显得非常自信，这种自信源于自己的眼光、胆识、运气，等等。这就使得他们的行为很容易取决于以往的经验和直觉。列奥纳多·达·芬奇说过："经验不会犯错，只有过于依赖经验才会判断错误。"随着时代的发展、市场的迭代、变化的加剧，上一个阶段成功的经验很容易变成下一个阶段最大的屏障。而数据的量化分析可以为我们提供相对可靠的依据，让我们的决策尽量避免或少犯错误。这也是资产配置对于长期资产管理的价值与意义。

实践中，资产配置对不同的富有阶层所采用的策略和所具有的意义并不相同。例如企业主型高净值人群，其资产配置应该分为"事业上的产业布局"与"家庭中的资产配置"两部分。产业布局是为了经营上的风险控制与企业发展，以及利润来源（创富）；资产配置则主要是为了对已经赚到的钱进行管理，如前面章节所述，目的是考虑留余以及让自己能更长久地去做一个富人（保富）。

中产或普通富裕阶层在做资产配置时，就更应该意识到决策过程中各种因素量化的重要性：有多少资金、需求是什么、满足需求需要多少资金、年龄因素，能承担多少风险、匹配什么样的收益预期、身处或需要穿越什么样的周期、市场风险、过往的市场情况分析等，这些因素都需要量化并通过分析后以供决策参考。诚然，并非所有生活中的追求都可以被量化或被标上一个以金钱数量为参考的标签。比如我们的生命、健康、幸福、爱情，这些事物是无法用金钱与数值来衡量的。不过，这些事物虽不能完全以金钱为参考标准，但在财富规划中，如果可以理性看待这些因素，并配以量化数据作参考，绝对可以让我们更从容地去追求与期望一个清晰的未来。

经济学家爱德华多·波特（Eduardo Porter）写过一本书——《一切皆有价》。他从经济学的角度来阐述生活中很多事物是可以被标价的。我们所有的选择性行为，无论是婚姻、健康、幸福、投资，还是上网下载音乐，都是一个权衡利弊和付出代价的过程，即世间一切事物皆有价格。不同的是，有的明码标价，有的暗藏其中，或可以用货币计算，或需要用时间衡量。但是价格如何确定、如何被接受、如何变化，往往是人们最难以充分理解的问题。

生命有价格吗？健康有价格吗？当人们被问到"你觉得自己的命值多少钱"时，绝大多数人都认为自己的生命是无价的。但我们设想一下，如果某个人因别人的过失而死亡，他的家人是否只需要决定情感上可不可以原谅，而不需要追诉经济的补偿呢？再设想，如果我们患上了重大疾病，愿意付出多少费用去治疗或延长自己的生命呢？100万元、500万元、1000万元？我们可以不考虑家庭成员将来的生活、教育、居住等问题，而不计代价的在这一刻去治疗疾病或延续我们的生命吗？如果我们在某个价位上决定拒绝治疗或延续生命，那实际上就等于给自己的生命或健康标注了价格。所以生活中每个人都应该思考价格因素会影响我们的幸福感吗？会影响我们的婚姻吗？我们确定做以上事情时不会思量价格因素，而只是出于感受和情感因素的考虑吗？

事实上，每个人即便不承认自己是可以被量化标价的，但政府在管理一个国家的时候，也必须为公民的生命、健康、幸福感等去标明价格，否则就无法更好地管理这个国家。但这对于我们的意义在哪里呢？要知道，假如我们不能认同政府的统一标价，就必须给自己重新标价。

当我们把生命、健康、婚姻、幸福感，以及教育、养老等诉求逐一量化（标价）后，才能合理地运用各种金融工具的风险属性、收益预期、产品功能、时间周期等特性去服务自己的生活、自己的人生。

当我们把收益、通胀、经济增长、市场风险、利率、汇率、杠杆等需要的因素逐一量化后，才能通过不同的资产组合，剔除不想要的风险因子，保留想要的风险因子，运用资产配置的手段使财富有效保值增值。

我们对财富的学习是一个从数据、信息、知识、理解到智慧的过程。相信理性筹划下的财富质量大概率会优于顺其自然与盲目自信。

（二）资产配置属性不同、意义不同

谈到资产配置，每家金融机构似乎都有自己的方法与逻辑。而每个人更有不同程度的心得或困惑。资产配置，或者说财富管理架构中的资产配置，尤其是高净值人群财富管理架构中的资产配置，应该包含两个维度——"功能属性资产配置"与"风险因子属性资产配置"。所以，笔者在思考资产配置时，持有以下观点。

（1）资产配置既不是只关注功能性，也不是只关注风险因子，而是必须兼而有之。

（2）不要以为分散了投资类别就等于分散了风险。

（3）资产配置的主要意义不是分散风险，而是利用资产在一定的时间范围内"相对可统计的收益及风险规律"，将各类资产收益预测的可靠性逐渐提高。

（4）通过配置实现每个阶段的效益最大化，相对于希望每次投资都实现利润最大化要更容易把握。

（5）"货币购买资产→资产增值→增值资产转化货币"，才是一个完整的实现资产增值的循环。停留在资产阶段，并没有真正完成增值。

（6）财富管理中，资产配置要实现应急现金流与日常现金流的兼顾。

（7）风险不会特别照顾谁，也不会专门和谁过不去。它对每个人的影响取决于每个人对风险的认知。

（8）资产配置三层法则可以帮助每个人用清晰的层次、完整的结构、通过阶段性递进，完成有效的财富积累。

1. 功能属性资产配置的作用

绝大多数以理财规划思维为基础逻辑的金融营销从业人员都会更加推崇功能属性为主的资产配置模式，但这当中也会出现不同的分类。

第一类产品导向配置。常见也比较有代表性的模式有"理财金字塔""4321法则"等。这类模式在配置过程中会按流动性资产、保障性资产、收益性资产分类，把银行存款、货币基金、短期理财、各类保险、各类资管计划、私募基金、房地产、P2P理财、外汇、债券、期货等进行不同比例的配置。这样安排的逻辑，据说（是的"据说"，后面会谈到这个问题）是为了分散风险，把不同类别的资产或产品综合配置，使资产与资产之间的相关性减小，不会在市场好的时候都赚钱，也不会在市场不好的时候都出现亏损，从而达到降低风险、平稳收益的效果。

第二类功能导向配置。最广为流传的销售工具可能要算"标准普尔家庭理财象限图"了（尚未有官方证据证明该图出自标准普尔）。其意义在于，赚钱不是唯一目的，更需要考虑当我们处于人生不同的阶段与时点，所产生的现金流是否可以解决和满足疾病、婚姻、教育、税务、法律、生活品质、职业变化、养老、个性化消费、应急、死亡等问题与需求。所以，此类资产配置倾向以人为核心，服务于生活与人生规划。

当然，"理财金字塔""4321法则""标准普尔家庭理财象限图"更多是为了营销而创造出来的工具。事实上，功能属性资产配置极具个性化且有着严谨的逻辑，并非以上简单的销售工具可以完全表达出来。

"功能属性资产配置"同样也关注"资产不放在一个篮子里"的风险分散，以及通过配置不同产品或资产，达到在不同阶段产生相应现金流的目的，从而解决生活中的需求与问题，使生活品质得以提升。但是，"资产不放在一个篮子里"的配置模式并不能真正做到风险的分散，也无法在变化的市场当中有效地利用波动获取稳健收益，甚至会出现多种资产价格同时下跌的风险。

例如，公司债券与高收益股票表面上看不属于同类资产，但它们都包含了经济增长与衰退、通货膨胀、市场信贷可用性等风险，所以并不一定会有效分散投资组合的风险。再比如，固定收益债券和股权私募基金，其收益预期都需要基于企业本身经营的好坏。在大环境中，企业的盈利能力、政策法规的调整、其所在行业的变化、利率与汇率变化等因素都会影响企业的经营，进而影响投资盈利与否。虽然是不同的产品类别，却隐含着同样的风险敞口。也就是说，如果做了资产配置，却不能有效控制风险，投资组合不能发挥作用，那如何帮助我们满足需求与解决问题呢？因此，经验不足的理财顾问或投资者，很容易把投资组合中资产类别的多样性当作足够分散风险的安排。

2. 风险因子属性资产配置的作用

风险因子属性资产配置是大多资产管理机构、量化基金、证券类投资机构所秉承的逻辑。马科维茨投资组合理论是这一理念的早期代表。在这一逻辑中，我们需要知道诸如"方差与均值""有效边界"，或至少知道"风险因子权重"（risk factors loadings）等概念。随着时代的变迁和市场的发展以及金融工具的衍生化和多元化，马科维茨投资组合理论得到了广泛的应用。例如市场中比较有代表性的耶鲁模型以及达里奥的全天候模型等。

需要强调的是，在实践中，资产配置首要的目的并不是分散风险。把"鸡蛋不要放在一个篮子里"的风险分散逻辑等同于资产配置的风险管理逻辑，是对资产配置的误读，即便仅就"风险分散"而言也并不准确。资产配置的目的是让投资组合在一定的波动中取得最高收益，或在已设定的预期收益下寻求最小的波动。

或许可以这样理解，我们需要从 A 地到 B 地，其中有两个注意事项：第一，要用最快的时间到达；第二，中途会有障碍物，而且有极大的可能撞到障碍物。这时我们可以制定两种策略。第一种策略，设定途中最多三次撞到障碍物，在这个基础上追求最快的速度。第二种策略，设定时速 180 公里 / 小时，在这个基础上尽量少撞到障碍物。在投资中，障碍物就好比风险，时间可以看作收益。这也是为什么专业顾问要先通过"KYC"（Know Your Customer，即充分了解你的客户）了解投资者的风险承受能力及其对预期收益的想法，再来分析与组合风险因子。从风险因子管理的角度来看，资产组合可以由传统意义上的"资产权重组合"重新拆分为"风险因子权重组合"。

之所以说不能把"鸡蛋不要放在一个篮子里"理解为资产配置，是因为即使配置了不同的资产，也不代表就可以做到真正意义上的风险分散，还需要考虑投资组合中不同资产的风险因素，这对于投资者理解自己投资组合的风险（收益）来源是非常重要的。我们来看一个曾经很普遍的投资组合案例。

前些年房地产市场大热，很多金融理财产品都是在房地产这个基础资产上衍生出来的。当时投资者张先生 500 万元的投资组合中持有了三种资产，一部分资金主要投资于 50ETF，一部分资金投向某大型地产商项目融资的信托计划，还有一部分资金投向某地产中介的二手房过桥贷款 P2P 产品。

同时，张先生还购买了多套房产，其中包括贷款买房。表面上看，三种金融产品无论是产品类型还是管理人都是完全不同的，这种产品导向型资产配置貌似分散了风险，实际上三种产品中所含的房地产市场风险因素都过于集中和敏感。假设地产行业下行，或流动性大幅降低，甚至出现"黑天鹅"事件，其带来的连锁反应很可能是一手房项目卖不出去，这样地产商便还不上金融机构的贷款，同时地产股股价暴跌，且进一步影响二手房的交易效率和贷款购房者的还款情况。换句话说，这样的组合对于房地产行业所隐含的风险因子是完全起不到分散效果的。从 2019 年至今，市场也已经验证了这一错误配置后果的严重性。

虽然有些投资者的组合未必如此极端全部选择了与房地产相关的资产，但"相关性"在投资中可能体现在方方面面。例如，2000 年之前的钢厂，主要依赖出口和基建，那时的房地产还没有非常火爆，也不是钢厂重要的客户或绝对性客户。但 2000 年以后，房地产市场得到极大的发展，并带动了钢铁企业股票的上涨。也就是说，投资组合中钢铁行业与地产行业曾经是低相关，但随着房地产行业的发展，二者就变成了高度相关，这种变化肯定会给我们的资产组合带来影响。又比如很多人配置股票时，认为格力空调和茅台是完全不同的行业，相关性不高，可以分散风险。但市场数据证明，它们同属周期股，并且有着极为相似的收益特征，所以相关性基本为正，也就起不到分散风险的目的。

3. 如何理解相关性

"相关性"需要根据数据分析做出判断，同时会随着行业、市场、政策等多重因素的变化而变化。资产配置的过程中，需要随时对资产的组合以及相关性做出调整。所以，关于相关性，我们需要明白三点。

（1）金融产品正是因为投资者主动承担了相应的风险，才有可能获得相应的潜在收益。从本质上而言，金融产品的收益（亏损）是由风险（收益）因子带来的。

（2）金融产品可能受到不同风险（收益）因子的影响，包括经济增长因素、利率市场的变化、汇率影响、大宗商品价格、资金在不同资本市场的配置偏好等。所以在不同的情况下，每个产品中不同的风险（收益）因子所占的权重有所不同。

（3）投资组合中，每类产品均可以被视为几个风险（收益）因子的组合，把整体投资组合中每项资产的风险因子权重乘以资产在组合中的资金比例，便可以得到整体投资组合的风险因子之和，再把不同产品中同一风险（收益）因子方向相同的部分对冲消除掉，则可以得到整体投资组合的风险因子权重，而这个组合的风险和收益都取决于风险因子的组合。

4. 通俗易懂的比喻

芝加哥大学的教授约翰·科克伦（John Cochrane）和哥伦比亚大学的教授安德鲁·昂（Andrew Ang）曾经打过比方，风险因子就好比食物中的养分，资产就是食物，而投资组合就像一顿饭。人们需要吸收不同组合的营养，而所需的组合又是因人而异的。同时，不同的养分在许多食物中是扎堆出现的，比如奶、粗粮、肉，人们必须组合食用不同的食物，这样一顿饭下来才能摄取人体所需的各种营养。但是，有很多不同的食物可提供的养分其实非常相似，因此，个人口味和食品价格通常决定了个人对餐食的偏好与选择。然而，这种选择可能并不是人体养分吸收最好的组合。因此，营养师的价值在于根据人体所需要的养分合理组合餐食，以便让我们获得充足且均衡的营养。风险因子属性资产配置也是如此，以风险因子为主要考量的资产配置逻辑，才能实现可控风险前提下的目标收益最大化。

"风险因子属性资产配置"的优势是，在设定的风险水平下，在设定的周期内，可以提高获取稳健收益的概率，但它并不适合为生活所需随时或定期提供现金流。当然，并不是说资产配置不能产生现金流。假设我们做了一个为期三年的资产配置计划，那么在这三年中，虽然通过设计可以使这个计划每月或每个季度提供一定的现金来应对生活所需，但这个举措绝对会影响到该计划的预期收益。原因很简单，这个计划没能最大限度地利用复利效应、没能让所有的资金穿越整个设定的获利周期，而选择了在中途不断减少资本金，这样的变现行为一定会影响收益。如果我们想要绝对的收益，就最好不要考虑中间赎回这种行为。当然，如此一来也就很难兼顾现实生活中的功能性需求。例如，定期逐年支付的教育金、养老的年金化、资产的保全与节税、财富分配、日常品质生活所需的现金流等。

资产配置既要利用资产在长期管理过程中相对可统计的收益与风险规律，以求将各类资产收益预测的可靠性逐渐提高，还要照顾到人生在不同阶段需要依靠经济手段来满足的需求或解决的问题。所以，将风险因子属性资产配置与功能属性资产配置相结合，达到优势与特点互补，才能满足家庭／家族资产配置的诉求。

（三）非专业人士难以证伪

资产配置说来简单，操作上却需要极强的专业水平与投研能力。非专业人士既难以践行资产配置，也难以识别资产配置。

第一，非专业人士难以搞懂各种资产的属性（盈亏来源）。例如，非专业人士常常认为配置个固定收益信托，买点银行理财，买个房子，再炒个股票，配个保险，就叫资产配置了。前面说过，这只是分散投资了，很大概率上并没有分散风险。因为很多人并不清楚资产本质的收益来源与风险来源。有时即便配置的都是股票，不同的策略，收益来源也是不同的。有的靠小盘股，有的靠大盘股；有的主要看交易量，而有的主要看趋势；有的是左侧（预见）交易逻辑，有的是右侧（数据）交易逻辑……不同的策略，盈亏源不一而同。

第二，资产配置需要对大量相关资产历史数据做研究，且这些数据的分析需要有效的方法与模型。不同的模型有不同的逻辑，有的锚定收益，有的锚定风险。虽然各种策略的框架基本上都从是 20 世纪 80 年代用到现在，但不同的机构也有着不同的改良和风格。懂的人一听就懂，不懂的人听了会觉得云山雾罩。所以，如果对资产属性不了解，对方差—均值理论不了解，对历史数据无法掌握，不具备分析趋势的能力，对模型算法不明白，对市场、行业、政策的变化不清楚，那么如何去组合资产，如何在过程中调整资产，如何去做适时的决策呢？

假如某客户是委托机构来做资产配置，那么该客户如何判断向他讲解资产配置的人员讲得是对的？如何判断该人员所讲的和所实际执行的是一致的？如果判断对面坐着的不是一个"大忽悠"？在金融行业中，销售型专业人士与投研型专业人士在分析与讲解同一个投资项目时，其角度往往是完全不同的。销售型专业人士更注重预期收益、回报周期、风控手段以及吸引客户的表述方式，投研型专业人士则更看重底层资产、风险定价、夏普比、收益来源、均值方差等逻辑。

事实上，资产配置应该是一个"寻优"的过程，是一个在给定目标下不断寻找最优方案的过程，而不是一次性组合完毕的结果。所以资产配置的难点在于过程的把控，而非在初期设定后就能获得理想的收益。所以，千万不要认为资产配置可以一劳永逸。

如此说来，是不是非机构、非专业人群就无法运用资产配置进行资产管理呢？也不是。但需要具备一些条件。

（1）需要具备一定的资金量。太少的资金量是很难实现理想的资产配置的

（这里所说的是委托专业机构来进行打理）。如果资金量很少，就需要自己操作。但前面提到，想要真正运用资产配置的逻辑自行管理资产，这对于非专业人士而言，难度极大。

（2）对资产配置要有一些学习和认知，至少要知道一些相关的基础逻辑，知道资产配置的意义和作用到底是什么，而非认为资产配置就等于长期赚大钱。

（3）对人（从业者）要有较好的判断能力。如果不会判断资产、不懂判断市场、无法判断模型，那至少应该是一个判断人的高手。要能去判断那些和我们沟通资产配置的人，其品性是否可靠、讲话是否靠谱、口碑是否良好、言行是否统一、角度是否客观，等等。其实任何投资决策都是如此，人对事对，决策才对。如果无法判断事对不对，那至少要能分辨与判断对的人。事对，人不对，一定不要选择。如果连人也判断不了，那就不要去做任何决策。

（四）什么人适合做资产配置

首先可以明确的是，还没挣够钱的人，依然想获得高额回报挣大钱的人，是不适合选择资产配置这种方式来进行资产管理的。想"挣大钱"，最好的方法就是看中某个机会集中投资，且最好是"all in"，甚至"加杠杆"。只有这样才有机会让自己获得巨大的回报且使财富量级跃升。当然，"all in"是需要与认知相匹配的。所谓认知，就是自己能为自己的行为或决策找到判断来源，并且可以为之承担结果。也就是说，要清楚自身哪来的底气去孤注一掷？支撑这个决策的逻辑和证据是什么？出现亏损是否可以承受？很多人虽然抱着赌一把的心态去投资，但只能接受暴富所带来的喜悦，无法承受巨大亏损所带来的负面影响，这实在让人无语且唏嘘。每个人都要明白，"很多的发家之路也是破产之路"的道理。

那什么人适合选择资产配置呢？简单说就是明确知道自己要什么和可以承担什么的人。所以我们会看到机构投资人、完成了财富积累且希望资产稳健增值的人、对收益与风险有理性且明确要求的人会选择资产配置进行长期资产管理。

另外，需要明白，收益预期（均值）与希望自己所承担的风险（方差）的相关性要合理。例如，明确希望自己可以获得100%的收益，但也明确自己只能承受10%的亏损，这就不太可能依靠资产配置来实现。就如同前面所说的，高额收益最好的投资方式不是多点分散，而是一点集中。

大多情况下，刚刚富起来的人和本金规模小的人会愿意追求高回报。而已经拥有大量资本金的人和久富者更愿意获得平稳、可控且相对持久的回报。一个拥有5000万元的人，可能觉得投资回报翻倍才是他理想的结果。而拥有5亿元的人，也许10%的回报就已经很满意了。同时，刚刚富起来的人更容易相信自己可以掌握持续高回报的密码。但世界是公平的，不会因为某些人处于财富累积阶段，就让风险较少发生在他们身上。恰恰相反，资本金越少的投资者、身处财富时间越短的投资者，由于投资过程中可腾挪的空间有限，用钱去衡量风险的经验较少，也就越容易在累积阶段面临更大的风险。所以，无论是普通人，还是刚刚富起来的人，持续的多积累本金，少亏损才是持久创富的基础。

（五）建立三个层次的资产配置结构

当被问到"投资诉求"是什么的时候，很多人的回答是"希望实现投资的利润最大化"。但什么是利润最大化，年化收益10%、50%、100%或更多？这很难有一个标准，因为每个人的经历和认知不同。有人投资赔过钱，就变得谨慎或恐惧。有人投资顺风顺水，就胆大或贪婪。而且不同的人、不同的项目计算利润最大化的标准是不相同的。但就个人或家庭资产配置而言，可以选择建立三个层次的资产配置结构来实现资产利润最大化。

1. 第一层：乐业、置业、保安全

关于乐业。

人力资本往往是我们收入的第一要素。同时，经营好自己的本业也是创造财富的基础。

以某些演艺明星的创富模式为例。

（1）初期凭借人力资本（自身条件、努力、机缘等），通过主业演艺工作（或舞台表演，或娱乐综艺，或拍戏、代言等）逐渐获取高收入。

（2）不满足于辛苦赚钱，开始涉足其他行业的投资和资本市场，并获取超额回报。

（3）主业工作不再是最主要的收入来源，开始逐渐淡出演艺工作，或演艺工作只起到保持知名度的作用，而把更多的精力放在用钱赚钱上。

（4）若投资出现巨大亏损，则选择复出，再次通过自己的知名度与努力用人力资本创造收入。

这个经常能看到的娱乐圈现象使我们明白了两个道理。

（1）勤劳创富（人力资本）不是人们愿意追求的创富方式，也不是当今社会最有效的创富方式。

（2）人力资本是最可以依赖和掌控的创富手段。所以，无论从事什么职业，无论是打工还是自己做老板，都要经营好本业，这是创富的基础。

关于置业。

买房置业是很多国家民众积累财富的首选，更是中国人的传统与习惯。纵观历史与长期，全球主要发达城市的房产都是积累财富不错的选择。尤其是在中国市场，房产曾被戏称为"非高智商资产"。这么说并非贬义。在过往的特定时期，就房产投资而言，大多人既不需要花太多的心思，也不需要具备太多的技巧，便可以轻松拥有投资中的功能性、保值性、增值性，甚至一度兼具了很好的流动性（出售或抵押变现比较容易）。就资产类别而言，房产可以给予大多数人极大的安全感，即便是在其投资前景众说纷纭的当前，考虑未来的货币增量、人口增量、城市化进程、经济增速、土地供应量、传统文化认知等因素，在那些创新能力强、商业服务竞争能力强、人口规模以及人口流入量大、气候宜人的城市，房产依然是较好的配置选择。

在房产投资中，若房产得以增值却失去或大大降低了流动性，其作用就只能是"看着高兴"而已了。周期性因素，政策性因素等都可能导致房产的流动性降低。所以，持有房产的同时还应该考虑通过配置产生日常现金流，以增加可支配收入。

关于保安全。

保险不能保证风险不发生，但可以使因健康风险、人身风险、财产风险、责任风险等产生的经济损失得到控制。风险发生后，把经济损失降到可以承受的范围内，充分利用保险的损失补偿功能，让它在生活与事业经营上"保价护航"是每个家庭必要的选择。保险虽不能使资产有效增值，但在特定情况下可以使资产不流失或少流失，这就意味着有更多的资本与机会去创造财富。同时，擅于创造财富的人一定也擅于让资金效用最大化。

观点：在财富积累的过程中，健康、生命以及可以创造未来收入的能力，都是一种资产，而且是重要资产。同时，这些资产是可量化、可标价的，保险是风险损失量化后的重要管理工具。

2. 第二层：应急现金流、日常现金流、资产增值

第一层面的资产配置是确保稳定收入，确保核心资产的建立，以及确保一旦被动风险发生可以把财务损失降到最低。第一层面的资产配置完成后，就要考虑第二层面的资产配置了。第一层面的资产配置只能满足基础的财富积累，而且缺乏以资产为基础的流动性与增值性。前文也提到，大多数人并不希望永远靠辛苦打拼事业而获得有限的财富。同时，生活中更需要稳定的现金流来增加可支配收入，从而使自己达到理想中的"财富自由"。

关于应急现金流与日常现金流的配置。

如前文所讲，"货币购买资产→资产增值→资产转化为货币"是投资增值的必要循环。在投资过程中，很多人往往只关注资产的类别和增值问题，却忽略了现金流。股权投资、艺术品收藏、房产等就是很好的例子。在预期这些资产增值的过程中（只要还没转化为货币，落袋为安，就是预期），无论主观意愿还是客观因素，都可能导致持有资产的长周期。但对于个人或家庭而言，如果没有充足的应急现金流、没有稳定的日常现金流，或仅靠工作收入，无疑会给我们带来压力和不安。

生活中，诸如银行活期储蓄，或具有高现金价值的保单（保单贷款），这些都可以成为应急现金流的来源。有些资产的配置虽然也可以转化为应急现金，但往往受限于周期因素、价格因素或条件因素。例如房产、收藏品、股票、基金等。另外，有的投资计划设会有每月的赎回日，但前文有述，如果考虑到长期回报的因素，最好不要也不应该频繁的操作。因为有些投资获取回报的基础就是需要持有它穿越周期或给它一定的时间，所以即便拥有可以变现的权利，即便可以作为应急金，也不应该轻易使用这个权利。同时，以上谈到的配置虽然可以转化为应急现金流，但并不能满足日常现金流的需求。

日常现金流可以通过房租收入、短期理财产品、按月或按季度付息的理财计划、保险年金等获得，这些都是收益率不高却可以产生相对稳定可支配收入的选择。

总结：不要看着资产增值"暗爽"，资产的增值是为了让生活变得更好。很多人长期持有几千万元的资产（比如房子），每年却只有几十万元的可支配收入，这并不能改变其生活质量。同时，对于高净值人群而言，在经营事业和生活的过程中，现金流显得尤为重要。

关于资产增值。

其实大多富裕阶层和高净值人群都有意或无意地在某种程度上做了资产配置，但很多人没有系统梳理过其中的逻辑与层次，甚至一些投资者在诸多投资过的产品与项目中，并不清楚自己具体在投什么，为什么投，配置是否合理，风险因子是否重叠，是因为项目本身优质还是因为相信推荐的人等。

事实上，如果可以通过清晰的层层梳理与安排，就会发现资金的管理与分配会变得更具有条理和效能。只有做到心知肚明，才会更有基础与信心去"冒险"，才能获得与风险共舞的利润，才可以更加有效地安排自身与家庭财富的未来。

当我们拥有了稳定且丰厚的职业（或企业经营）收入，有了满意的房产，购买了适合且足够的保险，每月或每年又有被动收入进账来充盈我们的可支配收入，急需现金的时候也能够自如应对，那么接下来我们就应该考虑让资产有效增值的途径。当然不同的年龄段、不同的职业收入水平、不同的投资理财安排，可以采取不同的策略。

（1）假如一个人还处于青壮年及事业上升期，那么投资时不妨看准机会放手一搏。因为承担了高风险，就有可能博取让资产总量升级的机会。即便出现亏损，因为年轻和主业收入的上升趋势，也会很快将失去的赚回来。一个人年轻且收入高的时候不冒险，那又该在什么时候冒险呢？

（2）如果年龄已经在 40 岁以上，且具有了一定的财富积累，那么在此阶段最应该考虑稳健资产配置与捕捉投资机会相结合的资产增值模式。当然，这也需要依靠专业的团队、丰富的自身经验，以及优质资源的配合。

每个人的未来，都要面对未知的不确定性、期望发生的确定性以及消费品价格与资产价格的通胀，这都促使我们不得不考虑资产增值问题。而且通胀具有逆向再分配的作用，会让穷人更穷、富人更富。所以资产增资是每个人不能也无法避免的课题。

总结：日常现金流与应急现金流在生活中必不可少。投资增值则需要意识到"Nothing Ventured，nothing gained"（不承担风险就没有收益）。

3. 第三层：配置未来利润增长点，着手财富传承

市场是具有周期性的，例如经济周期、政治周期、人口周期等。在不同的周期中，我们的主业与投资都会受到不同程度的影响。上一个阶段获得利润的经验和模式未必可以完全延续到下一个周期。因此，我们除了要实时进行调整外，还要有超前的眼光，去寻找和配置可以适应周期并穿越周期的资产。我们在配置资产的过程中可能考虑到主业升级、转换重心或投入新的布局。同时，资产配置方面也需要考量跨市场、跨资产、跨币种方面的因素。

例如，可从以下方面进行考量。

（1）产业调整；

（2）跨境资产配置；

（3）权益类资产配置；

（4）将已增值的资产转化为现金并重新捕捉机会。

这样在未来经历周期转换时我们才能够从容面对。

另外，应该将财富传承放在与财富创造和保护同等重要的位置，尤其是对于高净值人群而言，应该更为关注财富传承问题。同时，传承不仅是赠与、遗嘱、保险、家族信托等方式与工具的选择与使用，还需要法律与税务专业人士的协助，或如家族基金、家族财富管理办公室等结构的搭建，更是教育与文化，以及价值观的传承。传承规划需要"长计远虑"，尤其是在华人文化中，我们讲求"言前定则不跲""事前定则不困""行前定则不疚""道前定则不穷"。传承是对长远与未来的安排，更是一种智慧的体现。过往与当前无法重来，通过规划的未来，却可以拥有无限的可能性。

当然，选择三层次资产配置并不需要一步到位，而是逐步搭建整体结构，不断梳理、调整，并随着时间的推移而逐渐完善。从"第一层：乐业、置业、保安全"到"第二层：应急现金流、日常现金流、资产增值"再到"第三层：配置未来利润增长点，着手财富传承"，当这三个层面的配置从结构上与利润产生的时点得以重叠时，则可以实现我们个人或家庭在某个阶段资产管理过程中的利润最大化，如图 5-1 所示。

其实资产配置也从另一个角度说明了两个很现实的问题：

一是资产配置有助于管理风险，但随之而来的是，需要降低对收益的预期。

二是无论是机构还是个体，选择资产配置的方式管理资产，在某种程度上都意味着承认自己的判断力没那么"牛"。人性中恐惧和贪婪是最难以控制的。"天地不仁，以万物为刍狗。"风险亦然。风险绝不会特别照顾谁，也不会专门和谁过不去。风险对我们的影响其实取决于我们怎么认知它。

面对风险判断时，一般有两类——心理风险和统计风险。所以，大多数人常犯的错误有两个。

（1）心理风险方面：主观认知占主导，感觉有风险，导致应该去冒险的时候却选择规避，以致丧失机会。

（2）统计风险方面：客观数据显示存在风险隐患，但因为自己有限的认知与过往的经验，偏偏不信邪，漠视风险的存在。

这两种风险会交替出现并不断挑战人们的财富观。所以，配置的本质不仅是"资产"配置的比例，还是自身"理性与感性"的配置比例、"知与无知"的配置比例。

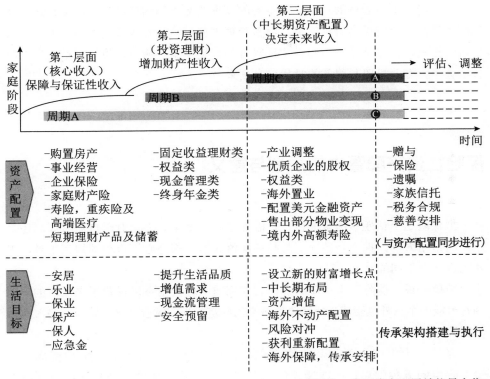

图 5-1　三层次资产配置方法

注：功能属性资产配置要结合风险因子属性资产配置，资产结构及比例应实时检视与调整（此图仅为示例，不构成具体配置建议）。

（六）理财净值化时代的资产配置

随着刚性兑付的打破和理财净值化的推进，权益类资管产品的规模不断扩大。在财富管理领域，很多高净值客户的大部分理财需求是稳健收益低波动，曾经依靠预期收益型银行理财和非标刚兑信托就能满足，导致净值化的资产配置没有很大的需求。但当打破刚性兑付后，无波动、无风险的固定收益产品开始退出市场，更多的人对资产配置型产品的需求也就越来越大。单一产品总是高收益伴随高回撤，低收益伴随低回撤，一个产品就能解决稳健收益低波动需求的时代已经过去了，这就需要将资产进行有效配置，通过把收益（风险）低相关或负相关的资产组合在一起，形成天然的对冲，为不同的需求匹配不同的资产组合，最终达到我们所预期的目标收益与目标回撤。财富管理本就应该是长线行为，很多人却做成了短线投资，并追涨杀跌，难以实现财富的长期积累。所以，投资"躺赢"的时代过去了，专业投研与服务的时代已经到来。

第二节
保险在资产配置中的规划与意义

把保险这个话题拿出来单讲，是因为这种金融工具无论对于普通家庭，还是中产与富裕人群，抑或是高净值与超高净值人群，都是必不可少的规划工具，当然也意味着不同的意义。

简单来说，保险对于小康人群而言作用重大，甚至可以说是用来保命的，因为有可能一个意外风险或疾病风险所带来的经济损失，就会让这样的家庭陷入万劫不复的境地。

保险对于中产人群而言是用来保生活的。笔者总结了中产阶层变成"中惨"阶层的五种隐患：一次错误的职业转换；一次重大的投资失误；一次房地产泡沫；一次离异；一次家庭主要成员的大病或伤残。以上五种隐患都会导致中产家庭的返贫。而保险在这五种隐患中或多或少都会起到防御和规划的作用。

保险对于富裕人群来说是用来保护资产的。保险可以使人们在被动风险发生时不至于产生较大的财务损失，或可以通过现金补偿的方式解决人们当下的资金需求。例如大病治疗金、收入中断补偿、三者责任赔偿、偿还贷款或缴纳税费等。这样便可以使家庭保持存续的投资，不会在不应该退出的时点被迫变现，或防止资产无法穿越周期而带来投资损失。再者保险通过有效专业的规划还可以在某种程度上起到资产隔离的作用。

对高净值人群而言，保险结合家族信托无疑是传承中十分重要的筹划工具，这一点本书在后面的章节有所阐述。在本章节主要讲的是保险对于大多数家庭的意义与规划逻辑。

一、保险是中产阶层最有价值的配置

中产阶层的资产配置常常被金融营销人员谈及，这无疑是一个很好的营销模式与手段。然而笔者认为，资产配置对于中产阶层的作用难免有些"食之无肉，弃之有味"。在说明这个观点之前，我们先定义一下什么是中产阶层。不同的统计机构对中产阶层的定义也不同，所以我们先勾勒一下中产阶层的画像：

（1）年龄在 25~45 岁之间；

（2）拥有良好的职业，如律师、医生、会计师、IT（信息技术）专业人士、工程师、教师等，以及具备一定文化层次的企业主（作为衡量一个阶层的指标，金钱的来源远比金钱的数量更有意义）；

（3）月收入在 4 万 ~7 万元之间，年收入在 50 万 ~85 万元之间；

（4）拥有 100 万 ~500 万元的可投资资产；

（5）拥有 2~3 套房子（非豪宅），有一或两辆中档或中高档汽车；

（6）具有良好的教育背景或者较高的社会地位；

（7）追求健康，注重运动；

（8）旅游、购物、娱乐一个不能少；

（9）生活讲求品质；

（10）注重学习与教育；

（11）拥有良好的穿衣品味；

（12）重视精神上的追求、上进，对未来有信心的同时，因具备较强的责任心与有限的收入及资产，而对未来也有所担忧。

为什么说资产配置对于中产阶层的意义不大呢？观点如下：

（1）大多中产阶层的生活品质主要来源是职业收入，而非资本所得。

（2）中国的中产阶层拥有的资产大比例是不动产。

（3）中产阶层虽有盈余作为可投资资金，但从配置的角度而言又有局限性。

（4）有限的收入盈余如果做了资产配置，那么能达到的最佳效果就是使中产阶层可以更为轻松地处于目前的阶层，而很难实现从中产阶层跃升到富有阶层。

（5）中产阶层在理财决策的过程中更愿意选择稳健策略，结果就是赚的有限，亏损也可承受。两种情况都不会改变其处于中产阶层。通俗来说，就是这样的策略很少会因为理财结果不理想而"降级"，因为结果理想而"升级"。

（6）如果想成为富人，除非把有限的资金集中投入高风险高回报的领域（或者创业）。但这是"一步天堂，一步地狱"的选择。敢于去做这种选择的，要么"升级"了，要么"降级"了。

（7）中产阶层在国家治理上被看作社会稳定的基础，在经济上更是促进消费和内需的重要群体。如果从文化角度考量的话，中产阶层应该是承载与体现主流文化的主体。通常认为：一个社会应该有 60%~70% 的人口或家庭属于中间阶层，这样的橄榄型社会才是稳定的。

（8）中产之所以成为中产，大概率是因为国家政策和时代，当然这里不可否定个人努力的因素，但更重要的是，国家政府要给予产生中产的政策，个人努力才有意义。

综上所述，资产配置是为了使中产能够更好地维持中产阶层的水平，但创造中产阶层的，并不是资产配置，而是一个国家的大环境。因此，做不做资产配置，中产大概率上还会是中产，同时，社会依然会因政策环境而产生更多的中产。那什么会使中产返贫并跌落阶层呢？前面提到过，除了政策环境的改变，还有以下因素的影响：

（1）一次错误的职业转换。

（2）一次错误的重大投资决策（孤注一掷的投资策略）。

（3）一次房产泡沫破裂。

（4）主要家庭成员一场重病或意外。

（5）一次离异。

从 2007 年美国中产家庭的经历中，我们看到，当时美国一般家庭财富为 12.6 万美元，2010 年却降到 7.7 万美元，金融危机使美国一般家庭财富下跌 39%，最富有的和最贫穷的五分之一家庭的财富降幅最少。最富有的家庭投资很分散，损失相对有限，而最贫穷的家庭根本没有投资。受打击最多的是中产阶层家庭，因为他们的资产大多是房产，而房价受打击最为严重。中国的中产阶层甚至富裕阶层同样选择大比例投资房产，也就是说，如果中国由于政策或经济环境问题出现楼市流动性锁死或泡沫破裂，那么中产阶层即便做了所谓的资产配置，还是同样会折损大多数的家庭财富。从宏观来看，时代、国家政策、经济环境，造就了中产阶层，中产阶层是大环境的产物，并非资产配置的结果。大环境好，中产阶层就会好；大环境差，中产阶层就会面临极大的"降级"压力。

而且，中产群体的主要特征是其最大财富依靠为知识与技能，也就是人力资本。但这些并不能称为真正的资产。资产的特性是其增值可以不依赖人力资本，既能自行运转创造财富，还能抗风险，同时又可传承，这才能称为资产。富人即使不工作，也能靠资产产生的现金流与增值享受人生。而中产属于手停口停，一旦长时间没有工作，生活水准将大幅下降。所以，中产阶层创富的最佳途径是做好本职工作，获得较高的薪酬回报。

同时，由于中产没有资产或只有少量资产可以传承，所以无法靠传承使其下一代提升阶层。中产总是或主动或被动地选择对孩子教育的重资本投入，以期望子女有出人头地和跨越阶层的机会。再加之中产在消费上希望向富有阶层靠拢，讲求精致。他们没有富人的收入模式，却常常模仿富人的消费，喜欢购买奢侈品和高端服务，以试图打造与底层之间的区隔，而不是将更多的资金用于防止阶层跌落上，以致危机来临时，成为最惨阶层。如此，中产就更难以累计更多的创造财富的资本。

所以，中产阶层的本质其实是无产或少产阶层。无产或少产阶层财富管理的重点是什么呢？显而易见，是避免负债增加、避免风险损失、避免人力资本贬值。当然，还可以选择孤注一掷的投资，接受"或跃在渊"的结果。微观上看，资产配置也许会对中产家庭财务状况的稳定有所帮助，但对资产的多寡并不起决定性作用。除了大环境，重大疾病或重大意外导致收入能力降低或丧失，致使家庭有限的可投资资金被使用，甚至不动产需要变卖，这些也都足以影响中产阶层的生活质量。

因此，合理的、充足的保险配置，对于中产阶层而言，无论是确保现有生活不会被不期而至的风险改变，还是为冒险（创业、高风险投资）而做好充足的准备，都起着至关重要的作用。

所以，从稳定的角度来看，中产阶层最好的"配置"按重要次序应该是如下几项：

（1）信念（祈祷国泰民安）；

（2）能力（学习的能力、创造事业收入的能力、经营家庭的能力、管理自己健康的能力）；

（3）正确、充足的保险安排；

（4）冒险精神（尝试升级）；

（5）好好学习理财。

保罗·福塞尔在《格调》一书中写道："让我们辨认出中产阶级的，并非是他们中等水平的收入，而是他们的一本正经和心神不宁。"

二、正确选择合适的保险规划

生活中，我们经常会听到或看到一句保险的营销语："为你爱的人买一份保险是爱与责任的体现。"不能说这句话是错的，但这句话也经常不是对的。这么说是因为并不是所有的销售员都有能力为他的客户推荐一份正确且适合的保险规划。而很多想购买保险的人也并不清楚应该如何"正确购买适合自己的保险"。试问，如果我们被推荐购买了一份错误的保险，那还有什么"爱"的感受，也许只会感到"踩坑"后的气愤与无奈。

"正确购买适合自己的保险"，这是一句说起来简单但操作起来有一定技术和认知难度的事情。它的难点在于，保险这种金融商品既需要"正确购买"又需要"适合自己"。

（一）就"适合自己"而言，需要关注的点

（1）家庭结构。个人或家庭成员在家庭中的角色与承担的家庭责任不同，因此需要投保的保险产品、保额和保费的安排也可能有所不同。例如，如果一个人是整个家庭的"主要收入来源"，那么他的责任自然重大，自然应该成为保障的重点。

（2）个人／家庭收入与开支。个人／家庭的收入与支出，和未来的保费支出、保额设定、可选险种等，有着密不可分的关联。

（3）家庭资产与负债。保险虽不能使资产有较大幅度的增值，但在特定情况下可以使资产不流失，负债不扩大。这就意味着我们有更多的资本与机会去创造财富。当然，这需要分析资产与负债的属性和额度，合理规划才能达到预期的效果。

（4）年龄阶段。同样的产品，同样的保额，年龄决定了保费的高低。同时，年龄也决定了应该或能否选择哪些产品。

（5）性别特征。男女性别特征的差异也是投保时需要考虑的因素，很多人可能忽略了这一点。那么让我们来思考几个问题：

- 女性与男性，谁普遍寿命更长？
- 女性与男性，谁的大病发病率更高？
- 女性与男性，谁的赚钱能力更弱？
- 女性与男性，谁40岁以上找工作更容易？
- 女性与男性，谁离异后组建家庭更容易？

■ 女性与男性，谁离异后更可能抚养子女？

这些问题，如果投保时自己已经有了答案，那么在进行保险规划时，就需要有针对性地去考虑。

（6）职业状况。不同的职业，风险隐患不同，福利待遇不同，所需要的投保重点或能选择的险种也会不同。

（7）自身保障诉求。借助专业分析或专业顾问协助分析，厘清"想要的"和"必要的、该要的"之间的区别，然后加以权衡，做出决策。

（8）已有保障和缺口。对现实情况进行准确的量化分析后，要明白"应拥有保障 - 已拥有保障 = 需要完善保障"的逻辑。

对于已拥有的保障，需要考虑是否属于长期可控的保障，比如已有的一些短期保险是否能长期续保，或所在企业给予员工的保障是否能够长期或终身有效，是否一旦离开企业相应的保障便会出现中止等情况。

（9）除保障以外的诉求。例如，现金资产传承、资产隔离、资金或税金预留、生活现金流安排等。所以在购买保险的时候，保单架构的设计尤为重要，只有做好架构设计和安排，才能实现某些个性化的诉求。

（10）身份和居住地安排。假如短期内就有移民或去其他城市长期居处的打算，那么投保时在选择承保公司以及产品上要有所考量。有些产品在一个人身份与居住地发生变化后，后续理赔、保全的手续和流程可能随之变化（尽量选择经营范围为全国性的保险公司）。

（二）就"正确购买"而言，需要关注的点

（1）如实告知。投保时，隐瞒任何保险公司要求投被保险人告知的事项，或未如实告知，都有可能导致保单无效或未来无法顺畅获得返还、理赔等（例如，隐瞒或不如实告知既往病史，投 / 被保险人关系等）。有些业务人员为了促成业务，教唆客户对一些实情进行隐瞒，并认为只要不说就没人知道。未来一旦保险公司调查得知客户有所隐瞒，业务人员几乎不可能替客户承担全部损失。

（2）真实年龄。有些人真实的年龄与身份证件上所示的年龄不一致，有些人因为某些原因拥有不止一张且生日不同的身份证件，切记，投保时应以真实身份证上所示的年龄为准。

（3）本人确认。成年人（且具有民事行为能力的人）投保时，务必本人确定了解所有相关信息（如保障范围、保障期限、保障额度、现金价值、告知义务、犹豫期等）后由本人签字确认。任何情况下都不要让第三人（即便是直系亲属）代为签字，否则可能导致保单无效。

（4）除外责任

要知悉并了解责任免除条款和项目，要清楚知道哪些情况不在保单赔付的范围内。以免初衷无法达成，或日后产生不必要的纠纷。

（5）投／被保险人和受益人安排

有些投保诉求的实现需要专业人士的协助，需要专业人士为投保人、被保险人、受益人做好筹划安排。不同的安排起到的作用与效果也不同，安排错了，有可能适得其反。如传承、预留税金、资产保全等。

大致了解了"正确购买适合自己的保险"的相关要素后，再具体梳理在不同的人生阶段投保时需要关注的重点。

1. 潜龙勿用

当今社会，尤其是在城市中，0~25 岁的群体绝大多数处于被养育和求学阶段，且无法完全独立（完全独立是指生活、房贷、婚嫁、医疗、大病等可以不再依赖父母）。笔者把这个阶段称为人力资本（体现在一个人身上的能力，如知识积累、文化水平、技术水平、健康状况等）培养阶段。家人，尤其是父母需要付出大量的时间、精力、金钱来培养子女，以期自己的孩子不输在起跑线上，甚至能力值爆表，将来可以从容应对弱肉强食的世界，并让孩子的人生具有多一些选择的可能。所以，很多父母并不吝惜为自己的孩子购买充足的保险。同时，很多人也会因如何给子女买适合的保险这个问题而感到困惑。

首先，我们必须意识到，孩子是家庭的希望，是家人的挚爱，但从经济学的角度理性分析，孩子其实是家庭经济中的一种负债。他们不仅不创造收入，且从出生那一刻开始到完全独立并开始创造财富之前，都会产生大量的开销。长达二十余年的"衣食住行学医娱"等方面的注定消费，从孩子来到这个家庭的那一刻起就成了"家庭负债"（因为那是当下没有完全支出，但未来必须完成支出的费用）。

大多数家庭都清楚一个现实问题，假如这个家庭的开销中完全没有孩子这一项，那么该家庭的可支配收入将有大幅结余，衣食住行的品质也会明显提升。假如一个孩子因疾病或意外离开了这个家庭，必然为这个家庭带来巨大的悲痛。但与此同时，这个"负债"也会随之灭失，也就意味着未来要花在孩子身上的钱不需要再支出了。

如果明白了这个道理，我们就该知道在这个阶段为孩子买保险什么才是重点。

最常见的死亡保险肯定不是这个阶段的重点。因为"负债"一旦消失，家庭后面现金流的充裕程度会明显得到提升。

其次，教育金保险也这不是这个阶段的重点。我们很少见到哪个正常收入家庭（哪怕是收入不高的家庭）是因为没有买教育金保险就使得孩子无法完成学业的。另外，当前社会"不输在起跑线上"的扭曲教育逻辑导致了"教育成本前置"的现象，而年化收益不高的保险教育金产品是无法满足当前教育金支出的需求的。1995 年到 2000 年左右，教育金保险很流行，一些父母用购买保险的方式去储蓄教育金，主要目的是解决孩子上高中和大学的费用问题。大多数孩子享受九年义务教育，幼儿园、小学、初中并不会产生高昂的教育成本。所以，从孩子出生到上高中或者读大学，至少有 10 年以上的时间去给这张保单增值。

但是，从今天这个时代来看，家长们面临的是"不输在起跑线上"所带来的"教育成本前置"。也就是说从孩子三四岁开始，就可能意味着要上好的幼儿园、好的小学、好的初中，以及各种课外班、兴趣班、辅导班等，有些还要考虑买学区房，这些都是高成本的教育支出。甚至很多情况下，上大学之前所支出的教育成本已经超过了今后上大学所需的费用。如此，保单增值的时间被大大缩短了，再加之预定利率的下调，用保险来解决教育金已经不是最佳选择了。而且，曾经的投资手段也比现在匮乏得多，当前的选择相对更丰富，完全可以用投资来解决高额教育金的储备问题。当然，也有人说教育金必须用确定性的方式来解决，但我们需要明白的是，基础教育是确定要发生的，高端教育从来都存在"选择"。就基础教育而言，每对父母都可以用自己的收入来很好地解决费用问题。

最后，终身年金保险也不是这个阶段大多数家庭要关注的重点。因为终身年金的现金流功能、锁定利率功能、安全留余功能、养老与传承功能，并不是该阶段最需要的（考虑传承除外）。

这个阶段父母最需要明白的投保逻辑应该是避免"负债"加重！

家庭经济中，子女是"负债"，他们也是父母最甜蜜的负担，但父母一定不希望在承担这份甜蜜负担的同时，由于疾病或意外"负债"突然大幅加重。

所以父母为子女优先考虑的保险应该是以下几款。

- 意外伤害保险；
- 医疗保险；
- 重大疾病保险。

以上险种都可以在孩子发生疾病或意外后，对家庭产生的经济损失予以补偿，不使"负债加重"。同时，以保障为主，孩子年龄不大，保费承担对家庭而言相对较轻。

当然，还有一种情况就是家里有个"熊孩子"。孩子顽皮、不成熟、闯了祸，为他人造成了损失（例如，子女顽皮给他人财产造成损失，成年但未独立的子女开车造成交通意外给他人生命、健康、财产造成损失等）。这些也是孩子带给家庭的"负债（意外支出）"。所以，针对这种情况，需要考虑的保险可以是第三者责任险（家庭财产险/车险）。

另外，父母还需要明白，"为孩子而买保险≠给孩子买保险"。父母才是这个家庭最重要的"资产"。作为父母，如果希望孩子未来的生活质量、教育质量一定要有所保障，那就要明白，只要父母健在，就一定会尽自己所能保障子女的生活与教育。在什么情况下这份保障会变弱甚至消失呢？当然是父母失去生命或健康时，这份保障就会荡然无存。为了保护子女，就要先保护好家庭的主要"资产"（主要收入来源人），也就是父母。

因此，作为孩子的父母必须考虑的保险是以下几款。

- 寿险/意外险；
- 重大疾病；
- 医疗保险；
- 大额年金（高净值家庭）。

以上险种都可以在孩子的父母发生疾病或意外后，对家庭产生的经济损失、收入损失予以补偿。设计保额时更要充分考虑其他负债（如贷款余额、未来若干年的家庭生活费等），避免留下大量债务以及财务缺口。所以，父母有保障，就等于保障了孩子的生活与教育，这是很简单的道理。

总结：

0~25岁，人力资本培养阶段，潜龙勿用（不能创造财富），本就属于"负债"，所以投保重点应该是防止家庭负债的加重。

再次强调，"为孩子而买保险≠给孩子买保险"。父母就是子女的保障，为了孩子拥有确定性的未来，先给自己一个确定性的保障，也等于给了孩子有效的双重保护。

2. 见龙在田

25~35岁，人开始走向社会，这是一个人的人力资本逐渐变现的阶段。同时，这个阶段通常会设立各种生活或人生目标：择业或创业、买房买车、择偶成家、养育后代、期待高品质生活、实现理想，等等。

我们前面谈到未成年子女从经济的角度讲就好似一种"负债"。其实，人的一生都在不停地"还债"。未来的生活中，诸如买车、买房、生活标准、组建家庭、抚养子女、事业投入、赡养老人、疾病治疗、养老费用等，这些会发生的支出都会成为我们生活目标的一部分，那么这些实现目标的成本即使当下还未产生，未来也一定会支出。这就形成了生命中的"负债"。还债的过程也是我们的理想与目标逐步实现的过程。同时，在这个阶段人力资本开始变现。

假设，通过分析所有的生活目标并使之量化后，我们就会得到一个需要实现自己的目标并与钱相关的数字，可以称它为"债务额"。与此同时，随着时间的推移、经验的增长、能力的提升，如果不出意外，我们的无形与有形资产也会不断增加。从而未来的薪资所得与薪资增长，未来的投资理财性收入的产生，或未来资产的增值（如房产、股权等），就会逐渐覆盖负债。假设一切顺利，那么随着年龄的增长，财务状况将是一个从"资产＜负债"到"资产＝负债"再到"资产＞负债"的过程，即生活目标逐步实现的过程。

这个阶段很多年轻人认为："我不需要保险，我年轻身体好，事业也会越来越好，且像疾病、意外那些不好的事情应该不会发生在我身上，我没那么倒霉。"

这看似理直气壮，实则不合逻辑的话语并不令一些人感到陌生。但要思考一个问题："这样的话，谁批准了！有合同吗！和谁签的？"

事实上，身处这个阶段的青年人一旦面临各类风险，其抵御能力是很低的。他们本就处于需要累积的阶段，一旦被动风险（疾病、意外、死亡、因过失给他人造成损失）发生，都将直接影响正逐渐累积的且不十分丰厚的"资产"。要知道，"无法抵御风险"并不是一个人承担后果，如果组建了家庭，妻儿必然要共同承担，而且大多情况下父母都会施以援手。生活中我们常见子女对父母的照顾则往往体现为"有限责任"，而父母对子女的帮扶常常会倾其所有，属于"刚性兑付"。

所以，此阶段一定要通过保险来帮助自身应对未来各种不确定的风险，也要避免风险波及他人或亲人。这个阶段为自己购买保险的考量重点可以是以下方面。

- 意外伤害／意外伤残；
- 医疗保险；
- 重大疾病；

■ 定期寿险。

如有了子女，为孩子投保的重点参照"潜龙勿用"。

总结：

这个阶段的收入可能并不完全符合自身的理想，资产配置还未建立或在建立过程中，个人或家庭承受风险的能力较低，一旦出现问题，甚至需要借贷或向父母求援，动用父母的积累。所以保费支出不需要很高，但一定要从收入中预留保费的支出，给自己一份保障。要谨记的是，懂得风险管理是走向完全独立的重要基础。

3. 或跃在渊

35~45 岁可以说是"见龙在田"的提升阶段。在这一阶段，人在社会上，在企业中，逐渐获得认同，站稳脚跟并崭露头角。事业属于拼搏并持续上升阶段。大多数人在家庭中的角色也发生了变化，开始为人父母，并肩负起更多的责任。另外，生活水平也在逐步提高，可能开始考虑改善性住房，以及事业方面更进一步，思想也更为成熟，对于医疗与教育问题较以前变得更为关注。

同时，这个阶段也是压力较大的阶段，就大多数人而言，常常面临以下情况。

■ 事业成绩明显，但尚未完全达到自己的要求；

■ 经济上越来越好，但尚未完全实现财务自由；

■ 开始配置资产，但收益和产生的现金流尚不可以使自己完全为兴趣而工作；

■ 家庭生活品质不断提高，但各类主 / 被动风险问题明显，并且资产规模与资产形态尚不能将各类风险与未来目标完全覆盖。

这通常是一个自信心爆棚的年龄阶段，处于这一阶段的人具备一定的经历、阅历与能力，同时对于很多事情的判断和处理又不到游刃有余的地步。往往一个重要的决策、一个事件的发生、一个重大风险的来临就决定了未来是否能够"飞龙在天"。这是一个既追求事业提升，又追求生活品质，且存在一定风险隐患的阶段。如果能将事业、家庭、资产都经营有方，就会顺利实现阶层"升级"。如果不善经营，也可能阶层下滑或难以提升。也可以说这是一个"或跃在渊"阶段。

所以这个阶段考虑购买保险的重点有四个。

■ 高额意外伤害 / 伤残；

■ 高额终身寿险；

- 高额重大疾病；
- 高端医疗。

该阶段在保险设计中的"高额、高端"主要对应的是不断提高的收入（开始具有一定的缴费能力），以及希望在风险发生后依然可以保住家庭高品质的生活，保住需要时间去增值的资产（而不是在风险来临时被迫变现未来可能获得超额收益的资产）。

4. 飞龙在天

我们称45~65岁这个年龄阶段为"飞龙在天"阶段，是因为这个阶段事业发展相对成熟，收入不断提高，资产配置逐渐完善，生活水平/社会阶层相对稳定，受人尊重，思想成熟，阅历丰富，处于人生巅峰期。同时，也真正到达了上有老，下有小，中间有事业的阶段。

这是一个较为从容的阶段，因为资产相对充裕，社会经验丰富，应对问题自然更加得心应手。但是，这一阶段也伴随担忧或烦恼。比如，身体机能较年轻时有所下降，父母的身体问题越来越多，子女教育或婚姻问题需要关注，开始需要考虑或布局传承、事业如何更加稳定与继续发展等。

所以，在这个阶段购买保险要考虑的重点有以下4个：

- 终身寿险保额补充；
- 大病保险保额完善；
- 配置大额年金保险；
- 考虑保险金信托。

因为在这个阶段我们需要或可能需要考虑如下问题：

- 身体机能下降，品质医疗费用必须充足；
- 事业经营风险是否会影响个人和家庭资产；
- 为子女留下一笔确定只属于他们的现金；
- 未来可按自己意愿执行的财富传承；
- 充足的品质养老。

总结：

很多人认为保险是为了应对未来的"不确定性"而买的。因为我们在未来：

- 可能会生病并花掉很多钱；
- 可能会发生意外事故；
- 可能会失业；

■ 可能会养老金准备不足；

■ 可能会因为盲目投资而让生活面临窘境；

■ 可能会不知哪天突然离开家人而没来得及为他们的生活做好安排；

■ 可能会因自己的离世而让家人面临遗产分配的麻烦。

这么多的"不确定性"会让一些人担忧，但也有人觉得这是杞人忧天，怎么这些"不确定性"都让自己赶上了呢？并且，哪有那么多精力去考虑这些。因为人生还有太多想要的"确定性"需要去创造：

■ 确定要有高品质的生活；

■ 确定要结婚，并与伴侣共同经营好生活；

■ 确定会生一个或更多活泼可爱的孩子；

■ 确定子女要受到良好的教育；

■ 确定要为孩子创造好的物质基础；

■ 确定和家人的住房条件要越来越好；

■ 确定即便自己和家人患了病，也会拥有很好的医疗条件；

■ 确定即便自己和家人生病，也不可以影响到生活品质；

■ 确定会变老，且老年生活会衣食无忧，丰富多彩；

■ 确定即便出现意外，自己突然离开，也会安排好一切，让家人和孩子不会在经济上出现问题。

我们在需要创造这么多"确定性"的同时，更希望这些"确定性"是确定的！

其实，保险并不能保证那些"不确定性"的事情不出现，但保险的作用在于，它会通过锁定风险损失的方式帮助家庭实现想要的"确定性"尽可能如期兑现。所以，保险不只是为了应对人生中诸多的"不确定性"，更是为了保障人生中想要的"确定性"不被改变。

5. 亢龙有悔

有数据显示，2019 年中国人均预期寿命为 77 岁，但健康预期寿命仅为 68.7 岁（平均带病生存 8.3 年）。如果以这个数据为参考，65 岁以后就会真正进入养老期，大多数人在经济上就会开始"年金化"。所谓"年金化"简单地说就是进入养老期之前，我们会通过各种手段、各种工具进行资产/资金的累积，进入养老期后再逐年支出这些累积用于生活。同时，品质生活、品质医疗、充足的应急金、回馈社会等也会成为很多人老年生活中思考与安排的一部分。另外，处于这个阶段的人们除了想把累积的经验、智慧、教训、文化、传给下一代，大多也希望把累积的部分资产传给下一代，希望这些如同"宝藏"一样的财富可以在下一代的手中发挥出更大的效能，这便是"财富传承"。

然而，由于健康问题以及成本问题，这时已经没有太多合适的保险产品能购买了。或许市场上还有个别公司的个别保险产品可以选择，但承保条件相对苛刻，成本支出相对高昂。另外，还有一些保险公司的年金类保险可以选择，经具体分析后，或可做养老与传承规划之用。

事实上，这个阶段需要考虑的不再是如何购买保险，而是如何运用保险。如果在之前的人生阶段已经安排好了正确的、适合的、充足的保险规划，那么这个阶段可以考虑以下事宜。

- 运用保险做好品质养老补充；
- 运用保险做好品质医疗补充；
- 运用保险做好应急金补充；
- 运用保险做好定向传承；
- 运用保险安排现金传承；
- 运用保险做好税金筹划；
- 运用保险结合遗嘱或家族信托做好架构性安排。

并且把这种智慧与文化传承下去。保险是传承安排的重要工具，而传承是一个需要长期规划、提早布局、深思熟虑、构建体系的工程，而且每个人一生只有一次机会去实施。投资失误可以重来，传承却没有机会再来一次。当然，如果没能意识到传承构建的重要性，也没能意识到正确的认知及运用保险这种工具的重要性，那么我们也可以与下一代分享不使用保险的经验或者因遗憾带来的反思。毕竟这个阶段本就"亢龙有悔"。

通过以上分析我们还会发现，同样的险种会在不同的阶段重复出现。但需要明白，重复出现不代表目的相同。

比如终身/定期寿险，在"潜龙勿用"阶段出现，父母投保更多是为了给家庭提供保障，确保假如出现生命或健康风险，家人的生活标准不会被大幅改变。但在"飞龙在天"阶段，就需要在保障家庭的同时也要考量定向传承、税金筹划等问题了（尤其是高净值人群）。

比如年金保险，在"飞龙在天"阶段出现是为了家庭现金流规划、资金预留以及拥有应急时可快速变现的资产。但在"亢龙有悔"阶段，年金保险的主要作用就是确定性的终身养老，以及现金定向传承。

所以，同是终身／定期寿险类，同是年金保险类，在不同的阶段配置，具体操作也可能会存在产品不同、保费不同、保额不同、选择辅助与配合其他工具不同等，这些都需要专业的规划。

正确的、适合的保险产品与保险额度并不是一下子就能配置完成的，而是循序渐进、逐步逐年完善起来的保障体系。所以，**保险应该是理性规划选择后的，感性地觉得"是爱"；而不是感性盲目购买后的，理性地发现"哎～"。**

当然，全方位的家庭／家族保险规划或许会涉及以下但不局限于以下项目。
■ 区域选择（国家或城市）；
■ 公司选择；
■ 顾问选择；
■ 产品选择；
■ 需求与要求分析；
■ 家庭结构分析；
■ 资产负债分析；
■ 收入—支出分析；
■ 家庭成员事业特性与阶段分析；
■ 保障缺口与保额分析；
■ 个性化诉求分析与匹配（如定向传承、资产保护、税金筹划等）；
■ 组合工具使用分析。

保险规划具有较强的个性化特征，所以这一章节只能概述基础的投保逻辑。其中并未涉及不同人群、不同情况下的个性化具体解决方案。

第三节
系统化管理，需要重视婚姻风险与防范

婚姻、情感与财富管理有着密不可分的关系。经济因素、财富水平也许不是爱情的首要因素，却是婚姻生活的重要前提。婚姻与情感的变化，会影响双方身份与家庭结构的变化，进而影响财产所有权的归属与走向。如何保护健康情感、维护家庭稳定、守护幸福财产，是财富管理中的一项重要课题。

一、同居男女的财富安全

同居关系，包括婚前同居和婚外同居。不同的同居关系有不同的法律风险，对财产、情感、家庭都有多维度的影响。

（一）恋爱同居，美好也有风险

所谓同居关系，就是双方自愿建立像夫妻一样的具有较稳定、长期共同生活的共同体，但没有履行结婚登记手续的现实状态。由于并不具备构成合法婚姻的形式要件，因此不构成婚姻关系。除了没有法律上的婚姻关系，同居在本质上与婚姻并无二致。

2001 年施行的《最高人民法院关于适用〈中华人民共和国婚姻法〉若干问题的解释（一）》第五条第二款删去了原有的"按解除非法同居关系处理"的"非法"二字。可见，从司法的角度对非婚同居采取了包容的态度，更加尊重当事人的自由和权利。目前已经没有"非法同居"的概念了。现行《民法典》明文禁止有配偶者与他人同居的行为，因此，此处所言同居，是指男女双方虽然没有经过合法程序结为夫妻，但双方都应当没有配偶。

根据《2018 年中国家庭追踪调查》，出生队列为 1980—1984 年的男性未婚同居率为 30.33%，女性为 26.79%；出生队列为 1985—1989 年的男性未婚同居率为 37.99%，女性为 33.13%。显然，未婚同居越来越为年轻人所接受。经济学家任泽平、人口学家梁建章都曾呼吁结合中国具体国情，启动中国《同居法》的立法可行性研究，或在《民法典》婚姻家庭篇增加有关未婚同居的法律条款。现实中有许多非婚同居的关系，特别是恋爱中人只关注朝朝暮暮的生活，不在意法律上是否建立夫妻关系。但没有婚姻关系的同居，法律上也不是夫妻关系，因此相互之间在财产上就会存在多种不确定性与风险。①

恋爱同居期间的共同所得，并不是必然双方均等各持一半，根据具体情况会有很大差别。

---

① 引用自《2018 年中国家庭追踪调查》。

有一对同居恋人，同居期间购买一套房屋。后来二人签订房屋共有协议，约定上述房屋为二人共同购买，产权为二人共有，房产证也相应载明二人为共同产权人。后来二人分手，不久男方与他人结婚。女方将前男友诉至法院，要求分割房屋产权的一半。而前男友认为，虽然房屋登记为双方共同所有，但是女方并未实际出资，不同意前女友的起诉请求。对此，法院认为，双方在同居期间购买房屋，虽有共同所有的约定，但这个约定并不等同于份额均等。最后法院根据出资比例计算出补偿款数额，判决房屋归男方所有，男方给付前女友相应的房屋补偿款。

尽管同居期间双方的生活与一般夫妻无异，双方所得或所投入的财产，却不可能要求法律以合法婚姻的方式进行分割。按照法律规定，夫妻关系存续期间，任何一方所得财产，如无特别约定，均归夫妻双方共同所有，一般采取均等分割原则。在同居关系中则不同。同居生活期间各自的财产归各自所有，而双方共同管理、使用、受益、处分的财产以及无法认定归属的一般按共有财产处理，所以分割时采取按份分割的原则，也就是考虑共有人的实际出资和投入，按照各自贡献的多少确定分割份额。可见，同居关系中财产的积累和分割较夫妻关系而言是有很大区别的。

那么，男女双方同居期间，双方共同所得的收入和购置的财产要如何处理呢？一般而言，双方有协议明确约定各自份额的，以协议约定优先。没有协议的，就需要双方协商处理。协商不成的，按双方实际情况以及出资比例予以分割。比如，房产、汽车登记在谁的名下就是谁的，如果是双方共同购买的，一般依照谁出的价钱高，谁实际在管理，来确定该物品归谁所有。确定后，所有者对另一方给予适当补偿。

（二）有配偶者同居，是一场危险的情感与财富游戏

有配偶者同居，是指有配偶者与婚外异性，不以夫妻名义，持续、稳定地共同生活。法律禁止有配偶者与他人同居，这是一种违法行为，但不构成犯罪。但如果以夫妻名义持续、稳定地同居，就构成重婚罪了。对于有配偶者同居的，包括两种情形，一种是单方有配偶的，另一种是双方都有配偶的。

有配偶者同居所发生的财产关系又当如何处理呢？

有案例显示，某女与某男于1998年开始同居，于2000年与丈夫离婚。2003年，某男出资以某女名义购买房产并将所有权证登记于某女名下。2007年，某

男与妻子离婚。2015 年，双方结束同居关系。某男以双方为同居关系，房产为双方共同财产为由诉至法院，请求依法根据出资情况分割房产，即房产归某女所有，某女按某男的实际出资比例给付房屋补偿款。

某女辩称：某男主张的同居期间双方均在婚姻关系中，不存在法律上的同居关系。房产是某女购买，房产证也在其名下，因此不同意某男的诉讼请求。

法院审理后认为，某男与某女在各自有配偶的情况下同居，基于此种特殊关系，某男对某女购买房产的出资行为应视为赠与，且赠与的是相应的购房款，而非房屋的所有权。现购房款已交付，赠与行为已完成，再主张分割房屋的实质是撤销赠与，因其主张无事实与法律依据，故不予支持。

在前述没有配偶的男女同居的情形中，一方或者双方出资购买财产形成共有财产，适用同居法律关系的规定，共有财产分割适用一般共有的原则。但本案双方均有配偶，则无法适用一般同居关系分割共同财产的法律规定，而是适用婚姻法律关系的规定，一般会认定为一方对另一方的赠与。

在一方有配偶而另一方没有配偶的同居关系中，已婚方在双方资产中的出资很容易被认定为赠与。但已婚方赠与对方财产引发的争议，主要出现在受赠方与已婚方配偶之间，当前司法实践倾向于保护已婚方的配偶。有公开案例显示，某已婚男士将几百万元的款项赠与某同居女士，后二人分手，男士起诉女士主张撤销赠与，被法院驳回。后由男士的妻子提起诉讼，以侵犯夫妻共有财产为由主张撤销赠与，获得法院的支持，从而保卫了自己的权利和财产。

在同居关系中，还有一种常见情形，就是当同居关系结束时，一方向另一方主张补偿金。出于种种考虑，这种补偿金通常以借款、欠款或者协议等形式表现出来，形成一方对另一方的债务。那么，这种补偿金是否应当受到法律的保护呢？

《最高人民法院民法典婚姻家庭编司法解释（一）理解与适用》对此有非常专业的解读。

倾向性的观点认为：这种债务属于不可强制执行的自然债务，履行与否全凭债务人的意愿，法律不加干涉。但是如果一方已经履行，就不得请求返还。债权人接受的履行不是不当得利，法律承认其保持受领给付之权利。上述解除同居关系的补偿金应当属于不法原因之给付的自然债务，因为其违反了法律的禁止性规定，同时也侵犯了给付方配偶的财产权益。有配偶者与他人同居，为解除同居关系，双方以借款或其他形式确定补偿金，一方起诉要求支付该补偿金的，人民法院不予支持；一方履行后反悔，主张返还已支付补偿金的，人民法院不予支持。

但合法配偶起诉主张返还的除外。

据此，同居双方解除同居关系，一方向另一方主张补偿金的，没有法律依据，不受法律保护；另一方已经支付又要求返还的，法院也不予支持。但是，另一方的配偶主张返还的，基于另一方支付补偿金侵犯了配偶的共有财产，因此应当获得支持。

（三）同居双方相互之间不享有继承权，财产天人相隔

由于同居双方没有法律上的夫妻关系，双方之间互不形成继承关系，因此，在没有遗产规划的情形下，遗产在双方之间没有任何关系。对于多年以夫妻名义共同生活的同居双方而言，一方去世后，另一方以配偶身份主张继承遗产的，不仅会遭遇法定继承人的拒绝，法律也不认可事实婚姻（只有在 1994 年以前开始建立的同居关系才有可能被认定为事实婚姻），在双方没有补办结婚登记的情形下，双方只是同居关系，相互之间不存在继承权，无法以配偶的身份取得法定继承人资格，无法获得同居伴侣的遗产。

有一种极端情形是，夫妻双方为了买房、买车或者规避债务等特殊考虑，办理假离婚，将财产全部或者大部分留给一方，另一方则不持有资产或者持有少量资产。对于二人而言，离婚只是形式，二人继续保持夫妻关系。但是，在法律上双方已经不是夫妻关系，二人生活在一起，事实上是一种非婚同居关系。一旦持有资产的一方过世，另一方没有继承权，或将面临"净身出户"的严重后果。

在同居关系中，尽管同居双方相互之间没有继承权，但如果双方生有子女，尽管是非婚生子女，但与婚生子女享有同样的继承权。因此，此时双方的子女是可以继承财产的。电视剧《继承人》中有一个情节，就是同居男女中，男友没有父母只有一个弟弟，男友过世。按照法律规定，男友的弟弟是唯一的法定继承人，而女友没有继承权。在财产继承诉讼中，女友提出男友过世时自己已经怀孕，后来生产一个男婴，尽管目前男婴也已经夭折，但男婴出生时是活胎，因此男婴才是男友唯一的法定继承人，现在男婴也死亡，男婴应当继承的财产即成为男婴的财产，应当由男婴唯一的继承人即其母继承。

在这个案例中，我们也可以看到同居关系中可能产生的复杂情况和继承风险。

（四）同居关系中的债务风险

同居生活期间双方共同所得的收入和购置的财产，不能适用婚姻关系认定为

共同所有，只能按一般共有财产处理。但同居期间为共同生产、生活而形成的债权、债务，可按共同债权、债务处理。也就是说，同居期间所取得的财产，按照双方出资多少和贡献确定权属份额。在这一点上，不能适用婚姻法律关系中财产共有的规定。但同居期间如果发生对外债务，只要是因共同生产、生活形成的，就属于共同债务，要由双方不分彼此地对外承担责任。除非是可以确定份额的，则依份额承担债务。在这一点上，是参照了婚姻关系中关于债务的规定。关于这一点，着实需要同居双方特别关注。

当然，对于同居双方而言，双方关于债务有约定的，从其约定；无约定的，解除同居关系时，应由双方协议。协议不成时，实践中一般是参照婚姻关系的相关规定处理。

（五）刑事责任

我国《民法典》第一千零四十二条明令规定："禁止重婚。禁止有配偶者与他人同居。"一方或双方有配偶、不以夫妻名义的同居，为民法所禁止；一方或双方有配偶、以夫妻名义的同居，为事实上的重婚；有配偶者又与他人登记结婚的，是法律上的重婚。重婚构成犯罪，属于刑法予以处罚的范围。

综上所述，同居关系中，双方不存在法律上的夫妻关系，这便带来一系列的风险。第一，难以保护同居期间各自的财产。第二，相互之间不能继承遗产。第三，没有抚养请求权。抚养请求权是婚姻法赋予夫妻双方的合法权利，在非婚同居关系中，双方不具有配偶间的人身关系，不能享有抚养请求权，因而，也不能构成遗弃。当权利受到侵害时无法进行救济。第四，尽管双方所生子女为非婚生子女，但同样应当受到父子、母子关系的保护，双方都应当尽到抚养义务。在财产继承方面，非婚生子女与婚生子女享有同等的继承权。第五，非法同居关系中，对于有配偶一方潜藏着重婚罪的风险。因此，同居关系不管是对男方还是对女方来讲都是很危险的，尤其是在产生纠纷或者未婚生育子女的情况下。

同居要特别考虑清楚同居中财产、子女带来的不确定性，对于财产创造、积累、共有，以及对于子女的孕育、养护、教育等都要有充分的思考和规划。避免结束同居关系时带来纷争和人生困境，甚至遗憾。

有鉴于此，我们提出以下两点建议。

（1）如果双方感情稳定且满足结婚条件的，建议通过婚姻登记的方式给自己的婚姻关系予以法律的保护，给自己的婚后生活以法律的保障，避免自身利益受到损害。同时，要充分保护自己以及家人的权益。因为并未进行结婚登记的"婚姻"形式是不受法律保护的。

（2）由于同居双方没有法律上的约束，缺少婚姻关系中应有的义务和责任感，因此，如果一定要选择非婚同居的结合方式，建议审慎考虑同居的理由与利弊，双方订立"同居协议"，就同居期间的个人财产、共同财产以及债务进行约定，以契约的方式约定同居期间双方的权利和义务，以及分手的方式方法，以便保护双方的权利，在产生纠纷时有据可依。

二、二代婚姻，财富赠与的纠结

对于高净值和超高净值家庭而言，二代财富多来源于一代的赠与。而二代的婚姻，对家族财富的流转和传承，十足是一场考验。家和万事兴，二代婚姻的和谐幸福，是富一代最为关注的内容。财富固然有助于子女婚姻美满幸福，但财富安排不当也会成为幸福家庭的障碍，甚至既没有留住幸福家庭，也没有留住安稳财富。这就考验着富一代如何规划二代婚姻中财富的赠与智慧。

（一）二代婚前赠与财富，以独立安全为前提

当前，离婚率不断攀升，婚姻的变数越来越大，这也成为父母对二代最大的担忧，当然也包括对财产安全的担忧。要知道，离婚分割的是共有财产，而不是个人财产。因此，如何界定和区隔个人财产，保证个人财产的独立性并避免混同，正是很多父母考虑的关键问题。

《民法典》规定，一方的婚前财产属于个人财产，个人财产持续归个人所有，不因婚姻关系而成为共有财产。也就是说，个人财产永远属于个人所有，另一方不得参与对个人财产的分配。因此，父母可以选择在婚前将财产赠与子女，这样保证了财产独立归子女所有，不会因为结婚而转化为共有财产。同时，婚前赠与财产，尤其是在没有确定未婚妻或者未婚夫的情况下，由于不涉及具体的婚姻对象，因此不会对二代婚姻产生不利的影响。

但是，采用婚前赠与财产的方式也有一定的风险。

首先，赠与是一种无偿转移财产的行为，赠与的法律后果是财产所有权的转移，赠与完成后，父母不能把已经赠与出去的财产再要回来。

其次，财产赠与后，父母即失去对财产的所有权，当然也失去了控制权。对财产的占有、使用、收益和处分都由子女自由行使。于是，子女对财产的变卖、担保、挥霍甚至被骗走等都是可能发生的风险。因此，当父母决定赠与财产时，一定要审慎评估子女在财富管理上的能力。

再次，财产赠与子女后，虽然成了子女个人的婚前财产，但进入谈婚论嫁阶段的男女，要么基于两厢情愿，要么基于婚俗，总难免发生重大财物往来，一般是男方给女方财物的情形更多见。此时的风险在于，如果二人最终没有登记结婚，或者婚后未在一起生活而离婚，那么部分已经在对方名下的财产就面临着能否归还的风险。有些情况下，还会涉及部分财产的法律属性是彩礼还是赠与。如果是彩礼，那么双方未办理结婚登记手续，或者双方办理结婚登记手续但未共同生活，随后离婚的，可以请求返还彩礼。如果是赠与，则与结婚无关，赠与一方不得要求返还。当然，如果双方登记结婚并一起生活再离婚的，彩礼则属于女方个人所有，男方不得要求返还。

最后，即便是婚前赠与给自己的子女，也无法保证婚前财产绝对安全独立属于自己的子女。婚后个人财产的失控和混同为共有的情形时有发生。

就房产而言，婚前赠与子女的房产，产权登记在子女名下，法律上当然是子女的个人财产，但这只是静态下的情况。婚后房产的动态管理，才是关键。比如，新婚小两口感情甚笃，只要房产证上加上对方的名字，这个房产就变成共有了。再比如，考虑到房子面积比较小，用卖掉旧房的款项再买新房，这时新房也就成了婚内共同财产。还有就是子女将房产赠与另一方，这种赠与的结果就不是共有问题了，而是成了属于另一方的个人财产。当然，根据司法解释，办理房地产登记之前，赠与一方可以撤销赠与。

就股权而言，婚前父母将股权过户给子女的，股权属于子女婚前个人财产，股权不会因为结婚而成为夫妻共同财产。但是，在婚姻关系存续期间，因股权产生的分红所得以及股权增值所得，都可能属于夫妻共同财产。而股权的核心价值也在于分红和股权增值。因此，父母赠与子女股权，尽管是婚前赠与，实则是为小家庭构建了一个财富共有的通道。不仅如此，赠与后的股权，也如同房产一样，面临着被子女让渡给配偶的情形，以及股权变现的情形。所以，股权财产共有的风险也更为复杂且普遍。

现金是最容易混同的资产。尽管是婚前由父母赠与的现金存到子女的账户中，在权属上属于子女的婚前财产，但婚后账户内资金的进出，使这个本来独立的个人财产账户变成了共同财产账户。原因就在于，如果双方没有特别约定，工资、奖金、劳务报酬以及生产、经营、投资收益等都属于共有财产，一旦进入婚前账户，甚至频繁进出账户，那么账户里的资金就无法区隔哪部分是婚前个人财产，哪部分是婚后共同财产，于是账户内的资产即发生混同。

上述风险，固然是基于未来面临婚姻危机的假设前提。其实，婚姻的美好才是人间主流，子女感情好，不仅要祝福，还要创造让他们幸福的条件。有父母专门将房产登记到儿媳名下，一家人其乐融融者也不乏其例。但烟火婚姻总有各种可能，永远不要用金钱考验人性。因此，父母赠与二代财产，婚前规划也是家族安稳的应有之义。

（二）二代婚内赠与财产，以家庭和睦为目标

父母在二代婚后向二代家庭提供财物支持的也是常态，这是传统中国家庭文化使然。婚后就是一家人，也是大多双方父母共同的愿望。所以，财产的赠与也就很少有专门分清是给自己子女还是给夫妻双方。否则，本是一件其乐融融的好事，却造成了夫妻甚至两个家族之间的隔阂和矛盾，也就得不偿失了。而现实的残酷在于，二代的情感风险与婚姻危机确实常有发生，但凡父母涉及财产的赠与，难免有所考虑，也是人性使然。其实，父母对子女的心难免偏颇，有风险意识，有风控手段也在情理之中。

相较于在二代婚前赠与财产考虑的是私属财富的独立与安全，在二代婚后赠与财产实则更多考虑的是家庭的和睦。其实，二代婚后赠与财产，对小家庭而言，既是风险，也是机遇。

根据《民法典》的规定，如果父母赠与二代的财产没有确定只归一方，那么这部分财产就是夫妻共有财产。就房产而言，只要父母的房产过户到自己子女的名下，而父母也没有明确指定这套房就属于自己子女所有，那么这套房自然属于二代夫妻共同所有。当然，现实中也有父母不是把房子直接过户到子女名下，而是出资为二代夫妻购房。这种情形下，首先看父母与子女或者二代夫妻之间有没有约定，有约定的，按照约定处理。约定的内容，可以是父母出资买房只给自己子女，也可以是给夫妻双方，还可以约定是对夫妻的借款。但如果没有约定，或者约定不明确的，父母出资买房就视为夫妻共有财产。

就股权而言，家族企业的父母在二代结婚后将股权转让给自己子女的，自己子女为公司登记股东，子女的配偶一方是不能共同享有股东资格的。也就是说，

配偶一方无权以夫妻关系主张成为公司的股东。但股权所对应的财产权益，就是夫妻共有的。这对家族企业最大的风险就在于，如果二代婚姻发生危机，在实际财产分割过程中，还是有可能引发家族企业股权被分割的风险，进而导致家族企业股权被分散，从而失去对企业的控制权。当然，基于股东资格并不必然被配偶享有并持股的法律现实，配偶一方享有的只是股权的财产权益。但如果家族企业发展壮大、股权财产成为二代家庭的重大核心资产时，家族财富的损失仍是值得关注的。

就现金资产而言，二代婚后父母提供的现金财产，如果没有特别指定属于自己子女所有，就都属于夫妻共有。即便指定属于自己子女所有，也无法确保现金资产的独立和专属。

以上是基于法律的规定所进行的分析。但婚姻家庭并不适合总是板着面孔说法律，尤其是父母对二代的财富赠与，特别是企业主家族中的财富赠与，核心应当是以财富赋能二代家庭的和谐幸福，而不是制造矛盾和冲突。风险固然存在，但当子女决定选择了与之相伴一生的伴侣时，一定的风险还是要面对和承担的。只要起心动念向好，风险也不是不可以化解。总之，二代财富赠与，更应重在智慧的规划与引导家庭的和睦。

三、离婚，情感与财富俱伤

离婚是人人都希望避免的终局，但有时离婚又是不得不面对的现实。离婚的结果就是结束男女双方的夫妻法律关系，其中一项重要的内容就是财产分割。一般而言，财产分割的结果，就是一人一半。对于企业主而言，财产缩水也是常事。于是，在婚姻出现危机的夫妻中，争产大战始终在明里暗里进行着较量。

许多人认为离婚就会把自己的财产一分为二，半生荣华富贵瞬间就打了折扣。其实，这是一个误解。离婚分割的财产是夫妻双方的共有财产，属于个人的财产并不存在分割的风险。也就是说，婚前财产、婚后一方赠与另一方的财产、双方约定属于个人所有的财产、遗嘱或赠与合同中确定只归一方的财产，都不会在离婚中进行分割。那些担心一旦离婚财产就折半缩水的，大多是把自己个人的财产也当成了共有财产。

婚姻中，哪些财产属于可以分割的共有财产呢？《民法典》规定，夫妻在婚姻关系存续期间所得的下列财产为夫妻的共同财产，归夫妻共同所有：

（1）工资、奖金、劳务报酬；

（2）生产、经营、投资的收益；

（3）知识产权的收益；

（4）继承或者受赠的财产，但是确定只归一方所有的除外。

另外，在婚姻中，并不是所有的个人财产都始终归个人所有。换句话说，不是所有的个人财产在离婚分割时还是个人财产。如前所述，无论是公司股权、不动产还是现金资产，都有可能在婚姻关系存续期间发生混同或者转化，从而悄悄变成了共有财产。因此，由于管理不善，离婚时属于个人的财产被对方分割的案例并不鲜见。

（一）投资收益

以共有财产进行投资所得的收益属于共有财产，自然不会有争议。但如果本来就属于个人财产，在婚后进行投资，所得收益源于个人财产，逻辑上似乎应当属于个人所有。

假如陈先生婚前父母赠与了 2000 万元现金，陈先生婚前用这笔钱进行理财，婚后陈先生一直使用婚前的账户进行各类投资，投资收益也回到陈先生的账户。而陈太太操持家务、照顾孩子。婚后五年来陈先生收益约 1000 万元。如果二人离婚，陈先生婚前的 2000 万元和婚后收益 1000 万元，陈太太是否有权分割呢？依据法律规定，婚前 2000 万元属于陈先生的个人财产，离婚不能分割；但是，婚后收益 1000 万元属于婚前个人财产的婚后投资收益，要作为夫妻共有财产进行分割，陈太太可以分得 500 万元。

《民法典》规定，夫妻在婚姻存续期间所获得的投资收益属于夫妻共同财产。在司法实践中，这种投资收益除了包括婚后买卖债券、基金以及炒股等产生的投资收益，也包括"具有分红属性、不具有人身专属性的保险产品所对应的保单现金价值"。这对持有个人财产婚后进行投资的一方而言，无疑是一种财富上的挑战。值得一提的是，婚后产生的投资收益属于共同财产的另一个主要因素是这些投资收益源于主动管理。因为一方在婚后的投资行为需要花费一定的时间与精力，这些时间和精力也属于婚后婚姻生活的一部分，因此其收益应当属于夫妻共有财产，在离婚时就会被分割。而对于那些婚后因为市场原因产生的增值，比如婚前购买的股票、基金在婚后没有操作，因为行情或者利率、汇率等非个人主观原因产生的增值，由于不涉及婚后个人时间与精力的投入，相应的增值部分则不属于夫妻共同财产。故此，有人调侃："做一个勤快的配偶，是实现婚内共同富裕的最佳路径。"这话听上去有些冷，却道出了法律的底层逻辑。

（二）股权分割

企业主婚变将带来股权被分割的风险。比如，张总于 2014 年与其他三人设立公司，张总出资 400 万元，其他三人各出资 200 万元。2017 年张总与张太登记结婚。婚后，经全体股东一致同意，公司于 2018 年又增加注册资本 500 万元，其中张总增资 200 万元，其他三人各自增资 100 万元。2021 年因夫妻感情不和，张太诉至法院要求与张总离婚，并要求对 2018 年增加的 200 万元投资所对应的股权进行分割，以及对张总婚前出资的 400 万元在婚后的增值部分进行分割。

在这里，就出现了两种夫妻共有股权财产的分割，一种是婚后投资所得的股权，另一种是婚前投资的股权在婚后的增值。显然，2018 年增加的 200 万元投资所对应的股权属于夫妻共同财产投资所得，法院最终综合双方的主张和意见，判决张总和张太各享有一半的权益，从而张太得以有机会进入公司成为股东，而张总的这部分股权就被稀释了一半。而张总婚前出资 400 万元对应的增值额也属于夫妻共同财产，判决由张总按照评估报告确定的金额支付张太该部分对应的增值额的二分之一。

现实中，有许多公司是一方在婚前就设立的，婚后也在一方名下继续经营。一旦发生离婚，股权自然属于一方的婚前财产，不会作为共有财产被分割。但是，股权婚后的增值部分，属于共同财产。有些企业主面临的尴尬在于，公司并未盈利甚至持续亏损，公司的品牌市值却持续走高，尤其对于处在良性融资阶段以及准备股改上市阶段的公司而言，其增值空间非常可观。值此关键时刻如果发生离婚，配偶一方是有权主张分割增值部分的一半的财产权益的。而此时持有股权的一方，其实只是"纸上富贵"，如何兑付这一半分割的财产，就成了最大的问题。同时，对企业主配偶而言，企业主如没有现金无法兑现，公司合伙人又拒绝配偶进入公司，这对分割财产来说也是一种障碍。多年前一家互联网头部企业就因为创始人离婚而遭遇上市搁浅，使有可能创造的财富大幅缩水。在企业发展的关键时期，股东的婚变意味着企业股权的不稳定，也意味着企业主资产的流失。这对双方而言都是重大损失。

企业主的离婚纠纷中，股权是必然涉及的重要财产。无论怎样分割，最终只能产生三种结果：双方成为股东、一方成为股东、双方均不是股东。大多如张总一案所示，企业主股权分割后，还可能存在丧失控股股东地位的风险。这对家族财富的控制和保全而言，是一个不可忽视的重大风险。

（三）净身出户协议

既然谈到离婚问题，这里还有一种状况需要了解。生活中有不少夫妻之间会签署"婚内出轨净身出户协议"。针对这个问题，本书给出几点提示。

（1）"婚内出轨净身出户协议"在司法实践当中是很难得到支持的。当一方有出轨行为，另一方要求出轨方零资产出户基本不会得到支持，要求资产分配差额过大的也很难得到支持。当然法官也会给予无过错方一定的倾斜。

（2）过错方自愿放弃财产分割，自愿净身出户，那是自由选择，法律并不干涉。

（3）"婚内出轨净身出户协议"往往是夫妻双方之间或主动或被动签署的协议，需要提示的是，幸福的婚姻也是财富的一种形态，财富是需要管理的。试想如果其中一方婚后有以下行为：

- 逐渐放弃身材管理（放任饮食以及放弃锻炼）；
- 逐渐放弃形象管理（开始对形象好坏无所顾忌）；
- 逐渐放弃情绪管理（放任不良情绪，抱怨、猜疑不断）；
- 逐渐放弃学习与提升（不再进修，不再阅读，不再追求所从事职业的提升，整日追求各种娱乐或不良嗜好）。

然后用"婚内出轨净身出户协议"当婚姻的保护伞，那么出现风险的概率依然是极大的。

（4）如果其中一方创富能力一般，净身出户后留给另一方的财产一定很有限。如果其中一方能力出众，就算净身出户，几年后也可弥补损失。所以，一旦发生婚姻风险必定是两败俱伤，但弱势的一方将来可能面临更多的生活困难。

（5）"婚内出轨净身出户协议"并不是一个正向、具有积极意义的举措，如果得到支持，难免导致类似私家侦探这种非法业务的旺盛需求，同时也会增加婚内财产转移或隐匿的概率。如果一方本就强势，利用手段转移或隐匿了大部分财产，最后同意净身出户，结果依然是弱势的一方受到更大的伤害。

所以，"婚内出轨净身出户协议"一来难以达到预期效果，二来属于被动风险管理。做好自己、管理好自己、不断精进自己、经营好共同的婚姻与家庭，才是主动风险管理模式，而且会占据更多的主动权。

四、守护幸福婚姻的财富策略

婚姻以幸福为要。婚姻中的财富规划，除了婚前赠与，还可以选择金融法律架构进行安排，包括大额年金、家族信托、保险金信托。

（一）以大额年金守护婚姻财富

现金资产可以采用多种方式和工具进行保护，账户锁定、夫妻财产协议等，不一而足，这些都是财富管理中重要的工具和法律制度规划。在这里，我们通过一个案例，看看年金保险如何解决婚姻中的财产风险。

女企业家王总的女儿准备结婚，于是，王总在女儿婚前给了女儿1000万元。目的是保证这笔资金是女儿的婚前财产，锁定为个人所有。亲家方面则在双方婚前购置了房产，登记在女婿名下，用作婚房。

婚前，女儿从1000万元中拿出120万元对婚房进行了装修，账户中还剩下880万元。为了能够保值增值，女儿在婚后选了一款预期收益为10%的产品进行理财。而此时，女婿刚刚领取了20万元的年终奖，一并与女儿的880万元放在一起共同进行投资。如果一切顺利，一年后可以获得90万元的收益。婚后小两口由于种种原因打算离婚，对于财产分割，却出现了意想不到的结果。

首先，房子归女婿。因为这是亲家在婚前购买登记在女婿名下的，属于女婿的婚前个人财产。离婚只分割共有财产，不分割个人财产。其次，女儿出资120万元的装修折价20万元补偿给女儿。因为装修并不增值，还要缩水。女方就此损失了100万元。最后，重点在于投资理财款项。投资有风险，由女方的880万元和男方的20万元组成的900万元的投资并不理想，离婚结算时只收回了800万元。而这800万元属于夫妻共有财产，分割时女儿和女婿一人一半，女儿只收回400万元。其核心问题就在于前面谈及的财产共有与混同。第一，女婿的20万元是婚后所得的奖金，依法属于夫妻共同财产。第二，女儿的880万元本来是女儿的婚前个人财产，但因为这个账户在女儿婚后有大量资金进出流动且融入了女婿的20万元奖金收入，资金已经混同。所以，用于投资理财的共计900万元就变成了夫妻共有的混同财产，结算回来的800万元也只能按共有财产进行分割。

如何提前规划才能防范和降低离婚风险给财富带来的损失呢？

如果王总在女儿婚前用1000万元给女儿规划一款年金保险，由女儿做投保人和被保险人，受益人为王总，通过这样一个简单的架构，就可以解决王总的种种担忧和遗憾。年金在这里能够起到资产隔离、私属保护的功能。其一，女儿掌握资产的所有权和控制权。女儿作为投保人，是年金保单的财产权利人，对保单拥有完全的所有权和处置权，不为他人所左右。其二，为女儿锁定个人独立性财产。在法律上，这张保单中无论是现金价值、年金返还、分红还是利息，都确定是女儿的个人财产，在婚后也仍然是女儿的个人财产，具有完全的独立性。其三，避免财产混同，防范财产分割。这笔财产婚后不会混同为夫妻共同财产，即便离婚，这份年金保险也不会被分割和分配。这样就彻底解决了财产的确定性和独立性问题。

综上所述，婚后银行账户的独立性最难保障，婚前现金类资产最易混同。而保单的法律结构十分稳定，不易发生混同，可以十分清楚地界定婚前婚后财产的个人属性。

（二）以家族信托守护婚姻财富

家族信托在婚姻财富管理上具有突出的作用。具体到婚姻财产保护这一功能，通过黄先生与陈女士的案例，来理解家族信托如何帮助明确婚姻财产权属，维护家庭和谐。

黄先生33岁，不仅有父母运营的家族产业，自己也经营着好几家公司，正值事业上升期，且打算与陈女士结婚。然而，黄先生父母对未来儿媳妇陈女士颇有担忧，唯恐未来婚变存在财产分割的风险，但黄先生坚持不签署婚前协议，认为会影响二人感情。

黄先生一家主要关注的是黄先生持有的数千万元现金财产和公司股权如何得到保全，不被未来的婚姻风险裹挟。这时，黄先生家族就可以运用家族信托解决这一担忧。这里仅以现金资产为例。在黄先生婚前，以黄先生父亲为委托人，将现金资产装入信托，黄先生为信托受益人，约定在黄先生的不同人生阶段可以获得相应的财产分配，这样可以解决黄先生一家的担忧。

第一，通过婚前设立家族信托，将"婚前一方个人财产"转化为"信托财产"。设立家族信托后，原本属于婚前一方的个人财产即转化为信托财产。根据《信托法》的规定，信托财产不属于委托人、受托人以及受益人所有的财产，这样就保护了家族财产的独立性，避免了婚前财产婚后混同的风险，也避免了财产停留在"婚前财产"而面临婚后投资收益归属于夫妻共同财产的风险。

第二，通过婚前设立家族信托，具有隐秘性，避免伤害双方的情感。利用家族信托进行婚前财产隔离的方式相较于婚姻财产公证等方式，更具有私密性。对于具有婚前财产隔离诉求的个人而言，最大的优势在于无须未来的配偶知情，在婚前规划，无须未来的配偶签署任何文件。作为家族信托委托人，婚后亦可酌情增加配偶为家族信托的受益人，一切都可根据双方感情状况来确定。"进可攻、退可守"，提前做好资产隔离规划，以应对婚变资产分割风险。

实践中，无论是组建家庭前为个人实现婚前财产隔离，还是父母为子女进行婚姻财产隔离，家族信托都已成为便利的工具，主要得益于其便捷、私密以及特殊的资产隔离制度保障。

（三）以保险金信托守护婚姻财富

年金保险无疑能为婚姻财产上一把锁，但当婚姻涉及代际间的传承，单一的年金保单工具似乎就力有未逮了。而保险金信托，可以兼具保险和信托的双重优势，更具有实现资产隔离、个性化传承，降低资金家族信托的门槛，操作便捷以及在传承安排上具有灵活性等突出优势。

继前述王总嫁女案例，女儿女婿离婚判决结果出来前，王总突然检查出患了胰腺癌。于是，王总提前立了一份遗嘱：将一套价值1800万元的房子给女儿，2000万元现金给儿子。女儿的离婚判决结果还没出来，王总就不幸过世了。王总过世后，女儿依照遗嘱继承了母亲的遗产。不想，女婿却在尚未完结的离婚程序中追加这套房子为离婚财产一并予以分割，法院最终支持了女婿的主张，获得了房产价值的一半。虽然结果令人瞠目，但由于王总在遗嘱中没有明确指定此房产只给女儿且与女婿无关，女儿依据这份遗嘱继承的房产就属于夫妻共有财产。于是，女婿跟女儿离了婚还分得了大笔财产，这注定是王总不愿看到的，但也注定是王总无力回天的。

而王总儿子这边，在王总病危期间，特别希望看到儿子成家立业。于是，孝顺的儿子在王总去世之前与刚刚结识的女友办理了结婚登记手续。王总遗嘱的2000万元就这样成了儿子婚后继承的财产。由于王总并未指定该财产属于儿子独自所有，按照法律规定，这部分财产也就成了夫妻共有财产。

可见，在财富规划中，无论是身前传承，还是身后传承，抑或是婚姻规划，你不做安排，总有人帮你做安排。无论是法律安排，还是利益相关人先行一步，也许终究是不能如你所愿的安排。

就王总的遗嘱安排而言，如果换一种方式，自己作为投保人和被保险人，设立保险金信托。当王总身故，身故赔偿金进入信托架构，儿子和女儿为信托受益人，通过信托向儿子和女儿分配财产，这样既可以保护家族财产，也可以解决王总身后财富的种种担忧和遗憾。

对于家族信托和保险金信托的设立与应用，本书在后面的章节做了进一步的分析与阐述。

（四）关于婚前协议

"婚前协议"，是指将要结婚的男女双方为结婚而签订的于婚后生效的具有法定约束力的书面协议。制定婚前协议的主要目的是对双方各自的财产和债务范围以及权利归属等问题作出约定，以免将来离婚或一方死亡时产生争议。但协议中不得约定具有人身强制性的内容。例如，在婚前协议中不应包含离婚后子女抚养权的约定，约定也无效。

婚前协议实务中大多包含以下三部分内容：

- 关于财产；
- 关于忠诚义务；
- 关于身份关系约定。

当然，有时也会有些特别的约定。

1. 一般在什么情况下有可能需要签署婚前协议

（1）其中一方或双方之前有过一段婚姻。例如，一方或双方各自拥有了一定的财富积累，或者存在之前婚生子女的抚养问题，而且与前一段婚姻的对方不得不存在某些联系，所以希望对这些问题做出约定与安排。

（2）双方资产量级相差悬殊。如果夫妻双方婚前在资产量级上明显存在差距，那么可以通过协议将双方婚前财产的归属、婚前财产在婚后增值的部分的归属一一约定清楚，以免双方因财富问题出现对情感以及婚姻目的的猜忌，也更有助于彼此的坦诚相处以及对婚姻的经营。

（3）会因离婚而影响他人利益。一方或双方拥有的资产会因未来离婚财产分割而对第三方造成影响。例如，会影响家族成员利益，会影响企业股东及长期发展，会影响其他子女的重大利益等。

（4）将会继承大额遗产。由前面提到的案例可以看出，如果立遗嘱人没有明确指定财产为继承人单独所有，且继承人夫妻又没有在婚前做出相关财产的约定，那么夫妻双方任何一方继承的遗产都将成为夫妻共同财产。

（5）一方决定全职照顾家庭。如果一方（女性居多）决定放弃个人事业全职照顾庭，往往会在经济方面处于家庭的弱势地位。所以，婚前协议或安排并非只是为了保护拥有大量资产的一方，也可以通过约定保护弱势一方以及双方的权益。

（6）一方存在大额债务。这需要双方在婚前充分沟通彼此的债务情况。在离婚问题出现时，一方债务如果延续到婚姻关系存续期间，且离婚时又无法证明为婚前债务，那么一方债务就可能成为夫妻共同债务，从而造成未欠债一方的损失。

2. 有效的婚前协议要注意什么

（1）明确财产的归属。婚前协议中不但应该明确双方婚前个人财产的归属，还应该考虑约定婚前财产在婚后产生的收益和转化。例如，企业股权的转让，房屋拆迁后的置换或补偿，资产的增值，房屋出租所产生的租金等。当然，也没有必要将所有大小财产逐一列明其中，毕竟婚前协议是为了保护双方的重要财产，而不是为了将两个人的生活置于各自精准的算计当中。

（2）婚前协议不能违背公序良俗。协议的内容必须合法，不能规避法律法规，也不能违反公序良俗，不能以财产协议限制人身自由。同时，双方更不能恶意串通，订立损害国家、集体或第三方利益的协议。

（3）婚前协议不能明显有失公平。例如，约定一方出轨就要净身出户，或者谁提离婚谁净身出户，抑或一旦因不忠诚而离婚就要放弃争夺子女的抚养权且不得再接近子女等。实践中，这样有失公平的婚前协议不会获得法院的支持。

（4）明晰婚前协议的性质。婚前协议是双方对各自的婚前财产以及夫妻关系存续期间所取得的共同财产所做出的约定，但如果在婚前协议中设置"如果离婚财产如何分配"等类似条款，则可能因协议目的表述不清，婚前协议被认定为是以离婚为目的，进而影响其法律效力。

（5）协议必须是双方真实意思表示。签订婚前协议时必须出自双方自愿，不能存在欺诈、胁迫等情形。因为协议的内容应当是当事人真实意愿的表示，如果不是出于真实意思表示签订的婚前财产协议，依据法律规定有可能无效。

（6）不能免除夫妻间的扶助义务。婚前财产协议中，约定各自财产归各自所有，但并不能因此而免除夫妻间的扶助义务。例如，一方突患重病需要救治，另一方应积极承担。如果对方置之不理，患病方有权要求对方支付医药费用。

当然，还有一些其他因素有可能影响婚前协议的有效性，在协议签署时，应该具体情况具体分析，最好寻求专业法律人士的协助。对于资产特别复杂的家庭／家族，可能还需要通过保险规划、设立家族信托等方式的组合来实现家庭／家族财富安全的系统性安排。

3. 关于婚前协议还有哪些需要知道

（1）婚前协议有时会涉及家族或家庭其他成员的利益，或未来企业能否正常且顺利经营（股东利益）等，不能完全视同于只是为了保护私利。

（2）婚前协议并不只是为了保护一方，也可以通过约定保护双方的权益。

（3）虽然法律规定，为夫妻一方所有的财产不因婚姻关系的延续而转化为夫妻共同财产，然而，在无明确协议的情况下，婚前财产经过时间和生活的变化，其实也会变为共同财产（婚前财产在婚后很难长期保持不变现、不增值或完全不混同），这也是为什么有可能需要婚前协议。

（4）一般情况下，如果并非家族企业的实际控制人，如果并非涉及企业的长期发展，如果并非存在影响他人或子女的重大利益等情况，现实生活中，婚前协议并不完全是一件好事。婚姻大多情况下是双方相爱的选择。如果出现问题，就坦然面对。毕竟婚姻还是应该本着相爱且共同经营生活、共同承担损益的原则。

（5）婚前协议其实属于被动风险管理行为，是为防止坏的预期发生。而主动风险管理应该是双方对婚姻的经营。如果一开始就已经盘算着可能过不下去的结果，这对婚姻而言，风险就太高了。

真正能为我们带来幸福的，不会是一份看上去完美的婚前协议，而是当我们将要进入一段婚姻时，我们能够深入地了解并调适自我。当我们自己越来越圆满，我们才能遇到和自己同样圆满的人。当我们学会接纳并感恩陪伴在生命中的那个人，婚姻才能发挥真正的价值，才会保护我们的爱和子女，更会使我们成长和成熟。并非每一段婚姻一开始就完美且理想，应该通过自我完善以及双方的经营使婚姻不断进化成我们期许的样子。

第四节

财富全球化，需要考量全球身份规划

《2021 年中国移民行业数据报告》显示，"移民不移居"的移民状态深受国人的欢迎。很多人希望移民后事业经营与生活重心依然在国内，同时又可以享受到移民国的教育资源、医疗水平和福利待遇等。但全球身份规划对于家族高净值人群而言，已经不仅是一个生活上的安排，也是一种财富管理的重要手段。比如，家族财富的全球化资产配置、资金跨境、全球税收筹划、企业股权海外结构设计、企业海外上市、海外信托设立以及财富传承等过程中都有可能需要结合全球身份规划来获得更好的实现。

身份规划需要涉及多元化的专业知识，例如，对全球趋势的理解，对各国家/地区的地缘政治与经济环境的分析，对各国移民政策的解读，对财富传承的工具和架构的使用，对不同国家司法环境的了解，如税务居民身份的定义（居民/永居/国籍）、移民律师的资格和申请程序、生活环境与文化、个人信息保护、企业发展或者投资风险的处理等。除此之外，自身目前所在居住地的相关问题也不可忽略。这些无论对于财富管理机构、家族办公室、高净值人群，还是想移居外国工作生活的普富人群来说，都非常重要。

以下是移居海外有关的若干高频问题。

1．加入外国国籍后是否需要注销中国国籍？

根据现行法律规定，我国不承认双重国籍。通常中国公民加入外国国籍后，会自动丧失中国国籍；对于已经获得外国永久居民身份的公民但尚未取得外国国籍的中国公民，可经过批准申请退出中国国籍；而移居属于中国领土的香港、澳门特别行政区的中国公民，移居后将仍然保留中国国籍。

《中华人民共和国国籍法》（以下简称《国籍法》）第三条规定："中华人民共和国不承认中国公民具有双重国籍。"另外，《国籍法》第九条规定："定居外国的中国公民，自愿加入或取得外国国籍的，即自动丧失中国国籍。"根据上述规定，中国公民在取得外国国籍后，将自动丧失国籍，无须另行办理申请退出中国国籍的手续。实践中，由于行政管理的问题，对于事实上构成双重国籍的公民，有关部门在了解情况后通常会依法要求当事人注销中国国籍①。

对于定居国外但未加入或尚未取得外国国籍的中国公民，也可根据《国籍法》第十条、第十一条规定，经申请批准退出中国国籍。《国籍法》第十条规定："中

---

① 广西丽汇投资有限公司与王某某合资合作开发房地产合同纠纷管辖权异议上诉案（案号为〔2017〕最高法民辖终 125 号）中，虽然一审被告（上诉人）主张"虽然王某某持有加拿大护照，但实际上并未在加拿大定居，其固定住所、生活、工作均在中国境内，不符合《中华人民共和国国籍法》第九条规定的自动丧失中国国籍的条件，故不应认定其为外籍人"，但广西高院、最高院均未承认这一观点。其中，广西高院认为"在王某某取得加拿大国籍的同时，其已经自动丧失中国国籍"，最高院认为"王某某已经具有加拿大国籍。中国公民在取得外国国籍后，没有及时注销王某某的中华人民共和国居民身份证，属行政管理问题，不影响对其为外国人身份的确定"。

国公民具有下列条件之一的，可以经申请批准退出中国国籍：一、外国人的近亲属；二、定居在外国的；三、有其他正当理由。"另外，《国籍法》第十一条规定："申请退出中国国籍获得批准的，即丧失中国国籍。"实践中，申请退出中国国籍需要由本人到户籍所在地的市、县公安局或中国驻当地外交代表机关和领事机关①提出申请，获得批准后可退出中国国籍。需要特别注意的是，据我们了解，实践中并不是所有的中国驻当地外交代表机关和领事机关都提供该项服务。因此，建议高净值人士在申请退出中国国籍前做好事先规划，提前与中国驻当地外交代表机关和领事机关确认后再预约前往。

最后，针对大陆居民定居中国香港、中国澳门特别行政区的情形，根据《全国人民代表大会常务委员会关于〈中华人民共和国国籍法〉在澳门特别行政区实施的几个问题的解释》②以及《全国人民代表大会常务委员会关于〈中华人民共和国国籍法〉在香港特别行政区实施的几个问题的解释》③有关规定，具有中国血统的香港、澳门居民以及出生在香港、澳门地区的人士，均是中国公民。据此，大陆居民不会因为移居香港、澳门特别行政区而丧失中国国籍。

2．通常在什么情况下需要注销大陆户籍？

在中国港澳台地区及国（境）外定居或者不再具有中国国籍身份的（不论是自动丧失还是经批准退出）相关人士，需要注销大陆户籍。

《中华人民共和国户口登记条例》第十条规定："公民迁出本户口管辖区，由本人或者户主在迁出前向户口登记机关申报迁出登记，领取迁移证件，注销户口。"另根据公安部 2021 年发布的《户口居民身份证管理工作规范（试行）》，属于以下情形之一的，应当依法主动向户口所在地公安派出所申报注销户口登记，并交回居民身份证④。

（1）经批准前往香港、澳门、台湾地区定居的；

（2）定居国（境）外的中国公民；

（3）取得外国国籍的；

---

①　这里通常是指中国驻外国的使领馆。

②　《全国人民代表大会常务委员会关于〈中华人民共和国国籍法〉在澳门特别行政区实施的几个问题的解释》第一条。

③　《全国人民代表大会常务委员会关于〈中华人民共和国国籍法〉在香港特别行政区实施的几个问题的解释》第一条。

④　《户口居民身份证管理工作规范（试行）》（公通字〔2021〕12 号）第三十五条、第三十六条。

（4）公民经批准退出中国国籍的。

若已在国（境）外定居，或者取得外国国籍但未申报注销户口登记的，经中国驻外使（领）馆、港澳台事务主管部门或者设区市（含）以上公安机关出入境管理部门核实后，户口所在地公安派出所会在履行告知程序后，自行注销其户口并缴销居民身份证①。

3．在注销大陆户籍前需要履行哪些法定程序？

在注销大陆户籍前，通常需要履行以下法定程序。

（1）办理纳税清算。当事人需向主管税务机关进行申报并获得有关完税证明以及纳税记录。

（2）办理注销户籍。清算完成后，再到户籍所在地派出所注销户籍，并领取派出所出具的户籍注销证明。

（3）办理其他手续（如需）。提取住房公积金、养老金，关闭或新开立银行账户等。

根据《中华人民共和国个人所得税法》（以下简称《个人所得税法》）第十条、第十三条以及国家税务总局《关于个人所得税自行纳税申报有关问题的公告》第62号公告的相关规定，纳税人因移居境外注销中国户籍的，应当依法办理纳税申报和税款清算。

在与税务机关进行沟通中，高净值人士需要关注以下关键问题。

一是如何确定纳税申报的主管税务机关。

纳税人应向任职、受雇单位②所在地主管税务机关办理申报。纳税人有两处以上任职、受雇单位的，选择向其中一处任职、受雇单位所在地主管税务机关办理纳税申报；纳税人没有任职、受雇单位的，向户籍所在地、经常居住地或主要收入来源地主管税务机关办理纳税申报。③

二是如何确定申报税目④。

（1）年度综合所得（如适用）。纳税人在注销户籍年度取得综合所得的，应当在注销户籍前，办理当年综合所得的汇算清缴，并报送相关纳税申报表。

---

① 《户口居民身份证管理工作规范（试行）》（公通字〔2021〕12号）第三十七条。
② 含支付连续性劳务报酬并按累计预扣法预扣预缴个人所得税的单位。
③ 北京市税务局办税指南：居民综合所得个人所得税年度自行申报。
④ 国家税务总局《关于个人所得税自行纳税申报有关问题的公告》（2018年第62号）第五条。

（2）年度经营所得（如适用）。纳税人在注销户籍年度取得经营所得的，应当在注销户籍前，办理当年经营所得的汇算清缴，并报送相关纳税申报表。

（3）利息、股息、红利所得，财产租赁所得，财产转让所得和偶然所得（如适用）。纳税人在注销户籍当年取得该等所得的，应当在注销户籍前，申报当年上述所得的完税情况，并报送相关纳税申报表。

（4）补缴税款（如适用）。纳税人有未缴或者少缴税款的，应当在注销户籍前，结清欠缴或未缴的税款。纳税人存在分期缴税且未缴纳完毕的，应当在注销户籍前，结清尚未缴纳的税款。

三是如何处理税务零申报。

从税法原则和规则来看，当事人若要完整获得截至离境出发前的纳税记录，即使在过往一段期间无收入也应当在注销中国户籍前办理税务申报和税款清算。值得注意的是，实务中，部分地区税务机关出于系统管理原因，可能存在无法进行零申报的情形。

四是如何确定申报期间。

实务中，尚未办理上一年度以及之前年度汇算清缴的，应当在办理注销户籍纳税申报时一并办理。对于注销户籍当年度的申报，通常申报期间以预计离境的日期为截止日期。由于缺乏更为细致的操作规定，实务中应当注重与主管税务机关的沟通。

此外，实务中，虽然部分地区的公安机关不要求自然人在注销户籍时提供完税证明和纳税记录，但从法律合规的角度，建议高净值人士在注销户籍、移居境外之前，依法全面、合规地履行各类纳税申报义务并适当留痕，以降低法律风险。

4. 变更国籍后，境内的企业运营和股权项目投资会受到怎样的影响？

就企业性质而言，根据现行法律规定，境内公司的自然人股东变更国籍，不改变该企业的企业性质。但是，自然人变更国籍后将转变为外国投资者，其新投资将变为外商投资并受限于外商投资准入特别管理措施及其他限制，同时其新设立或投资的企业也会成为外商投资企业。

针对企业性质是否改变的问题，国家法律法规有专门的规定。

根据商务部《关于外国投资者并购境内企业的规定（2009修订）》第五十五条："境内公司的自然人股东变更国籍的，不改变该公司的企业性质。"值得注意的是，《中华人民共和国外国投资法（草案征求意见稿）》第一百五十九条规定，"具有中国国籍的自然人取得外国国籍的，其在中国境内的投资不论发生于本法生效之前或之后，均属于外国投资，应当适用本法的相关规定，国务院另有规定的除外"。但最终正式通过的《中华人民共和国外商投资法》（以下简称《外商投资法》）删除了该条规定，但这一立法动态值得正在进行身份规划的中国高净值人士关注。

根据《外商投资法》第二条："本法所称外商投资，是指外国的自然人、企业或者其他组织（以下简称'外国投资者'）直接或者间接在中国境内进行的投资活动。本法所称外商投资企业，是指全部或者部分由外国投资者投资，依照中国法律在中国境内经登记注册设立的企业。"《外商投资法》第四条规定，国家对外商投资实行准入前国民待遇加负面清单管理制度。根据上述规定，境内公司的自然人股东变更国籍不会改变已有投资企业的性质，但新投资企业将属于外商投资企业并受到特别限制。

因此，建议高净值人士进行身份规划前，提前在专业人士的协助下评估身份规划对境内已有投资、拟进行的新投资可能造成的影响，制定综合应对方案，采取必要措施，以满足相关合规要求，尽可能缩小负面影响（如有）。

5. 移居境外后，境内资产会受何种影响

针对不动产：自然人身份变更后，需就其在境内拥有不动产向不动产登记机构申请变更登记[1]。若不进行变更登记，可能会给后期的不动产转让以及继承造成不便。

针对其他资产：自然人身份变更后，虽仍可享有其持有金融资产（包括银行存款和其他金融资产）的权益，但需要在开户行办理身份信息变更[2]，以免影响账户的使用。实践中，大多数银行会要求该外籍人士持有一年以上有效的中国签证才允许新开设或者持有原有账户，若不及时办理变更，存在银行中止甚至关闭相关账户运营的可能性（具体以相关机构实际操作为准）。

若想将财产向境外汇出：获得外国国籍或赴境外定居的自然人，可以将其在取得移民身份之前在中国境内拥有的合法财产或者中国境内继承的遗产变现，并汇出中国境内[3]。需要注意以下问题。

---

[1]　根据《不动产登记暂行条例（2019修订）》和《不动产登记暂行条例实施细则（2019修正）》。
[2]　依据《金融机构客户尽职调查和客户身份资料及交易记录保存管理办法》《中华人民共和国反恐怖主义法》和《中华人民共和国反洗钱法》。
[3]　依据《个人财产对外转移售付汇管理暂行办法》《中华人民共和国外汇管理条例》和《国务院对确需保留的行政审批项目设定行政许可的决定》（中华人民共和国国务院令第412号）。

（1）对于移民财产转移。 移民财产转移必须一次性申请拟转移出境的全部财产金额，分步汇出。首次可汇出金额不得超过全部申请转移财产的一半；自首次汇出满一年后，可汇出不超过剩余财产的一半；自首次汇出满两年后，可汇出全部剩余财产（对于金额较小的移民财产转移，经批准后可一次性汇出）。全部申请转移财产在等值人民币 20 万元以下（含 20 万元）的，经批准后可一次性汇出。

（2）对于继承财产转移。 从同一被继承人继承的全部财产变现后拟转移出境的，必须一次性申请，可一次或分次汇出。继承人从不同被继承人处继承的财产应分别申请，分别汇出[①]。

6. 户籍注销后如何证明我境内的资产仍然属于我？如何开具关于"我即是我"的身份公证？

通常情况下，办理户籍注销后，大陆身份证也将被注销并收回。在办理户籍注销申请时，可以向户籍所在地派出所同时申请开具"同一人"证明（以下简称"境内证明"），以证明户籍注销前的当事人和户籍注销后持有新身份证件的当事人为同一人。为了加强该"同一人"证明的证明力度和便于处理在中国大陆的资产交易、遗产继承、保险就医、婚姻家事等各个方面事宜[②]，实践中，加入外籍或移居港澳人士且在中国大陆身份证件已被注销的情况下可以办理所谓的"境外公证"。不同司法辖区针对该公证的要求和程序规定有所不同。

（1）针对加入外籍的人士，需要由当地合格的公证人对"同一人"声明书进行公证后，再交由当地外交部对该公证进行认证，最后由中国驻当地使领馆对该认证完成进一步认证后，该声明书才能在中国大陆境内使用[③]。

（2）针对移居香港特别行政区的人士，需要由中国委托公证人[④]对"确认身份为同一人声明书"进行公证，再由中国法律服务（香港）有限公司[⑤]对该公证

---

① 依据《个人财产对外转移售付汇管理暂行办法》第三至六条。

② 具体公证事项涉及《中华人民共和国公证法》第十一条以及第十二条共 16 个事项。

③ 注意：不同国家和地区对公证人的要求不同，认证机构也不同，如美国需要由美国州务卿对公证文件进行认证后再转交中国驻美国大使馆进一步认证。

④ 根据《中国委托公证人（香港）管理办法》（2002）第八条，中国委托公证人通常情况为满足条件的香港律师。

⑤ 中国法律服务（香港）有限公司是经中华人民共和国司法部批准，在香港注册设立的有限公司，为内地和香港居民、机构提供跨境法律服务。来源：關於我們 - 中國法律服務（香港）有限公司（chinalegal.com.hk）。

文书审核和转递后，该声明书才能在中国大陆境内使用①。

（3）针对移居澳门特别行政区的人士，可以由中国法律服务（澳门）②公司直接办理"同一人"声明书公证，公证后该声明书才能在中国大陆境内使用③。

7. 国籍身份从中国公民转变为外国公民后，对个人会产生什么样的税务影响？共同申报准则（Common Reporting Standard，以下简称"CRS"）是否依然适用？

原中国公民身份转变为外国公民后，通常将成为该一国的税务居民，从而按照外国法律和税法规定依法缴纳个人所得税；同时，如果变更国籍后，当事人依然在中国长期居住，则很有可能同时构成中国内地的税务居民，从而需要依照中国《个人所得税法》的相关规定，就中国境内和境外所得缴纳个人所得税。CRS规则的适用是基于税务居民身份的判定，若高净值人士在国籍身份转换后仍具有中国税务居民身份，则很有可能无法改变原先其个人海外金融信息被交换回中国税务机关的做法。简单来说，单纯的国籍身份改变难以规避CRS的适用。

长期在中国工作、生活、居住的中国背景的高净值人士，即便其国籍发生变化，仍然存在被"双重征税"甚至"多重征税"的可能。建议上述高净值人士国籍身份转换后，寻求可适用的双边税收协定（或安排），通过征收抵免、加比规则（tie-breaker rule）等合法方式消除"双重征税"或"多重征税"的可能，从而降低整体纳税义务。不难看出，在资产配置全球化、监管网络全球化的背景下，若高净值人士在身份转换后仍具有中国税务居民身份，则将应对更为复杂的税务问题。建议高净值人士提前在专业税务人士的协助下合理进行税务筹划，同时如实进行相应的资产申报，以避免未如实、全面申报而可能导致的补缴税款、处以罚金甚至被追究刑事责任的法律风险。

---

① 根据《中国委托公证人办理公证文书规则（试行）》第十一条：委托公证人出具的公证文书必须按照本规则附件二规定的程序送中国法律服务（香港）有限公司审核、加盖转递专用章后，方可发至内地使用。

② 中国法律服务（澳门）公司是中华人民共和国司法部在澳门的窗口单位，是在澳门登记注册提供中国法律服务的专门机构。为澳门居民、法人和其他当事人提供涉及内地法律的信息、咨询和其他法律服务。来源：中国司法部：中国法律服务（澳门）公司简介（moj.gov.cn）。

③ 在澳门，司法部没有采用委托公证人的制度。根据《司法部办公厅关于明确中国法律服务（澳门）公司业务范围的通知》，对于《公证法》第十一条和第十二条规定范围内发往内地使用的公证文书由该公司直接办理。另外，没有明文规定要求该公证文件需要由中国法律服务（澳门）公司加盖转递专用章才可发至内地使用，因此实务中有关程序可参照香港特别行政区适用。

小结：

高净值人士在移居海外之前，由于存在财富分布、财富体量以及财富类别等方面的复杂性，所以，在专业人士的协助下提前做好整体的身份规划和相应的税务申报管理，才是明智之举。高净值人士需要了解清楚移居海外，对中国境内和境外持有的资产以及家族财富管理和传承，所带来的积极或不利的影响。要客观看待并使用恰当的、合法的方式，享有全球化配置下的各种福利和优待，从而让工作和生活张弛有度。在决策是否移居海外之前，务必记得摘下"玫瑰色的眼镜"（Rose-tainted Glasses），避免因一时冲动，只看到事物好的一方面，而草率的去"拿"海外身份。

第五节
税务合规与筹划，财富安全私有化的根本

税务合规无论是对于企业经营还是个人财富管理而言，都是根本甚至命脉。它将直接影响创富者所创造财富的质量与安全。对于各国企业家而言，最严重的"财富原罪"莫过有三：官商勾结、涉黑、涉税违法犯罪。未来，税务合规必将是与创富、传富紧密伴随的主基调。

一、如何理解国际税务

高净值和超高净值人群大多涉及资产配置全球化的问题，这其中也常会面临四大风险：巨额税收风险、外汇管控风险、法律责任风险、资产披露风险。只有了解国际税收规则与发展趋势，并综合利用多种方式，合理规划税收居民身份，才能够实现全球收入税负成本最优化。

（一）正在重塑中的国际税收规则：现状与趋势

（1）国际税收治理在全球经济治理中将发挥更多作用。

传统的国际税收秩序形成于20世纪二三十年代，至今已经走过百年的历程，而随着全球化和数字化进程的发展，双边税收治理的弊端逐渐显现，传统税收

秩序和规则体系已经不能适应当代跨国企业的经营模式。二十国集团（Group of 20，以下简称"G20"）和经济合作与发展组织（Organization for Economic Co-operation and Development，以下简称"经合组织"或"OECD"）主导的"税基侵蚀和利润转移行动"（以下简称"BEPS 行动"）标志着传统的国际税收秩序迎来了自其形成近百年以来的首次重大变革[①]。国际税收治理从以双边为主的传统的国际税收治理，向多边化的新国际税收治理体系演进，以应对跨国企业日益复杂和隐蔽的避税手段，提升国家税收能力。当前国际税收领域面临的主要任务就是建立真正具有"全球性"的全球税收治理体系。

国际税收秩序直接影响各国的根本经济利益，关系到全球经济的平衡与可持续发展，也是影响国际安全秩序的重要因素。时任中国财政部部长楼继伟在 2016 年第三次 G20 财长和央行行长会议上指出，税收是全球治理体系不可或缺的重要组成部分，是全球经济规则协调的重要内容，是促进全球经济复苏的重要手段[②]。

（2）国际税收规则的重塑趋势。

一是应对数字经济挑战，聚焦数字经济税收问题。

经济数字化在为传统交易和供应模式提供新路径的同时，也使传统税收制度受到挑战。在数字化环境下，税收管辖权到底归属于谁（哪个国家）、利润又如何确定归属、税收又该如何具体征管、如何提供更多税务争议解决和多边沟通机制等问题已经受到国际社会的普遍关注。BEPS 行动计划的成果报告《应对数字经济面临的税收挑战》中针对数字经济的特性提出了方案，目的是层层剥离数字化对利润归属以及管辖权归属的影响，确保利润在经济活动发生地及价值创造地征税，避免对税基的人为侵蚀以及利润转移。

二是加强各国所得税制协调。

由于世界各国的税收制度存在差异，为了防止跨国企业利用各国税制之间的差异和错配实施税基侵蚀和利润转移，各国将对所得税规则进行国际层面上的协调，做好对接，填补规则差异造成的漏洞。

比如我国 2018 年的个税改革，通过修改税务居民规则，增加了反避税规则，使各项规定更加细化，征管措施更加完善，回应了国际层面对税收征管的需要，

---

① 张泽平 . 全球治理背景下国际税收秩序的挑战与变革［J］. 中国法学，2017（3）.

② 中国政府网 . 构建国际税收新秩序，促进全球经济持续复苏［EB/OL］. http://www.gov.cn/xinwen/2016-07/24/content_5094191.htm.

迈出了我国纳税制度与国际接轨的重要一步。

三是对传统税收规则的完善。

虽然国际税收治理正在从以双边为主的传统体系向多边化的新体系演进，但这并不意味着对传统双边协定方式的摒弃，国际社会将着力限制跨国企业利用数字化技术便利规避传统税制规则的行为，通过防止税收协定的滥用，完善转移定价规则等方式，支持传统规则在新的环境下的有效性，使其继续发挥良好的规范作用。

四是通过新规则提高税收信息透明度。

通过实施 BEPS 行动计划，国际税收治理的核心内容发生了转变，从消除双重征税为主，转变为防范双重不征税、严厉打击国际避税为主，消除双重征税为辅。为了更好地防范双重不征税，全球税收征管合作将进一步加强，力图提高税收信息的透明度。在具体制度上则体现为实施金融账户涉税信息的自动交换，税收情报交换从过去的应请求交换转变为自动交换，提高税收透明度成为国际税收治理的新热点[①]。

五是完善税收争端解决机制。

相互协商程序（Mutual Agreement Procedure，以下简称"MAP"）是现行主要的税收争端解决机制之一。将来，国际社会一方面会进一步提高作为解决国际税收争议主要途径的 MAP 的约束力，督促各国在立法和实践中对其进行完善，另一方面还提出了建立税收争议仲裁机制的议题，创建新的机制以弥补 MAP 的缺陷。

六是区域性税收治理为完善全球经济治理体系贡献力量。

截至目前，中国已与 149 个国家、32 个国际组织签署了 200 多份共建"一带一路"合作文件[②]，参加"一带一路"的国家和地区众多，在税收制度与征管水平上存在较大差异，而良好的税收环境是营商贸易便利的重要保障，这就要求国家间、地区间税收征管合作的加强。

国家税务总局倡导建立并不断健全的"一带一路"税收征管合作机制，是国际税收领域第一个由我国主导建立的国际税收征管合作平台。以共商、共建、共

---

① 罗秦.国际税收治理从双边到多边的演进：新格局、新挑战及新趋势［J］.国际税收，2021（1）.

② 中国新闻网.中国已与 149 个国家签署共建"一带一路"合作文件［EB/OL］.http://www.chinanews.com.cn/cj/2022/04-19/9733155.shtml.

享为原则，推动着"一带一路"国家和地区税收征管方面的交流与合作。国务院在《关于进一步深化税收征管改革的意见》[①]中指出，要强化国际税收合作，不断完善"一带一路"税收征管合作机制，以作为"现行多边税收合作机制的重要补充"[②]。"一带一路"税收征管合作的推进，也能帮助全球税收体系向更加公平、透明和现代化的方向发展，为完善全球经济治理体系贡献力量。

（二）国际税收规则将影响哪些人

行使税收管辖权的重要前提是确定税收居民身份。为适应国际税收规则的重塑，我国在立法方面也做出了新的安排。2019 年 1 月 1 日，我国新《个人所得税法》正式实施，在税收居民的判定方面与之前存在较大差异，引入了"居民个人"与"非居民个人"的概念，给出了"住所"和"居住时间"两大判断标准。

1. 哪些人属于中国税务居民

《中华人民共和国个人所得税法（2018 修正）》（以下简称《个人所得税法》）在税收居民的认定上采用了住所标准和居住时间标准，而非国籍标准。

（1）住所标准。

在中国有住所的属于中国税务居民。需要注意的是，税收居民有别于通常认知中的"居民"概念。因户籍、家庭、经济利益关系而在境内习惯性居住的，就应被认定为是在境内有住所的个人，判断的关键标准在于是否构成"习惯性居住"，符合标准的个人需按规定，将其在中国境外取得的收入缴纳个人所得税。

一是有中国国籍和户籍，不等于"有住所"。中国大陆人张三，同时持有美国绿卡，常年在美国居住（一年 200 天以上在美国），虽然其保留中国国籍和户籍，但并未在中国境内习惯性居住，故认为其并非税法意义上的"在中国境内有住所"，且其一个纳税年度内在中国境内居住时间累计不满 183 天，因此张三不是我国税收居民。

二是没有中国境内户籍，也可以"有住所"。香港居民李四，没有中国境内户籍，家人都是境内户籍且常年在中国境内居住。虽然李四没有中国境内户籍，但因家庭原因在中国境内习惯性居住，在中国境内"有住所"，因此属于我国纳税居民。

---

① 中共中央办公厅、国务院办公厅 . 关于进一步深化税收征管改革的意见 [EB/OL].www.gov. on/zhengcel2021-03/24/content_5595384.htm.

② 廖体忠 . "一带一路"税收合作新格局［J］. 国际税收，2018（7）.

（2）居住时间标准。

在中国没有住所或者没有构成习惯性居住的，但是一个纳税年度（我国以公历 1 月 1 日起至 12 月 31 日止为一个纳税年度）内在中国境内居住累计 183 天的个人也属于中国税务居民。比如外籍人士王五，没有中国国籍，在中国境内无住所，2021 年在中国境内居住 185 天，超过 183 天，因此属于我国纳税居民。

2.哪些收入属于境外收入

根据《财政部、税务总局关于境外所得有关个人所得税政策的公告》的相关规定，境外收入包括：①因任职、受雇、履约等在中国境外提供劳务取得的所得；②中国境外企业以及其他组织支付且负担的稿酬所得；③许可各种特许权在中国境外使用而取得的所得；④在中国境外从事生产、经营活动而取得的与生产、经营活动相关的所得；⑤从中国境外企业、其他组织以及非居民个人取得的利息、股息、红利所得；⑥将财产出租给承租人在中国境外使用而取得的所得；⑦转让中国境外的不动产，转让对中国境外企业以及其他组织投资形成的股票、股权以及其他权益性资产或者在中国境外转让其他财产取得的所得；⑧中国境外企业、其他组织以及非居民个人支付且负担的偶然所得等。[①]

3.具有海外资产的人士——海外资产的透明化

2018 年 9 月，国家税务总局与其他承诺执行 CRS 的国家（或地区）税务主管当局进行首次金融账户涉税信息交换。具有海外资产的中国税收居民，在签署和承诺 CRS 国家的账户、资产等信息每年都会被自动传送到中国。举例来说，中国和新加坡是两个都采纳 CRS 的国家，若中国税收居民张三在新加坡的金融机构开有账户，那么新加坡金融机构每年都会收集张三的个人信息以及账户收入所得等信息并上报新加坡相关政府部门，再将信息与中国相关政府部门进行交换。通过这种方式，中国税务部门得以掌握中国税收居民的海外资产状况，加强税收监管，其中高净值人群是 CRS 交换的重点检查对象。

二、最可能面临的境内外税务风险

实务中，海外收入经常会面临税务风险的挑战。例如，股权转让后的税务申

---

① 《财政部、税务总局关于境外所得有关个人所得税政策的公告》（财政部、税务总局公告 2020 年第 3 号）第一条。

报、转入离岸公司账户的收入分配、海外信托的涉税问题、海外置业的税务问题以及各国之间的境外收入信息交换，一旦规划不当，都有可能面临来自相关国家的高额罚款或制裁。

（一）股权转让——纳税申报要点

个人转让股权办理变更登记的，市场主体登记机关应当查验与该股权交易相关的个人所得税的完税凭证[①]。而在实践中很多人转让股权时并不申报缴纳个税，市场主体登记机关也没有严格执行此规定，股权转让纳税申报在现实中存在执行困难的问题。

为了适应经济的发展与我国资本市场日渐活跃的现状，进一步规范征纳双方的涉税行为，更好地发挥个人所得税调节收入分配的职能作用，并鼓励个人投资、积极创业，2021年7月29日，国家税务总局北京市税务局与北京市市场监督管理局联合发布《关于股权转让所得个人所得税管理有关工作的通告》，对股权转让的税务相关问题作出了明确规定[②]。

（1）必须进行纳税申报。 如果转让股权不进行纳税申报或进行虚假纳税申报，逃避缴纳税款，将受到税务行政处罚甚至被追究刑事责任。

（2）主管税务机关的确定。 个人股权转让所得个人所得税的主管税务机关为被投资企业所在地税务机关。

（3）先办理纳税申报，再办理股权变更登记。 个人转让股权需要办理变更登记的，应先持相关资料到被投资企业所在地的主管税务机关办理纳税申报，再到市场监管部门办理股权变更登记。

---

① 《中华人民共和国个人所得税法》（中华人民共和国主席令第9号）第十五条第二款规定：个人转让不动产的，税务机关应当根据不动产登记等相关信息核验应缴的个人所得税，登记机构办理转移登记时，应当查验与该不动产转让相关的个人所得税的完税凭证。个人转让股权办理变更登记的，市场主体登记机关应当查验与该股权交易相关的个人所得税的完税凭证。

② 《国家税务总局北京市税务局、北京市市场监督管理局关于股权转让所得个人所得税管理有关工作的通告》（国家税务总局北京市税务局通告2021年第3号）第一条规定：公司制企业、集体所有制（股份合作）企业（以下简称"被投资企业"）的股东转让股权申请变更登记时，转让方为自然人的，适用本通告；第二条规定：个人转让股权办理变更登记的，应先持相关资料到被投资企业所在地的主管税务机关办理纳税申报，再到市场监管部门办理股权变更登记；第三条规定：国家税务总局北京市税务局与北京市市场监督管理局实行个人股权转让信息交互机制。经查验已完成税款缴纳（纳税申报）的，市场主体登记机关依法为其办理股权变更登记。

（二）离岸公司账户收入要谨慎

张三通过自己完全控股的 BVI 公司持有了美国公司的股权，美国公司每年定期向 BVI 公司分红，张三将利润全部放在 BVI 公司，不向个人股东进行分红。以前这样的做法是相对安全的，但是按照《个人所得税法》的一般反避税原则，境内税务机关有权按照合理方法进行纳税调整①，针对应当归属于居民个人的利润不作分配或者减少分配的情况，需要补征税款的，应当补征税款并依法加收利息。此外，跨境企业在全球 CRS 的政策影响下，跨境的税务所得在境内报税更是变得轻而易举，以往的避税方式已经成为历史。

（三）海外信托——税务筹划不当招致风险

中国首批富豪很多都在海外设立了家族信托，他们经常选择的国家和地区有维尔京群岛、库克群岛、耿西岛、新加坡、中国香港、新西兰、开曼群岛等，而这些法域都成了 CRS 签约国。根据 CRS 协议，应当披露包括家族信托的委托人（即财产授予人）、保护人、受托人、受益人在内的已设立的家族信托有关信息。随着身份信息和税务信息逐渐被交换至国内，家族信托的私密性被削弱，这些富豪将面临很多税务问题。

家族信托在税收逐渐透明的趋势下会失去一些优势，但是离岸地灵活的法律和低税率仍然存在，所以家族信托仍会作为家族传承结构设计的重要工具。但从谨慎的角度出发，作为中国纳税居民在境外设立信托，建议按照法律要求主动进行纳税申报，履行相应的纳税义务。

（四）海外置业可能产生哪些税

股市熔断的新闻还在耳边回响，黄金价格起伏也历历在目，很多人认为不动产才是较为稳妥的投资方式。纽约、洛杉矶和伦敦等大都会，成了热门

---

① 《中华人民共和国个人所得税法》（中华人民共和国主席令第 9 号）第八条规定：有下列情形之一的，税务机关有权按照合理方法进行纳税调整：（一）个人与其关联方之间的业务往来不符合独立交易原则而减少本人或者其关联方应纳税额，且无正当理由；（二）居民个人控制的，或者居民个人和居民企业共同控制的设立在实际税负明显偏低的国家（地区）的企业，无合理经营需要，对应当归属于居民个人的利润不作分配或者减少分配；（三）个人实施其他不具有合理商业目的的安排而获取不当税收利益。税务机关依照前款规定作出纳税调整，需要补征税款的，应当补征税款，并依法加收利息。

的海外置业城市。

但海外置业在税务方面存在风险，为了避免碰到麻烦，在置业前需要做好了解与防范。以外国人的身份在海外置业具体会产生哪些税务风险？我们以美国为例做一了解。

购买房屋时，首先需要考虑的问题是房产税。在美国，每年都需要缴纳房产税，税率由各州及地方县议会根据当地的参政需要各自制定，高税收与低税收城市的房产税高低不等。

购置房产后常见的收入方式为租金，需要事先了解的是，在美国的外国人房东，通过出租房屋获得的租金，属于美国境内的收入，所以需要每年向美国税务局申报在美国缴纳所得税。

若出售房产，则要考虑房产出售的利得税。出售房产时的资本利得等于出售价格减去出售成本，出售者需要按照持有该房产的时间长短，缴纳不同比例的个人所得税。

若打算将房产赠与他人，则可能产生赠与税；如果将房产作为遗产转移，则可能产生遗产税。虽然遗产税在中国还未落地，但在美国已经非常成熟，赠与税和遗产税的具体税款根据房产价值而定。此外，美国税务居民还有个人遗产税和赠与税的免征额，但每年的免征额度会依据政策随时做出相应调整。

（五）境外信息数据交换——税务合规早进行

为了杜绝逃避税现象影响国家财政，世界各国都在通过加强跨国间税收情报交换来增加税收的透明性，基于此目的诞生了 FATCA 与 CRS。

FATCA（Foreign Account Tax Compliance Act），即《海外账户税收合规法案》，是美国首先在国际上推出的税务披露信息交换法案，是美国国税局为了维护本国税务完整推出的用来打击美国税务居民跨境离岸逃税的财政措施。

CRS（Common Reporting Standard），即共同申报准则。经济合作与发展组织发布 CRS 后，立即获得了各国和地区的广泛响应，目前已有 100 个国家（地区）表示参与，中国是其中之一，并于 2018 年首次进行了对外信息交换。

通过 FATCA 与 CRS 对跨国间税收情报交换的加强与完善，资产信息将越来越透明，在纳税国境外的账户、收入等对于税收监管部门来说不再是难以获知的秘密，为了避免受到行政处罚或刑事责任的追究，税务合规必须尽早进行。

（六）高管劳务所得发放需合规

依照《个人所得税法》，劳务报酬适用 3%~45% 的超额累进税率。企业高管、艺人或"网红"等高收入人群，很容易触发 45% 的最高税率。为了逃避高税负，一些企业或高收入者会采用一些违规手段，例如使用阴阳合同藏匿收入，编造虚假交易套现发薪，改变收入性质逃避纳税（如把个人劳务报酬转为个体工商户收入）以及虚开发票冲减收入，等等。

为了应对这些乱象，税务机关通过以下措施加强监管。通过与有关部门密切合作，及时获取相关劳务报酬支付信息，重点关注高收入行业企业的中高层管理人员等各项工资、薪金所得，加强高收入行业企业扣缴个人所得税的工资、薪金所得总额与企业所得税申报表中工资费用支出总额的比对，强化企业所得税和个人所得税的联动管理以及对以各种发票冲抵个人收入的监管等。高管劳务所得发放若不合规，可能面临严格的处罚。

三、身份规划时，永远不要忘记税务筹划

税收居民身份的选择与筹划决定了未来所有税务筹划的基础。由福布斯发布的"2022 全球亿万富豪榜"[①] 中，很多人都通过移民等手段进行了身份规划。身份筹划在某种程度上也是对税收身份的改变，可以通过办理护照、改变国籍、将资产存放在境外等方式，实现降低税负成本的目的。如今甚至越来越多的投资者选择取得多个海外身份，以实现在全球市场中选择更丰富、合理的投资工具进行资产配置，从而规避和对冲单一市场和汇率波动风险。

（一）身份规划，你需要考虑哪些税务因素

身份规划对于高净值人士来说，也是对未来的一种投资。如何在不违背法律的前提下通过身份规划有效安排自己的财富，以合理且合规的方式减轻自身税负，是备受关注的问题。也就是说，合理选择纳税人身份，做好税务筹划，是资产配置中举足轻重的环节。在进行身份规划时，建议将下列因素纳入考虑范围。

1. 税负

各国的个人所得税税率是不同的，对于在全球有资产的或者考虑移民的高净

---

① "2022 年福布斯全球亿万富豪榜"，https://www.forbeschina.com/lists/1781.

值人士来说，为了减轻税负，要尽量避免成为高税负和全球征税国家的税收居民。比如加拿大、澳大利亚、英国等，这些国家都是全球征税的国家，并且拥有成熟的税收征管体系，不仅税率很高，逃税还会造成非常严重的后果[①]。其中加拿大是典型的以高税收支撑高福利的国家，并且个人需要分别缴纳联邦税和地方税。而危地马拉、保加利亚是低税率国家的代表，更有开曼群岛这样基本不征收个人所得税的地区。

2. 国际税务信息自动交换

全球范围内跨国间税收情报交换合作正在不断加强。全球已有一百多个国家（地区）与美国签署 FATCA 协议，并且已有 30 万家以上的外国金融机构加入 FATCA，也有越来越多的国家签署并承诺 CRS 下的信息自动交换（关于 FATCA 和 CRS 的详细内容见下文）。

同时，由于跨国间税收情报交换合作不断加强，资产信息将越来越透明。所以，哪些国家是 FATCA 和 CRS 的参与国，国家政府具体承诺了哪些内容，CRS 之下哪些信息会被自动交换，这些都是需要关注的问题。

3. 税收优惠政策

不同国家（地区）会出台不同的税收优惠政策，关注并利用税收身份筹划、创造条件，适用优惠政策，也能为纳税人减少税务支出。比如年轻企业家帕维尔·杜罗夫（Pavel Durov），仅 36 岁就跻身福布斯全球亿万富豪榜，被称为"俄罗斯的马克·扎克伯格"，其通过规划成了圣基茨公民。"比特币耶稣"罗杰韦尔（Roger Ver）也在 2014 年放弃了美国国籍成了圣基茨的公民。背后的原因就在于圣基茨的税收优惠政策，拥有该岛国身份可以享受免税政策，方便在全球规划资产。

4. 是否可能构成双重甚至多重税收居民

双重甚至多重税收居民情况的发生，是因为每个国家对于税收居民，都以自己国内法的规定为基础进行判定，而每个国家对于一个跨国活动的自然人是否属于本国税收居民的判定标准也有所不同，当不同国家的规定出现重叠，就会产生一个自然人属于双重甚至多重税收居民的情况。当自然人被不同国家的税务局判定为本国税务居民时，这个自然人就会同时负担两个或以上国家的纳税义务。此时，如何运用国际税收的规则（例如税收抵免规则、税务居民判定的加比规则等）避免双重甚至多重征税，就变得十分关键。

---

① 刘长坤. 税改下高净值人士的税务风险与税收筹划［J］. 中国外汇，2019（6）.

5. "离境税"与"弃籍税"

在外国，放弃国籍可能产生"弃籍税"问题，即一般指在个人放弃国籍或永久居住许可时，该个人被视同将其名下所有资产进行了一次转让，并就增值部分缴纳所得税或资本利得税。

目前在我国暂无"弃籍税"的相关规定，但放弃中国国籍会引发类似的"离境税"问题。《国籍法》规定，若要加入外国国籍，必须放弃中国国籍[①]，注销中国户口。我国新修订的《个人所得税法》增加了移民前的纳税申报机制，因移居境外注销中国户籍的需要在注销户籍前办理纳税申报[②]。可见我国的"离境税"与国外的"弃籍税"是完全不同的概念。

但已经有人大代表指出我国针对富豪移民的税收征管存在漏洞，并建议加强富豪移民海外的税收清算和开征"弃籍税"[③]。如果中国的海外移民潮持续下去，可能在不远的将来，个税规则将被再度修改，引入在国外已经存在多年的"弃籍税"。

（二）护照、永居、税务居民如何影响你的财富

在全球化的背景下，纵观各国税法规定，"税收居民"一般都面临着全球纳税的义务，也就是说在纳税时，不仅要申报在本国的收益，也要申报在其他国家和地区的收益。对于人在国内但资产全球化的高净值人士来说，尤其是在国际税收透明化的趋势下，筹划税收身份时有一些需要注意的地方，具体如下。

1. 国籍、护照

在 CRS 规则下，如果被判断为本国的税收居民，那么信息就不会被金融机构收集并交换，所以一般会有通过国籍、护照规避信息交换的做法，但这种方法操作空间是有限的，因为对税收居民身份的判断不是只看国籍和护照，比如在外国有资产的外籍人士，如果长期在中国工作生活，也会被认定为中国税收居民，签署 CRS 国家的金融机构就有义务向中国提供其账户信息。事实上，根据各国关于税收居民身份的国内法，金融机构会综合多方面的因素对纳税人进行身份判

---

① 《中华人民共和国国籍法》（全国人大常务委员会委员长令第八号）第九条规定：定居外国的中国公民，自愿加入或取得外国国籍的，即自动丧失中国国籍。

② 《中华人民共和国个人所得税法》（中华人民共和国主席令第 9 号）第十条之（五）规定：因移居境外注销中国户籍的，纳税人应当依法办理纳税申报，扣缴义务人应当按照国家规定办理全员全额扣缴申报，并向纳税人提供其个人所得和已扣缴税款等信息。

③ 第一财经.规避富豪移民税收征管漏洞，人大代表建议开征弃籍税 [EB/OL].https://mp.weixin.qq.com/s/CrMJ5fM4MgDReoxltwfC1Q.

断，所以通过国籍和购买护照的方式隐匿税收居民身份的行为是存在一定风险的。

2. 住所

如前文所述，国籍并不是各国金融机构判断居民税收身份的唯一标准。很多国家会通过居住国家、住处地址等信息来判断税收居民身份。比如，若在外国注册金融账户时提供的信息中有中国住址或中国联系方式，那么就很有可能被金融机构判定为中国税收居民，海外账户的信息就会被收集并报送给中国。

宜家的创始人英格瓦·坎普拉德（Ingvar Kamprad），在个人财富规划上尽显风采。其通过定居在瑞士 30 年，将每年个人所得税降到 20 万法郎。由此可见，对于住所的规划，也需要高净值人士未雨绸缪。

3. 居住时间

居住时间也是各国判断税收居民身份的重要标准，因此也是进行税收居民身份规划的重要因素。各个国家和地区有自己的认定标准，比如，英国规定"事实上在一个课税年度内（即 4 月 6 日到下一年的 4 月 5 日），在英国居住 183 天以上的人"属于英国税收居民；美国规定"三年内在美国累计超过 183 天者（非美国移民，但有美国收入）"属于美国税收居民；澳大利亚规定"某一课税年度在澳大利亚居留 183 天以上"属于澳大利亚税收居民。

4. 合理填写身份声明

个人在新开立金融机构的账户时，应当向金融机构提供由账户持有人签署的税收居民身份声明文件，以便金融机构识别账户持有人是否为非居民个人。而主动申报和判定的责任通常在个人一方，而非金融机构。正确合适地填写身份声明是非常重要的，这会直接影响金融机构对税收居民身份的判断，填写不当可能需要提交更多证明材料，引起更多不必要的麻烦。所以在填写身份声明时，建议做好合理规划，结合个人信息与相关国家或地区的税收政策，做到谨慎填报 [1]。

四、不得不面对的信息透明 FATCA/CRS

全球金融危机的爆发，使得许多国家的财政状况恶化，尤其是一些发达国家，甚至面临政府破产的危机，加之陆续浮现的离岸岛公司的泄密事件与银行泄密事

---

[1] 北京市华税律师事务所."税收居民"身份的选择与筹划|CRS应对［EB/OL］,https://www.pkulaw.com/lawfirmarticles/7d188e7d5fc8679052cc1098665cb138bdfb.html.

件，让各国政府认识到了各国富豪通过海外资产逃避缴税现象的严重性。为了杜绝这种现象再影响国家财政，各国希望增加税收的透明度，为此，各国政府之间加强跨国间税收情报交换就是最紧迫的任务。FATCA 与 CRS 都是基于此目的的产物。

（一）FATCA

1. 什么是 FATCA

FATCA（Foreign Account Tax Compliance Act），即《海外账户税收合规法案》，是美国首先在国际上单边推动的税务披露信息交换法案，是美国国税局为了维护本国税务完整推出的用来打击美国税务居民跨境离岸逃税的财政措施。FATCA 的"撒手锏"是向不遵守 FATCA 合规要求的外国金融机构，对其来源于美国的某些特定收入征收 30% 的预提所得税，使得金融机构遵守 FATCA 的合规要求 [1]。值得注意的是，美国并非 CRS 规则的参与方。

2. FATCA 影响哪些人

（1）美国纳税人。具有美国公民或绿卡身份或满足美国的实际居留标准的美国纳税人，若有大量资产在美国境外，且该海外国家已经与美国签订 FATCA，其特定的账户信息会按照协定被美国境外的金融机构提供给美国税务局，在美国境外的资产需要按要求纳税。

（2）金融机构对核查对象的判断。金融机构会利用美国指针（FATCA Indicia）来判断客户是否属于核查的对象，指针内容包括：①出生地为美国；②有美国公民证明文件；③居住或邮寄地址（包括邮政信箱）在美国；④有美国电话号码；⑤有汇款到美国账户；⑥代理人是美国地址；⑦代收邮件地址是美国地址。

满足上述条件之一的，仅说明客户会进入金融机构的核查范围，对于是否会被认定为美国纳税人并向 IRS 提供信息则是下一个层面要做的判断。

（二）CRS

1. 什么是 CRS

CRS 即共同申报准则（Common Reporting Standard），是经济合作与发展

---

[1] 燕彬 . 认识 FATCA 和 CRS：涉税信息交换与全球资产透明全指引 [M]. 北京：法律出版社，2018.

组织主导下的全球范围的涉税信息自动交换制度，属于跨国间涉及各国税收主权和税收利益的国际准则。

我国作为 CRS 参与国，为了履行金融账户涉税信息自动交换的国际义务，国家税务总局、财政部、中国人民银行、中国银行业监督管理委员会、中国证券监督管理委员会、中国保险监督管理委员会制定了《非居民金融账户涉税信息尽职调查管理办法》[①]。该办法自 2017 年 7 月 1 日起施行，其中对金融机构、金融账户等概念进行了定义与列举，明确了对金融机构针对非居民金融账户涉税信息的尽职调查行为的具体要求，为金融机构执行 CRS 提供了国内法依据。

2. CRS 影响哪些人

CRS 影响的人群如图 5-2 所示。

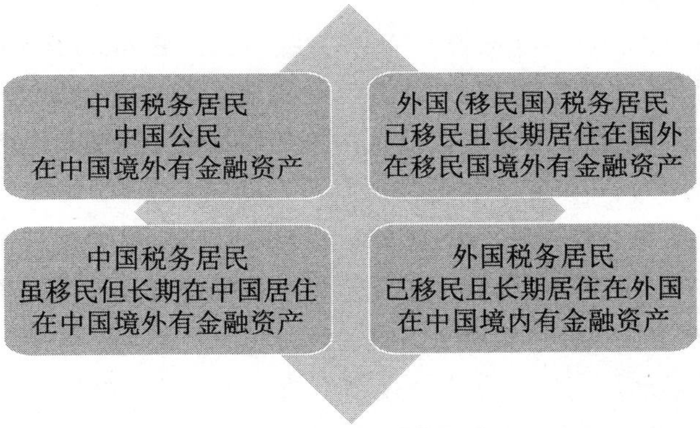

图 5-2　CRS 影响的人群

以我国为立足点，我们可以根据信息交换发生的方向，划分出两大类人群。

（1）信息从境外交换至中国（中国税收居民）。 拥有海外金融账户的个人，若根据海外当地在 CRS 规则下的税收居民判断标准被认定为中国的税收居民，那么其在中国境外拥有的任何金融资产，如存款、证券、投资型保险产品、投资基金、信托等相关信息就会被自动传送至中国税务局。

（2）信息从中国交换至境外（非中国税收居民）。 金融资产在中国境内的非中国税收居民，即在中国境内的金融账户将被视为中国的"非居民账户"，账户信息将被收集、报送、交换给其税收居民所在国，将面临补税和资产被溯源的

[①]　国家税务总局、财政部、人民银行等关于发布《非居民金融账户涉税信息尽职调查管理办法》的公告（国家税务总局、财政部、人民银行、银监会、证监会、保监会公告 2017 年第 14 号）。

风险。

（三）离岸岛经济实质合规，辅助全球信息透明化

在传统的国际税收筹划中，跨国集团出于跨国投资、资方持有、规避税收、外汇监管或者个人财富隐私保护等目的，常见的操作是在不对公司课税的离岸税收管辖区设立实体。但是随着 CRS 的落地实施，昔日的"避税天堂"如今受到国际社会的压力，对其税收环境加强了监管。目前，开曼与英属维京群岛（BVI）都已经有经济实质的相关法律法规（以下简称《经济实质法》）正在施行。

1. 什么是离岸经济实质规则

简而言之，经济实质法就是在离岸岛的相关实体（Relevant Entities）从事相关活动（Relevant Activities）应符合特定的经济实质（Economic Substance）要求，否则会面临罚款或被注销的风险，并且可能被当地机关列为执行国际税收信息交换的对象。具体谁会受到管辖，需要从相关实体、相关活动和经济实质要求三个层面去判断。

（1）相关实体。注册在开曼或 BVI 的有限责任公司和有限合伙公司为离岸经济实质规则中的相关实体。除非被认定为投资基金或者非开曼税务居民实体，否则都属于需要遵守《经济实质法》的主体。

（2）相关活动。离岸经济实质规则中的相关活动包括银行业务、分销和服务中心业务、融资租赁业务、基金管理业务、总部业务、控股业务、保险业务、知识产权业务、运输业务。

（3）经济实质要求。相关实体从事相关活动应符合特定的经济实质要求，对于一般实体来说，需要满足相关业务（以合理方式）在开曼、BVI 进行决策和管理，有足够数量的员工、从事核心创收业务、有足够的运营支出、足够的业务实体（办公场所等相关设备）等要求，而《经济实质法》对纯控股实体的要求相对较低。

2. 离岸经济实质规则的影响

那些出于跨国投资、资方持有、规避税收、外汇监管或者个人财富隐私保护等目的而设立在传统离岸金融中心，但是并不在当地开展实际经营活动的公司，存在被认定为离岸公司的风险。

【案例 1】张三是英籍华人，2018 年在开曼注册了一家餐饮服务公司 A 公司，其营业地点在开曼布拉克，并雇用了 20 名员工[1]。A 公司注册在离岸金融中心，同时在该离岸金融中心开展实际经营活动，并且有营业场所和雇员，故 A 公司不属于离岸公司，符合《经济实质法》的要求。

【案例 2】李四是中国税收居民，是中国著名餐饮连锁企业的老总，2018 年在开曼注册了一家名为"餐饮中国"的 B 公司，用来持有李四在新加坡某银行的存款 500 万美元以及在伦敦市中心购置的一套价值 100 万英镑的高档住宅。B 公司虽然于离岸金融中心注册，但是并不在该离岸金融中心开展实际经营活动，也没有任何营业场所和雇员，那么 B 公司就属于离岸公司，不符合《经济实质法》的要求。

相关实体若未满足经济实质要求，开曼和 BVI 规定首先会向其分别发出两次通知。发出第一次通知时，告知认定结果和处罚决定等信息；若该实体未能在指定日期内满足税务局的相关要求，则将会收到二次认定的通知。若相关实体在两次通知后仍未满足《经济实质法》的要求，就有可能被申请注销[2]。

离岸避税地出台的《经济实质法》及其实施细则，使企业主体的运营成本和税务风险提高，并使最新的国际税收征管要求不一定能够在传统跨境投融资架构中得到满足。自 2018 年起，中国税务机关可以通过 CRS 更加容易地掌握中国居民在开曼、BVI 等地设立壳公司的相关资料，更有助于税务机关加强监管和执行一般反避税。将来离岸公司会面临更高的合规要求，维护成本也会随之增加。

五、全球视野下的个人及企业税务筹划

税收筹划，是在规则的框架内，基于对税收规则的完全了解和对业务结构的透彻理解，以税负最小和税后利润最大为目标而进行的一种对结构的设计。

近年来，CRS 的辐射范围逐渐扩大，包括中国在内，越来越多的国家和地区加入 CRS，国际税收体系逐步完善。在资产收入透明化和征税全球化的大趋势下，进行合理的资产配置和身份规划的重要性愈发凸显。这次全球疫情的发生，

---

① 燕彬. 认识 FATCA 和 CRS: 涉税信息交换与全球资产透明全指引 [M]. 北京: 法律出版社, 2018.

② 章慈. 开曼 BVI 架构面临多重挑战，海外经济实质法案来袭 [EB/OL]. https://www.pkulaw. com/lawfirmarticles/aac6e9e3d94cffcd77d7295201948805bdfb.html.

对跨境投资者来说更是一次警醒：未来是充满不确定性的，应充分考虑全方位资产配置和身份规划。投资者更不能局限于一地思维，而是要建立起全球运营的思路，从大局视角出发进行税务筹划。

（一）转变资产形式

投资者不应当低估全球政府加强税务合作与管控的力度，无论是在国内还是跨境，政府对于税务的把控将越来越严格与细致，伴随着全球数字化的进程，金融资产可以算是陷入了无处遁形的境地。对高净值人群来讲，将房产等非金融资产和金融资产合理搭配，实现资产多元化配置已经刻不容缓。

目前 CRS 还未将房产、收藏、黄金等资产信息列入交换信息范畴，所以金融资产非金融化在一定程度上能够减轻税收负担。比如有些海外房产投资，就是以移民的方式进行的，在转化个人资产的同时还可以获得多一重公民身份。

但绝对避开金融资产也是不可取的做法，因为相比金融资产而言，非金融资产也有自己的弊端。还是以海外房产为例，非金融资产具有增值空间小、流通性弱的缺点，且通过房产能得到的经济收益主要是租金收入，而租金收益事实上也属于金融资产的一种。

（二）额度管理

正如书中前面章节所讲，许多人因为不懂资产配置的逻辑，把所有投资都集中在一起，这样的策略是一种极大的风险，一旦失败就少有挽回的余地。尤其是结合中国经济转型的时代背景，必然性的市场波动更是在间接警示投资人做好资产配置的重要性。规划好资产的额度管理和分配，规划好风险管理，不仅能有效规避来自单一市场的风险，还能通过对不同市场资产的合理比例调配实现长期稳健收益。

（三）地区规划

关注各地的税收优惠政策，并创造条件适用优惠政策，也是税收筹划中的重要部分，好的地区规划能够为纳税人省下大笔财富。

例如，前几年，我国许多影视发行机构纷纷选择"落户"霍尔果斯，其中不可忽视的原因是，霍尔果斯是我国当时税收优惠较为全面的地区，推出"文化业公司的企业所得税 5 年之内全免"的税收优惠政策。我国国内电影票房在前几年经历大幅上涨，对于这些高额的票房收入，如果没有霍尔果斯的优惠政策，则要按照 25% 的企业所得税税率纳税[①]。

（四）身份规划

当投资人在对自己的资产进行全球性规划的时候，身份规划对于高净值人士来说，是一笔能够带来高收益的投资。如何在不违背法律的前提下通过身份规划有效安排自己的财富，以合理方式减轻和规避自身税负，是备受财富管理界关注的问题。

获取海外第二身份作为一种投资方式，在当下能够实现双赢甚至多赢。在综合考虑不同国家的税负、国家税务信息自动交换制度、具体的税收优惠政策、双重税收居民、离境税、弃籍税等问题后，选择适合自己财富情况的国籍、住所，并合理安排居住时间，可在一定程度上实现财富收益的优化。

（五）个人身份法人化

个人身份法人化是为了降低个人持有资产的风险。一般会设立公司，用公司的法人身份替个人持有股票等资产，以此实现风险的隔离。实践中，此种做法不在少数，比如海底捞的实际控制人张勇，其夫妇的财富规划中就包括了家族信托和新加坡家族办公室。

张勇夫妇各自设立家族信托，使得资产从个人持有转移至信托名下，完成了个人向公司化的转变。张勇自己作为委托人，将家族成员定位为受益人，信托契约可以起到保护资产及掌控资产的作用，更为家族内部分配及继承问题消除了多重隐患，且从税务筹划的角度亦达到了税务递延的作用。[②]

（六）商业实质的风险管理

维护好商业实质，才能使好的税收安排发挥实效。各个国家或地区在税务实践中，判断居民企业能否享受双边税收协定提供的优惠税率时，都在不同程度上将商业实质作为条件。缺乏商业实质的主体不仅不能享受税收优惠政策，还可能面临额外的税收负担。

---

① 北京市华税律师事务所．税收筹划的十大基本方法［EB/OL］．https：//www.pkulaw.com/law firmarticles/ee853f86a3dd7c864a21279dfa0dac16bdfb.html.

② 参见《福布斯》的报道，https://www.forbeschina.com/city/55279。

以在境外注册的中资控股公司为例，若中国政府根据生产经营、人员、账务、财物等要素判定其实际管理机构在中国，则这一公司根据中国税法规定，为中国居民企业，应当就其全球范围内的收入缴纳中国企业所得税。而对于境外公司通过中间控股公司间接转让中国公司股权的行为，若境外中间控股公司缺乏商业实质，则可能需要在中国缴纳企业所得税[①]。因此，满足投资所在国对商业实质的要求是税务筹划的重要因素。

第六节

家族办公室的选择与设立

根据福布斯发布的"2021 全球亿万富豪榜"，10 亿美元净值财富人士中我国达到 745 人，首次超越美国跃居世界首位。虽然不同的咨询或调研机构可能会因为统计数据的参数与标准不同而结果不同，但中国富豪人群与财富数量的剧增，是不可否认的事实。而家族办公室是全球富豪及世界顶级企业家财富管理的普遍选择。但在中国，家族办公室还处于始露苗头、良莠不齐又火热发展的阶段。同时，对于这一领域，目前我国还处于监管缺失且不明朗的状态，当然，这也意味着行业迎来了一个风险与机会并存的市场。因此本章会对家族办公室的选择与设立进行分析，并提出观点与经验分享。

一、对家族的理解决定未来家族财富管理模式

家族办公室是西方舶来的财富管理系统，对于家族财富管理有着一套传统而又与时俱进的逻辑与架构。但由于文化上的差异，东西方对于"家族"一词有着截然不同的理解和诠释，故而在财富管理上当然也就有着不同的问题及诉求。家族办公室的形态能否适应本土，能否契合与满足中国富有家族的财富管理预期，这取决于富有家族本身以及服务提供群体对中国家族以及家族办公室的形态、现状、需求、隐患、文化以及价值观等的理解程度。

---

① 　赵明亮. 境外投资税务法律风险防范［EB/OL］.https://mp.weixin.qq.com/s/vVd5n5gEwh BIH0wd9tYrLg.

（一）什么是中国传统文化中的家族

《管子·小匡》有云："公修公族，家修家族。使相连以事，相及以禄。"一个家族文化的形成，需要数代人的共同努力和积淀，在各代人不懈奋斗的过程中，形成了极具特色的家族文化、家族精神，从而以独特的姿态出现在大众视野中。华人文化中有两种不朽：第一种是血脉连接的不朽，所以传统中国社会十分注重血脉的传承。第二种是个人名誉德行的不朽，即立德、立功、立言，传至千秋万代。

（二）什么是中国家族办公室所服务的家族

我们先来理解一下家族办公室服务的家族是什么概念。

（1）家族与家族企业之间大多有着密不可分的关联。而家族企业一般是通过一个或几个具有血缘关系的亲戚家族所掌控的企业。

（2）有人说民营企业和家族企业是不同的，民营企业包括家族企业，但他们认为家族企业必须是具有血亲或姻亲关系的一群人来控股，而没有血亲姻亲关系的自然人投资并经营的公司只能是民营企业。就这一点而言，笔者并不完全认同。

目前家族办公室服务的家族也可以是以股权为核心纽带的血亲姻亲，或非血亲非姻亲的利益群体。因为如果把家族企业仅定义为血亲以及姻亲持有的企业，那么对未来长远的传承无疑设置了一个难以跨越的障碍。全球有很多家族在百年传承的过程中，都没有局限于"继承人"或"继承人们"必须是血亲姻亲，这样会更有利于家族企业及品牌的代代延续，显然也有助于家族的跨世代传承。所有的有限责任公司和无限责任的实名注册的个体户或公司，都可以是家族企业，大陆民营企业 99% 是家族企业，可以是上市或不上市公司。同时，家族企业是家族的核心资产与根基，服务好一个家族，就必须对其家族企业有深入的了解，甚至可以提供相对应的企业服务。

（3）真正的既富且贵的家族对普罗大众而言都足够神秘，而"神秘"的前提是足够低调。他们并不希望全社会都了解他们、关注他们，即使是那些知名家族企业的成员以及掌管者，他们也并不希望其核心家庭成员、核心资产情况、具体财富数量等为整个社会所关注与了解。而且很多真正极其富有的家族并不在大众的视野当中。

（4）很多中国家族企业掌门人的家族成员只有配偶和独生子女，家庭结构简单。普华永道的调查数据显示，中国内地家族企业继续由家族持有和传承基业的比例分别为59%、57%，相较于全球的平均（65%、64%）略低，且仅约1/5的内地家族企业确定了接班人继承计划，开始加大对家族企业继承人的培养力度。[①] 而随着越来越多的掌门人接近退休，家族和家族企业管理权临近交接，创一代家族和家族成员的不同需求逐渐显现，家族治理、企业治理与传承也逐渐被更多的家族提上日程。

（三）中国家族办公室的现状

笔者认为当前国内的家族办公室大致有以下四类：

（1）超级富豪为了更好地管理家族事务与传承家族财富而自己成立的家族办公室。

（2）信托公司、大型第三方理财或私人银行等机构，为了更好地服务超高净值客户，增加客户黏性而成立的家族办公室。

（3）具有传统的金融机构、财富管理公司、律所、会计师事务所、保险公司等工作履历的人，或曾经就职大型家族企业高级管理岗位的人，出来自己整合从业者、整合相关资源，成立的家族办公室。

（4）一些集团公司下属的财富公司为了服务集团管理层以及为了给财富公司开拓市场而筹建的家族办公室。

事实上，这其中不乏滥竽充数的家族办公室。

（1）很多人由于"职业基因"的原因，不可能也没机会服务到那些真正需要家族办公室的群体。市场中，不乏宣传自己是做家族办公室的人或公司，更有人常常为了推广自己的业务而到处讲课，讲一些家族案例，这其实很难服务到那些真正的家族。即便是普通富有的、有些底蕴的家族客户，可能也不敢轻易委托这样的人员或机构来提供服务。有人说："我不宣传，怎么让客户知道我们是做家族办公室的，怎么能知道我可以服务富人？"但如果这类从业者必须天天出去用这些方式做广告才能使这些"家族"发现他、知道他，那么他根本就不具备做家族办公室的"基因"。毕竟能真正从事家族办公室服务的人或机构，从全球来看也是极少数而非大批量。

---

① 普华永道.2021年全球家族企业调研——中国报告［EB/OL］.https：//www.pwccn.com/cnfambizsurvey?icid=social_wechat-20210518.

（2）大多数冠以家族办公室名义的机构其主要收入来源往往是代销产品和代销服务所产生的佣金，或售卖自己的小型私募产品。但由于缺乏家族办公室真正需要的相关服务资源与专业人员，所以这些机构或个人不具备向客户收取顾问费、服务费的专业资本。

（3）没有真正的、稳定的、长期的可以服务于超高净值客户的投资专家团队、法税专家团队、客户关系团队和财富管理经验丰富的（如家族办公室的专家与经营者最好要拥有 15 年以上的专业从业经验）经营管理团队。

市场中，很多从业人员只能用从国外机构或书上听来、学来的知识和逻辑与客户沟通或演讲家族办公室的概念，但并不具备实操家族办公室的经验和能力。一些机构声称自己是家族办公室，而且总是企图用一些不太懂的有钱客户练手，希望能从客户身上获得一些成功或不成功的经验值。当然，更有甚者，一些人或公司纯粹只是借着家族办公室的名头给自己镀金，从而达到向客户销售理财产品的目的。如果按此标准来计算，有人曾戏称："中国的家族办公室比家族还多。"

对比美国，很多从家族投资顾问衍生的家族办公室，都拥有美国证券交易委员会（US Securities and Exchange Commission，以下简称 SEC）所颁发的买方投资顾问牌照。而中国很多家族办公室脱胎于卖方机构。国内一些知名的第三方财富管理公司旗下的家族办公室在业务发展中，同样会面临既要以买方思维取得家族客户的信任，又要兼顾卖方利益产品销售的局面，常常难以两全。所以，对于家族办公室与家族顾问的高门槛职业要求，能跨越的从业者寥寥无几。

（四）中国家族办公室所面临的挑战

据研究统计，我国集团企业的平均寿命为 7~8 年，中国民营企业的平均寿命仅为 3.7 年，其中中小企业的平均寿命仅为 2.9 年。每年有近 100 万家企业倒闭。从家族企业的经营来看，中国家族企业的平均寿命不足 24 年，主动传承的企业家占比不足 10%。[①] 家族企业短暂的生命周期似乎在印证着一句千年俗语："富不过三代。"所以，清华大学经管学院管理学博士高皓曾说："家族办公室像是在做一件明知不可为而为之的任务。超级富豪成立家族办公室希望可以实现财富传承，然而财富毁灭的程度更加高。即使家族信托或许将财富传承的成功率提高了 10%~20%，但依旧难以改变'富不过三代'的困境。"

---

① 中国共产党新闻网，http://theory.people.com.cn/n1/2016/0601/c49154-28400516.html。

另外，国内的大小传统金融机构以及财富管理机构等面临做家族办公室的挑战，笔者认为有三点：

（1）家族财富的管理与传承往往是跨代诉求，甚至希望百年不辍。即便只是家族信托，一般也会签订30年、50年甚至需要更久的长期契约。而中国的财富管理机构还没有50年历史和实践，且相关人才匮乏，对于长久家族事务管理的复杂性和实操性都缺乏经验。委托人所期待的长期效果、过程中的诸多问题以及发展与变化，家族办公室的管理团队未来是否能很好地应对与解决，这是一个现实的挑战。要知道，那些真正适合家族办公室服务的家族客户，对人和机构的信任是非常难以建立的。

（2）根据权威机构对1000余位企业家进行的调查，85.59%的受访企业家更愿意通过本人直接持有的方式持有家族财富，而通过设立架构等间接方式持有的意愿比例仍然较低。例如，企业家对于设立家族信托持有资产的模式仍处于初步了解和探索阶段。说得直白一些，中国人还不习惯把财富的管理交给他人，对于西方国家传到中国的财富管理方式还需要更长时间的了解和接受。

（3）中国的财富管理市场正处于蓬勃发展的初级阶段。泥沙俱下的市场中，既藏污纳垢也藏龙卧虎，探索出一套本土结合海外的、能够让中国富人接受的财富管理模式，仍需要长时间的市场验证与打磨。

即便如此，家族办公室这个对中国来说的舶来品还是获得了超级富豪们以及更多财富管理从业者的关注。从当前全球家族办公室的发展情况来看，大部分的家族办公室都是单一家族办公室。瑞银与康普顿财富公司的《2019全球家族办公室报告》显示，当前有80%的家族办公室为SFO（Single Family Office，单一家族办公室），其中大部分与家族业务独立；剩余的20%为MFO（Multi Family Office，联合家族办公室）。而SFO对于这些富豪而言，大多是由家族成员或家族企业核心管理人员牵头组建并成立的。假如由外部机构成立的家族办公室专门服务某个或多个家族，那么这个外部机构的人员专业性、经营管理能力、构成人员的经验以及资源整合能力，就可想而知了。

同时，根据海外市场的经验，只有1亿美元以上可投资资产的富豪家族才能负担起单一家族办公室的运作费用。而由此衍生出来的联合家族办公室可以服务更多雇主，甚至可以服务上百个家族。联合家庭办公室通常为可投资资产为2000万美元至1亿美元之间的富豪家族提供服务。

事实上，将西方式家族办公室照搬到中国，是错的。简单地将第三方理财、买方投顾等直接包装成中国式家族办公室，更是错上加错。根本原因在于，普通高净值人群（可支配资产不足 3 亿人民币）雇不起能人，而超高净值家族又过于自信（觉得家族内部的人才与各类资源不缺）看不上能人（比如，一些二代也许认为他自己比那些乱七八糟的机构"牛"一万倍，他凭什么把老爷子的钱，交给那些所谓的家族办公室来挥霍）。但是中国银行业（最有优势利用行业地位和资源从事家族办公室业务的金融机构）的不作为，让"中国式家族办公室"找到了生存的缝隙。由于普通高净值人群对银行标准化的服务并不满意，又无力自己来干，所以只能依赖服务更贴心的各类"家族办公室"。当然，这类家族办公室和真正意义上的家族办公室很不一样。

无论如何，这并没有使更多人看清楚家族办公室是一个有门槛的领域，是一个需要具备"基因"才能从事的行业，或至少是一个就算没"基因"，也要在行业里、市场中摸爬滚打且深入经营个十几二十年才可能涉足的领域。同时，家族办公室不是一个理论问题，而是一个实践活动。只研讨家族办公室的概念毫无意义，分析家族客户的需求并提出切实的解决方案才是根本。如果打着家族办公室的旗号且以家族客户为交易对手，那便违背了家族办公室的宗旨。

（五）一个合格家族办公室应有的思考

富人们在决定成立家族办公室时，以及选择专业机构或专业人士时，至少应该思考以下问题。

（1）家族办公室的管理人曾经创办过企业吗？他们充分了解和经历过诸如"产权与股权＋经营权与决策权＋企业家精神"的创富模式吗？

（2）家族办公室的管理人明白企业主对企业而言必须以命担当的深层逻辑吗？

（3）家族办公室的管理人是否为家族掌门人的血亲或姻亲，且足够有能力？或是否在家族企业担任过要职？

（4）该管理人是家族企业的利益共同体（如合伙人、核心职能高管）吗？

（5）家族办公室管理人既必须明白家族成员之间的利益关系、生活模式、家族文化，还要清楚家族企业经营的核心业务，更要清楚家族企业所面临的风险、问题、机会、隐患与企业文化。

（6）如果设立一个家族办公室，管理人还要知道以下情况：

■ **家族的核心成员是谁？**

- 他们最关注的事情是什么？
- 他们面对的主要社会问题是什么？
- 他们对传承的态度是什么？

也就是对家人、家事、家产、家业、家风的理解和安排。

（7）对二代的教育培养和传承是一个重要课题。他们的人生规划基本上会有四个路径：

- 子承父业：未来家族企业的掌门人。
- 另起炉灶：开拓新的与家族企业相关或非相关业务。
- 资本玩家：家族基金的掌门人，从资本家过渡到资本玩家，转向金融，不再经营实体企业。
- 安享家业：按照自身的兴趣爱好和理想生活，他们更多的是家族信托的受益人。

这四类人的培养安排并不相同。第一类人重点在于培养公司治理能力与建立接班人思维；第二类人需要开阔眼界，培养商业逻辑与创新思维；第三类人需要学习金融识别与判断能力，实践资产管理及财富管理能力；第四类人需要具备持久富裕的受益结构，让他们得以按天赋与兴趣发展。

（8）家族办公室是解决家族资产规模越来越庞大、家族成员关系越来越复杂、家族事务越来越繁复、家族需要长治久安等问题而产生的，不要为了设立而设立。

（9）家族办公室就像管家一样，由不同领域行业的专家组成，监督和管理整个家族的财务、健康、风险管理、教育发展等事务，以协助家族企业持续发展，实现家族整体长治久安的目标。同时，其管理人需要秉持公正客观的态度，整合协调其他专业资源，为同一个家族的几代人提供高度个性化的服务（单一家庭办公室）。

所以，笔者认为中国的家族办公室由外而内进入家族去服务存在着极大的困难与障碍。更多真正意义上的家族办公室还是由内而外发展并形成的。内部建立家族办公室更能适应家族内部的事务管理诉求与财富管理诉求。成熟之后也可以自身的经验去成立家族办公室，帮助和服务其他有需要的家族（联合家族办公室）。

（10）当然，优秀的长期资产管理公司，非商业银行的私人银行，由真正具备专业能力与丰富市场经验的金融与法税专业人士组成的服务团队，也是具备相关条件的（专业家族办公室或虚拟家族办公室）。

同时，如果把赚钱能力、资产管理能力作为一个家族办公室的重要指标，那么客观地讲，真正的高净值群体的赚钱能力可能远高于目前市场上很多西装革履侃侃而谈的理财经理们。所以，也有专业从业者认为，家族办公室在很大程度上应该是一种基于家族永续传承同理心的服务解决方案而存在的，并不是单一的着重于资产管理的金融服务。

（六）"家族"会是一个主流价值观吗

我国现阶段核心的价值观之一就是共同构建和谐社会，而家庭是和谐社会的重要组成。注意，是家庭，不是家族。家庭与家庭之间更容易缩小贫富差距，而家庭与家族之间必然产生悬殊的贫富差距，更容易产生矛盾，也必然会出现社会资源垄断，导致社会的不和谐。2019 年 10 月，中国人民银行调查统计司对中国城镇家庭的资产负债情况进行了专项调查。在这份调查里，有几个数据令人震动："中国最富有的 10% 家庭，他们拥有的资产加起来，占到全社会总资产的47.5%。前 20% 家庭的资产加起来，占到社会总资产比例的 63%。而底层那 20%的家庭，资产加起来仅仅为社会总资产的 2.6%。这种差距，还体现在区域之间，参与调查的 30 个省份里，有 8 个在平均线以上，其余 22 个省市全在平均线以下。北京的户均家庭资产，是新疆的 7 倍。"[①]

党的十八大报告提出，提高居民收入在国民收入分配中的比重，提高劳动报酬在初次分配中的比重。初次分配和再分配都要兼顾效率和公平，而再分配要更加注重公平。也就是说，从以前的"效率优先，兼顾公平"变成了"公平优先，保证效率"的主导思想，公平才是现阶段发展的主旋律。同时，2021 年8 月 17 日，习近平总书记主持召开中央财经委员会第十次会议，研究扎实促进共同富裕问题，研究防范化解重大金融风险、做好金融稳定发展工作问题。习近平总书记在会上发表重要讲话，强调共同富裕是社会主义的本质要求，是中国式现代化的重要特征，要坚持以人民为中心的发展思想，在高质量发展中促进共同富裕。当前，国家需要调整国民收入分配格局，扩大中等收入群体比重，增加低收入群体收入，合理调节高收入，取缔非法收入，形成中间大、两头小的橄榄型分配结构，使发展成果更多更公平地惠及全体人民，朝着共同富裕方向稳步前进。

---

① 　《2019 年中国城镇居民家庭资产负债情况调查》。

虽然"家族办公室"是一个时尚的名词和热点，但笔者一直不主张很多从业者盲目盲从的为自己冠以这个名头。

先不说那些有名无实，根本不曾是家族企业的成员，也没在家族企业任过高职或完全没有深入了解与接触过家族企业，更没长期深入涉足服务过家族事务的人，只是普通金融销售人员、律师、会计师、私人银行从业者，凑一凑人员，凑一凑资源，就自称家族办公室的，是否能获得真正家族的青睐，是否能服务好真正的家族客户。

就以无数曾经通过垄断、违法、违规获取财富后并"抱团"以资本裹挟市场的那些"家族"为例。他们那从辉煌、显赫、声名盛极一时却最终走向收敛、退出、分解的结局，我们至少应该思考，当前的主流价值观是否允许这样的"族群"明目张胆地壮大，并以"家族"自居。

鉴于以上描述，笔者认为"家族"一词在当前社会而言应该属于一个中性词。家族既可以是传统、文化、族群、血脉、团结、财富、社会责任的代言群体，也可以是阶级、资本、垄断、勾结、隐匿、奢侈、极端贫富的代名词。

另外，相信也没有哪个真正的富豪家族愿意接受一个天天在外面大肆宣传、发朋友圈、营销、讲课的"家族办公室"为自己提供长久深入的家族财富管理服务。毕竟，做营销、做学术研究和做家族服务的本质与职业特性是完全不同的。

所以，拥有管理或参与家族办公室能力的资深从业者或机构，自然知道暗夜潜行，低调行事，保护客户和自身的道理。

（七）能成为一个合格的家族办公室何其不易

不是管着钱就叫家族办公室。市场好的时候大多机构都能管好钱，没什么了不起。市场不好的时候、金融危机到来的时候、经济萧条的时候、"黑天鹅"事件发生的时候，还能不赔钱、少赔钱甚至赚钱且长期如此，才能获得家族客户最终的信赖。

而不是祸害完一个客户再开发新客户。另外，时而找个策略基金代卖，时而找个股权投资代融，且除了面向家族客户，还顺带面向市场其他客户，这不是在做家族资管，其本质还是产品三方。

不是有法律税务服务就叫家族办公室。解决眼前的、表层的问题，几乎大多法税服务机构都做得到，没什么了不起。能以最精准、最有效、最经济的方式解决深层问题，且不留隐患，且能预防问题而不是永远去处理问题，且能建立长效机制，才能获得家族客户最终的信任。

而不是未来隐患变成问题后由委托方承担后果。

不是可以提供服务项目就叫家族办公室。市场上各种服务项目比比皆是，不存在稀缺。能在某项服务上做到最垂直、最具竞争力、服务反应最快、最贴心、最流畅，且充分掌握并满足个性化，才能获得家族客户的信任。

而不是今天卖移民服务、明天卖健康服务，一会儿卖高端消费服务、一会儿卖子女教育服务，什么能挣点儿钱就卖什么。

不是从事过金融行业的就能做家族公办室服务，金融从业者并不稀缺。能了解企业家精神的、能解决企业家问题的、可以与企业家对话的、知道财富管理本质的、自身财富有基础的、长期市场有口碑的、专业领域能让人信服的、有生活阅历及职业阅历的，还能抵得住金钱诱惑的，或能获得家族客户的信任。

而不是拿客户练手，再说哪来那么多家族客户可以练手。

同时，也不是光有钱就可以成为家族办公室所服务的家族客户。有钱的人并不少，但不是都可以用家族办公室来服务。不足 7 亿~10 亿元管理规模以上的，还处于只想着挣钱而没有世代财富思维的，没有风险管理思维的，没有财富攻守兼备思维的，没有财富系统打造思维的有钱人，也不适合使用家族办公室服务。

所以，做家族办公室怎么会那么容易呢？家族办公室怎么会那么多呢？对中国富豪而言，成立家族办公室和分辨家族办公室都是一个要面临的挑战。

当然，这只是笔者的看法，不同的经历造就不同的视角。一个人对世界的理解常常会阻碍他对世界进一步的理解。我们绝不否认在发展过程中那些尝试、探索且为之努力的优秀业者，因为一个行业终归要有先行者去经历混沌、磨难、挫折、发展、变革，去为自己以及更多的人创造机会与空间。同时也要致敬那些初心正念且行正道的行业先行者。

（八）中国富豪更需要家族办公室

美国私人财富咨询机构 Wealth-X 发布的数据显示："到 2030 年，亚洲的代际财富转移接近 2 万亿美元，而全球范围内净资产超过 500 万美元的家族将有 15.4 万亿美元的巨额代际财富转移，当中包括企业所有权、财产和其他资产，以及更广泛的家族财务问题，如慈善基金会和艺术藏品。由于转移过程经常出现失误，有 70% 的富裕家族在第二代传承时损失财富，高达 90% 的家族则有可能在第三代传承时损失财富。同时，管理财富转移需要拥有多领域的技能才可以安全且顺利地实现。中国已经跃升为世界第二大经济体，其亿万富豪人数占全球的27%，财富占全球亿万富豪财富总额的35%。尽管近年来中国亿万富豪下降了16%，但全体285位中国亿万富豪的总财富占全球亿万富豪财富总额的12%，远高于排名第三的德国。而且，中国亿万富豪白手起家的比例占到了95%。"[1]

以上数据不得不让我们思考一个问题。从全球来看，即便是财富积累与财富传承历史相对久的西方国家，在财富代际过程中，依然会面临诸多的障碍与损失，甚至是失败。而我国正处于富裕人群增长快，白手起家一代富人占比高的初级财富阶段。与此同时，由于富一代大比例的集中在20世纪20年代末期至60年代出生，如此则意味着这一群体迎来了交班传承的高发期。

另外，中国富有群体中的大多数人显然还不具有丰富的传承经验，不具备成熟的传承理念，不能够熟练地运用传承工具，以及不知道在传承发生时与传承发生后如何凭借有效的机制去处理与解决传承中的矛盾与问题。而家族办公室恰恰是一个财富管理与传承的综合性、个性化解决方案。这一载体可以集合诸多的案例，整合散乱的资源，聚合多领域的专业人才，协助家族领导人与继承人建立财富的管理与传承系统，使之降低失败传承的概率。家族办公室还可以更好地照顾到家族其他成员的需求与稳定性，从而逐步累积家族管理的经验值，在代代延续中探索长治久安之道。

所以，中国的富人更需要学习与运用家族办公室模式下的财富管理手段，以及开始积累选择家族办公室服务人才的经验，建立人才库。

（九）家族传承和家族财富传承需要兼顾

从目标追求而言，家族传承和家族财富传承是两个不同的概念。家族财富传承的目标是让家族事业发展不息，子孙后代掌管并享用家族财富；而家族传承追求的是让整个家族人才辈出、守望相助、基业长青。家族传承是家族基因传承、家族文化传承、家族事业传承的结合。"范氏义庄"的故事就是一个非常好的范例。

【案例】"范氏义庄"

范氏义庄由北宋名臣范仲淹所设，是我国历史上第一个非宗教性的慈善组织，被认为是财团法人和家族基金会的雏形。

---

[1] 引用自2022年新加坡星展私人银行发表的《家族办公室热潮东西方对比》。

公元 1050 年（北宋皇祐二年），第三次被贬官的范仲淹返回了故乡苏州。数十载的戎马边关、宦场沉浮生涯，让范仲淹深切领悟到团结家族、帮扶彼此的重要性。在部分家族成员的扶持下，范仲淹买下了长州（今江苏吴县）等地 1000 亩田地，设立了"范氏义庄"。范仲淹亲自为范氏义庄订立了规程，以规范其运作，防止族人侵吞义庄的地产。在范仲淹的设想中，义庄主要有三大功能。

一是经济功能。义庄负责清点、维护土地，并将土地出租，而出租所得用于赡养同宗族的贫苦成员。

二是教育功能。科举出身的范仲淹为帮助更多族人通过科考入仕，进而获得持续的政治资源扶持家族，实现良性循环，非常重视族人的教育事业，在义庄内建立了惠及所有宗室子弟的义学。

三是祭祀功能。为了延续家族香火、维护家族凝聚力，范氏义庄还被用来修缮祖庙、开展祭祀仪式。

受范氏义庄福泽，范家人才辈出，而其中很多人也愿意回馈义庄，支持义庄发展，为义庄捐钱、捐物、捐地，形成了家族传承和财富传承的良性循环。范仲淹的儿子，官至宰相的范纯仁、官至尚书右丞的范纯礼，继承父志管理义庄、续增规条，为义庄的发展打下了良好的基础。南宋年间，范之柔整治了被战火蹂躏的义庄，帮助义庄恢复了原有的规模。明末，范仲淹十七世孙范允临向义庄捐赠了 100 亩田地。清初，大同知府范瑶捐赠了 1000 亩田地。于是，虽然历经八百年的朝代更迭、人祸天灾，范氏义庄的规模不仅没有萎缩（即使到了清朝宣统年，范氏义庄也依然保有 5300 亩之多的田地），相比范仲淹初创之时还扩张了数倍，荫蔽的范氏后人更是不计其数。范氏义庄是动荡历史中的一个奇迹，也是家族传承和财富传承的良好范例。

二、家族财富管理的顶层结构设计与案例

"中国式家族办公室"，是一种集中财富管理需求的集合性解决方案。其顶层设计构想包括：以家族服务为核心内容，致力于保卫家族财富、管理家企风险、保护家庭成员、保护家企隐私、规划家企传承、弘扬家企愿景，提高家族和家族企业的"软实力"。此外，"中国式家族办公室"还要管理和监督好各相关部门以及外部服务机构的工作。

【案例】碧桂园杨氏家族的传承

杨氏家族掌握着国内地产龙头碧桂园集团。2005年，创始人杨国强先生不再担任集团的执行董事，由其女儿杨惠妍女士接管其名下的大部分股权。彼时，杨惠妍女士刚满24周岁。为了使家族企业和财富能够顺利传承，杨国强先生对顶层结构进行了详细的安排。

首先，杨国强先生虽退任执行董事，但退而不休，早早地让女儿承担起了第二代管理核心的责任。在此过程中，女儿还能借助父亲的名望搭建起自己的人脉和商业网络，并积累其在父亲的商业网络、人际关系圈中的知名度和信任度。其次，碧桂园集团的企业传承以股份制改革为继承，采取家族成员和职业经理人混合的管理模式，把充分引入外部人才作为首要目标，以此来辅助"女承父业"的成功。最后，利用上市公司和离岸公司等工具，对公司治理结构进行现代化改造，除规避风险之外，也有助于企业的持续发展以及竞争力的提升。

通过完善的顶层设计，碧桂园集团保障了接班的顺利进行和企业的正常发展。

三、家族办公室法律架构与税务影响

（一）概况

根据中国法律，目前尚无关于"家族办公室"的定义。通常来讲，家族办公室是指为单一或者多个高净值个人或者家庭提供全方位财富管理和家族服务，以满足其各类金融和非金融需求的专业机构[①]，或可以理解为一种架构性的家族财富管理解决方案。

但在实践中，中国已有家族以特殊实体（常见的如咨询公司等）来执行家族办公室功能，如股权控制、企业治理、财富管理、法税顾问、家族未来规划等。有的则是利用所谓"总裁办公室"来服务家族内部事务和管理家族投资的中国特色"内嵌式家族办公室"。但由于缺乏专业人士的打理且权责模糊，这种"中国式家族办公室"通常存在家企不分的缺点，导致无法发挥出家族办公室应有的作用并处于尴尬的境地。因此，中国的家族办公室要想长远，还要结合自身情况与

---

① 德勤：《"中国式"家族办公室的构建和赋能》。

所处的社会环境，并虚心学习国外家族办公室的先进经验，从而找到有效的运营模式。

目前，国外已经成熟的家族办公室主要有以下几种形式。

（1）单一家族办公室。由某一家族单独设立，只服务一个家族的机构。单一家族办公室主要由家族成员管理和控制，聘请专业团队综合负责家族事务，为家族提供定制化的财富管理和财务解决方案。

（2）联合家族办公室。为多个高净值人士或家族提供综合性财富管理和家族事务管理的机构。联合家族办公室更多是由独立第三方设立并负责为多个家族提供服务。其特点是，可以节约家族办公室的营运成本，适合于财富的规模没有大到足以成立单一家族办公室的家族。同时，联合家族办公室可提供更多资源，也能提供不同家族之间合作的机会，然而其私密性相较于单一家族办公室则稍显不足。

（3）功能型家族办公室（又称虚拟家族办公室）。不以实体形式单独设立，而是由传统金融机构与专业机构提供的家族办公室服务，提供业务的相关主体包括银行、信托公司、保险公司、律师事务所、会计师事务所、税务师事务所等。

目前，在亚洲地区，家族办公室主要聚焦于新加坡和中国香港，这两个地方由于独特的地理位置、地缘政治优势、低税务体系和健全的法律体系，成为中国高净值人士设立家族办公室的首选。特别是在新加坡和中国香港陆续推出针对家族办公室的税务优惠后，更是吸引了大批高净值客户前往设立。

（二）新加坡单一家族办公室政策和构架解析

新加坡采用领土税收原则（即仅考虑纳税人源于本国境内的所得税收），企业所得税率低，同时还与众多国家和地区签署了避免双重征税的税收协定；同时，新加坡政府还制定了一系列针对家族办公室的各项税收优惠政策，以吸引家族办公室来新加坡设立并开展投资。根据《新加坡所得税法》第13U（原13X）和第13O（原13R）的相关规定，符合条件的单一家族办公室管理的投资基金若从事指定投资（例如，新加坡交易所上市的股票、合格债券、持有新加坡金融管理牌照下管理的基金等），其特定收益将获得免税优惠。同时，由于家族办公室设立后，还可以附带申请1~3个工作准证，很多高净值人士都将设立家族办公室作为日后移民和定居新加坡的首选方式。在新加坡政府如此大力的支持下，据悉，截至2022年4月，已经有400余家族办公室在新加坡成功设立，预计2022年底将达到 700 余个。新加坡单一家族办公室架构，如图 5-3 所示。

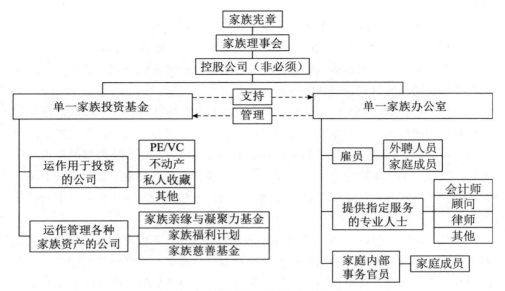

图 5-3 新加坡单一家族办公室架构

（三）中国香港单一家族办公室政策和构架解析

论对家族办公室的税务和行政支持，中国香港特区政府一直是不甘落后。2021 年 6 月在香港特区政府的积极推动下，投资推广署成立了香港家族办公室（Family Office HK），专门为来港设立的家族办公室提供一站式支援服务，利用其在政府各个机构以及当地业界独有的紧密合作和过往关系，提供包括运营支持、开业公关、业务拓展、筹组业务等相关咨询，以及筛选和提供适格的服务提供商。

除此之外，为追上新加坡的步伐，香港特区政府早期颁布了针对适格的离岸和在岸基金的统一基金豁免所得（Unified Fund Exemption）税务优惠，后又于2020 年 8 月推出有限合伙基金制度（Limited Partnership Fund），这些优惠举措能有效增加香港投资机会，为家族办公室的来港设立和在港发展提供了良好的环境。香港单一家族办公室架构，如图 5-4 所示。

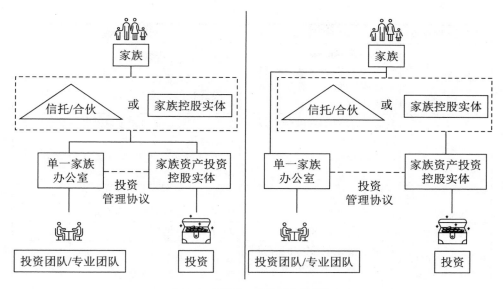

图 5-4　香港单一家族办公室架构

（四）中国香港和新加坡家族办公室相关税收政策比较[①]

中国香港和新加坡家族办公室的相关税收政策有所不同，如表 5-1 所示。

表 5-1　中国香港和新加坡家族办公室相关税收政策比较

相关税收政策	中 国 香 港	新 加 坡
整体税收概念	• 地域来源原则征税 • 只有来自香港的利润才在香港课税 • 源自其他地方的利润不需要在香港缴纳利得税	• 地域来源原则征税 • 只有来自新加坡的利润才在新加坡课税 • 源自其他地方的利润不需要在新加坡缴纳利得税 • 汇回或被视为汇回新加坡的境外企业收入都需要缴纳新加坡利得税（符合条件的离岸收入可以免税）

---

① 安永家族办公室咨询团队. 抢先看！香港家族办公室税务优惠即将出台［EB/OL］.https://www.sohu.com/a/529251084_676545.

相关税收政策	中国香港	新加坡
企业所得税	• 基本税率：16.5% • 非应税/免税项目：资本收益/收入、股息收入、离岸收入	• 基本税率：17% • 非应税/免税项目：资本收益/收入、股息收入、离岸收入（须符合条件）
个人所得税率	薪金、工资、董事酬金以及其他雇佣收入 • 标准税率：15% • 累进税率：2%～17%	薪金、工资、董事酬金以及其他雇佣收入 • 累进税率：0～22% （2024纳税年度开始将最高税率由22%提升至24%）
赠与税/遗产税	不适用	不适用
其他税项	印花税、预提税等	印花税、预提税、消费税等
税收协定	45个国家/地区	90个国家/地区
单家办（SFO）的牌照要求	从事非受规管业务的合资格SFO一般不需要申领金融服务牌照	从事非受规管业务的合资格SFO一般不需要申领金融服务牌照
单家办（SFO）的免税计划及其条件	根据公开咨询文件草案，通过SFO管理的FHV税收宽免（拟议2022年4月1日推出）： • AUM最低金额：24 000万港元（约3000万美元） • 雇佣至少2个具有相关专业经验的全职员工 • 每个财政年度的经营费用不少于200万港元（约25万美元） • 满足其他免税条件	12D/130/12U基金免税计划（原13CA/13R/13X条款），以13U为例： • AUM最低金额：5000万新元（约3700万美元） • 雇佣至少3个具有相关专业经验的全职员工 • 每个财政年度的经营费用不少于20万新元（约15万美元） • 满足其他免税条件

四、境外家族办公室案例分析

1. 海底捞创始人的家族办公室：利用信托保障家族财富传承

海底捞在餐饮行业中是创造财富的领头羊。作为中国规模最大的连锁火锅店，海底捞在全球范围内拥有超过1000家直营餐厅。其创始人张勇、舒萍夫妇在1994年将一家在四川创立的，以售卖麻辣烫为主的小餐饮店经营成2018年在香港挂牌上市的餐饮巨擘之后，张勇以138亿美元的身家登上2019年福布斯发布的新加坡五十大富豪榜榜首。作为高净值人士的张勇夫妇，他们的家族办公室通过设立离岸家族信托和身份管理进行财富优化这一举动十分引人注目。

2. 洛克菲勒家族办公室富过六代的密码：设立家族财富管理公司替代单一家族办公室

回顾洛克菲勒这个商业帝国的崛起，其家族财富在1880年达到了巅峰状态。在这一年，全美国大概95%的石油都是其下属的标准石油公司所提炼的。因此，在累积了巨额财富之后，如何管理这笔巨资便成为洛克菲勒要面对的首要问题。而通过设立家族办公室和相关家族信托，这个历史上首位将财富累积达到10亿美元的大亨已经将财富延续到了家族的第六代。洛克菲勒家族办公室（Rockefeller Family& Associates）在这一百多年来为洛克菲勒家族提供了包括投资、法律、会计、家族事务以及慈善等在内的各项服务。

1977年，家族成员纳尔逊·洛克菲勒从美国副总统的位置退下来之后提出此前的单一家族办公室开支巨大，运营费用达到数百万美元，建议通过成立新的家族财富管理公司来代替单一家族办公室。1980年，在美国证券交易委员会（SEC）注册的资产管理公司正式成立，这也是洛克菲勒资本管理公司（Rockefeller Capital Management）的雏形。该公司从最初只为家族成员提供财富管理服务，逐步成长壮大为一家面对不同客户群体的综合性投资和财富管理公司，其业务具体包括三个部分：洛克菲勒全球家族办公室、洛克菲勒资产管理和洛克菲勒战略咨询。其中洛克菲勒全球家族办公室因坐落于洛克菲勒广场30号56层第5600室，又被称为"5600房间"，经过数十年发展已经成为一个联合家族办公室，同时为多位富豪管理财富，但是洛克菲勒家族成员仍然是主要服务对象。

在投资上，家族办公室旗下有三个部门，分别负责传统投资（股票和债券）、房地产和风险投资。在传统投资方面，家族办公室采取了类似信托的分散化投资策略，但是投资的对象大有不同。除石油外，其他被投资的公司都具有很大的科技背景，如电子仪器、化工、智能制造和通信等。而在风险投资部门，家族通过注册公司Venrock进行投资，由于小约翰·戴维森·洛克菲勒对航空发展有着浓厚的兴趣，Venrock参与了麦道公司的创立，还为当时美国东方航空公司的重组提供了资金帮助。

其家族富过六代的另一个法宝是家族的信托基金。早至1934年，小洛克菲勒为其妻子及其子女设立了6亿美元的不可撤销信托基金，即如果未经受益人同意，不可被更改或终止的信托。如今这些信托基金控制了洛克菲勒集团 90% 的股份，家族成员仅能够作为受益人享受信托的利益，但无法分割这些股权，这避免了财富在继承的过程中可能发生的纠纷以及对公司可能带来的负面影响。

3. 马克·扎克伯格加入的 ICONIQ Capital：联合家办的资源富集与交换

在这个以技术发展占主导地位的时代背景下，高科技公司才是这个市场的主角，随着科技公司的全球扩张，一批又一批财富新贵快速累积起自己的原始财富。在这些互联网新贵中，带领全球进入社交媒体时代的扎克伯格和他选择加入的联合家族理财办公室 ICONIQ Capital 是集合了这个群体的典型代表。

ICONIQ Capital 的创始人迪维什·马坎（Divesh Makan）毕业于沃顿商学院并获得 MBA 学位，他先后在高盛和摩根斯坦利担任财富顾问，后在 2011 年成立了该联合家族办公室，为领英（LinkedIn）、推特（Twitter）等互联网公司的创始人，前优步（Uber）首席执行官等提供地产投资、税务规划、金融投资、婚姻及其子女教育等服务。不同于传统的家族办公室，ICONIQ Capital 更像一个私密的高端人士俱乐部，无论是 ICONIQ Capital 的客户，还是被 ICONIQ Capital 投资的公司，都能成为其圈内人士。因此，通过此平台所能获得的人脉关系也是 ICONIQ Capital 吸引更多高科技公司首席执行官以及创始人家族加入的重要原因。

根据 ICONIQ Capital 向美国证券交易委员会提交的资料，截至 2019 年 4 月 30 日，ICONIQ Capital 的高净值客户共有 210 位，其中包括 182 个私募基金和 20 个慈善组织。其中私募基金又分为私募股权基金和特殊用途的基金，这些具有特殊用途的基金被用来对股票、债券、基金、房地产、风险投资等其他资产进行配置。私募股权基金与特殊用途基金在数量上大体一致，这说明了 ICONIQ Capital 较为重视私募股权投资。ICONIQ Capital 的投资策略与传统的家族办公室有所不同，根据披露，其更偏好科技类公司，这通常被认为是利用客户在行业的相关经验和信息来优化投资选择，从而达到最优的资源配置。例如，ICONIQ Capital 在投资手机聊天软件平台 Send Bird 时可以通过其客户脸书（Facebook）对比其旗下的飞书信（Facebook Messenger）来得到更多的精准分析。又如，ICONIQ Capital 可以利用地产大亨李嘉诚在本行业的经验来对其他客户的地产项目做更优化的投资。

第六章

系统财产传承化

对于新经济时代背景下的中国社会而言，财富传承所面临最大的挑战莫过于缺乏可参考的有效经验。新时代的传承远比过往难度更大，情况更复杂，形势更多变，财富更多元。曾经上一代的财产简单地由下一代继承，已经无法满足当下财富人群多元化的传承诉求。如前章所述，财富传承是以人为核心，对家风、家法、家业、家产、家事的系统性安排与规划。

第一节
财富传承没有机会再重来

财富传承是个长期且系统性的"工程"，绝不能临时抱佛脚，所以，就需要改变以往的继承思维而建立当下的传承逻辑；从曾经关注继承手续的办理到如今关注传承系统的建立，如图 6-1 所示。如此，才能减少财富在传承过程中，因经验缺乏所导致的不确定性风险的发生；才能使因没有传承逻辑与系统可遵循，让每一代摸着石头过河的传承者和继承人，无法运用有效经验导致财富折损的概率降低。

毕竟，投资失败我们可以重来，传承失败则没有再次选择的机会。

一、尽早规划继承，避免财富纷争 ①

据媒体公开报道，2007 年 6 月 23 日，著名相声演员侯耀文先生因突发心脏

---

① 案例引用自《凤凰网》的报道：https://ent.ifeng.com/special/star/houyaowenyichan/。

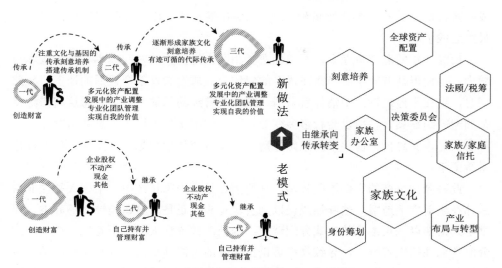

图 6-1　家族传承的"老模式"与"新做法"

病猝然离世。其名下财产包括存款、字画、收藏、房产等，价值不菲。由于生前并未订立遗嘱及做出其他传承安排，因此，他的家人及相关人等便展开了一场遗产的争夺战。当时，侯耀文先生的父母已不在人世。他本人有过两段婚姻均以离婚告终，身故后留下了两个同父异母的女儿，27 岁的侯瓒与未成年的妞妞。

2009 年 2 月，侯瓒将同父异母的妹妹起诉到了北京西城区人民法院，要求依法分割其父名下的财产。同年 6 月，侯瓒再次向西城法院提交申请，要求将原本作为被告的妹妹变更为原告，并追加了侯耀文的哥哥侯耀华、侯耀文的生前好友牛成志，以及侯耀文的徒弟郭晓小及其配偶四人成为被告，要求返还及赔偿相应遗产。侯瓒表示，在其父亲去世后，伯父侯耀华从没主动邀请作为继承人的她和妹妹清点、封存遗物。除了一部由侯耀华使用近一年后交付给妹妹的监护人的汽车外，侯耀华完全没有将剩余遗产分配给她们两人的意图。侯瓒还称，她从法院的调查取证中得知，牛成志取走其父名下多笔银行巨款；郭晓小夫妇二人使用私家车辆和搬家公司，先后拉走了其父生前居所玫瑰园别墅的所有物品。

同年 8 月初，侯瓒又递交了新诉状，增加两项请求：查询除此前已查 4 家银行外其他银行的侯耀文的账户；查明葬礼中亲戚朋友出的份子钱下落。同年 8 月下旬，侯耀华等提出管辖权异议申请，西城法院未做出裁定。

在 2010 年 6 月，侯耀文遗产纠纷案开庭审理，最终双方不能就调解条件达成一致，法院宣布不再当庭调解。直至 2010 年 8 月，几方就遗产处理等问题，最终达成了和解。

历经 3 年的遗产争夺案，不但耗费了相关人等巨大的时间成本、经济成本与精力，还使得几方的矛盾暴露在诸多的媒体上，成为大众茶余饭后的谈资。与此同时，更在不停地诉讼中消耗着亲情、友情及曾经的师徒情分。思考这起错综复杂的遗产纠纷案，之所以会有诸多变数，除了侯耀文先生撒手人寰非常突然，更重要的是，其离世之前并未及早做好财产的安排或传承规划，甚至连一份遗嘱也未曾留下。

此种豪门争产的案例不胜枚举，其原因在于在中国传统下，中国人往往非常忌讳在生前立下遗嘱，怕麻烦或误以为会触霉头。正是这种避而讳之的心态，使继承人需要以法定继承的方式分配遗产。因缺乏被继承人的分配意愿，继承人的分配意见往往较难统一，导致最终诉讼至法院的可能性更高，同时调解成功的可能性也更低。无数事实证明，缺乏遗嘱或其他财富规划安排不仅会激化家庭矛盾，也可能会加重遗产分割的税务成本，尤其是针对资产全球化的高净值人士。

二、发生意外之时，你的财富做安排了吗？

北京某文化传媒公司（以下简称"传媒公司"）曾是红极一时的影视公司，巅峰时期，投拍过诸多知名影视剧。但在 2014 年 1 月 2 日，传媒公司创始人李某因意外离世，但因其生前未做好财富的规划安排等风险隔离措施，导致其妻子儿女一夜之间生活发生巨变。

李某生前曾与某公司签订协议，双方约定："若在 2013 年 12 月 31 日之前传媒公司未能成功上市，则建银文化有权在这一日期后的任何时间，在符合当时法律法规要求的情况下，向传媒公司、实际控制人或李某三兄妹的任何一方要求一次性收购建银文化所持有的公司股权。"但最终传媒公司未在 2013 年 12 月 31 日前成功上市，因此李某三兄妹须共同承担共 6.35 亿元的债务。根据当时适用的婚姻法司法解释（二）第 24 条，遗孀金女士替代了李某的位置，成为连带责任人，于 2017 年 9 月被北京市第一中级人民法院判罚 2 亿元，后二审、再审均未推翻该判决。仿佛"一夜之间"，金女士及其儿女经历巨变，生活急转直下。金女士表示："我在北京的两处房产已被查封，现在我和女儿、妈妈一起租房子住。丈夫留下的遗产只有 100 万元。"

由此可见，不管财富已经积累到何种程度，面对生活的"飞来横祸"，如果没有做好充分的风险防范或应对措施，都将难以保障自己的妻子、儿女、父母等家人免于倾家荡产、手足无措之灾。

三、法定继承，常常是亲情与财富的粉碎机

对于被继承人而言，无论是主动或被动地选择法定继承，都意味着放弃了对财产安排的个人的意志，而选择了法定的意志。前文本书曾经提到过，"留下一笔高额，无明确指定，无有效安排的遗产，是整治子女和打破他们幸福的最佳选择"，并非玩笑。无数的争产案例表明，让继承人们陷入旷日持久的财产争夺的主要原因之一，就是"法定继承"。同时，财富的折损与缩水，甚至消失，也经常发生在这个阶段。另外，法定继承所带来繁杂的继承手续也会让继承人耗费大量的精力与时间成本，甚至未来有可能耗费高昂的经济成本。

（一）关于法定继承，你需要知道的

法定继承是指根据法律规定直接转移被继承人遗产的一种财产继承方式，[①]这一继承方式不体现被继承人的意思，也不要求继承人承认。《中华人民共和国民法典》（以下简称《民法典》）第六编第二章和《最高人民法院关于适用〈中华人民共和国民法典〉继承编的解释（一）》（以下简称"《继承法司法解释（一）》"）第二节对法定继承的适用范围、继承人范围、顺序和遗产分配的原则等方面做出了规定。

1. 法定继承的适用范围

关于继承的法律规则，《民法典》规定，继承开始后，按照法定继承办理；有遗嘱的，按照遗嘱继承或者遗赠办理；有遗赠扶养协议的，按照协议办理。[②]

《民法典》规定了按照法定继承办理的情况，包括：（一）遗嘱继承人放弃继承或者受遗赠人放弃受遗赠；（二）遗嘱继承人丧失继承权或者受遗赠人丧失受遗赠权；（三）遗嘱继承人、受遗赠人先于遗嘱人死亡或者终止；（四）遗嘱无效部分所涉及的遗产；（五）遗嘱未处分的遗产。[③]

---

① 陈苇,董思远.民法典编纂视野下法定继承制度的反思与重构［J］.河北法学,2017（2）.

② 《中华人民共和国民法典》第一千一百二十三条.

③ 《中华人民共和国民法典》第一千一百五十四条.

由此可以看出，遗赠扶养协议和遗嘱的效力优先于法定继承，仅在全部或部分遗产不存在对应的、有效的遗赠扶养协议、遗嘱等情形时，才适用法定继承。所以，法定继承又称"无遗嘱继承"。换言之，法定继承是对遗赠扶养协议和遗嘱的补充，具有"兜底"性质。本质上，这种适用顺序贯彻了意思自治原则，充分体现了民法对被继承人遗嘱自由的保护和尊重。

2. 法定继承人的顺序和范围

根据《民法典》的相关规定，法定继承遵从以下顺序：第一顺序为配偶、子女、父母，第二顺序为兄弟姐妹、祖父母、外祖父母。继承开始后，仅当没有第一顺序继承人时，才由第二顺序继承人继承。[①]

其中，"子女"包括婚生子女、非婚生子女、养子女和有扶养关系的继子女，"父母"包括生父母、养父母和有扶养关系的继父母，"兄弟姐妹"包括同父母的兄弟姐妹、同父异母或者同母异父的兄弟姐妹、养兄弟姐妹、有扶养关系的继兄弟姐妹。

3. 遗产分配原则

《民法典》对于同一顺序继承人的继承权予以同等保护，即原则上同一顺序继承人继承遗产的份额应均等，但也存在诸多例外。例外情形主要包括以下两种：一种是意定的不平等，即经继承人协商达成一致的，分配份额可以不均等。二是法定的不平等，可能出现多分、少分或不分、酌情分的情况。如对于生活有特殊困难又缺乏劳动能力的继承人、对被继承人尽了主要扶养义务或者与被继承人共同生活的继承人，可以予以照顾或多分。再如对于有扶养能力、有扶养条件但不尽扶养义务的继承人，可以不分或少分；对于故意隐匿、侵吞、争夺遗产的继承人，法院可以酌情少分。此外，对于继承人以外依靠被继承人扶养的人或对被继承人扶养较多的人，可以视情况分一些财产。

（二）法定继承：公平但可能并不如你所愿

如上所述，法定继承是直接法定而非意定地对被继承人的财产做出安排，不考虑、不体现被继承人的意思自治。虽然其对遗赠扶养协议和遗嘱起到重要的补充作用，但在实务中，法定继承纠纷高发，往往会对被继承人的财富带来巨大风险，如企业管理权旁落、股权稀释、财富经营不善、亲属反目等。有研究显示，在上海 2020 年的继承纠纷案件中，法定继承纠纷约占 80.04%。[②]

---

① 《中华人民共和国民法典》第一千一百二十七条。

② 上海通润律师事务所：《2020 年上海市继承纠纷案件大数据分析》。

此外，如果没有事先梳理一份清晰的财产清单，将现有的各种财产情况详细记录存档，当继承发生时，有可能连被继承人的至亲都不清楚有哪些财产，甚至有些财产还未取得财产凭证；尤其对于一些爱收藏古董字画、珍宝异石、奢侈品的人士来说，如果发生意外，他们的很多财产可能就成了无主之物。

四、遗嘱，永恒之争

遗嘱是财富传承中最重要也最基础的工具。任何传承工具的使用都有可能需要配搭一份有效的遗嘱，才能达到其最佳的效果。但在传承中，如果仅使用遗嘱又会面临诸多的继承障碍。例如，遗嘱形式要件的缺失导致遗嘱无效，从而完全没有补救或替代措施；或者多个继承人的情况下，有人对遗嘱产生怀疑或完全不予认可，导致需要继承人们对簿公堂；抑或是有遗嘱的情况下，还存在遗赠抚养协议；等等。这些都会导致被继承人留下遗嘱之后，继承人无法顺利继承的情况。

（一）关于遗嘱，你需要知道的

1. 遗嘱的含义和形式

所谓遗嘱，是指自然人生前对自己合法所有的财产进行处分并于其死亡时发生法律效力的一种单方民事法律行为。[①] 遗嘱继承则是依照被继承人生前所立合法有效的遗嘱而进行继承。与法定继承不同的是，遗嘱继承充分尊重了被继承人的意愿，并且其效力优于法定继承。根据《民法典》第六编第三章"遗嘱继承和遗赠"和《继承法司法解释（一）》，遗嘱有 6 种法定形式，分别为自书、代书、口头、录音录像、公证、打印遗嘱。但《民法典》取消了公证遗嘱的效力高于其他形式的遗嘱的规定。因此，公证遗嘱不再是具有最高效力的遗嘱形式。申请遗嘱继承或遗赠登记时，登记机构不能苛求当事人必须提供公证遗嘱。因为即使有公证遗嘱，如果在公证遗嘱之后又订立了其他形式的遗嘱，公证遗嘱则为无效。

在遗嘱继承中，遗嘱规定了继承人的义务，则继承人应当履行相应义务。此外，就继承之标的来看，继承人继受取得权利，同时也应当承受该权利之上的负担。但这种负担是有限的，继承人仅以所得遗产的实际价值为限清偿被继承人依法应当缴纳的税款和债务。

---

① 王利明.继承法修改的若干问题［J］.社会科学战线,2013（7）.

2. 遗嘱的特征

遗嘱具有 3 个特征：

（1）遗嘱是单方法律行为，基于遗嘱人单方面的意思表示即可发生预期法律后果。换言之，遗嘱人立下遗嘱，不需要经过任何人同意或征询他人意见。

（2）根据《民法典》的规定，遗嘱人必须为完全民事行为能力人，限制行为能力人和无民事行为能力人不具有订立遗嘱的能力，其设立的遗嘱为无效的遗嘱。因此，订立遗嘱不是老人的专属事项，高龄不可避免地会导致思维能力水平降低，影响遗嘱内容，并且一旦失去意识，将无法再订立遗嘱。因此从这一角度，有资产的完全民事行为能力人提前订立遗嘱会是明智的选择。

（3）因遗嘱是遗嘱人于生前处分其死亡后的财产归属问题所作的安排，所以遗嘱的生效要件为遗嘱人的死亡，即遗嘱在遗嘱人死亡时才生效。也正因如此，根据《民法典》的规定，遗嘱人可在生前对遗嘱进行多次变更，甚至撤销遗嘱。不过这也体现遗嘱作为财富传承法律工具的一个重要特点，即只要利用得当，遗嘱能够最直接地表达和实现遗嘱人的财富传承意愿。[1]

3. 独具中国特色的必留份制度

《民法典》规定了独具中国特色的必留份制度，即遗嘱应当为缺乏劳动能力又没有生活来源的继承人保留必要的遗产份额。[2] 该条规定是法律基于对保障弱势群体合法权益的特别考虑而对意思自治进行一定限制的体现。

该制度适用时要把握以下标准：第一，有权利享有遗产必留份的须是法定继承人。第二，在遗嘱生效时，该继承人必须同时具备缺乏劳动能力和没有生活来源这两个条件，才能从普通的法定继承人转变为必留份权利人。第三，必留的具体份额的确定需要结合被继承人的遗产数额及必留份权利人的具体情况。如果遗嘱中没有对必要份额进行保留，则应当参考《继承法司法解释（一）》的规定处理："遗嘱人未保留缺乏劳动能力又没有生活来源的继承人的遗产份额，遗产处理时，应当为该继承人留下必要的遗产，所剩余的部分，才可参照遗嘱确定的分配原则处理。"[3] 此种情形并不会导致遗嘱无效，只是在遗产处理时，首先应当为该继承人确定保留必要之部分即可，剩余的遗产则继续参照遗嘱进行分配。

---

[1]　《中华人民共和国民法典》第一千一百四十二条。

[2]　《中华人民共和国民法典》第一千一百四十一条。

[3]　《最高人民法院关于适用〈中华人民共和国民法典〉继承编的解释（一）》第二十五条。

（二）遗嘱——何种情况下可能被推翻

虽然遗嘱能充分体现遗嘱人的意志，但要想使遗嘱有效，须同时满足形式和实质要件。二者缺其一，均可能导致遗嘱被推翻。

北京市中银律师事务所李平、陈茜律师以2013—2019年间的369个股权继承纠纷作为样本进行数据统计，发现有329个案件的股东生前对股权处置没有留下遗嘱，只有40个案例的股东生前以各种形式订立了遗嘱。在这40份遗嘱中，3份公证遗嘱被撤销，9份代书遗嘱和口头遗嘱被认定无效，只有28份遗嘱被认定有效，即只有28位自然人股东以法院判决形式实现了生前愿望。换言之，在这一统计中，遗嘱被推翻的概率达到30%。[1]根据河北某公益团队对河北省2016年度继承判决进行统计的研究，发现62%的遗嘱因有瑕疵或重大缺陷而部分无效乃至全部无效，被法院采纳的遗嘱仅有38%。[2]

因此，遗嘱的订立绝对不能随意。未经专业指导写下的遗嘱，很有可能存在各式各样的瑕疵，不但无法起到保护财产和维护家庭的作用，反而可能会引起更大的纠纷和争端。

实践中，常见的遗嘱被推翻的情形主要有以下4种。

1.遗嘱人不是完全民事行为能力人

如前所述，限制行为能力人和无民事行为能力人不具有遗嘱能力，其设立的遗嘱为无效遗嘱。判断遗嘱人是否具有遗嘱能力的时间点为遗嘱设立时。也就是说，如果遗嘱人在设立遗嘱时有立遗嘱能力，即使其之后丧失立遗嘱能力，之前所立遗嘱也不因此失效。

2.遗嘱并非遗嘱人的真实意思表示

意思表示真实是民事法律行为有效的必要条件之一。根据《民法典》的规定，如果遗嘱人所立遗嘱是违背遗嘱人真实意愿的，如基于被胁迫或被欺骗而订立的、被伪造的、被篡改的，则该遗嘱全部或部分无效。实践中还有一种常见情形，即遗嘱人先后立有多份遗嘱，如果多份遗嘱处分的财产内容并不冲突，自然不存在无效的问题，反而可互相补充。但如果多份遗嘱之间的内容冲突，效力较低遗嘱中的相应内容则必然会失效。那么该如何衡量多份遗嘱之间的效力高低呢？实践

---

[1]　北京市中银律师事务所李平、陈茜：《2013—2019年股权继承纠纷大数据（上）》。

[2]　燕赵遗嘱库公益律师团队发布《河北省2016年度继承判决大数据报告》，详见"继承法苑"微信公众号。

中主要按照后遗嘱优先于前遗嘱的原则确定，以有效遗嘱中最后所立的遗嘱为准。因此，遗嘱书写时必须非常注意时间问题。

3. 遗嘱中所处分的财产并非遗嘱人的个人合法财产

遗嘱是遗嘱人处分其个人财产的民事行为。遗嘱人仅能在遗嘱中处置其个人的合法财产。遗嘱人如果在遗嘱中处分了属于国家、集体或者他人的财产，则遗嘱中涉及无权处分的内容无效，但并不影响遗嘱中其他内容的效力。在遗嘱中处分他人财产常见的情况有：（1）夫妻共有财产。一般来说，除夫妻间有特别的约定，否则婚后所取得的财产不管登记在谁的名下，均应属于夫妻共同财产。在立遗嘱时，应当先将共同所有的财产的一半分出为配偶所有，剩余的部分才能视为立遗嘱人的个人财产在遗嘱中进行处分。（2）抚恤金。抚恤金是对逝者家属的精神关怀和物质帮助，并非被继承人生前的个人财产，遗嘱人不得处分。（3）保险金。如果人身保险合同中受益人已确定，遗嘱人就不得以遗嘱的方式再次处分保险金。

4. 不符合特定遗嘱类型的形式要件

如见证遗嘱、自书遗嘱、代书遗嘱等遗嘱形式中的见证人不符合条件，《民法典》规定了不能作为遗嘱见证人的 3 类人员：（1）无民事行为能力人、限制民事行为能力人以及其他不具有见证能力的人；（2）继承人、受遗赠人；（3）与继承人、受遗赠人有利害关系的人。如果见证人属于以上三类人的范围，则该遗嘱无效。

（三）案例分析[①]

2007 年，香港前女首富"小甜甜"龚如心女士在香港养和医院病逝。这位传奇女性一生的财富都与遗嘱脱不开关系。其生前靠遗嘱取得丈夫的巨额遗产、成为亚洲第一富婆；去世后，又被他人用遗嘱争夺自己的遗产。

1. 生前：靠遗嘱取得丈夫的巨额遗产

龚如心于 1937 年在上海出生，和丈夫王德辉先生是青梅竹马。其公公王廷歆先生在上海经营化工原料等生意时创办华懋集团，20 世纪 50 年代移师香港。60 年代初，王德辉开始自立门户，经营房地产事业。1990 年，王德辉遭绑架失踪，龚如心独自承担起华懋集团掌门人的重任，由此与家翁王廷歆先生的家产争夺案开始。

王德辉于 1960 年立下第一份遗嘱，将财产平分给父亲王廷歆和妻子龚如心。

---

① 引用自《中国新闻网》的报道：https://www.chinanews.com.cn/ga/2015/05-18/7283633. shtml。

1968 年，王德辉怀疑妻子有外遇，又新立遗嘱，将财产全部留给父亲。1990 年，王德辉坠马受伤后因被绑架失踪，据龚如心表示，丈夫再次立了新遗嘱，将遗产全部留给了她。

王德辉失踪后，公公王廷歆将儿媳妇龚如心告上法庭，指责其不仅没有采取积极有效的救援措施，白白付出了 6000 万美元的巨大代价，却让儿子王德辉尸骨无存。王廷歆要求法庭确认 1968 年儿子所立的遗嘱合法有效。

2002 年，香港高等法院作出裁定，王廷歆为王德辉遗产的受益人，龚如心提交的遗嘱为伪造的遗嘱。龚如心不服，提出上诉。1 个月后，龚如心以伪证罪被警方拘捕。在交了 500 万元保释金后，才获得暂时的自由。2004 年，香港高等法院上诉庭裁定驳回龚如心的上诉。2005 年，警方起诉龚如心伪造遗嘱，经法院提审后，又交了 5500 万港元批准保释。与此同时，龚如心不屈不挠，继续上诉。

终于在 2005 年 9 月 16 日，香港终审法院的 5 名法官一致推翻原讼庭及上诉庭的裁决，裁定王德辉于 1990 年所立的遗嘱为生前的最后遗嘱，龚如心可继承王德辉 400 亿港元的遗产。至此，经过长达 8 年多马拉松式的诉讼，龚如心终于成为丈夫王德辉唯一的遗产受益人。

这件家产争夺案，不仅是香港史上历时最长的民事诉讼案，也是诉讼费最高的案件。本案双方都聘请了庞大的律师团，各由一名擅长打商业纠纷案的英国大律师领军，争议的焦点是这两份遗嘱是否真实。据悉，这件世纪遗产争夺案，仅律师费就高达两亿港元。

2. 去世后：别人凭借遗嘱争夺她的遗产

在打赢官司成功继承了丈夫的巨额遗产之后，华懋集团的业务也进一步得到了迅速发展，龚如心在全球最富的女性中排第 50 位，曾位居世界华人女首富。但争得遗产两年之后的 2007 年 4 月 3 日，心力交瘁的龚如心病逝，享年 70 岁。

根据龚如心 2002 年订立的遗嘱，可认定华懋慈善基金为其千亿财产的继承者。几日后，风水大师陈振聪主张依照龚如心在 2006 年重新订立的遗嘱，表示他才是龚如心遗产的唯一继承人。至此，华懋慈善基金和陈振聪均表示持有遗嘱且为龚如心财产的继承人，但两份遗嘱的内容却完全相反。按照遗嘱以最后订立者为准的法律规定，此案的关键在于陈振聪所持遗嘱的真伪及他与龚如心之间的关系。此后，一场围绕遗嘱的巨额遗产争夺战开始上演。

2009 年 5 月 11 日，龚如心遗产争夺案在香港高等法院开庭审理。香港高等法院裁定：陈振聪持有的 2006 年遗嘱中龚如心的签名为伪造，其与龚如心的关系仅限于风水师与客户；最后及有效的遗嘱为华懋所持 2002 年的遗嘱。由此，陈振聪败诉，有关遗产将拨归华懋慈善基金。陈振聪不服上诉，香港特区高等法院上诉庭于 2011 年 2 月 14 日驳回其上诉。陈振聪本人后续也被判伪造遗嘱罪、伪造及使用虚假文书罪，入狱 12 年。

但该案并没有就此结束。2012 年 5 月 18 日，香港律政司以遗产守护人身份入禀法院，要求法庭解释遗嘱的条文，确认华懋基金为受益人还是信托人。2013 年 2 月 22 日，香港特区高等法院裁定，龚如心在 2002 年遗嘱的意愿是成立慈善基金，并委任华懋慈善基金作为信托人，按照她在遗嘱中的指示，将其 830 亿元港币的巨额遗产全部用作慈善；华懋基金不服提起上诉。律政司指出华懋慈善基金只是"奉命行事"的"受托人"，必须依据遗嘱把遗产用作行善，并受到监管机构和法庭的双重监管。华懋慈善基金一方坚称自身是遗产的唯一"受益人"，而以龚仁心为首的基金董事局则有权决定如何执行遗嘱，而遗嘱本身仅属"指引"，基金有权"弹性"使用遗产。2014 年 9 月，香港高等法院原讼庭及上诉庭裁定华懋慈善基金仅仅属于遗产受托人，而不是受益人。华懋慈善基金不服，向香港终审法院提出终极上诉，但于 2015 年 5 月 18 日被驳回。

至此，龚如心巨额遗产案在历经 8 年后终于一锤定音。从龚如心女士生前与身后的两段遗嘱纠纷中可以发现：一方面，遗嘱确实可以协助被继承人实现按照自身意愿处置遗产的愿望；但另一方面，遗嘱往往也会引起继承人之间的纠纷和他人的觊觎。遗嘱继承纠纷的焦点一般在于遗嘱的有效性上，尤其是被继承人存在多份遗嘱时以哪一份遗嘱为准。也正是因为如此，立遗嘱不可马虎大意，为了保证其目的能被顺利实现，建议在专业律师的指导下撰写遗嘱，保证其没有瑕疵，以切实起到保护财产和维护家庭的作用。

第二节

家族财产继承分析

本节将对家族财产继承中，股权的继承、不动产的继承、金融资产的继承、艺术品（藏品）的投资与继承，做相关实务及风险的分析，这些也是发生继承的大多情况下最普遍涉及的资产类别。

一、股权继承

由于股权继承往往涉及较高的价值，同时其继承又并非只涉及《民法典》继承编中的内容，背后往往还牵涉公司控制权、管理经营权、受益权，以及公司治理，甚至企业兴衰存亡等问题。所以，往往能否妥善处置好股权的继承问题就成了传承中最核心的问题。

股权继承所涉及相关问题的复杂程度远高于其他类资产，其中包括但不限于继承人是否适合担任公司股东、企业股权价值的认定、是否需要"代持"、继承的实现路径、监管合规、涉税等等诸多问题，也考验着被继承企业家与继承人共同的智慧。

（一）关于股权继承的特点

《中华人民共和国公司法（2018 修正）》（以下简称《公司法》）明确规定了有限责任公司股东的股权继承问题，即自然人股东死亡后，其合法继承人可以继承股东资格，但公司章程另有规定的除外。[①]

《公司法》并未对股份有限公司的股份继承进行明确规定。相较于股份有限公司，有限责任公司具有更强的人合性和封闭性。具体体现在：第一，股东人数受到法定限制，为 1 ～ 50 人；第二，向外部第三人转让股权受到限制等。这种性质上的差异必然影响股东继承的方式，使得有限责任公司的股东继承与股份有限公司的相比有很大不同。由于篇幅所限，本节仅研究有限责任公司股东的股权继承，并不包括股份有限公司。

有限责任公司的股权继承具有以下几个特点。

1. 原则上是当然、自动继承

在被继承人死亡时，继承人原则上可仅依据个人意愿自动取得股东资格，无须其他股东或股东会同意。正如北京市第二中级人民法院〔2015〕二中民（商）终字第 04210 号民事判决所认为，《公司法》第七十五条规定：自然人股东死亡后，其合法继承人可以继承股东资格；但是，公司章程另有规定的除外。据此，通常情况下，继承人只要有证据证明其为被继承人的合法继承人，且被继承人是公司股东，便可以继承股东资格。其他股东只有在能够证明公司章程另有规定或限制新股东通过继承加入时，才能阻止继承人自动取得股东资格。

---

① 参见《中华人民共和国公司法》第七十五条。

2. 受到公司章程的限制

根据《公司法》的相关规定，有限责任公司的章程可以对股权继承做出特别规定，并且优于法律规定的效力。[①] 换言之，若公司章程对继承股东资格有除外规定的，如限制或排除继承人主体范围或股权继承份额能否分割，则死亡股东的继承人不能当然成为公司的股东。这一做法的原理在于，有限责任公司不仅具有资合性，而且具有很强的人合性，即股东之间相互信任和依赖的关系是有限责任公司得以成立和延续的基础。但是，公司章程的此种限制须注意两点：第一，其限制或排除只能及于股权中的人身性权利，不得及于股权中的财产性权利，即无论继承人能否继承股东资格，都可享有该股权项下的分红权。第二，从限制或排除的时间上看，原则上应当限于自然人股权死亡前订立的公司章程，而不及于自然人股东死亡后形成的公司章程。

3. 不要求继承人具有完全民事行为能力

《国家工商行政管理总局关于未成年人能否成为公司股东问题的答复》中明确，《公司法》对未成年人能否成为公司股东没有做出限制性规定，因此未成年人可以成为公司股东，其法定代理人可以代为行使股东权利。换言之，在公司章程对股权的继承人资格没有规定限制性条件的情形下，无民事行为能力、限制民事行为能力人同样可以继承股东资格、成为公司股东，只不过其参与公司管理、行使表决权等需要做出意思表示的事项是由其法定代理人行使。

4. 其他股东无优先购买权

如前所述，在公司章程未对股东继承做出限制性规定的情况下，原则上股东资格可以自动继承，并且其他股东在股东资格继承时无优先购买权。

（二）股权继承的难点问题

股权继承中的难点问题如下。

（1）股权继承导致股东人数多于 50 人如何处理？

根据《公司法》，有限责任公司股东人数最多不超过 50 人。[②] 因此，当多个继承人均取得了股东资格时，可能会突破有限责任公司人数上限。在此种情况下，应当由各继承人协商转让其继承份额，以使公司股东人数符合法定要求。[③]

---

① 《中华人民共和国公司法》第七十五条。
② 《中华人民共和国公司法》第二十四条。
③ 最高人民法院民事审谈第一庭 . 民事审判指导与参考［M］. 北京：法律出版社，2013（3）.

（2）继承人具有特定身份（如现役军人、公务员等）进而不符合股东资格如何处理？

根据《中国人民解放军内务条令（试行）》的相关规定，军人不得经商。[①]根据我国公务员法的相关规定，公务员在职期间、辞职或退休后不得违反有关规定经商或者参与营利性活动、在企业或者其他营利性组织中兼任职务。[②]因此，现役军人、在职或一定期间内的非在职公务员不得继承股权成为公司的股东。这种情形下，该继承人只能依法继承股东所拥有的股权相对应的财产权益（如通过代持方式），而不能继承股东资格或股东地位。[③]

（3）若存在股权代持，隐名股东的继承人能否直接继承登记在名义股东名下的股权？

《最高人民法院关于适用〈中华人民共和国公司法〉若干问题的规定（三）（2020修正）》规定：有限责任公司的实际出资人与名义出资人订立合同，约定由实际出资人出资并享有投资权益，以名义出资人为名义股东。实际出资人与名义股东对该合同效力发生争议的，如无法律规定的无效情形，人民法院应当认定该合同有效。实际出资人未经公司其他股东半数以上同意，请求公司变更股东、签发出资证明书、记载于股东名册、记载于公司章程并办理公司登记机关登记的，人民法院不予支持。[④]由此，隐名股东在未经确权之前，并非公司的股东，不享有公司股权，隐名股东的继承人不能直接继承登记在名义股东名下的股权。

（三）股权继承中的税务问题

1. 增值税

《中华人民共和国增值税暂行条例（2017修订）》规定，增值税的纳税人为在中华人民共和国境内销售货物或者加工、修理修配劳务，销售服务、无形资产、不动产以及进口货物的单位和个人。[⑤]《财政部、国家税务总局关于全面推

---

① 《中国人民解放军内务条令（试行）》第一百零五条。
② 《中华人民共和国公务员法》第五十九条。
③ 金剑锋.公司诉讼理论与实务问题研究［M］.北京：人民法院出版社，2008.
④ 《最高人民法院关于适用〈中华人民共和国公司法〉若干问题的规定（三）（2020修正）》第二十四条。
⑤ 《中华人民共和国增值税暂行条例（2017修订）》第一条。

开营业税改征增值税试点的通知》附件规定，销售服务、无形资产或者不动产，是指有偿提供服务、有偿转让无形资产或者不动产。此处的有偿是指取得货币、货物或者其他经济利益。

由此，股权继承因不满足有偿的要求而无须缴纳增值税。

2. 个人所得税

根据《个人所得税法》规定①，股权继承所发生的股权所得不在该法列举的征税范围之内。因此，股权继承无须缴纳个人所得税。

3. 印花税

《中华人民共和国印花税暂行条例》规定，在中华人民共和国境内书立、领受本条例所列举凭证的单位和个人，都是印花税的纳税义务人，应当按照本条例规定缴纳印花税。产权转移书据是应纳税凭证之一。根据该条例附件《印花税税目税率表》，产权转移书据单位和个人产权的买卖、继承、赠予、交换、分割等所立的书据，包括财产所有权的转移书据，税率为所载金额的万分之五，并由立据人缴纳。股权继承需要签订股权转让书据，按"产权转移书据"贴花。

因此，在股权继承过程中，继承人须缴纳印花税，税率为万分之五。

（四）案例分析

郭炳湘股权继承及控制权争夺案②

2018 年 10 月 20 日，位居福布斯香港富豪榜第十名、身家 87 亿美元的香港大富豪郭炳湘在港安医院去世，享年 68 岁。郭炳湘为香港四大家族之一，传统房地产豪门新鸿基郭氏家族郭得胜先生的长子，也是香港新鸿基地产的原董事局主席。

郭炳湘父亲郭得胜先生于 1990 年因病离世，其儿子郭氏三兄弟开始共同执掌新鸿基。然而新鸿基董事局突然罢免郭炳湘的主席之位，郭炳湘自此失去在新鸿基的一切主导权。虽然后来郭炳湘创立新公司"帝国集团"并重新跻身于香港富豪前十名之列，但其生前也一直在与其弟弟争夺新鸿基的控制权。

---

① 《中华人民共和国个人所得税法》第二条规定，应当缴纳个人所得税的范围包括：（一）工资、薪金所得；（二）劳务报酬所得；（三）稿酬所得；（四）特许权使用费所得；（五）经营所得；（六）利息、股息、红利所得；（七）财产租赁所得；（八）财产转让所得；（九）偶然所得。

② 引用自《澎湃新闻》的报道：https://www.thepaper.cn/newsDetail_forward_2548306。

在郭炳湘离世后，其名下财富的继承问题不时见诸各大媒体报道。由于事出突然，郭炳湘在从住院到去世的一段时间里，一直处于昏迷状态，因此他并没有来得及立下自己的遗嘱，导致遗产分配方案出现空白。

郭炳湘在新鸿基地产集团里的利益主要有两部分，一部分是他本人去世时持有新鸿基7.29%的股权，还有一部分是他本人曾经作为新鸿基股权信托的受益人。新鸿基的公司章程规定，只有合法的遗产代理人才有权取得（继承）新鸿基的股权。如果郭炳湘的妻子和3个孩子都想取得新鸿基股权的话，首先得获得遗产代理人的身份；只有这样，他们才能按照新鸿基公司章程的规定继承新鸿基的股权。此外，更有媒体报道说红颜知己唐小姐也有权来"争产"。

但目前，郭炳湘的股权继承尚无定论。豪门的股权继承问题不仅代表了目前更多的财富数字，还预示着后期的财富增长潜力。虽然郭炳湘的股权继承尚无定论，但是他遗嘱的缺乏必然会带来更多的纠纷。

生活充满不确定性，尤其是身价不菲的创业者、高净值人士，为了防范风险、避免纠纷，应提早做好股权传承规划，以避免股权继承纠纷带来的亲人反目、管理权旁落、对企业发展产生负面影响等问题。

二、不动产继承

所谓不动产继承，是指因不动产物权人的死亡而导致其所享有的不动产物权转由其他相关民事主体继受取得，是由于不动产物权人死亡之事实而引起的不动产变动。[①] 不动产继承是在法定继承人内部进行不动产分配，形式上包括遗嘱继承和法定继承两种。此外，被继承人还可以通过遗赠的方式将遗产中的不动产的处置交予法定继承人以外的第三人。

（一）不动产继承的特点

不动产继承有4个突出的特点：

（1）遗嘱继承因体现了被继承人的意思自治而被优先保护，其效力优于法定继承。这一点在前文"遗嘱，永恒之争"中有所提及，在此不予赘述。

---

① 孙建军. 论不动产继承中的登记安全［J］. 中国公证. 2016（1）.

（2）与受遗赠取得不动产相比，不动产继承属于非基于法律行为引起的物权变动，不需要继承人作出意思表示。《民法典》规定，因继承取得物权的，自继承开始时发生效力。[①]由此，继承属于法律事实，继承开始的时间即为继承人取得物权的时间，不以登记或者交付为物权变动的生效要件，而是在继承开始时，继承人当然地、直接地取得物权。但受遗赠并不意味着当然取得物权，根据《民法典》的相关规定，受遗赠人应当在知道受遗赠后60日内，做出接受或者放弃受遗赠的表示；到期没有表示的，视为放弃受遗赠。[②]由此，受遗赠则是法律行为，属于意定取得物权，既要被继承人做出将不动产赠与谁的意思表示，又需要受遗赠人在被继承人去世后的一定期限内做出接受遗赠的意思表示，遗赠才有成立的前提。

（3）不动产继承在办理登记后才能发生物权效力。《民法典》规定，处分不动产物权，依照法律规定需要办理登记的；未经登记，不发生物权效力。[③]因此，被继承人去世后，继承人虽然在原则上当然取得不动产的物权，但需要办理登记，否则不发生物权变动效果。

（4）不动产继承不再强制要求办理公证。2016年7月，司法部发布关于废止《司法部建设部关于房产登记管理中加强公证的联合通知》的通知，不再强制要求以办理公证手续作为房产继承的前提。并且，《民法典》规定，立有数份遗嘱，内容相抵触的，以最后的遗嘱为准[④]，由此取消了公证遗嘱的效力高于其他形式的遗嘱的规定，设立了"遗嘱最新第一原则"。换言之，不论是否经过公证，仅以最后时间的那份遗嘱内容为准。由此，不动产登记机构不能再苛求登记申请人提供公证遗嘱。

（二）不动产继承的难点

不动产继承涉及众多家庭关系，登记所需文件较为复杂。《不动产登记暂行条例实施细则（2019修正）》规定，因继承、受遗赠取得不动产，当事人申请登记的，应当提交死亡证明材料、遗嘱或者全部法定继承人关于不动产分配的协议以及与被继承人的亲属关系材料等，也可以提交经公证的材料或者生效的法律

---

① 《中华人民共和国民法典》第二百三十条。
② 《中华人民共和国民法典》第一千一百二十四条第二款。
③ 《中华人民共和国民法典》第二百三十二条。
④ 《中华人民共和国民法典》第一千一百四十二条。

文书。① 再加上《民法典》取消了原继承法中不动产继承登记的"公证前置"规则，当事人可以自由选择公证与否，无疑给不动产登记机构办理继承登记带来了很大的挑战。主要有以下 3 大难点：

1. 登记难

（1）材料真伪识别难。在诚信缺失、信息共享程度不高的社会大环境下，登记机构对于申请人所递交材料真伪的识别具有一定难度，尤其是不动产继承登记本身复杂且关系重大利益，更可能引发申请人的投机或弄虚作假心理。例如，被继承人有多份遗嘱，继承人之一为了最大化自身利益，提交了一份合法有效但并非最新的一份遗嘱去申请登记，也会影响到不动产的物权归属。也正因如此，不动产登记机构对非公证遗嘱转移登记的材料查验是应"形式审查"还是"实质审查"，一直是学理界争辩的焦点。实务中，登记机关的态度往往十分审慎，不仅要求遗嘱继承人提供多份材料和相关部门出具的"真实性"证明，还要求全部法定继承人或受遗赠人共同到不动产所在地的登记机构查验继承材料，以辨真伪。因此，不动产登记机构办理非公证遗嘱转移登记的效率普遍不高。

（2）亲属关系证明提供难。不动产继承登记要求申请人提供完整准确的亲属关系证明是登记的一大难点。由于历史原因，申请人所提交的当事人之间能够证明合法继承关系的材料可谓五花八门，其中既有落款为社区、村委会的各类纸质凭证，也有企事业单位所出具的各种报告。公安部、发展改革委、教育部等部门于 2016 年 9 月出台的《关于改进和规范公安派出所出具证明的工作意见》对"亲属关系证明"进行了明确规定，曾经同户人员间的亲属关系，历史户籍档案等能够反映、需要开具证明的，公安派出所应当在核实后出具。依据这一规定，申请人可以到公安部门调取相应的材料，在一定程度上解决了难以提供关系证明的问题。然而在实际工作中，由于历史材料的缺失，尤其涉及部分新中国成立前的档案时，工作人员时常会遇到公安户籍登记表上的家庭成员有错登、漏登等情形，从而导致不动产登记的公信力受到极大的挑战。因此，一味地要求提供公安机关所出具的证明，既不方便群众办事，对登记结果的准确性也无法保证。

2. 可能涉及析产

《民法典》规定，夫妻共同所有的财产，除有约定的外，遗产分割时，应当先将共同所有的财产的一半分出为配偶所有，其余的为被继承人的遗产。遗产在

---

① 《不动产登记暂行条例实施细则（2019 修正）》第十四条。

家庭共有财产之中的，遗产分割时，应当先分出他人的财产。① 由此，如果房产由多人共有，应当首先将其他共有人的财产份额分出，被继承人就剩余的财产确定遗产范围，由其法定或遗嘱继承人进行继承。这里的"其他共有人的财产"，通常为夫妻在婚姻关系存续期间所得的共有房产中属于另一方的财产份额、家庭共有房产中属于被继承人之外的其他家庭成员的财产份额，以及房产中的其他形式的共有人的财产份额。法定继承人、遗嘱继承人、被继承人的朋友同事等都可能成为法条中规定的"其他共有人"。

在遗产继承案件中，如果出现了房产与他人共有且其他全部共有人均为继承人的情况，则可以在诉讼继承案件中一并处理"析产"和"继承"两个事项，有助于节约司法资源，做到司法为民。全国各法院尤其是北京法院处理继承纠纷案件在实践中均采取了这种做法。但如果房产其他共有人主体超出了继承人主体，也就是房产其他共有人中全部或部分并非继承人的情况下，则通常需要先"析产"后"继承"，分两起案件先后处理。

3. 可能涉及继承人和居住权人的利益冲突

《民法典》物权编的第十四章专门规定了居住权。居住权可以合同或遗嘱方式设立。居住权人有权按照合同约定或遗嘱内容，对他人的住宅享有占有、使用的用益物权，以满足生活居住的需要。居住权不得转让、继承。设立居住权的住宅不得出租，但当事人另有约定的除外。

在房产继承案件中，要继承的房产被设立尤其是以遗嘱的方式设立了居住权的情况时有发生。也就是说，被继承人在遗嘱中写明房产归谁继承时，同时也很有可能会写明该房产由谁居住使用，为其牵挂的人设立居住权。这里的"牵挂的人"有可能是被继承人的配偶或需要房产遗嘱继承人继续照顾的或残疾的子女，还有可能是与被继承人（一般为丧偶的情况下）产生感情的其他人（如保姆）等。

（三）不动产继承涉及的税务问题

1. 契税

《中华人民共和国契税法》规定，法定继承人通过继承承受土地、房屋权属的，免征契税②。由此，法定继承人继承被继承人的不动产不再需要缴纳契税。但需

---

① 《中华人民共和国民法典》第一千一百五十三条。
② 《中华人民共和国契税法》第六条。

要注意的是，继承房产可以免交契税的情形仅限于法定继承人通过继承方式获得土地、房屋权属。根据《民法典》对法定继承人范围的规定，可免交契税的人仅限于被继承人的配偶、父母、子女或祖父母、外祖父母、兄弟姐妹[①]；超出法定继承人范畴的受遗赠人、遗赠扶养人等情形仍需要为受遗赠的房产缴纳相应契税。

2. 个人所得税

《财政部、税务总局关于个人取得有关收入适用个人所得税应税所得项目的公告》第二条规定，房屋产权所有人死亡的，对依法取得房屋产权的法定继承人、遗嘱继承人或者受遗赠人不征收个人所得税。由此，作为房屋产权所有人的被继承人去世后，依法取得房屋产权的法定继承人、遗嘱继承人或者受遗赠人可以免缴个人所得税。

而对于房屋以外的不动产，如土地等，根据《中华人民共和国个人所得税法》第二条及其实施条例的规定，个人所得税的征税范围也不包括继承土地等不动产所有权。由此，继承房屋以外的不动产也不需要缴纳个人所得税。

3. 增值税

《财政部、国家税务总局关于全面推开营业税改征增值税试点的通知》附件3规定，房屋产权所有人死亡，法定继承人、遗嘱继承人或者受遗赠人依法取得房屋产权，免征增值税。[②]由此，继承人继承房屋不需要缴纳增值税。

《中华人民共和国土地增值税暂行条例》规定，转让国有土地使用权、地上的建筑物及其附着物并取得收入的单位和个人，为土地增值税的纳税义务人，应当依照本条例缴纳土地增值税[③]。该条例的实施细则进一步规定，条例第二条所称的转让国有土地使用权、地上的建筑物及其附着物并取得收入，是指以出售或者其他方式有偿转让房地产的行为。不包括以继承、赠与方式无偿转让房地产的行为。由此，不动产继承不需要缴纳土地增值税。

4. 印花税

根据《中华人民共和国印花税暂行条例（2011修订）》的相关规定，产权转移书据是应纳税凭证，应当缴纳印花税[④]。该条例的施行细则进一步规定，条

---

① 《中华人民共和国民法典》第一千一百二十七条。

② 《财政部、国家税务总局关于全面推开营业税改征增值税试点的通知》附件3《营业税改征增值税试点过渡政策的规定》第一条第三十六款。

③ 《中华人民共和国土地增值税暂行条例》第二条。

④ 《中华人民共和国印花税暂行条例（2011修订）》第二条。

例第二条所说的产权转移书据，是指单位和个人产权的买卖、继承、赠与、交换、分割等所立的书据。《国家税务局关于印发印花税若干具体问题的解释和规定的通知》规定，"财产所有权"转移书据的征税范围是：经政府管理机关登记注册的动产、不动产的所有权转移所立的书据，以及企业股权转让所立的书据①。

由此，不动产继承需要缴纳印花税，税率为万分之五。

（四）案例分析

娄师白房产继承纠纷案②

2010年，齐白石弟子、书画家娄师白去世。因其未留下遗嘱，其遗产中的3套房产、书画作品、印章、藏书、家具及抚恤金等在其家人进行分割时发生争议。两年后，90多岁的遗孀王立坤和次子娄述泽一同将长子娄述德告上法庭，要求分割该笔遗产。娄述德是娄师白与前妻杨淑镜之子，杨淑镜于1947年去世。娄师白与王立坤于1952年结婚，婚后王立坤生育次子娄述泽。

双方争议焦点主要在北苑5号院的房产上。王立坤称，娄述德取得了属于她的北苑5号院所有权，并将房屋内的齐白石、徐悲鸿、娄师白等人的画作、印章等拿走。娄述德表示，北苑5号院房产系北京师白艺术研究会出资，并非父亲所有。房屋现已拆迁，王立坤未通知他就签订拆迁协议，取得800余万元拆迁款。法院审理认为，因娄师白未订立遗嘱，案件按照法定继承办理。北苑5号院房屋及4.6万余元存款，法院认定为娄师白、王立坤夫妻共同财产，其中2/3份额归王立坤，娄述德、娄述泽各享有1/6份额。经计算，王立坤需给付娄述德房屋拆迁款约136万元。

随后，王立坤对娄述德再次提起诉讼。王立坤称，娄师白过世后，她和娄述泽与娄述德达成协议，王立坤、娄述泽放弃位于白塔寺和北苑家园清友园的两套房屋的继承权，娄述德以34万元的价格购买属于王立坤部分的产权。但房屋过户后，娄述德一直未实际支付钱款，因此起诉至法院。之后，娄述德上诉，法院审理认为，双方提供的存量房买卖合同、房屋所有权变更登记书、存量房交易结算资金自行划转声明，以及税务机关开具的统一发票，均能证明王立坤、娄述德

---

① 《国家税务局关于印发印花税若干具体问题的解释和规定的通知》第十条。
② 引用自光明网的报道：https://epaper.gmw.cn/wzb/html/2012-08/21/nw.D110000wzb_20120821_2-03.htm。

的房屋买卖合同已经履行完毕。

最终，法院认定娄师白长子娄述德已实际支付购房款，终审判决驳回娄师白遗孀王立坤的诉讼请求。

三、金融资产继承

《民法典》规定，遗产是自然人死亡时遗留的个人合法财产[①]。由此，只要被继承人的金融资产是其个人合法财产，继承人就可以依法继承。金融资产种类多样，包括但不限于存款、股票、债权、基金、保险等。近年来居民理财意识逐渐增强，注重家庭资产配置的多样化，以期实现家庭资产的保值、增值。由此，银行理财产品、信托计划、保险资管产品、证券资管产品、公募基金、基金子公司资产管理计划、存款等金融产品如雨后春笋般出现，极大地满足了消费者的投资欲望。

（一）监管规定

在现实生活中，经常存在被继承人突然去世，其继承人不知道遗产分布状况、遗失存折或不知道账户密码等情况。此时，继承人如何查询并提取出相关遗产这一问题就迫在眉睫。但目前，能够查询到继承相关规定的金融资产只有银行存款、股票这两种。对于保险、基金等其他类型的金融资产，建议在继承时向相关金融机构咨询查询、提取方式。

1. 银行存款

《中国人民银行关于执行〈储蓄管理条例〉的若干规定》[②]《中国人民银行、最高人民法院、最高人民检察院等关于查询、停止支付和没收个人在银行的存款以及存款人死亡后的存款过户或支付手续的联合通知》[③]规定了存款人死亡后银行存款的提取方式。主要包括以下情形：

（1）存款人死亡后，合法继承人为证明自己的身份和有权提取该项存款，应向储蓄机构所在地的公证处（未设公证处的地方向县、市人民法院申请。下同）

---

① 《中华人民共和国民法典》第一千一百二十二条。
② 《中国人民银行关于执行〈储蓄管理条例〉的若干规定》第四十条。
③ 《中国人民银行、最高人民法院、最高人民检察院等关于查询、停止支付和没收个人在银行的存款以及存款人死亡后的存款过户或支付手续的联合通知》第二条。

申请办理继承权证明书，储蓄机构凭此办理过户或支付手续。该项存款的继承权发生争执时，由人民法院判处。储蓄机构凭人民法院的判决书、裁定书或调解书办理过户或支付手续。

（2）存款人已死亡，但存款单持有人并未向储蓄机构申明遗产继承过程，也未持有存款所在地法院判决书，如果直接去储蓄机构支取或转存存款人生前的存款，储蓄机构都视为正常支取或转存。但事后若发生存款继承争执，储蓄机构不负责任。

（3）存款人死亡后，无法定继承人又无遗嘱的，经当地公证机关证明，按财政部门规定，全民所有制企事业单位、国家机关、群众团体的职工存款，上缴国库收归国有。集体所有制企事业单位的职工，可转归集体所有。此项上缴国库或转归集体所有的存款都不计利息。

由此，合法继承人提取被继承人的存款都需要办理公证手续。在办理过程中，可依据《司法部、中国银行业监督管理委员会关于在办理继承公证过程中查询被继承人名下存款等事宜的通知》查询被继承人的银行存款。

此外，《中国银保监会办公厅、中国人民银行办公厅关于简化提取已故存款人小额存款相关事宜的通知》对已故存款人小额存款提取业务作了简化规定。具体规定如下。

（1）提取金额上限为1万元人民币（或等值外币，不含未结利息），银行业金融机构可以将限额上调至5万元人民币（或等值外币，不含未结利息）。

（2）办理人限于已故存款人的配偶、子女、父母，或公证遗嘱指定的继承人或受遗赠人。

（3）所需材料有四个：第一，死亡证明等能够证明已故存款人死亡事实的材料；第二，居民户口簿、结婚证、出生证明等能够证明亲属关系的材料，或指定提取申请人为已故存款人的继承人或受遗赠人的公证遗嘱；第三，提取申请人的有效身份证件；第四，提取申请人亲笔签名的承诺书。

该规定不再强制要求提取小额存款也必须办理公证手续，由此大大简化了配偶、父母、子女等利害关系人提取已故存款人小额存款的手续，为办理存款继承提供了便利。

2. 股票

根据中国证券登记结算有限责任公司发布的《证券非交易过户业务实施细则（适用于继承、捐赠等情形）》的通知（2020修订）规定：继承所涉证券过户的，过入方作为申请人申请办理过户业务时须提交以下材料：

（1）过户业务申请；

（2）被继承人有效死亡证明；

（3）证券权属证明文件（任意一项）：

①通过人民法院确认证券权属的，须提交人民法院出具的生效法律文书；

②通过人民调解委员会达成调解协议的，须提交调解协议和人民法院出具的确认文书；

③通过公证机构公证的，须提交确认证券权属变更的公证文书；

④本公司认可的其他证明文件。

（4）过入方有效身份证明文件；

（5）中国证券登记结算有限责任公司要求的其他材料[①]。

（二）金融资产继承的特点和难点

金融资产继承有以下三个特点，也正是其难点所在。

1.财产分散难以查实

金融资产本身形式多样，包括但不限于存款、股票、债权、基金、保险等。这些金融产品往往分散于不同的金融机构，导致继承人难以完整查实被继承人所持有的全部金融资产情况。这种分散性的深层次原因有三点：第一，由于银行之间的业务竞争，储户存款频频"搬家"；第二，自然人可能有多个证券账户；第三，随着沪股通、港股通的发展，国内居民拥有跨境金融资产的数量和范围也在逐渐增加和扩大。

2.金融资产查询、划转等手续烦琐

很多情况下，被继承人因为突然离世或观念原因，未能在离世前通过书面或口头的方式告知家人其资产情况及相关金融账户的信息，导致其持有的金融资产离世后成为一个谜。因此，继承人往往需要在证明自己身份的前提下挨个查询并提取金融资产。但由于不同的金融机构对于继承人查询、提取和划转被继承人名下资产的要求不同，继承人往往需要经历各种"闯关"、奔波才能完成烦琐的继承手续。

3.适用法律分散、滞后

金融资产继承的相关法律法规分散在《中华人民共和国公证法》《中华人民

---

① 《证券非交易过户业务实施细则（适用于继承、捐赠等情形）》的通知（2020修订）第四、五条。

共和国民事诉讼法》《民法典》继承编及司法解释、《中华人民共和国商业银行法》《中华人民共和国证券法》《中华人民共和国储蓄管理条例》《中国人民银行关于执行〈储蓄管理条例〉的若干规定》中。不仅如此，其中部分规定出台于二十世纪八九十年代，如《中国人民银行、最高人民法院、最高人民检察院、公安部、司法部关于查询、停止支付和没收个人在银行的存款以及存款人死亡后的存款过户或支付手续的联合通知》自 1980 年 11 月 22 日开始实施、《中国人民银行关于执行〈储蓄管理条例〉的若干规定》自 1993 年 1 月 21 日开始实施。在目前互联网金融兴盛，银行、保险、证券和基金等业务相互渗透的大背景下，这些法律制度明显已经滞后和过时。2013 年的"查询通知"虽然为明确被继承人银行相关的资产提供了便利，但对于股票、保险、基金等资产的查询、继承并没有直接的指导意义，还需要相关金融机构配合。

（三）金融资产继承涉及的税务问题

1. 个人所得税

根据《中华人民共和国个人所得税法》及其实施条例的规定，个人所得税的征税范围未明确规定包括继承金融资产所有权[①]。由此，继承金融资产暂不需要缴纳个人所得税。

2. 增值税

《中华人民共和国增值税暂行条例》规定，增值税的纳税人为在中华人民共和国境内销售货物或者加工、修理修配劳务，销售服务、无形资产、不动产以及进口货物的单位和个人，为增值税的纳税人，应当依照本条例缴纳增值税。

《财政部、国家税务总局关于全面推开营业税改征增值税试点的通知》附件 1 规定，销售服务、无形资产或者不动产，是指有偿提供服务、有偿转让无形资产或者不动产[②]。其中，有偿是指取得货币、货物或者其他经济利益。由此，继承金融资产并不满足"有偿"要求。换言之，继承金融资产暂不需要缴纳增值税。

3. 印花税

根据《中华人民共和国印花税暂行条例（2011 修订）》的相关规定，产权

---

① 《中华人民共和国个人所得税法》第二条。
② 《财政部、国家税务总局关于全面推开营业税改征增值税试点的通知》附件 1《营业税改征增值税试点实施办法》第十条。

转移书据是应纳税凭证，应当缴纳印花税 [1]。该条例的施行细则进一步规定，所谓的产权转移书据，是指单位和个人产权的买卖、继承、赠与、交换、分割等所立的书据。《国家税务局关于印发印花税若干具体问题的解释和规定的通知》规定，"财产所有权"转移书据的征税范围是：经政府管理机关登记注册的动产、不动产的所有权转移所立的书据，以及企业股权转让所立的书据 [2]。

由此，继承金融资产需要根据所立的转让书据缴纳印花税，税率为万分之五。

（四）案例分析

大亚圣象上市公司股票继承及控制权纠纷 [3]

2015 年 4 月 28 日，国内木地板生产龙头公司大亚圣象家居股份有限公司创始人陈兴康不幸意外摔伤身亡。陈兴康生前关于接班人和家族财产继承的问题一直悬而未决，其与遗孀戴品哎育有一女二子，分别为陈巧玲、陈建军和陈晓龙。陈兴康生前没有将任何股份留给妻儿，也没有让子女在公司担任重要职务。幼子陈晓龙在大亚集团的最高职务为财务总监助理，长女陈巧玲与长子陈建军从未参与家族企业管理。由于陈兴康生前未立遗嘱，没有指定接班人，因此导致留下的上市公司股份及众多公司股权只能按照婚姻法和继承法进行分配，其妻戴品哎继承其遗产的 50%，剩余 50% 由戴品哎与一女二子平均分配。2015 年 7 月，戴品哎任命二儿子陈晓龙为大亚集团董事长。其两子同时进入董事会，并做了业务归属的分割：二儿子陈晓龙掌管板材业务，大儿子陈建军掌管地板业务。

在兄弟俩执掌公司期间，双方关于公司的控制权的争夺从未停止，从暗地较劲、互发声明到抢夺公章、对簿公堂，家族企业传承过程中的戏码轮番上演，内耗、纷争正触及大亚集团庞大的产业。2019 年，公司营业收入、营业利润、归属上市股东净利润、每股收益、经营活动产生的现金流净额等全线下滑，公司债务危机涌现，股票质押率高达 91.65%。

2021 年 6 月 1 日，大亚圣象董事发布公告称，公司董事长陈晓龙因突发疾病医治无效去世，兄弟关于公司控制权的争夺才落下帷幕。

---

[1] 《中华人民共和国印花税暂行条例（2011 修订）》第二条。
[2] 《国家税务局关于印发印花税若干具体问题的解释和规定的通知》第十条。
[3] 引用自金在线的报道：http://sc.stock.cnfol.com/ggzixun/20210407/28801847.shtml。

四、艺术品（藏品）的投资与传承

虽然艺术品收藏市场越来越火爆，各种拍品屡创高价，但也有收藏者依然秉持"艺术品应该是无价的"理念。笔者认为，价格的意义只是对收藏者的意义之一，或者说它对不同的人群有着不同的意义。对于一些 NEW MONEY（新富人群或理解为"新晋富豪"）人群来说，当他们意识到豪宅、豪车再也无法彰显其地位与品位时，艺术品收藏就成为一个高端且高雅的选择。其不但可以体现财气，还能凸显文化气息；既可独自把玩欣赏，又能投资增值，还可代代相传。而对于 OLD MONEY（久富人群或理解为"世袭富豪"）人群而言，艺术品收藏已然成为一种家族传统与文化的重要组成部分。

（一）从投资增值角度

从投资的角度而言，艺术品收藏作为资产，与其他金融类资产的相关性较小，融入资产配置当中，可以很好地对冲金融投资的风险并降低整体组合的波动性。同时，艺术品具有保存时间长、潜在升值空间大（如果选对了）、便于传承等特点。艺术品是一种以时间换空间的投资品，时间越久，增值空间越大。

众所周知，家喻户晓的洛克菲勒家族，就是一个相当有品位的艺术品收藏世家，其艺术收藏涉及古今中外，且作品品质超高，包括毕加索的《亚威农的少女》、凡·高的《星空》、达利的《记忆的永恒》、莫奈的《睡莲》、马蒂斯的《舞》等。但这对于其家族的收藏而言只是九牛一毛而已。据悉，洛克菲勒家族6代人收藏各种艺术品多达17万件，体量更是高达千亿级别。鉴于美国遗产继承税高达40%，洛克菲勒家族的各种艺术品如果作为遗产传承下来，几代之后，很可能要缴纳天价的遗产税。因此，洛克菲勒家族建立了 MOMA 纽约当代美术馆，用来接收洛克菲勒家族的艺术遗产，同时也给其他大型博物馆捐赠了大量的藏品和资金。此外，在大卫·洛克菲勒逝世后，洛克菲勒夫妇进行了声势浩大的珍藏拍卖巡展，1600件各种艺术品和工艺品上拍，总估价50亿元。因为这次拍卖影响力巨大，也被称为"世纪拍卖"。通过这些方式，洛克菲勒家族的艺术品继承不仅成功地避免了天价遗产税，还通过艺术捐赠和收藏使其家族在艺术史上画上了浓墨重彩的一笔。

万达董事长王健林更曾公开表示，艺术品是他人生中最成功的投资。因为从增值的角度，至少增值了1000倍，更重要的是，见证了某些商业价值与人文价值从无人问津到举世瞩目。

（二）投资艺术品的风险

当然，艺术品投资也是具有风险的，比如：

1. 把赝品当作真品投资

即民间收藏圈儿里常说的"打眼"。一些老板花大价钱收藏了一屋子艺术品，后来被行家鉴定大多为假货。这些事例也并不少见。

2. 流动性问题

相对于传统投资（如金融、地产等），艺术品投资属于小众投资品类，并不是想卖就能很快卖出，无论是二次拍卖、私下交易、典当融资还是抵押贷款等，都存在一定的流动性问题。而且如果持有者是新手，找到适合的出手渠道并不容易。

3. 保管问题

很多藏品如瓷器、字画、织锦等，都需要具备相应的储藏方法与环境。常有一些收藏者手持珍品但由于收藏方法不得当，导致其价值与价格大打折扣。

4. 价格的波动

任何资产都会有波动性，只是大或小而已。而且市场中不少品类的艺术品都存在"低值高估"现象，也源于一些收藏者对藏品过度的心理预期。

5. 宏观经济系统性风险

例如当经济萧条时，艺术品收藏的市场意愿与价格都会随之降低。

6. 传承问题

艺术品收藏在传承中具有便利性，私密性等优点。但如果上一代是一个潜心研究的收藏者，而下一代却没有兴趣或不懂得相关知识，不具备相关经验，也不关注其行业资源，那么就算传承到下一代手里，可能也难以让藏品发挥最大的价值。

（三）从文化传承的角度

其实艺术品的收藏不仅仅是为了投资增值，低买高卖，或简单地代代相传。它更承载着文化传承的意义。市场中，无数的带有极致文化传承的艺术品，并不在热闹的庙堂中，而是在深藏不露的民间收藏大家手里。有人曾说："极致的文化传承就需要极致的眼光，只有极致的眼光，才能让收藏超人一等。"可见，体现一个人的与众不同，并不是拥有高价格的藏品，而是拥有深厚的文化底蕴以及精神财富。收藏则是一种体现的形式。

例如，在罗斯柴尔德家族 1874 年建成的沃德斯登庄园中，就陈列了大量的历代罗斯柴尔德家族成员收藏的，价值连城的艺术品。这些艺术品对于他们而言，并不会随意售出或炒卖，而是一直代代相传地陈列在那里。这些艺术品不但家族成员可以随时去欣赏它们，社会公众也可以前往参观。这也使得那些被收藏的艺术品不但成了对家族历史与文化的见证，甚至成了一个国家历史与文化的见证。另外，庄园内的建筑及布局与装饰，也使得整个庄园成为一件历史悠久的艺术品。类似这样的庄园，其家族在欧洲拥有 44 座。所以，艺术品的收藏，对于富有的家族而言，绝不是简单的投资品类。它可以在家族成员收藏的过程中，教会他们丰富且门类多样的知识与文化，使其学会鉴赏，更能让每一代家族成员记住家族发展的兴衰历史，成为传承家族精神文化的重要载体之一。

艺术品也被称为世界级的资产。资产会缩水，现金会贬值，但文化和精神不会。中国民间自古有"盛世古董，乱世黄金"的说法。可见古董、艺术品是最能体现鼎盛文化的代表，很多艺术品不但代表着家族的鼎盛时期，还是某些国家鼎盛时期的代表。这也是为什么曾经世界列强到其他国家掠夺时，会首先打劫艺术品，因为那代表着一个国家的技术层面、艺术层面，以及精神层面的高点。

同时，艺术品（收藏）投资一般具有四大价值。

1. 历史价值

也叫作文物价值。因为历史不会重来，文物不可再生，随着时间的推移，只会越来越少，作为历史的见证，必定成为人们热衷收藏的标的。

2. 艺术价值

虽然艺术的评判更多的是来自人们的内心感受与价值认知，但不可否认的是，每一个时期的艺术品都反映了那个时期的文化面貌、思想意识，以及时代气息，也是文化传承的见证。

3. 科研价值

各个时期的艺术品包含着各个时期人类科技的发展与技术的进步，更体现了人类智慧的结晶。

4. 稀缺价值

商品的价值与价格往往依赖于稀缺性。越稀缺的东西就越具有投资价值及收藏价值。

（四）关于监管规定

随着中国民间财富的增长，中国人资产配置形态日趋多元化，艺术品得到更多高净值人士的青睐。根据 2019 年 TEFAF《中国艺术市场》报告，经过改革开放 40 年的发展，中国已经成为全球第二大艺术市场。

常见的艺术品包括美术作品（含古代书画）以及文物古董（器物）两大类。喜爱艺术品的人有很多，有些人是艺术家，有些人是收藏家，有些人是投资者。但不论是哪一种人，收藏了多少艺术品，都是艺术品的"暂时保管者"，最终都会面临传承问题。

艺术品（藏品）在法律性质上属于《民法典》物权编中的动产。根据《民法典》关于动产继承的规定，因继承取得物权的，自继承开始时发生效力。[①] 其中，如果艺术品（藏品）属于文物，《中华人民共和国文物保护法（2017 修正）》也规定，文物收藏单位以外的公民、法人和其他组织可以收藏依法继承的文物。[②]

（五）艺术品（藏品）继承的特点

与一般类型的财产传承不同，特点有三个：首先，艺术品（藏品）因自身独特的非标、稀缺性，使得传承艺术品的操作路径及法律架构难度更大。其次，价值可能会随着时间的推移出现较大幅度的增值，因此争夺艺术品而产生的继承纠纷也屡见不鲜。再次，艺术品（藏品）具有文化属性，不仅赏心悦目，而且象征着一个人、一个家族的文化品位和社会地位。这意味着艺术品的传承不仅是物质财富的传承，还是一种家族精神的传承。

因此，很多皇室、富裕家族收藏文物艺术品成为一种必然。如英国皇室从 1660 年恢复君主政体以来，不断丰富其艺术品收藏量，包括油画、素描、水彩、家具、陶器、时钟、银器、雕刻、珠宝和书籍等各种类的艺术品。这些艺术珍品的时间跨度超过 500 年，大多深藏在白金汉宫、温莎城堡、巴尔莫勒尔城堡等处。此外，还有常年在英国当地展出的超过 3000 件的收藏品，为展览而出租给世界各国博物馆。

（六）艺术品（藏品）继承的难点

但艺术品（藏品）的传承却绝非易事，往往存在以下四点困难。

---

① 《中华人民共和国民法典》第二百三十条。
② 《中华人民共和国文物保护法（2017 修正）》第五十条。

1. 因数量有限而易引发争议

收藏品往往具有单个价值高、稀缺、不可再生等特点，在家族成员的代际流传中如何保有、分配，并避免亲人之间的纠纷，是一个难题。"书画无价诚可贵，亲情难得价更高"，当争议较大时，亲人往往通过诉讼的方式来解决，但这无疑会伤害继承人间的亲情，甚至造成艺术品被分割、破坏。

2. 易转移、易变卖

这既是艺术品（藏品）传承的优势，也是其问题所在。艺术品（藏品）作为动产，物权变动以交付为准。换言之，继承人或受遗赠人只有取得了艺术品，才算是艺术品继承的完成。根据占有推定原则，一般推定"占有即所有"，因此实务中，如若不事先预防，艺术品（藏品）容易被他人转移。在相声大师侯耀文遗产案件纠纷中，郭德纲（侯耀文徒弟）就曾在博客中表示，侯耀文生前拥有"数量价值均不菲的羊脂玉、翡翠、名表等"，但在喧嚣的遗产继承诉讼中，谁都不知道这些遗产去哪儿了。此外，继承人可能会基于税收、观念等方面的原因选择不继续收藏、传承艺术品（藏品）而是将之变卖、出手，以达到避税或获得现金流的目的。

3. 难储藏

很多古董文物对储藏环境的要求非常严格，对温度、湿度、光照等都有一定的要求，否则很容易损坏。一件损坏了的文物无论是在美感上还是价值上都会大打折扣。此外，还可能因为一些偶然因素而导致收藏品的灭失，如火灾、地震、盗窃、老鼠撕咬等原因都可能会让收藏品不复存在。

4. 继承前未析产容易引发纠纷

在安排艺术品的传承时，所有权人应先将夫妻共同财产的部分及代为保管的其他人的财产析出，避免将其纳入遗嘱范围使得遗嘱效力存在瑕疵，或出现母子相争、兄弟阋墙的家庭悲剧。

（七）艺术品（藏品）继承涉及的税务问题

1. 个人所得税

根据《中华人民共和国个人所得税法》[①] 及其实施条例的规定，个人所得税的征税范围未明确规定包括继承动产所有权。由此，继承艺术品（藏品）暂不需

---

① 《中华人民共和国个人所得税法》第二条。

要缴纳个人所得税。

2. 增值税

《中华人民共和国增值税暂行条例》规定艺术品（藏品）因属于有形动产而不在增值税征收范围之内。换言之，从法条文义来看，艺术品（藏品）继承不需缴纳增值税。

3. 印花税

和前文所述的金融资产继承类似，艺术品的继承所立书据为产权转移书据，在印花税的征税范围内。因此，艺术品的继承需要缴纳印花税，税率为万分之五。

4. 遗产税

我国尚未开征遗产税，但国外艺术品（藏品）继承中往往涉及天价遗产税。如 2020 年 10 月 25 日，韩国企业家、三星集团第二任会长李健熙去世后，留下了总值约 22 兆韩元的遗产（约 196 亿美金），其中包括一批 13 000 多件、总价值在 1 兆~3 兆韩元（约 8.96 亿到 27 亿美元）之间的艺术品，需缴纳 12 兆韩元（折合约 108 亿美金）的遗产税。根据韩国经济财政部公布的数据，2020 年韩国国家税务收入是 285.5 兆韩元（约 2556 亿美金），仅仅这笔税款将超过韩国 2020 全年税务收入的 4%[①]。由此，如果未来我国遗产税开征，必将对艺术品（藏品）市场和继承产生不小的冲击。

（八）案例分析

随着经济的发展，艺术品继承已成为世界性话题。其中，有顺利继承并影响艺术史的成功案例，也有产生纠纷诉至法院而导致财富大幅缩水的失败案例。

【案例分析 1】

国学大师季羡林艺术品继承纠纷

国学大师季羡林先生的继承案曾轰动一时。季羡林生前于 2001 年与北京大学签订了一份"捐赠协议"。协议约定，季羡林将个人收藏的书籍、著作、手稿、照片、字画等文物捐赠给北京大学。季羡林弟子钱文忠表示，这些季羡林收藏的字画价值是天文数字。

但季羡林之子季承起诉北京大学，称季羡林已于 2008 年的遗嘱中表明全权

---

① 引用自《环球网》的报道：https://world.huanqiu.com/article/40RSVWbjtaN。

委托季承处理撤销捐赠协议的事宜，主张北京大学返还 649 件珍贵文物。对此，北京大学答辩称：季羡林先生未有撤销"捐赠协议"的行为，且合同法明确规定，具有救灾、扶贫等社会公益、道德义务性质的赠与合同或者经过公证的赠与合同，不适用可以撤销的规定，季承没有依据提出这一返还原物的主张。

法院认为，尽管季承作为季羡林先生全权委托的受托人有权作为原告起诉，但因季羡林先生与北京大学签订的捐赠协议已然成立并合法有效，且属于公益性质的捐赠而不能撤销，从而判决原告败诉。

【案例分析 2】

王己千艺术品继承纠纷

2003 年，著名华裔书画家、收藏家王己千在妻子离世 10 天后，留下价值连城的书画因病去世。自此，他的子女就为这笔艺术品遗产闹得不可开交。他的子女不仅相互为敌，还要面对一个共同的敌人——美国税务部门。这场官司耗费了他们太多的精力，双方都为此付出了昂贵的代价，导致没有精力顾及税务问题。但美国政府不可能放过这块"肥肉"，美国国税局表示，目前这些悬而未决的遗产已经让王氏家族欠税约 2000 万美元。无论谁最终赢得了遗产，王己千留下的财富都必然要面临一次大缩水。

【案例分析 3】

画家李可染遗产案

著名画家李可染先生是齐白石的弟子，于 1989 年前猝然辞世，由于其生前没有留下遗嘱分配遗产，导致了家庭内部就遗产分配进行了持续两年的诉讼。

因为李可染有过两次婚姻，所以遗产法定继承人为李可染遗孀邹佩珠及两个儿子 1 个女儿：李小可、李庚、李珠。前妻苏娥所生 1 个女儿 3 个儿子分别为李玉琴、李玉双、李秀彬、苏玉虎。李可染的继承人于 1991 年 11 月 13 日共同签署了"李可染遗产继承问题协议书"。其中规定，集中有代表性的作品由邹佩珠统一保管 5 年；给子女每人 2 张有代表性的绘画作品，4 张一般的绘画作品，两三张书法作品。李庚因身在日本，主动放弃对遗产的继承权，但以"对于李可染的艺术作品不进行分割，保持作品的完整性"作为条件。

在此后的时间里，苏娥所生 4 个子女发现邹佩珠及弟弟李小可经常不征得其他共有权人同意，以拍卖或赠送的方式擅自处分家父的作品。李可染艺术基金会也存在账目不清、暗箱操作的种种问题。2000 年以来，李可染作品的拍卖价格一路走高，苏娥所生 4 个子女在 2005 年和 2006 年多次向邹佩珠提出析产要求，但邹佩珠以析产会无法使李可染的作品保持完整性为由拒绝。于是，苏娥所生 4 个子女向北京市第一中级人民法院起诉，要求对李可染的遗产析产继承。双方的主要分歧在于李可染的遗产中作品的数量。

2008 年 11 月 7 日，北京市第一中级人民法院做出一审判决，判定邹佩珠已经托管的作品归其所有。李可染的遗产因未立遗嘱，按照法定继承处理。

2009 年，北京市高级人民法院做出了终审判决：李可染先生的中国画作品 108 件、书法作品 122 件、速写 9 册、水彩画 13 件归夫人邹佩珠所有。判决第二天，89 岁的邹佩珠就将这些作品捐赠给了正在筹建中的北京画院美术馆李可染艺术馆。

由此，对于艺术品继承，不仅要选择合适恰当的继承方式，也要考虑到税务、析产、艺术品分割保存等方面的问题，以避免艺术品继承纠纷的产生。

第三节
不同司法环境下的家族信托

家族信托制度的雏形诞生于古罗马时期，发展于 11 世纪的英国，**繁荣于近**代的美国及欧洲一些离岸岛国。信托，顾名思义，因为信任，所以托付。我们或许可以通过拆解中文的"信"字，来理解信托的核心精神。

首先"人"字旁说明了我们应该以考量人、服务人，为重点，为核心；"口"字则代表一旦承诺就必须是一种诚信契约；三横表示着由委托人、受托人、受益人所组成的信托基础结构；上面的一点则表示在设计信托时，还应该多考虑一点其他因素，例如多元专业、地域文化、人性情感。它并不是由单一的元素构成。

总结起来，家族信托应该以服务人为根本、以诚信作基础、以委托人、受托人、受益人为核心结构、运用各领域的专业、根据不同地域的司法及文化差异、考量并尊重现实的人性与情感因素，才可能构建一个合法规、合情理、合人性的有效家族信托。

一、因需赋形，家族信托

家族信托是全球公认的重要财富管理工具之一，其运作的具体完成需要一个有效的生态系统。虽然家族信托的运用层面是一个传承工具，但其架构设计必须具有顶层与整体性思维。财富传承需要确定性，故而家族信托的设立更需要全面性思考。例如：法域之法律的确定性、法院的经验和判决的趋势、委托人所委托事务的可实现性、受托人的管理经验等，都对家族财富传承有着重要的影响。通过委托人与受托人有效深入地沟通、加之具有远见且缜密的架构设计、全方位的风险预判，以及具有人性思考的安排，家族信托可以较好地满足委托人个性化的财富管理与传承诉求，更可以相对妥善地实现对受益人的照顾与陪伴。

（一）信托的起源与家族信托的含义

信托制度的历史起源可以追溯至英国 13 世纪开始普遍流行的"用益制度"。由于当时的修士们需要恪守安贫乐道的誓约和会规的要求，再加上《没收法》和其他法律的规定，导致其个人和团体都不能拥有土地。虔诚的教徒们为了帮助修士们提供栖息之所，主动将自己的土地所有权转让给市政府，以供修士们和修会使用；抑或将自己的土地使用权提供给修士和修会使用，但仍然保留自己的所有权。上述的安排就是民间自发创造的用益制度，在后续历史的发展中又逐渐经过了 1536 年的《用益法》等法律确认后，形成了相对完善和体系化的用益制度。

这种所有权和受益权分开的用益制度成了信托法的基础之一。在严酷的英国继承法下为保存财产、荫蔽后代、传承财富创造了可能。在此之后，对于信托的广泛运用，使之逐渐呈现商业化、金融化态势，但信托自始至终都是人们对个人财产进行管理、传承的重要工具。

家族信托，顾名思义，是指以家庭财富的管理、传承和保护为目的的信托，在内容上包括以资产管理、投资组合等理财服务实现对家族资产的全面管理，更重要的是，提供财富转移、遗产规划、税务策划、子女教育、慈善事业等多方面的服务。现代家族信托的概念更接近于信托诞生之初所具备的含义，即为家族和财富传承而服务。我们也可以认为，现代家族信托是对信托制度原始形态的溯源与回归。

（二）高净值人士对财富管理的需求

1. 财富安全和保值

根据招商银行和贝恩资本 2019 年联合发布《中国私人财富报告》显示[1]，随着中国经济由高速增长进入中高速增长，财富安全和保值取代财富创造和增长，成为高净值人士财富管理的首要目标。持有这一观点者占受访对象比达 28%，已经远高于财富增值的目标。另一份由建设银行和波士顿咨询公司开展的私人银行客户调研中，很多受访高净值人士的投资思路已经出现了根本性的转变，甚至认为短期内只要本金不出现亏损，或者自己的产品跌幅小于市场平均水平，便已经可以算得上是成功的投资。[2]随着新冠病毒疫情的影响及世界经济复苏的乏力，对于经济发展前景的长期担忧，可能使高净值人群的投资观点更加保守和谨慎，更重视财富的安全和保值。

2. 老龄化带来的财富传承需求

2016 年，高净值客户的年龄主要集中在 40 ～ 60 岁区间。[3]随着时间推移，高净值客户的老龄化趋势日益明显，如何将奋斗数十载积累下来的巨额财富顺利交接给子孙后代，成为一个越发紧迫的问题。加之不确定的外部环境，高净值人群家族传承意识显著加强，在 2019 年的一次访问中，超过 50% 的受访高净值人群已经开始准备或正在进行财富传承的相关安排。这一比例在过去 10 年来首次超过尚未开始准备的高净值人群。

财富传承的规划往往涉及客户的财产权（现金、股权、不动产、艺术品）和治理权（公司实际控制权和决策权）等多个方面的因素，所以其不仅仅是一份简单的遗嘱，而应该是一整套根据传承人独有的财务状况、意愿，结合家庭成员或财务安排的需求，量身定制的法律方面和财务方面的解决方案。

3. 家风传承与家族传承的结合

运用税务法律等工具保障财富传承的同时，实现家风文化、家族价值观的永续传承是高净值人群新的关注点。随着国民素质和社会整体文化水平的提升，在众多家庭需求中，子女教育安排、能力培养的重要性开始凸显。这意味着不仅需要运用家族信托等方式进行财富管理，还产生了为下一代提供良好教育规划、职

---

① 请参阅招商银行与贝恩公司联合发布的《2019 中国私人财富报告》。

② 引用自建设银行、波士顿咨询公司《中国私人银行 2019》。

③ 数据来自兴业银行、波士顿咨询公司《中国私人银行 2017：十年蝶变、十年展望》。

业规划的新需求。同时，对从业者整合资源，更好地为高净值客户提供一站式、综合性服务的能力提出了更高的要求。

（三）借助经典案例，读懂家族信托的核心功能

本书前章有分析过知名华人企业家李嘉诚的财富传承逻辑与风险管理逻辑。接下来，我们通过李氏家族的家族信托经典案例，来看家族信托在财富保护、财富分配、财富传承三大核心功能方面的体现。

众所周知，李嘉诚的两个儿子均为夫人庄月明所生。由于童年经历、成长环境等因素的影响，长子李泽钜、次子李泽楷虽为亲兄弟，但在为人处世上却大相径庭。长子李泽钜早年前往美国名校斯坦福大学攻读建筑类学位，行事谨慎、稳健，毕业后即在李氏核心企业工作。在其30余年的历练中，积累了丰富的经历和口碑。次子李泽楷天性自由，少年叛逆，和哥哥一样入读斯坦福大学，但是主修计算机科学。1990年，生母过世后，24岁的李泽楷便搬出了李氏大宅，其中的原因至今仍众说纷纭。

李嘉诚深知二子秉性有异，因此并未强行要求二人一同继承自己的事业，结合二子性格，将家族基业做了妥善的安排。2012年，李嘉诚宣布一个重磅消息，他将其家族信托基金 Li Ka-Shing Unity Holdings Limited 中归属于次子的资产转移至于长子名下；作为补偿，为次子拨付了一笔巨款，允许他自行创业。Li Ka-Shing Unity Holdings Limited 注册于开曼群岛，所控股公司的总市值近5000亿港元，控制了包括和记黄埔、长江实业、赫斯基能源等22家上市公司的股份，是李家商业版图中最核心、最神秘的一块。在获得原属于弟弟的权益后，李泽钜持股量增至2/3，被外界认为是接班的重要信号。

上述李氏家族信托包括了4个全权信托以及两个单位信托。全权信托的委托人是李嘉诚本人，而信托的酌情受益人包括李泽钜、其妻及子女。令很多人意外的是，已分家单飞的李泽楷也名列其中，李嘉诚因此也被称赞为"虎父慈心"。这一安排既确保了接班人牢牢握紧控制权，也为其他家族成员的生活提供了坚实的保障。

从结果看，一方面，在确定接班人后，李家传统的核心产业平稳地传承到了长子李泽钜手中；另一方面，次子李泽楷并未因没能掌权或深度参与家业而沉沦，反而凭借着李家的资源与自身在商界的打拼，成了福布斯、胡润等富豪榜的常客。借助家族信托，李嘉诚完成了许多高净值家族担忧的传承问题，而家族信托的财

富保护、财富分配及财富传承的三大核心功能，也透过这个案例体现得淋漓尽致。

二、境内家族信托

作为一个源自西方的财富管理工具，虽然传入中国后常被指为"水土不服"，然而，自 2013 年家族信托在我国初次尝试至今已有 10 年，其业务模式及家族信托特有的财富管理功能也越来越多地得到了金融机构与高净值人士的追捧。根据中国信托登记有限责任公司数据显示，截至 2022 年 1 月，国内家族信托业务总规模已达 3623.8 亿元。国内家族信托业务也从早期的只接受现金类资产的委托，逐渐突破并开始尝试接受保单、不动产、企业股权等多元化资产的委托，且取得了一定的成绩与经验。

（一）什么是境内"家族信托"

2018 年 8 月，中国银保监会首次对家族信托给予"官方定义"：家族信托是指信托公司接受单一个人或者家庭的委托，以家庭财富的保护、传承和管理为主要信托目的，提供财产规划、风险隔离、资产配置、子女教育、家族治理、公益（慈善）事业等定制化事务管理和金融服务的信托业务。[①]家族信托财产金额或价值不低于 1000 万元，受益人应包括委托人在内的家庭成员，但委托人不得为唯一受益人。单纯以追求信托财产保值增值为主要信托目的，具有专户理财性质和资产管理属性的信托业务不属于家族信托。

（二）境内家族信托的主流——"现金型信托"

1. 概述

现金型信托，又称资金信托、金钱信托，是以现金为主要资产的信托。在国内由于当下信托制度的不健全，非货币资产信托的发展存在种种限制，"野蛮"发展的现金型信托一枝独秀，在很多情况下已逐步演变为一种短期理财产品，很大程度上剥离了信托原有的财富传承工具的性质，此种短期理财产品被称为"现金管理信托"。

当下境内市场"现金管理信托"大体以两种形态运作。一种是以上海某信托的"现金丰利"为代表的货币基金模式，另一种是更为主流的银行短期理财模式。

---

① 《关于加强规范资产管理业务过渡期内信托监管工作的通知》（信托函〔2018〕37 号）。

在银行短期理财模式下，存取期限从7日至1年不等，收益率随着期限增加而升高。2009年，某信托公司成立的"日聚金"率先采用了这种模式，并被市场纷纷效仿，成为国内"现金管理信托"信托的主流模式。

目前，监管层对此类资金池信托的态度比较坚决，三令五申严禁无序扩张资金池业务。如果高净值客户准备将现金作为转入信托的主要资产，务必对意在追逐短期收益的"现金管理信托"加以分辨。

2. 现金型家族信托与专户理财型现金管理信托之辨

在现金型信托中，信托机构按照委托人的要求，为其单独管理信托资金，即称为单独管理资金信托；为了使受托资金达到一定的数额，采取将不同委托人的资金集合在一起管理的做法，通常称为集合资金信托。

现金型家族信托一般属于单独管理信托资金，但是又与其有所区别。简言之，装入现金型家族信托的现金资产在通常情况下确实单独管理，但是其性质绝非单纯的"专户理财"。上述主要概念的关系，如图6-2所示。

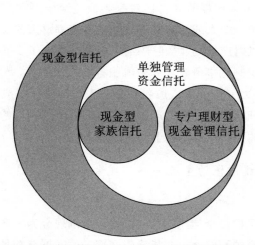

图6-2 现金型家族信托与专户理财型现金管理信托的关系

根据《关于加强规范资产管理业务过渡期内信托监管工作的通知》（信托函〔2018〕37号）明确将"单纯以追求信托财产保值增值为主要信托目的，具有专户理财性质和资产管理属性的信托业务"排除在家族信托之外。37号文还要求各银监局信托监管处室要按照"实质重于形式"的原则，加强对各类信托业务及创新产品监管，还原其业务和风险实质、同类业务使用统一监管标准。

这是否意味现金型家族信托只能是管理性、消费性的，而不能盈利？答案是否定的。法规持否定态度的，是借家族信托名义开展传统营利信托业务进而规避监管的行为，而不是要求现金型家族信托不可以追求财产的保值增值。但除财产保值增值外，现金型家族信托亦须有其他能够体现家族信托目的的管理、运作或处分行为。

对此，根据清华大学法学院金融与法律研究中心研究员杨祥博士的观点[①]，现金型家族信托与专户理财型现金管理信托的区别主要在于：

首先，信托的目的和功能不同。专户理财型现金管理信托是典型的"自益信托"，现金型家族信托是典型的"他益信托"。从功能上看，现金型家族信托本身并不是一种供投资用的理财产品，而是对家族财富进行综合性管理的一种法律工具，主要目的是要实现家族财富的保护、分配和传承，虽然也存在对置入信托的财产的投资管理问题，但这只是为了实现信托目的的一种手段，而非信托目的本身。

其次，信托的管理范畴和时间不同。专户理财型现金管理信托是一种单纯的自益性"投资信托"，信托的管理事务相对简单，管理时间相对较短。现金型家族信托的管理则不然，其信托利益的类型可以多种多样（如生活保障金、教育奖励金、婚嫁资助金、事业扶持金、养老金等）。在信托管理期限层面，现金型家族信托的期限非常之长，通常以代来计算，一代算是短期，两代被视为中期，三代以上才算是长期。实践中，现金型家族信托的管理期限可以长达几十年甚至上百年。

上述区别如表 6-1 所示。

表 6-1 现金型家族信托与专户理财型现金管理信托的区别

项　　目	现金型家族信托	专户理财型现金管理信托
分类	资产服务信托	资产管理信托
性质	他益信托	自益信托
功能	财产规划、风险隔离、资产配置、子女教育、家族治理、公益（慈善）事业	投资理财
受益人	委托人不可为唯一受益人，受益人还应包括家族成员	委托人可以为唯一受益人
期限	长期（十年甚至上百年）	短期（数年）
监管	不适用《关于规范金融机构资产管理业务的指导意见》	适用《关于规范金融机构资产管理业务的指导意见》

---

① 杨祥. 家族信托的家事属性与前景展望［J］. 银行家,2019（12）:135-138.

3. 税制障碍

根据财政部和国家税务总局《关于资管产品增值税有关问题的通知》（财税〔2017〕56号），资管产品管理人运营资管产品过程中发生的增值税应税行为，"暂适用"简易计税方法，按照3%的征收率缴纳增值税。上述的"资管产品"包括资金信托（集合资金信托、单一资金信托）。由于目前只是"暂适用"，未来仍存在变动的可能性，因此其给一般存续期长达几十年信托产品的持续运营带来了一定程度的不确定性。

（三）股权家族信托解析

1. 概述

股权信托主要包括以下3种形式：

第一，委托人直接将企业股权/股票作为信托财产交给受托人管理，成立股权信托。

第二，委托人将资金装入信托，成立一个资金信托，然后受托人使用其中的资金购买企业股权/股票。

第三，以企业股权/股票为主要资产的混合信托。将企业股权/股票作为主要资产装入信托后，再装入少量其他资产，让信托财产的构成发生了变更，但在不改变企业股权/股票作为信托财产主体的情况下，其性质不会因少数信托资产的形式改变而改变。这种情况下，也可以认为其属于股权信托。

在当下，许多高净值人群的主要财产集中在股权上，价值往往远超可用于投资的资金。这就导致了当下信托市场中现金家族信托的发展空间越来越小、增速越来越慢，股权信托则借此脱颖而出。股权家族信托在制度上也是一种多功能的集合体，有着其他同类制度所不具备的独特优势。如果设计得当，股权家族信托可以对婚姻关系变动、额外负税、代持股、股东连带责任等法律风险，进行有效的规划和控制。

2. 股权家族信托的特点和优势

（1）风险隔离。隔离机制为家族财富提供可靠的保护，一方面可以规避因委托人向他人提供连带担保，而使得个人资产背上权利负担的问题；另一方面对困扰企业主己久的个人资金与企业资金混同问题、股权代持问题也能起到治理的作用。

《中华人民共和国信托法》（以下简称《信托法》）第十六条明文规定，信托财产独立于受托人的固有财产。信托当事人签订契约后，由于信托财产的所有权和经营权、处置权的可分离性，委托人就将信托财产（如股权）交给了更专业的受托人进行打理。该股权财产就独立于委托人的其他财产之外，从而因委托人发生的诸如健康、婚姻、债务、第三人诉讼、刑事追索或者死亡等意外状况，一般来说都无法对置于信托隔离中的股权产生显著影响。对于债权人而言，不仅无法请求执行委托人设立股权家族信托中的股权财产，根据《信托法》第四十七条，如果信托文件有规定，则也不能对股权家族信托中受益人通过受益权所获得的财产请求追偿。

同时《信托法》第十七条规定确保了除一些极为特殊的事项（例如：设立信托前的债权人对该信托财产享有优先受偿的权利）外，法院对信托项目中的财产也不能强制执行。

《信托法》第三十七条、第三十九条也明确，受托人应区别于固有财产（即属于受托人所有的财产）而对信托财产进行独立的核算与记账。即使出现受托人因为死亡或者被依法宣告死亡、被依法撤销或者被宣告破产、依法解散或者法定资格丧失等而职责终止的情况，其继承人或者遗产管理人、监护人、清算人也应当妥善保管信托财产，协助新受托人接管信托事务，一定程度上隔离了来自受托人的风险。

在实际情况中，一旦家族企业或者信托机构面临破产的危机，债权人往往会申请执行其资产。但按照法规，信托资产独立于委托人、受益人、受托人存在，类似破产这样的变故某种程度上不太能影响到信托财产的存续，委托人及受益人、受托人破产，大多数情况下也不会使信托财产遭受追偿。

因此，信托财产的双向隔离机制就像是一道防火墙，如果使用得当，则可以在特定情况下为委托人、受益人财产的安全保驾护航。

（2）股权家族信托将公司财产设立信托的优势。在《公司法》下，公司拥有独立的法人人格以及独立的法人财产，对这些财产有独立的支配权。股东依法认缴或者实缴相应的股本后获得公司股权，实际上是作为法人（公司）使用自己的股权换取了作为自然人（股东）认缴或者实缴的资金。因此，投资者虽不对公司财产施加直接控制，但在某种程度上可以通过其持有的股权控制公司决策，以此到达间接控制公司资产的目的。因此，将股权设为家族信托的财产，就间接地、合法地将公司财产置于信托的控制之下。

借助公司这一工具，股权家族信托可以用于保护和传承一些具有特殊性质的财产。例如，高净值客户收藏的古书、名画等艺术品、持有的商标、专利等知识产权，或者是域名、虚拟货币等其他财产。如果想将其直接装入信托，需要专业的外部人士参与价格评估。但此类资产也常因为市场行情而产生意外的波动，因此评估起来有一定的困难。由于信托的受托方通常没有专业人员对其进行评估，另外对其中一些资产的估价也未必与高净值用户的心理预期一致，所以也会增加其业务的不确定性。因此，对于这些资产，可以先通过设立公司，聘用相关行业人士来管理该财产，再将公司的股权装入家族信托，在长期价值高点再评估变现。

此外，设立信托将家族企业股权的管理权和所有权分开，既可以保证家族成员对家族企业的实际控制，保证股权集中，还可以将信赖的专业人才引入家族企业治理，保障家族企业基业长青。

三、离岸家族信托

部分家族信托通过设立离岸信托来实现。如表 6-2 所示。[①]

（一）离岸信托的优势

1. 离岸信托具有隐秘性

表 6-2　部分家族信托设立的离岸信托

设立地点	企业名称	离岸实体名称	信托持股比例（%）	受益人
开曼群岛	SOHO 中国	Capevale Limited Boyce Limited	64	张欣 潘石屹
	长江实业	The Li Ka-Shing Unity Discretionary Trust	40.43	李嘉诚 李泽钜
	恒基兆业	Hopkins（Cayman）Limited	100	李兆基、李家杰、李家诚等
英属泽西岛	玖龙纸业	刘氏家族信托、张氏家族信托以及金巢信托	64.17	张茵及其子等
	龙湖地产	Silver Sea、Silver Iand	45.47、30.25	吴亚军在内的若干家族成员
英属维尔京群岛（BVI）	英皇国际	Charon Holding Limited	—	杨受成及其妻陆小曼等
	新鸿基	郭氏家族基金、Bertana 等 6 个信托	—	邝肖卿、郭炳江、郭炳联及其家人
	雅居乐	Top Coast Investment Limited	63.21	陈氏家族

---

① 　引用自《中国信托业年鉴 2014—2015》（上卷）。

在大多数大陆法系的信托法中，都有关于信托财产的登记制度。有赖于这一制度，当信托财产发生转移时，税务部门就可以借此获知信托财产转让的相关信息。许多海外信托都青睐一些英联邦或者前英联邦成员（国家或地区），其中非常重要原因是，这些国家和地区都继承了较为成熟的英国信托法，在信托的保密方面也较为完善。在 CRS 出现之前，由于委托人设立了离岸信托，在信托公司的产权转让给受托人时，受托人承担着对信托财产的保密责任；而一旦将信托嵌入到离岸体系中，则会使产权的界限更加模糊，国内的税收机构也很难通过信托财产的注册系统来掌握信托财产的去向。在 CRS 出现后，离岸信托的隐私优势受到了一定的挑战，但是基本盘依旧稳固。

2. 离岸信托具有税收优势

税收优势是一个委托人选择在离岸地设立信托的另一重要考虑。设置离岸信托的大多数离岸地的税收要求都要比本国低，从而获得了比本国更为优惠的税收政策。具体来说，相当多的离岸地的法律，在所得税、资本利得税和增值税上都有一定程度的减免甚至免缴。

3. 离岸信托架构具有自由性

一般来说，离岸地的法律对于信托架构方案不做特别具体的规定和限制，因此在离岸信托的设计中，对于信托安排和受托人的选择以及更换更灵活，并且在信托合同中，可以由专业人士指导，根据需求选择适用有利于信托架构的法律，从而为委托人达到资产隔离、税务筹划等的目的。此外，离岸信托一般不是孤立存在的，在大部分情况下，委托人会在离岸信托的架构下嵌套进一个或者多个公司，转入不动产、股权等多种类型的资产，利用离岸信托的优势，使得委托人、受托人和受益人在合法合规的前提下享受本国法律要求的某些特定义务的豁免。

（二）图解离岸信托结构

1. 典型离岸信托架构

典型离岸信托架构如图 6-3 所示。

2. 离岸信托一般运作方式

首先委托人会与受托人签署信托契约（Trust Deed），明确表明设立信托并分配自己所属财产到信托的意愿。

接下来委托人将其资产委托给受托人，受托人则按照委托人的意愿（大多数情况参照信托契约），以受托人的名义，为受益人的利益进行保管及处理。通常而言可以委托资产包括现金、公司股权（上市／私有）、不动产、保险、私人飞机／游艇／古董／艺术品和其他受托人同意接受的个人资产。

如有需要，委托人可设监察人对受托人进行监督。

如有需要，委托人可设董事（多由委托人本人或其指定人士担任），负责海外控股公司的日常运作及执行重大决策。

如有需要，委托人可设投资顾问（多为委托人指定或本人担任），由受托人经海外控股公司作为专业顾问聘用并支付顾问费用，负责对信托资产的投资／处置。

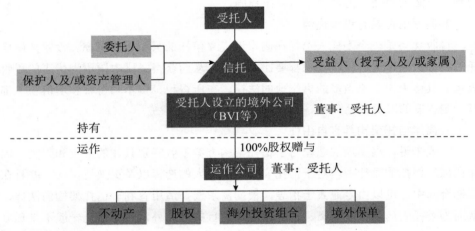

角色说明：

"受托人"（Trustee）：受委任作为信托资产之持有及管理人。受托人可以是个人或公司，一般为信托公司、银行或专业律师。

"委托人"（Settlor）：信托创始人，将其拥有的资产转让予第三者（受托人）。

"受益人"（Beneficiaries）：信托创立的惠及之人，可以为个人、群体、未出生的人（如未出世的儿子）及未产生联系的人（如未来的妻子）。

"保护人"（Protector）：保护人指根据受托人可行使某些权力的方式，可以充当一种管束，最常见的是，在行使信托契约中载述的特定权力时，保护人对此拥有否决权。但保护人不一定存在于每个信托关系中。

图 6-3 典型离岸信托架构

（三）如何设立离岸信托及注意事项

1. 了解离岸地法律法规及政策

离岸地不是"法外之地"。虽然离岸地的金融管制相对宽松，对信托的管理也相对开放，但仍然需要遵守离岸地国内法律或者离岸地与其他国家、国际组织缔结的条约。各主要离岸地多是英国的前殖民地或者海外领土，其司法与法律体系源于英国普通法体系。因此这些离岸地信托法规中，关于信托成立、形式、各相关人权利义务的规定与做法都和大陆法系下的信托法有显著差异。此外，各离岸国家对信托的管理也各不相同，因此也要因地制宜地关注一些具有当地特色的规定。比如，曼恩岛规定，若信托委托人是自然人，那么对此就有两人以下的数量限制。委托人在成立离岸信托时，应委托专门人员对境外的相关法律、法规进行较为详尽的调研与分析。

2. 关注税务合规风险

离岸信托被称为"避税天堂"，其存在被许多司法管辖区的税务部门认为是逃避母国税收方式之一，是导致本国税收流失的重要因素之一。随着国际金融管制的日益严格，一些离岸地为了摆脱"避税天堂"的名号，纷纷开始承担起国际反避税的责任，通过与别国签署税务信息交换协定，将国内的账户和税务信息提供给其他国家。因此，在建立境外信托时，应密切注意境外政策和税务政策动态，委托专业律师审慎开展税务筹划工作，避免招致民事乃至刑事追责。

3. 信托保护人的选任

当信托资产脱离受托人的控制，其出于种种原因对受托人缺乏充分的信赖时，可以指定一位保护人来保障其财产的安全与利益。保护人的适用范围较为广泛，可以指定委托人、受益人、自然人、法人甚至非法人单位担任保护人。在离岸信托中，委托人拥有太多的权利是不明智的，但是可以采取保护人制度，对其进行制衡和监管，防止其对信托资产的损害行为或失职行为，在必要时还可对其进行更换，使其委托人的意愿得到最大程度的贯彻，并充分保障受益人的利益。

4. 受托管理人的选任

为实现离岸信托资产保护、家族传承、境外上市等多种目标，选择适当的信托机构是设立一个信托的核心内容。首先，与委托人拥有相同国籍的居民不适合作为受托管理人。委托人设立离岸信托，其目的在于避免国内政治、经济、法律的风险。如果指定本国公民作为受托人，执法机构基于属人管辖权触发监管，将直接影响委托人的隐私乃至安全。其次，在选择离岸信托机构时，必须对其能力、资格以及职业履历进行严格仔细的审核，做到疑人不用、用人不疑。最后，适当运用私人信托公司（Private Trust Company）体系。私人信托公司的组织结构使企业的所有权和控制权相分离，能够满足家族企业传承和治理的双重需要，但是各离岸司法管辖区关于设立条件和资质要求的法律规定不尽相同，因此必须慎重使用。

（四）离岸信托的后续维护

1. 信托的存续时限

离岸地的信托法律一般都会规定较长的信托存续期。开曼群岛的信托存续期限为 150 年，英属维京群岛（BVI）为 360 年，泽西岛更是未规定最长存续期限。较长的信托存续期可以承担起长期的财富传承计划，但也带来了后续维护的挑战。

主要离岸地信托法律制度表如表 6-3 所示。[①]

表 6-3　主要离岸地信托法律制度表

	法 系	存续期（年）	信托保密制度	特殊的信托结构设计	税收政策	司法保护
BVI	英美	360	无须登记	1.VISTA 特别信托 2.PTC 私人信托公司	1. 非慈善信托税 200 美金 2. 受益人不是当地居民的信托豁免所有税项	防范他人依外国法赋予之继承权行使请求
开曼群岛	英美	150	无须登记（除特别信托外）	1.STAR 特别信托 2.PTC 私人信托公司	免税信托可获得 50 年赋税豁免期	1. 防范他人依外国法赋予之继承权行使请求 2. 防范外国法律禁止或不承认的信托概念 3. 防止债权人撤销信托
根西岛	英美	100	1. 无须登记 2. 除法院外，无须将信托的详细资料提供给任何监管机构	PTC 私人信托公司	无印花税或其他任何税项	1. 防范他人依外国法赋予之继承权行使请求 2. 防范外国法律禁止或不承认的信托概念

---

① 张言非 . 离岸信托制度的优势和风险评析 [J]. 产权导刊，2015（07）：34-36。

续表

	法 系	存续期（年）	信托保密制度	特殊的信托结构设计	税 收 政 策	司 法 保 护
马恩岛	英美	100	无须登记	Foreign Trust 外国信托	对于马恩岛境外的所得不征税所得税	1.防范他人依外国法赋予之继承行使请求 2.可变更准据法
泽西岛	英美	无期限	无须登记	PTC 私人信托公司委托人保留权利信托	无所得税和资本利得税	1.防范他人依外国法赋予之继承权行使请求 2.防范外国法律禁止或不承认的信托概念
新加坡	英美	100	无须登记	Foreign Trust 外国信托；PTC 私人信托公司	1.对源于新加坡境内的所得不征收所得税； 2.外国信托的税收优惠； 3.向非居民受益人分配收益免征所得税	防范他人依外国法赋予之继承权行驶请求
百慕大	英美	100	无须登记	PTC 私人信托公司	1.征收少量印花税； 2.无所得税、资本利得税和遗产税	1.防范他人依外国法赋予之继承权行使请求； 2.防范外国法律禁止或不承认的信托概念； 3.防止债权人撤销信托
毛里求斯	英美	99	1.无须登记； 2.除法院外，无须将信托的详细资料提供给任何监管机构	Foreign Trust 外国信托	15%的个人所得税无资本利得税	1.可变更准据法； 2.不承认外国判因因婚姻、继承、破产等原因对信托财产的请求权

2. 信托的合法存续问题

信托架构的合法存续问题，对于借助 VIE 模式进行搭建的离岸信托来说，显得至关重要。委托人寄予厚望的信托架构是否能够合法存续，避免因为一些不确定因素而被击穿，通常需要与离岸信托机构、熟悉信托所在地法律法规的律师进行充分论证和沟通。在很多案例中，国内高净值客户并不放心将巨额的信托财产（尤其是公司股权）真正委托给信托公司运作和管理，而倾向于对信托财产实施亲自管理和控制，信托公司并不实际参与信托财产的管理，比如 BVI 项下的 VISTA 信托。在这样的情况下，保护人的机制、受益人的选择及信托标的公司的董事委派权归谁等问题是需要谨慎衡量的问题。如果保护人、受益人均是委托人，且信托标的公司的董事委派权也归委托人，则该信托的存在与否就失去了任何实质差别，因此很可能会被法院认定为"伪信托"从而被判决击穿。为此，建议以"适当分散"原则统筹考虑前述人选及权利设定。

【案例】

2011 年，俄罗斯国际工业银行的实际控制人、金融大鳄普加乔夫在抽干银行资产后逃亡英国。在国际工业银行进行破产清算的同时，普加乔夫利用从俄罗斯转移出的资产，斥资近 1 亿美元设立 5 个新西兰全权委托信托（同时也为酌情信托，即 Discretionary Trust）。

根据公开的法庭文件，这些信托的条款大同小异。信托的第一保护人、委托人都是普加乔夫，如果他死亡或残疾，则保护人职责由他的儿子维克多接管。在 2014 年和 2015 年其间，受托人向普加乔夫预付了大量款项作为无担保贷款，如果受托人拒绝就会被普加乔夫动用信托协议赋予的权力替换，由新的受托人与普加乔夫签订融资协议。

因此实际上 5 个信托全是在普加乔夫的掌控之下，完全架空了受托人的权利。国际工业银行破产清算人作为索赔人，认为这些信托是"虚幻信托"而不应享受法律保护，申请强制执行信托中的财产。最终英国法院支持了索赔人，将普加乔夫的信托"击穿"，认为他是所有信托财产的真正所有者，可以将信托财产用于清偿破产债务。

3. 信托实际控制人的影响

鉴于香港证券交易所规定，拟上市公司一年之内不能改变实际控制人[①]，而境外家族信托设立时是否会影响实际控制人的认定也需要一并考虑。若信托保护

---

① 香港证券交易所：《综合主板上市规则》第 8.05（1）条（c）。

人、受益人均非委托人，信托公司的董事委派权也不属于委托人，那么很难认定此时拟上市主体的实际控制人仍是原作为实际控制人的自然人。一旦实际控制人被认定发生变化，则将有可能延缓上市进程。所以，上述人员和权利设置也不宜"过渡分散"，一些实质的权力仍需要集中到原来的实际控制人手里。一般采取以下方法：配置多个受益人，其中一名是实际控制人，第二保护人为实际控制人指定的近亲属，信托标的公司的董事委派权归保护人享有。此外，为了保险起见，还建议委托机构所在地的律师对协议后的实际控制人状况发表法律意见，以证明其未发生实际控制人的变化。

4.境外信托收益回流中国的问题

虽然现行法规在形式上承认以信托方式取得境外公司的权益的合法性，但实际操作中，外汇管理机构和银行为信托架构办理该登记鲜有成功案例。因此，与建立单一 BVI 公司架构和将 BVI 公司的股份作为信托资产注入信托资产相比较，在国外建立双重 BVI 公司并依法完成外汇 37 号文[①]登记的优势更为显著。但要注意的是，目前国内外汇管理部门和银行对国外信托依然持比较谨慎的态度，业务可能存在以"未报备海外信托体系搭建，造成境外资金来源不明"为由，拒绝将外汇调入境内并完成结汇的可能性。

四、美国本土信托[②]

在美国，信托是一套又一套各种不同功能的法律文件，委托人可以通过信托来委托指定的受托人（自然人或者机构）管理某些特定财产，目标是希望通过信托特有的法律功能来达到财富传承的目的。一套经过精心策划的信托文件可能会帮助信托设立人免去美国遗产法庭繁杂冗长的遗嘱认证流程，并将财产有效快捷地传承给受益人，同时还可以减少甚至不缴纳任何税款。许多国际高净值家庭也会通过在美国设立信托来管理其在美国的资产，以达到减轻税负目的。

本章节将主要从非美国纳税居民外国人及移民美国的角度来探讨税收、信托

---

① 全称是《国家外汇管理局关于境内居民通过特殊目的的公司境外投融资及返程投资外汇管理有关问题的通知》，由中国外汇管理局于 2014 年 7 月 14 日发布。

② 本章节部分内容可参阅微信公众号"微上法学堂"相关文章：《高净值人士改变命运的重要议题：财富传承，法律，隔离》；微信公众号"季律说财富"相关文章：《如何有效利用外国委托人信托—FGT 前沿研究系列》；微信公众号"财富汇评"相关文章：《高净值人士全球规划之美国本土信托与税筹》。

运用，以及传承问题。

（一）美国的税负可能离你并不遥远

美国政治家本杰明·富兰克林（Benjamin Franklin）曾经有句名言："世界上只有两件事不可避免，一是死亡，二是税收。"在美国，高净值国际人士在当地拥有资产的情况正变得越来越普遍。但是，移居美国或购买美国境内资产之前，要充分考虑美国的遗产税、赠与税、所得税等有可能对自身产生的潜在影响，因为家族财富传承会面临诸多税收的挑战。

1. 美国的遗产税和赠与税

美国的遗产税和赠与税经常需要被放在一起考虑，因为它们适用相同的税率，而且共享终身免征额。所谓遗产税和赠与税的终身免征额（lifetime exemption）是指，美国联邦政府允许每位公民和绿卡持有人在当年法律允许的范围内通过赠与或者遗赠的方式，将特定价值的资产分配给指定的受赠人或者遗产继承人，从而无须缴纳遗产税或者赠与税。遗产税和赠与税的区别主要在于，遗产税适用于被继承人死亡时的财产转让，而赠与税则适用于被继承人生前的财产转让。

美国的遗产税和赠与税的终身免征额都历经了多次修改，如表 6-4 所示。需要注意的是，现行的《2017 年减税和就业法案》（简称 TCJA，即 Tax Cuts and Jobs Act of 2017）将于 2025 年底失效。假设 TCJA 没有延期或没有任何其他替代法案，在 2026 年，遗产税的免征额将降至 549 万美元。但是，美国国会预算办公室根据对 CPI 的预测进行调整后，预计 2026 年的免征额上限将为 640 万美元。这也意味着美国公民和绿卡持有者如果在 2026 年之前做出赠与，或者去世进行遗产分配，则能够适用更高的免征额。因此，对于高净值个人和超高净值家庭来说，利用好这几年的缓冲时间做好财富规划刻不容缓。

表 6-4　美国遗产税的免征额（每人）历史记录

年　　度	遗产税豁免（联邦）（美元）	最高遗产税税率
2010	5 000 000.00 或 0.00	35% 或 0%
2011	5 000 000.00	35%
2012	5 120 000.00	35%
2013	5 250 000.00	40%
2014	5 340 000.00	40%
2015	5 430 000.00	40%

续表

年　　度	遗产税豁免（联邦）（美元）	最高遗产税税率
2016	5 450 000.00	40%
2017	5 490 000.00	40%
2018	11 180 000.00	40%
2019	11 400 000.00	40%
2020	11 580 000.00	40%
2021	11 700 000.00	40%
2022	12 060 000.00	40%
2023	12 920 000.00	40%

资料来源：美国国税局（IRS）。

（1）遗产税。当一个人去世时，其资产将成为其遗产。在 2023 年，遗产税的起征点为 1292 万美元。无论死者的遗产总价值是否超过免征额，遗产代表人都必须在规定时间内提交联邦遗产税申报表进行遗产税申报[①]。如果需要纳税，所欠税款会基于应纳税遗产的账面价值[②]来计算。在 2023 年，遗产账面价值超过 1292 万美元免征额的部分，最高会按照 40% 的联邦遗产税率进行征收。另外，已婚夫妇的免征额为 2584 万美元，死亡配偶未使用的免征额亦可转让给未亡配偶。

（2）赠与税。赠与税适用于一方对另一方的，财产无偿或明显低于正常价格的转让。2023 年的年度赠与税免征额将从 2022 年的 16 000 美元增加至 17 000 美元，或者按已婚夫妇共同计算，每位获赠者的年度免税额上限为 34 000 美元。也就是说，在 2023 年，美国税务居民在生前，每年可将最多价值 17 000 美元的财产赠与给每个受赠人（受赠人的数量不限），并且不用缴税。反之，当赠额度与超过此额度时，捐赠人可以在下一年的 4 月 15 日之前提交赠与税申报表，并支付由此产生的赠与税。或者，不缴纳赠与税，但需要将赠与的数额计入到自己的 1292 万终身免征额中。

2. 隔代税（Generation Skipping Tax）

隔代税是隔代转移税的简称，即（GST，generation-skipping transfer tax）。它的立法意图是防止纳税人在遗产规划中故意跳过子女，而将其留给孙子孙女一代，从而绕过子女去世时可能需要缴纳的遗产税。隔代税独立于遗产税之外，是

---

① 注：死者及其遗产是单独的应税实体。
② 注：账面价值英文原文是 Face Value。

对遗产税的补充。隔代税同样适用于 1292 万的免征额，对于超过终身免征额的转让，目前按照 40% 的统一税率（与遗产税和赠与税的税率一样）计算税款。

3. 个人所得税

（1）全球收入申报和税收。作为美国的纳税义务人，无论移民身份如何（除了持有"F""J""M"或"Q"类签证的在美教师、学生或实习的外国人[①]），在全球的收入都会被美国政府纳入征税的考量。无论收入来自哪个国家、何种来源、什么类别或什么类型的收入。

（2）在美国的收入来源。作为非美国纳税居民的外国人，以下 3 类收入通常会被纳入征税考量：

①有效关联收入（简称 ECI，即 effectively connected income），即与美国贸易或业务有实际关联的收入。

②根据《1980 年外国房地产投资税收法案》（简称 FIRPTA，即 foreign investment in real property tax act of 1980 for real estate）的相关规定，非美国人处置美国房地产权益的收益或损失，需要像处理美国贸易或业务一样申报。

③固定收入、可确定收入、每年或定期的收入（简称 FDAP，即 fixed, determinable, annual, or periodic）。一个非美国人即使不满足 ECI 或 FIRPTA 的情况，也有可能会满足 FDAP 的情况。FDAP 的收入来源包括利息、股息、租金、特许权使用费及版权费等。

对于非美国纳税居民外国人，在美国取得的收入通常需要缴纳 30% 的所得税。多数情况下，钱款支付方有责任在税务上代扣（withholding）。这 30%（如果收款人的国籍国与美国有税收协定或约定，则可以据此更改代扣的额度）的税款给美国国税局。而针对美国本国纳税义务人，所得税将分阶梯收取，最低为 10%。但当纳税居民作为单一申报人时，收入超过 578 125 美元或夫妻二人作为共同申报人收入超过 693 750 美元时，超出部分则面临缴纳最高 37% 税率的个人所得税。

（二）美国司法环境下的信托

在实践中，中美两国对信托的理解可能会有所不同。在中国，我们所说的信托（非家族信托）可能更像是一个用来投资理财的产品。而在美国，信托（trust）

---

① 参见美国国税局第 519 号出版物《美国外国人税务指南》，IRS Publication 519，U.S. Tax Guide for Aliens，https://www.irs.gov/pub/irs-pdf/p519.pdf.

又被称为"estate planning"，中文也翻译为"信托"，但它是一种法律契约（根据不同的情况，它可能包括 revocable living trust、schedule of assets、last will & testament、HIPAA authorization、living will，power of attorney、trust funding guide、certification of trust 等）。信托类型的选择对于家族信托的设立和筹划有着重要的意义。信托一般分为两类：可撤销信托（revocable trust）和不可撤销信托（irrevocable trust）。

1. 可撤销信托

其也被称为生前信托（living trust）。可撤销信托可以帮助被继承人的遗产免于遗产法庭的遗嘱认证，同时允许委托人在有生之年保留对信托财产的控制权。这种信托是相对灵活的，如果委托人的情况或者意图发生变化，委托人可以在任何时间修改或者撤销该信托。

2. 不可撤销信托

当委托人将财产转移给不可撤销信托后，将会失去对这些财产的所有权，也就意味着这些资产不再属于委托人了。而且委托人在签署信托文件之后不得再做更改，也不能撤销信托。不可撤销信托也可以免去遗产法庭做遗嘱认证的流程。同时，因为产权已经从委托人身上剥离，所以也会起到一定程度的风险隔离效果。

从减少遗产税的目的来看，不可撤销信托可以有效地将财产从委托人名下剥离，从而比可撤销信托更受到高净值人士的青睐。由于财产已经转移至信托，因此委托人无须就信托财产产生的收入承担税务责任（但是分配信托中的财产可能会需要受益人缴纳所得税）。同时，如果出现不利于委托人的法律判决，不可撤销信托也可以保护其在信托中的财产不被债权人拿走。

由不可撤销信托的概念延伸开来，根据委托人自身的情况，还有 30 多种不同的信托可供考虑。另外需要注意的是，美国有 50 个州，每个州的法律在信托方面都不太一样。因此，做出任何与信托有关的决定之前，建议要咨询具有当地实务经验的专业律师。

3. 外籍家庭常用的几种基本信托的类型

（1）QTIP 信托（qualified terminable interest property trust）。主要用来为在世的配偶提供收入。同时，当一方配偶去世后，信托内的财产还可以分配给先去世配偶所指定的受益人。大多情况下，这种信托会用在二次婚姻的情况，因为可以最大限度地发挥财富传承规划的灵活性。

（2）GRAT 信托（grantor retained annuity trust），是一种由委托人提供资

金的不可撤销信托。它对在身故时才可能面临巨大遗产税的高净值人士可能最有用。例如，某高净值人士拥有的某项价值 1000 万的资产在未来两年可能会增值至 1 200 万，从而使得其在过世时遗产额超过遗产税的终身免征额。在这种情况下，委托人可以将这部分财产转移至 GRAT，再由 GRAT 按计划转移给受益人，从而达到降低遗产税的目的。

（3）隔代信托（generation-skipping trust）。其主要目的是用来将信托中的财产分配给孙辈或更久远的后代，而不会在子女去世时产生隔代税或遗产税。

（4）暂译为"慈善盈余信托"（charitable remaining trust）。这是一种不可撤销信托，经过设立这种信托，委托人可以以慈善为目的去捐赠财产，同时如果捐赠的善款产生了收益，可以允许此信托分配其收益给受益人。

（5）ILIT 不可撤销人寿保险信托（irrevocable life insurance trust）。它也是一种不可撤销的信托，主要用于将人寿保险的收益或理赔金从逝者的应税遗产中排除，同时也可以为受益人提供流动性。

（三）非美籍家庭，减免或推迟缴纳美国遗产税的其他方式

1. QDOT

根据美国联邦税法（Internal Revenue Code），未亡配偶如果是美国公民，则无须就已故配偶（无论国籍）的遗产纳税，相当于夫妻给对方的遗产是无限免税的。也就是说，在美国的税法下，夫妻享有特殊的地位，夫妻之间的赠与或者遗产继承可以完全不受任何额度限制，也无须缴纳遗产税或者赠与税，这称为婚姻配偶扣除额（unlimited marital deduction）。但利用这个扣除额的前提条件是，配偶必须是美国公民。

但当配偶一方是美国公民，一方是非美国公民时，如果双方在世时设立了 QDOT 信托（qualified domestic trust，简称 QDOT），并将财产放到该信托中，当美国公民配偶离世时，对于这些放在 QDOT 信托中的财产，还健在的非美国公民配偶则可以享有与前述婚姻配偶之间一样的扣除额。

2. 金融账户（financial account）

作为非美国纳税义居民的外国人，也可以用这种身份在美国持有银行账户。这些账户里的资金和产生的收入，如果未满足之前介绍的 ECI 或者 FDAP 的情况，就不需要缴纳遗产税和所得税。但是，要获得非美国纳税义务人的外国人身份，需要向银行或者金融机构提交 IRS 的 W-8BEN 表格，否则这些账户中产生的任

何收入都会被银行或者金融机构强制代为缴税（withholding tax）。

3. 不动产

一个由外国公司设立的美国子公司，在持有美国的不动产时，如果经过合适的架构规划，可以从某种程度上在遗产税和赠与税的角度上保护非美国人纳税义务人的外国人。

如果关注的重点是节省美国的遗产税和赠与税，那么非美国纳税义务人的外国人可以考虑用一个美国实体来持有美国财产，然后以架构的方式，通过规划后的外国实体来持有这个美国实体。由于这个外国实体的股份是无形财产，不属于U.S.Situs Assets（US Situs Assets 指任何在美国的有形财产，不动产，以及商业财产，和美国公司的股票证券）的范畴，因此可能不需要缴纳赠与税和遗产税。

通过上述的安排，可以最大限度地减少甚至排除缴纳遗产税或者赠与税的情况。

4. 人寿保险

在需要缴纳美国遗产税的情况下，人寿保险被广泛推荐用于为缴纳遗产税提供现金。亦可以通过诸如不可撤销人寿保险信托（Irrevocable Life Insurance Trust，缩写为ILIT）的适当规划，在适当的时间为缴纳遗产税提供流动现金。

（四）在美国与信托相关的一些税务话题

在美国，正是因为某些信托能给委托人或受益人带来一些税务上的优惠政策，所以以避税为目的的信托滥用，就会受到美国国税局的额外关注。事实上，美国国税局在其官网上已经详列了一些与此相关的话题和说明[1]，笔者将针对这些信息在本章节中做简要介绍（原文可以参考美国国税局相关网站）。同时，由于在我国的信托法中并不存在美国司法环境下的"可撤销信托"的概念，为了方便理解，故以下文中所称"信托"将以前述"不可撤销信托"的概念为主。另外，正如本书之前所述，理论上而言，信托只是一系列的文件和约定以及安排，其本身并不是一个法律实体。但是，受托人根据信托的安排，有可能会设立一个特殊的法律实体。在美国，这个特殊的法律实体一般来说是以公司的形式存在（比如LLC，即 Limited Liability Company）。为了在税务实务上方便讨论，本章节将信托设

---

① 参见 https://www.irs.gov/businesses/small-businesses-self-employed/abusive-trust-tax-evasion-schemes。

立的这个特殊法律实体和信托安排统称为信托。

1. 信托的一些基础税务问题

在信托设立的过程中，一般来说需要将委托人的财产转移到信托中。从税法的角度看，相当于委托人将其财产"送给"了信托。所以，在这个过程中就有可能会产生赠与税。同时，信托所接收的任何收入或者财产，除非有法律规定的例外情况，理论上而言，信托本身或委托人都有可能产生纳税义务。

如果委托人将财产转移给信托之后，但又想继续享受这个已经转移给信托的财产，会产生什么后果呢？事实上，美国国税局早就考虑到了这一问题。美国国税局特别说明，无论财产在转让给信托的过程中是否缴纳了赠与税，如果信托委托人（财产转让者）在去世之前一直保留着对信托中的财产或者收益地支配与使用，那么在委托人（财产转让者）去世时，这部分财产仍需要缴纳遗产税。[①]

2. 信托的税务申报（tax filing）

通常来说，信托的受托人每年都需要提交"1041表格"（即 Form 1041）来报税。针对信托不同的安排，还可能需要分别填写 A、B、G、J 等附表。当然，也有一些例外的情况下是不需要申报 1041 表格的。例如，当信托产生的年度收入（annual gross income，简称 AGI）少于 600 美元，或者当受益人是非美国纳税居民的时候。[②]

美国国税局出于税务的考量，还对信托做了很多种税务上的分类。例如，domestic trust、foreign trust、domestic grantor trust、foreign grantor trust，foreign Non-Grantor trust、simple trust、complex trust 等。所以，除了"1041 表格"外，一些设计复杂的信托还需要提交某些特定的表格来报税，比如 foreign trust，在某些情况下就可能需要向美国国税局提交"1040NR 表格"。

3. 小心信托的滥用

由于信托在某种程度上具有合法避税的功能，很多人趋之若鹜。美国的信托业内也不乏各种"创意性"的操作案例，但一些太过"灵活"的信托安排可能会涉及滥用信托避税（abusive trust tax evasion schemes）的问题，这需要格外小心。

一个正常的信托一般不会将个人的生活、教育，或者个人花销转为可抵扣的项目，更不会通过忽视信托中收入和资产的真实所有权或者经济活动的真实实质，来达到避税的目的。因为，一些公认的税收原则决定了信托的税务处理方式。例

---

① 参见：美国 Internal Revenue Code § 2036（a）。

② 参见：Internal Revenue Service. "Instructions for Form 1041 and Schedules A,B,G,J,and K-1," Pages 4 and 5. Accessed Dec. 26,2021.

如，美国最高法院已经一再申明，出于税务目的，经济活动（transactions）的实质而非形式才是决定税务处理方式的决定性因素。

以下一些典型案例可以参考（案例取自美国国税局官网）：

案件 Gregory v. Helvering，293 US 465（1935），XIV-1 CB 193；Helvering v. Clifford，309 US 331（1940），1940-1 CB 105。案中法院裁定滥用信托安排可能被视为虚假交易，美国国税局可能会从税务上不承认这个信托的存在。

案件 Markosian v. Commissioner，73 TC 1235（1980）中，信托委托人没有遵守信托的条款，委托人对财产的掌控与使用完全没有因是否转入信托而发生改变，因此，法院认为该信托是一个虚假信托。

案件 Zmuda v. Commissioner，731 F.2d 1417（9th Cir. 1984）的当事人作为委托人设立了一系列的信托，但最后信托中的财产都被从税务上认定为是属于委托人自己的财产。

案件 Lucas v. Earl，281 U.S. 111（1930）中，当事人为了规避所得税，将自己的收入指定由信托领取，之后法院裁定所得税需要由案件当事人来支付。

（五）通过美国加利福尼亚州遗产法庭的程序与制度，看信托传承规划的重要性

与国内继承制度不同的是，在美国加利福尼亚州不管是否有书面遗嘱，只要是涉及遗产，且遗产没有适当的信托文件的保护，则都需要到遗产法庭（probate court）通过认证程序来解决继承权的认定与财产分配的问题。当然也有绕过遗产法庭的办法，我们会在后面提到。

为什么在美国需要遗嘱认证？为什么不能像中国一样，持有遗嘱去公证处做继承权公证后继承遗产？在美国，如果死者没有任何财产可以转让，当然不需要遗嘱认证。但是如果死者有欠债或存在财产争议的情况，那就完全不同了。例如，死者欠美国国税局应缴纳的税款，或正处于民事诉讼中，又或者有某些资产在与朋友共同拥有的私人公司中，抑或是有多个受益人无法就财产分割达成一致意见等情况的存在。此时，美国加利福尼亚州遗嘱认证法庭就需要为争议人提出索赔规定期限，然后经过遗嘱认证程序，最终再将遗产分配给死者的继承人和／或受益人。

当然，并非所有的遗产都需要认证。"遗嘱认证财产"一词是指受遗嘱认证法庭管辖的财产。在遗嘱认证程序之外获得分配的财产，属于个人"非遗嘱认证财产"的部分。美国加利福尼亚州对价值低于一定金额（从 20 000 美元到

100 000美元不等，取决于具体情况和财产种类）的不动产转让，则有"简化程序"。另外，还有一些简单的方法也可以将财产转让给尚存的合法配偶而无须认证（取决于移民身份），如人寿保险和退休福利等。

对于在2022年4月1日之前死亡的死者，《加利福尼亚州遗嘱认证法》规定，166 250美元或以下面值的遗产不需要进行遗嘱认证。2022年4月1日或之后死亡的，这个额度为184 500美元。如果遗产总值超过规定金额，则需要进行遗嘱认证。

1. 什么是遗嘱认证

遗嘱认证是指在法院监督的前提下，将死者遗产的合法所有权转移给继承人和/或受益人的过程。遗嘱执行人（英文"executor"，如果有遗嘱）和遗产管理人（英文"administrator"，如果没有遗嘱）是同一角色在不同情况下的称谓，都是被法院任命的遗产代表人（personal representative），负责管理资产、支付债务和费用，然后将剩余财产分配给受益人（具有合法继承权的人）。所有这些过程都将在法院的监督下完成，整个案件可能需要9～18个月，甚至更长。

假设，一个人去世时，没有使用任何适当的信托文件来持有在加利福尼亚州的财产，美国加利福尼亚州遗嘱认证法庭一般会经历4个阶段来处理其遗产。

第一阶段，首先确认谁将成为遗产的代表人。

如果有合适的遗嘱，代表人则可能是遗嘱中指定的执行人。如果没有遗嘱，则取决于案件是否需要去遗嘱认证法庭（probate court）。

如果遗产价值很小且无争议，则可以通过简化程序转移给继承人（simplified procedure to transfer an estate）。

如果案件必须通过正式的遗嘱认证法庭立案（formal probate），那么法院会任命一位遗产代表人（personal representative）作为管理人。如果在没有遗嘱的情况下去世，就需要依据法律列出谁应该是管理人的优先级清单。在世配偶或合法同居伴侣会排在首位、第二顺位是子女、第三顺位是孙辈，依此类推（后面将用案例具体说明）。

有时，也会存在不清楚谁应该担任遗产代表人的情况。例如，遗嘱没有指定执行人，同时还存在多个具有相同优先权的人。这种情况下，对于谁应该担任遗产代表人，则需要找律师来争取法律权利。

就遗产代表人而言，在财产交给正确的继承人和/或受益人之前，遗产代表人有责任按照每个人的最佳利益来管理它。这被称为"信托义务"（fiduciary duty）。遗产代表人有责任以负责和诚实的方式处理相关事务。如果其违反职责，最终可能要对遗产价值的任何损失承担责任。

第二阶段，确认继承人和受益人。

"继承人"（heirs）是指在某人去世而没有留下遗嘱的情况下，有权继承的人（称为"临终无遗嘱"）。"受益人"（beneficiaries）是可以根据遗嘱继承的人。谁是受益人或继承人通常由以下因素决定：①遗嘱条款；②州法律（如果没有遗嘱，或者遗嘱有争议）；③其他遗产规划文件。例如，在退休账户中指定的受益人。

事实上，在很多美国的继承案例中会发现，弄清楚谁是继承人或受益人并不总是那么简单。即使有遗嘱，也可能不是最新的。例如，遗嘱没有包括最新的配偶，或者离婚后遗嘱还没有来得及更改，又或者遗嘱中指定的受益人已经死亡，以及诸多其他情况。遗产代表人可能需要与律师和法官沟通，以帮助其确定谁才是真正的继承人或受益人。

第三阶段，遗产评估与申报。

在这个阶段，遗产代表人需要仔细识别死者的所有财产，而后对所有财产进行清点。如果有遗嘱，会宣读遗嘱，然后会花一定的时间来查明和列出在遗产范围内的所有财产，以及债权债务。之后会由估价师对财产进行估价。例如，遗产中有一套房子，就需要对房子进行估价。当遗产代表人确定了所有财产并获得了所有必要的文件，就必须列出资产和债务清单。它包括死者去世时拥有的所有财产。对于清单，需要写清：①每项资产简短的描述；②截至死亡日期的资产价值；③死者以何种方式拥有该项财产（例如：单独拥有，或共同共有，或和朋友合资开设的公司股权等）；④死者拥有的资产的哪一部分，以及死者拥有部分的价值；⑤是否有人可以专门处理索赔或其他债务。

第四阶段，找出资产的最佳转移流程并进行财产分配。

如果经过前面提到的遗嘱认证阶段之后，假如还有剩余的资产，那么将按照遗嘱或者法律规定来进行遗产分配。一旦知道死者去世时拥有什么财产、谁应该得到什么，以及财产的价值，最后一步就需要弄清楚如何继承这些财产。

正如前文所述，有可能通过简化程序完成，也有可能必须通过遗嘱认证法庭来完成。如果被继承人欠税，或有债务，遗产需要先支付欠税并偿还债务，然后再支付给继承人或/和受益人。

在不涉及诉讼的前提下，法庭的大多数遗产认证案件都会在9~24个月的时间内完成分配。如果涉及诉讼的话，遗产的处理时间就会变得非常漫长。可能达5～8年之久。因为需要等诉讼完成之后才能启动遗产的分配程序。

2. 美国加利福尼亚州遗产分配的特征

（1）遗嘱认证是根据遗产的总账面价值，而非净值。

美国加利福尼亚州的遗产认证是根据财产的总额计算的，而非根据财产的净值。例如，李四在多年之前用100万美金买了一栋房子，但是欠银行贷款80万美金。李四过世，其子女申请遗产认证时，房子增值到200万美金。这时，遗产法庭会以200万美金作为房子价值的数额来进行分配，而不是120万美金的净值。

所以，如果不提前做好遗产规划，以财产的市值而非净值来对财产进行分割，可能就会出现意想不到的不利后果，如征税。

如果李四是美国公民或者绿卡，遗产税的免征额是1292万美元，也可以理解为遗产税的起征点是1292万美元。但是如果李四既不是美国公民，也不是美国绿卡持有者，那么则只有6万美金的免征额，也就是起征点是6万美金。假设根据目前的遗产税率40%来计算，子女继承李四200万市值的房子，就需要缴税（200-6）×40%=77.6万美元。这对普通家庭来说可能就已经是天文数字了。

（2）遗产分配时，任何债权人或其他提出法律索赔的人，会在继承人和受益人之前分配到财产。其分配顺序为：

①要用来支付政府的行政费用。比如法院的申请费，案件的费用等。另外，如果遗产中有房产而且房产又欠有地税，这时变卖房产所得的遗产需要先缴纳地税，还需要支付给律师的律师费。

②需要支付丧葬费用及墓地、仪式等费用。

③需要缴清相关税负，以及偿还其他债务。比如遗产税、信用卡债务等。

④需要解决所有对遗产宣称权利的各项追索。比如李四在生前有股东纠纷诉讼，那么李四的股东可能会通过遗嘱认证法庭提起诉讼。

⑤当以上4项中所涉及的欠款都付清之后，才会将剩下的遗产在继承人中进行分配。

（3）遗产认证法庭的文件和信息基本上完全公开。

在默认状态下，遗产认证法庭所经手的遗产分配案件当中的信息和文件是需要公开的。接上面李四的例子，也就是说所有人都能看到：李四一共留下了多少财产给他的子女，都是什么样的财产，是车子还是房子，有多少贷款，有多少人主张李四的遗产，最后又有多少钱分给了李四的子女，是怎么分的，交了多少税金，全部一清二楚。在这种情况下，基本等于将李四家的财务信息曝光得一干二净。这也是为什么很多美国富人都极力避免到法庭进行遗产分配的原因。

（4）在遗嘱认证期间，孩子可能会"被迫寄养"

假如李四和妻子在美国双双去世，留下一个在美国出生且未成年的孩子，在遗嘱认证期间，如果没有任何适当的文书对小孩做出安排，因为小孩是美国公民，那么小孩将会被迫寄养到政府设立的寄养机构或者寄养家庭。在法院作出决定之前，即使是国内的亲人也无法接近孩子。在此期间，孩子可能也需要频繁出庭。因为孩子是美国公民，就算是在中国的爷爷奶奶，拿到孩子抚养权的概率也很低。这样对孩子和李四的家庭都是一种巨大的伤害。

3. 几个普遍的误区

正是因为在遗产认证分配的过程中，中美法律和文化存在巨大差异的情况下，会使很多中国移民家庭产生一些误区。

（1）**写遗嘱可以避免美国的遗产和遗嘱被公开。** 正如前文所述，如果没有适当的信托文件来管理遗产，所有的遗产分配都会经过遗产法院，原则上所有遗产信息都是需要公开的。

（2）**遗嘱对美国法官有约束力。** 原则上法官需要遵循遗嘱的原意。但是法官在某些情况下，也会去质疑一份遗嘱的真实性，以及继承人根据遗嘱中的文字所做出的请求是否符合遗嘱设立人的意愿，是否存在继承人为了一己私利而对遗嘱进行歪曲的解读。总的来说，只要遗产进入遗产法庭，即便有遗嘱，也会面临一定的风险，法官可能会根据自己的理解去执行遗产分配。

（3）**已经在美国居住纳税 20 年了，可以享受 1292 万美元的遗产税起征点。** 首先，这 1292 万美元的遗产税起征点，与在美国居住多久或纳税了多少年没有必然的联系。事实上只有美国公民和美国绿卡持有者才有 1292 万美元的终身赠与税和遗产税免征额。这一点需要新老移民牢记，它只跟移民身份相关，与居住时间无关。

（4）**夫妻一方身故后，其财产由配偶、父母、子女继承。** 在美国加利福尼亚州，就夫妻而言，如果先生和太太都是美国公民，资产在谁的名下并不重要。假如夫妻双方的婚姻存续时间已经超过某一个阶段，即会被认定为长期婚姻，而财产也会被认定为共有财产。如果其中一方过世，且没有留下遗嘱，或没有适当的信托文件来指定受益人，那么就算过世一方有多个子女，父母也同时健康，其所有被认定为共有财产的部分，依然会由在世的配偶全部继承。且过世一方的父母或孩子，不能直接转移、出售或者对财产做任何处理。

以李四没有任何信托和遗嘱的情况下，在美国加利福尼亚州处理遗产的步骤为例：

第一步：看李四是否结婚，他的财产是否为夫妻共同财产。如果有共同财产，那么李四的共同财产部分全部都要留给他的妻子。如果李四所留遗产争议很少，可能会通过简易程序来进行分配。如果李四的遗产案子进入到遗产法庭，法庭就会指定一个遗产管理人。

第二步：法院会任命一个遗产管理人来暂时管理遗产。根据 Probate Code § 8461，在没有遗嘱指定遗产管理人的情况下，会以如下顺序来任命管理人：

①第 37 条定义的未亡配偶或同居伴侣；

②成年子女；

③其他相关人；

④父母；

⑤兄弟姐妹；

⑥兄弟姐妹相关人；

⑦祖父母；

⑧祖父母相关人；

⑨已故配偶或同居伴侣的子女；

⑩已故配偶或同居伴侣的其他相关人；

⑪其他近亲；

⑫已故配偶或同居伴侣的父母；

⑬已故配偶或同居伴侣的父母的其他相关人；

⑭在死亡时以该身份行事的遗产保护人或监护人；

⑮公共行政人员；

⑯债权人；

⑰任何其他人。

第三步：提交遗产管理人申请 DE-111 表格，同时法院书记官也会设定一个听证会的日期（hearing date）。听证会会通知任何可能有权获得遗产的人，无论是否有遗嘱，遗嘱上是否有提到这些人。任何对遗产感兴趣的人都可以提交一份特别申请请求（表格 DE-154）参与进来。在这之后，遗嘱认证法庭的程序就会正式启动，处理遗产认证和争夺遗产的诉讼。

所以，就高净值家庭而言，也常常是跨国家庭。如果打算选择移民美国，行动之前，一定要清楚地了解美国财产的继承规则，以及遗产税和赠与税的相关规则，并连同潜在的影响，更要对跨国财富传承规划预先制订好有效且适合的解决方案。

五、保险金信托

（一）保险金信托——高净值人士财富规划的入门首选[①]

根据《21世纪经济报道》，2021年后，保险金信托业务骤然井喷，多家私人银行的保险金信托业务规模增速实现翻番式增长。

国内保险金信托的起源，要追溯到2014年，某人寿保险公司和某信托公司合作打造的"托富未来"终身寿险。保险公司和信托公司的跨界合作在当时引起了业界不小的关注。这类家族信托的保险金信托服务糅合了保险与信托的特点，为高净值人士投资提供了新的选择。在此后，保险金信托在国内得到了长足的发展，这是其自身独特的两项优势决定的。一方面，保险金信托只需100万元资金就能发起设立，相比家族信托普遍高达1000万元的准入门槛显得亲民不少，引得众多高净值人士及中产家庭纷纷试水；二是保险金信托这一跨界产品在流程、体验方面不断升级优化，也迎合了客户对财富传承的多元化诉求。

（二）保险金信托与其他传承工具相结合的案例分析[②]

【案例分析1】：婚前财产协议＋保险＋信托

案例背景：李先生夫妇是一家处于上升期的贸易公司创始人，家中有独子小李，今年30岁。在该公司已工作数年，工作能力得到上下员工的一致认可，被认定为未来的接班人选。小李有一位交往多年的女友小张，出身普通中学教师家庭。二人感情甚笃，已确定了婚期。李先生虽然对此颇有微词，但仍然尊重儿子的选择，不过考虑到双方原生家庭存在一定差距，若在婚后出现感情纠纷不仅影响家庭和睦，还可能影响公司经营。为此，李先生决定把家族企业的部分股权在

---

① 引用自《中国保险金信托发展报告》（2018年11月）。
② 引用自《中国保险金信托发展报告》（2018年11月）。

財富跨世代：家族財富的管理与传承

婚前赠与小李，将股权作为婚前财产，以免受到可能婚变的影响。

但李先生的律师却建议，暂缓办理股权过户相关的手续，重新考虑传承方案。司法实务一般认为，夫妻一方个人财产在婚后所产生的收益，除孳息和自然增值外，应认定为夫妻共同财产。考虑到贸易公司经营状况喜人，在可见的未来大概率会保持良好的增长势头，股价也可能水涨船高。此时，在婚姻存续期间，相关股权虽然在婚前就一直由小李持有，但股价增值部分仍然属于夫妻双方共同财产，一旦婚姻破裂，小张将会分割丈夫小李名下公司股权的巨额溢价增值部分。因此，李先生希望能找到一个更加稳妥、有约束力的方法来协助自己完成家庭资产传承。

在比较了各种财富传承工具后，李先生选择采取"婚前财产协议 + 保险 + 信托"的方案。

首先，在婚前财产协议中事先约定，小李名下的公司股权增值部分及分红在婚后属于小李的个人财产。如果婚姻破裂，该部分资产不能分割。

其次，设置以小李为受益人的保险金信托。信托协议规定，儿子每年可以从保险金信托计划中领取 40 万元生活费用；儿媳如生育一胎，可领取 100 万元生育补贴；在婚后第 3 年、第 5 年、第 10 年、第 20 年、第 30 年设置"祝福金"，鼓励新人从长经营婚姻；如婚姻不再存续，针对儿媳的信托计划就终止，剩余信托资产及其收益归儿子所享有；将未出生的孙辈都设置为潜在受益人。

最后在保险的选择上，李先生选择了年金保险的方案。设置小李作为被保险人，信托公司为受益人。短期缴费、快速返还的年金保险，可以让儿子一家通过领取的保险金满足日常生活，这样的安排既让儿媳感受到了婆家的关爱，也保护了吴先生积累的财富不会因为子女的婚姻受到影响。

【案例分析 2】保险 + 信托方案

案例背景：现年 50 岁的欧先生在一间跨国企业担任经理，年收入约 200 万元，与妻子结婚已经 24 年，感情深厚，且二人育有一女。欧先生父亲早逝，而母亲年事已高。随着工作压力的增加和年龄的增长，欧先生开始正视自身健康状况下行的问题，希望万一自己发生不幸，仍然能保障和母亲、妻子、女儿的生活。

欧先生首先希望保障母亲和妻子养老无忧。因此，信托协议规定，若欧先生去世，如妻子有稳定的收入来源，则妻子、母亲间的分配比例为 3 ∶ 7；如无稳定的收入来源，则妻子、母亲间的分配比例为 6 ∶ 4.

母亲可以从信托中固定领取月度基本生活费及养老公寓的支出，直至身故；

· 284 ·

若母亲发生重大疾病，如归属母亲的信托资产仍可支取，则可以从信托中支取重疾保障金。当母亲百年之后，若其有剩余信托资产，受益权将交付给欧先生妻子。

妻子年满 50 岁后，可从信托中领取月度基本生活费，并可随着年龄增加，70 岁可一次性领取剩余部分。若妻子不幸身故，其剩余信托资产的受益权将交付给欧先生女儿。

最后，欧先生选择终身寿险这一方案，将自己设置为投保人和被保险人，将信托设置为受益人。保费低、保障高的终身寿险在可以提供保障的同时，还不会对欧先生的家庭财务支出造成过大的负担。

家族慈善基金的运营与管理

很多慈善家认为，做慈善首先要有慈悲心。也有人说，别管本着什么心，只要做就比不做强。还有人认为起心动念才是慈善的根本，你以慈悲心做慈善，就会不刻意追求回报，心境也会更坦然、舒服。如果做慈善是为了达到某种私欲，如出名、避税、当作筹码等，那就难免行为上被目的所左右，就难以达到慈善应有的效果和善因。事实上，家族慈善基金可以兼顾家族成员做好慈善的初心，同时又可以很好地解决诸如税务筹划、财富传承安排、企业品牌推广等家族诉求，也是一种更为科学、理性、有序的财富管理手段。

一、企业家的社会责任——慈善事业

中国历史上一直就有达官贵人，皇室宗亲通过慈善和捐赠来为后人积福的文化。例如太原寺，就是武则天的母亲杨氏的故宅。武则天在母亲死后就将房子捐出来作了寺庙。再如乾隆在雍正死后，也是把雍和宫捐出来作了寺庙，以此保佑大清国运和天下百姓。包括日本的永观堂（禅林寺），也是腾原皇后家族捐出来的，其实是一种发愿，希望用这样的善因可以保佑自家的后代和子民。对于当代企业家而言，财富取之于民，用之于民，也同样是不可推卸的社会责任，同时也是造福子孙后代，有利于财富代代传承重要举措。

（一）慈善是一门哲学

慈善在国外已经有了很好的探索，在国内也处于逐渐兴起的阶段。在世界范围内，慈善事业均有非常大的潜力，许多企业家已将慈善作为其立家哲学和终身事业。

1. 扎克伯格给女儿的信

扎克伯格夫妇是慈善界的前沿人物。2015 年夫妻二人在女儿出生后宣布将捐出所持 Facebook（脸书）公司股份的 99% 来做慈善。这些股份的总价值高达 450 亿美元，用于发展人类潜能和促进平等。在给女儿的信中，扎克伯格提及，"在我们有生之年，我们会捐出持有 Facebook 99% 的股份来帮助实现这些使命。我们知道，与那些开始应对这些问题的天才相比，我们的贡献相当小，但我们将竭尽全力。"[①]

不为人知的是，扎克伯格夫妇的慈善生涯也曾遭遇过质疑。扎克伯格曾捐款 1 亿美元，旨在为新泽西州纽瓦克市公立学校的改革提供资金。这一行动最终导致公立学校的教师和校工被裁员，并将原本在旧学校就读的学生迁至新学校，因此导致一些批评，认为扎克伯格的"慈善表演"造成了资源浪费，并未给社区带来实质益处。而今扎克伯格以一种创新的模式捐出了 450 亿美元的个人财富。在这一模式下，扎克伯格在追求其慈善和公益目的时，还能够进行投资并获得回报，对公共政策施加影响力，使企业和慈善以一种更为灵活的模式结合在一起。

2. 盖茨的慈善哲学

比尔·盖茨之所以走上慈善之路，据说是因为受到了母亲的深刻影响。母亲教育盖茨，"获得上天越多赋予的人，被期待的也越多"，这句话早早在盖茨心中种下了热心慈善的种子。慈善成为他除了计算机软件外的第二大事业；在退出微软日常经营后，慈善更成为他的主业和重心。

2000 年，他成立了比尔及梅琳达·盖茨基金会。该基金会如今在全球范围内拥有约超过有 1600 名员工雇员，管理着约 500 亿美元的资产，被称为世界最大慈善基金会。比尔及梅琳达·盖茨基金每年向全球公共卫生和教育等领域进行多笔大额捐赠，同时也致力于将人类的创新才能应用于减少健康和发展领域的不平等现象。自该基金会成立以来，已在促进全球健康卫生事业和扶贫事业方面投

[①] 参见凤凰网外言社 109 期：《详解扎克伯格的慈善新模式：是公司，可投资赚钱》，https://tech.ifeng.com/wys/special/xjzkbgcsxmsktzzq/。

入了 538 亿美元。

3. 慈善让成功与财富更有意义

慈善是资本与公益的结合。当企业经营到一定程度，财富积累到一定程度，一定要让其发挥更大的作用。企业和社会是息息相关的，企业做得越大，就越能看到企业发展与社会整体进步之间千丝万缕的联系。而且随着社会的不断升级发展，企业家的格局也会逐渐打开，认知也会得到进一步提升。现在很多人开始运用慈善信托、慈善基金会等形式来让自己的财富更好地回报社会，都是很好的方法。

慈善是企业家的社会使命。企业做大、做强之后，那些掌握财富的人都会产生做慈善的诉求，很多企业家也把慈善作为他们最终的事业。因为人不可能把财富带走，财富积累的过程也是人生学习的过程。

（二）企业家精神赋能慈善事业

1. 什么是企业家精神

企业家作为市场中的关键人才，在不同的时期会被寄予不同的期望。面对新冠疫情的冲击，习近平总书记在企业家座谈会上对广大企业家提出了新希望与新要求，"企业家要带领企业战胜当前的困难，走向更辉煌的未来，就要弘扬企业家精神，在爱国、创新、诚信、社会责任和国际视野等方面不断提升自己"[①]。

2. 企业家精神为慈善事业赋能

企业家精神能够为慈善事业赋能，因为经营企业与做慈善存在一定的相通之处。

首先，经营企业与经营慈善事业都需要良好的方向把控与总体战略。其次，需要高效运行的治理，以及适合企业和慈善发展的人才。经营企业与慈善事业也都置身于法律环境下，需要受到法律的监督，以合法的方式进行运作。作为企业家，已经熟知如何利用有限的资源做合理的决定为目标服务，也就是说，企业家在涉足慈善事业之前，已经具有了一些优势。经营企业与慈善事业的不同之处在于财富的方向，做企业是学会挣钱，而做公益是学会花钱。[②]

---

① 引用自新华网《习近平：在企业家座谈会上的讲话》，http://www.xinhuanet.com/politics/2020-07/21/c_1126267575.htm，2020 年 7 月 21 日。

② 赵新星．"企业家精神"如何助力公益事业［N］．南方日报，2012-9-18（A10）。

（三）商业向善——时代的号召

党的十八大以来，企业家群体和企业家精神得到了党中央的高度重视，国家和政府期望企业能够在国家发展中发挥重要作用。

2016 年，法律法规成为推动企业家慈善事业发展的又一动力。《中华人民共和国慈善法》（以下简称《慈善法》）获得通过并自 2016 年 9 月 1 日起施行，企业家做慈善从此有法可依，也因有了法律层面的支持与规制，更将迎来前所未有的发展机遇。

2020 年，习近平在企业家座谈会上的讲话中指出，企业既有经济责任、法律责任，也有社会责任、道德责任，任何企业存在于社会之中，都是社会的企业，社会是企业家施展才华的舞台，希望广大企业家弘扬企业家精神，承担社会责任。[1]

2021 年，习近平主持召开中央财经委员会第十次会议，会议指出，要坚持以人民为中心的发展思想，在高质量发展中促进共同富裕，正确处理效率和公平的关系，构建初次分配、再分配、三次分配协调配套的基础性制度安排，使全体人民朝着共同富裕目标扎实迈进。[2] 鼓励高收入人群和企业更多回报社会。

迈步新征程，续写新篇章，实现中华民族伟大复兴的中国梦，离不开市场主体的创造者、引领者——企业家。[3] 新时代号召与时俱进的企业家精神，需要企业家真诚回报社会、切实履行社会责任，响应时代的要求。

二、解析家族基金会

（一）境内外家族基金会的现状

家族基金会又称私人基金会，通常是基于个人或家族成员捐赠或遗赠财产的方式设立的。目的是按照设立人的意愿对该财产进行运作、保存、管理和投资，并为一个或多个与设立人具有亲属和利益关系的"受益人"利益对该财产及其收

---

① 引用自新华网《习近平：在企业家座谈会上的讲话》，http://www.xinhuanet.com/politics/2020-07/21/c_1126267575.htm。

② 引用自新华社《习近平主持召开中央财经委员会第十次会议》，http://www.gov.cn/xinwen/2021-08/17/content_5631780.htm。

③ 刘全胜.企业家精神是经济社会发展的重要驱动力［J］.经营管理者,2022（1）.

益做有效安排的法人实体。①

基金会的概念源于欧洲大陆中世纪以慈善和宗教为目的的捐赠。经过几个世纪的发展，在欧美国家比较流行，而其中大部分为私人或家庭出资建立的家庭基金会。家族慈善事业在国外异常繁荣，许多名门望族都选择设立家族慈善基金会的形式来从事慈善事业、回馈社会。如前文提及的微软公司创始人之一比尔·盖茨设立的比尔及梅琳达·盖茨基金会就是家族慈善基金会的典范。目前，基金会在国外已经有非常成熟的配套法律制度，成为一项财富传承的有力工具，逐渐引起了国内高净值人群和相关专业人士的关注。

（二）中国监管体制下的基金会设立与运行管理

1. 基金会的设立流程

基金会经申请设立，大致流程为：①申请人在具备设立条件后向登记机关提交相关文件，包括名称、住所、类型、宗旨、公益活动的业务范围、原始基金数额和法定代表人；②登记机关在收到有效文件之日起 60 日内做出决定，准予登记的，发给"基金会分支（代表）机构登记证书"；③依法办理税务登记。②

2. 章程宗旨下开展活动

基金会一般要根据法律及章程设立，并在章程规定范围内进行活动③，如果基金会、基金会分支机构、基金会代表机构或者境外基金会代表机构未按照章程规定的宗旨和公益活动的业务范围进行活动，登记管理机关将给予警告、责令停止活动；情节严重的，可以撤销登记④。所以，基金会自设立时可以在监管允许的范围内尽可能扩大业务范围，为未来慈善活动的开展留足空间。

3. 年度公益事业支出比例

基金会具有强制性慈善支出要求。其中具有公开募捐资格的基金会，每年用于公益慈善事业的支出占上年总收入的比例不得低于 70%；不具有公开募捐资格

---

① 秀实投资. 家族基金会 | 揭开家族传承的面纱［EB/OL］.https://mp.weixin.qq.com/s/U4-ItoD4tXB47lysmDE6Aw.

② 《基金会管理条例》第九条、第十一条、第十六条规定。

③ 《基金会管理条例》第二十五条规定：基金会组织募捐、接受捐赠，应当符合章程规定的宗旨和公益活动的业务范围。

④ 《基金会管理条例》第四十二条规定：基金会、基金会分支机构、基金会代表机构或者境外基金会代表机构有下列情形之一的，由登记管理机关给予警告、责令停止活动；情节严重的，可以撤销登记：（一）未按照章程规定的宗旨和公益活动的业务范围进行活动的。

的基金会，每年用于公益慈善事业的支出不得低于上一年基金余额的 8%。^① 家族出资成立的基金会一般为不具有公开募捐资格的基金会，适用后一种规定。

4. 依法接受年度检查

基金会登记管理机关依法按年度对基金会、境外基金会代表机构遵守法律、法规、规章和章程开展活动的情况实施监督管理[②]。基金会、境外基金会代表机构应当于每年 3 月 31 日前向登记管理机关报送经业务主管单位审查同意的上一年度的年度工作报告，内容上应当包括财务会计报告、注册会计师审计报告，开展募捐、接受捐赠、提供资助等活动的情况，以及人员和机构的变动情况等，接受登记管理机关检查。[③]

5. 履行信息公开义务

慈善事业的生命就在于公信力。公信力源自透明度以及社会监督。通过信息披露制度，基金会、境外基金会代表机构需要公开年度工作报告、公募基金会组织募捐活动的信息及基金会开展公益资助项目的信息，方便民众了解善款的具体流向，对慈善基金会公信力提升起着至关重要的作用。

6. 对外投资

基金会是可以对外投资的，但根据《慈善法》的规定，慈善组织为实现财产保值、增值进行投资的，应当遵循合法、安全、有效的原则，投资取得的收益应当全部用于慈善目的。并且慈善组织的重大投资方案应当经决策机构组成人员三分之二以上同意。此外，政府资助的财产和捐赠协议约定不得投资的财产，不得

---

① 《基金会管理条例》第二十九条规定：公募基金会每年用于从事章程规定的公益事业支出，不得低于上一年总收入的 70%；非公募基金会每年用于从事章程规定的公益事业支出，不得低于上一年基金余额的 8%。

② 《基金会管理条例》第三十四条规定：基金会登记管理机关履行下列监督管理职责：（一）对基金会、境外基金会代表机构实施年度检查；（二）对基金会、境外基金会代表机构依照本条例及其章程开展活动的情况进行日常监督管理；（三）对基金会、境外基金会代表机构违反本条例的行为依法进行处罚。

③ 《基金会管理条例》第三十六条规定：基金会、境外基金会代表机构应当于每年 3 月 31 日前向登记管理机关报送上一年度工作报告，接受年度检查。年度工作报告在报送登记管理机关前应当经业务主管单位审查同意。年度工作报告应当包括财务会计报告、注册会计师审计报告，开展募捐、接受捐赠、提供资助等活动的情况以及人员和机构的变动情况等。

用于投资。[①]

（三）家族慈善基金会

1. 曹德旺开创了中国家族慈善基金会的先河

在中国，谈到慈善基金会，不得不提曹德旺和他的河仁基金会。我国著名企业家、"玻璃大王"、福耀集团董事局主席曹德旺先生，捐出其家族所持福耀集团 3 亿股股权成立了家族慈善基金会。在此之前，我国并没有以股权捐赠形式成立基金会的先例。河仁基金会在成功设立之前，进行了大量的协调、推进工作，最终克服了制度上的限制，在国家与社会的关注下，开创了中国基金会的先河，在资金注入方式、运作模式和管理规则等方面为基金会注入了新鲜的血液。

"企业家若没有责任感，充其量是富豪。"本着这样的想法，在成立家族基金会之前，曹德旺家族捐款已捐款几十亿来支持慈善事业。曹德旺从企业家向慈善家转变的一大台阶是家族基金会的设立。河仁基金会在相当程度上提升了福耀集团的企业形象，公司股价和企业效益也一路攀升。福耀集团为曹德旺的慈善事业打下了良好的基础，如今他的慈善事业开始反哺企业的成长，形成了良性循环发展。

2. 牛根生退休后的慈善事业

2004 年，蒙牛集团的创始人牛根生发起成立老牛基金会，以"发展公益事业，构建和谐社会"为宗旨，业务涵盖环境保护、文化教育、医疗卫生及救灾帮困等其他公益慈善事业，是中国首个家族慈善基金会。2005 年，牛根生宣布将全额捐献其拥有的蒙牛股份。这些股份红利所得的 49% 归个人支配，51% 归老牛基金会；待牛根生辞世之后，这些股份全部归老牛基金会所有，仅向其家人发放相当于北、上、广三地平均工资的生活费。同时，据蒙牛乳业 2010 年在香港的披露，牛根生已将其名下的境外蒙牛股权资产全数转让给慈善信托，以贡献公益慈善事业。该慈善信托为一个不可撤销的信托，受益方包括老牛基金会及与其合作过的中国红十字会、中国扶贫基金会、壹基金、大自然保护协会、内蒙古慈善总会等

---

① 《中华人民共和国慈善法》（中华人民共和国主席令第 43 号）第五十四条规定：慈善组织为实现财产保值、增值进行投资的，应当遵循合法、安全、有效的原则，投资取得的收益应当全部用于慈善目的。慈善组织的重大投资方案应当经决策机构组成人员三分之二以上同意。政府资助的财产和捐赠协议约定不得投资的财产，不得用于投资。慈善组织的负责人和工作人员不得在慈善组织投资的企业兼职或者领取报酬。

前款规定事项的具体办法，由国务院民政部门制定。

公益慈善组织。对于"裸捐"①的牛根生家族来说，让自己的财富最大限度地回馈社会才是最宝贵的精神财富。

（四）家族慈善基金会如何与家族事业联动

家族基金会作为家族财富传承工具之一，是非常独特的。通过家族基金会的形式，致力于慈善的家族，在共同运作家族基金会的过程中，更容易形成一致的财富观，在企业治理与财富管理上达成更多共识，从而家族成员之间的分裂和纷争能够得到减少。此外，家族成员共商善举，在传承家族精神的同时还能够提升家族的社会声誉，非常利于家族事业的传续与家族财富的传承。

（五）家族慈善基金会如何与家族成员联动

家族慈善基金会通过家族成员的深度参与，加强了家族成员之间内部的联系、沟通，有助于促进家族成员之间的团结和合作。家族中每一代领袖与精英，都彰显着家族共同的精神风貌，抑或是各异的价值取向。他们的成长、智慧与贡献将通过不同形式被家族基金会所记载，为后代传承甚至超越，为家族的发展注入源源不断的力量。

三、慈善信托如何实现公益与私益

信托作为家族财富管理的重要工具之一，既包括为了家族自身利益的私益信托，也包括为了公众利益和慈善事业的慈善信托。基于慈善具有提升家族凝聚力、隔离财富风险、建立家族文化等对于家族传承的重要使命，慈善信托未来有望成为家族信托当中不可或缺的重要构成部分。

（一）公益信托与私益信托

私益信托是指委托人为了特定的受益人的利益而设立的信托。所谓特定的受益人是从委托人与受益人的关系来看的，如果受益人与委托人之间有经济利害关系，委托人为受益人设立的信托可以使委托人为此而获得一定的利益，那么这种

---

① 指把特定范围的个人资产全部捐出。

信托可视作私益信托。①

根据《慈善法》的相关规定："本法所称慈善信托属于公益信托，是指委托人基于慈善目的，依法将其财产委托给受托人，由受托人按照委托人意愿以受托人名义进行管理和处分，开展慈善活动的行为。"②

（二）国内法对慈善信托的公益性要求

慈善信托必须为公益信托，而慈善信托目的是慈善信托的立身之本，合法的慈善信托目的包括：①扶贫、济困；②扶老、救孤、治病、助残、优抚；③救助自然灾害、事故灾难和公共卫生事件等突发事件造成的损害；④促进教育、科学、文化、卫生、体育等事业的发展；⑤防治污染和其他公害，保护和改善生态环境；⑥符合《慈善法》规定的其他公益活动。

我国相关法律对于慈善信托的公益性要求严格。根据《信托法》的相关规定，公益信托的信托财产及其收益，不得用于非公益目的。③《慈善信托管理办法》则规定：慈善信托财产及其收益，应当全部用于慈善目的。④若慈善信托的受托人将信托财产及其收益用于非慈善目的的，则由民政部门予以警告，责令限期改正；有违法所得的，由民政部门予以没收；对直接负责的主管人员和其他直接责任人员处2万元以上20万元以下罚款。⑤

因此，通常认为，国内法仅认可信托财产全部用于慈善目的的慈善信托模式，即要求慈善信托必须具有"纯粹"的公益性，并不支持在慈善信托层面上实现委托人的私益目的。

（三）关于实现信托公益与私益目的结合的实践

1. 收益捐赠型信托

即用家族信托的收益来做公益，委托人设立信托，并约定信托财产本金及部分收益分配给家族成员，部分收益用于捐赠给慈善事业。

---

① 参见雪球：《私益信托与公益信托有什么不同？运作方式是怎样的？》，https://xueqiu.com/9698579182/165687498。

② 《中华人民共和国慈善法》第四十四条。

③ 《中华人民共和国信托法》第五十四条。

④ 《慈善信托管理办法》第二十三条。

⑤ 《慈善信托管理办法》第五十九条。

目前国内市场上有一些类似"利益分割"信托产品，如百瑞信托有限责任公司管理的"百瑞仁爱天使基金1号"，信托收益用于慈善捐赠，信托本金分配给委托人。产品模式大致如下：①委托人以信托本金设立信托，信托公司按照信托文件约定将信托本金进行投资运用，委托人同时作为受益人仅享有信托本金或较低的信托收益，剩余信托收益用于信托文件中约定的公益目的；②信托采取开放式设计，委托人可以在特定条件下赎回信托本金，或在一定期限届满后退出信托，取回本金。

这种模式对受托人的资产管理能力要求较高，需要在满足信托本金不亏损的前提下实施公益活动，不利于公益目的的稳定性和长期性，对委托人的约束较少，信息也不透明。

因此，结合国内法关于"慈善信托财产及其收益，应当全部用于慈善目的"的规定，目前市场上这些类似"利益分割"信托产品，可能更多属于有公益色彩的营业信托产品（即资产管理产品）。相应地，以上模式不能享受税收优惠、免予认购信托业保障基金、免计风险资本等慈善信托专有的优惠政策，并需要符合营业信托、资产管理业务等相关监管要求，如合格投资者、净值管理、产品风险等级划分等。

2. 慈善信托与家族信托结合

通过母子信托的方式，以母信托作为慈善信托的委托人，可实现类似美国法中的"利益分割信托"的功能，即部分信托利益分配给委托人，其余部分信托利益用于慈善的目的。

具体而言，委托人以信托资金设立母信托，信托文件明确约定信托资金的运用方式，包括以现金形式的信托利益设立慈善信托（即子信托）；母信托按照信托文件约定将信托资金进行投资运用，获得现金回流后以母信托作为委托人，将获得的部分现金形式的信托利益设立慈善信托，所有的慈善相关活动均通过慈善信托完成。

在效果上，一方面委托人在母信托层面可以灵活约定设立子信托的条件、期间、金额，可保留获得部分信托利益或实现其他私益目的的权利；另一方面，子信托是一个纯粹的慈善信托，实现了委托人的慈善目的，也可以享受慈善信托专有优惠政策。

3. 慈善信托与家族基金会结合

目前，中国有一大批企业家通过设立家族基金会开展家族慈善。家族基金会因其具有财产独立性、运用灵活高效、信息私密、税收优惠等特点进入快速发展时期，但其在发展中也面临着多种挑战。如在人员、专业上存在局限性，导致慈善资金的有效管理不足，投资效益低下，以及基金会的公信力危机也可能对家族基金会、家族企业声誉产生负面影响。

但近年来，实践探索出"家族基金会与慈善信托相结合"的模式，在一定程度上解决了上述问题。2017 年 7 月，中信信托受何享健慈善基金会（现为"和的慈善基金会"）的委托，创造性地结合家族基金会与信托的优势，构建了双受托（即信托公司＋基金会）慈善信托新模式，成立了规模为 4.92 亿元、期限为永续的"中信·何享健慈善基金会 2017 顺德社区慈善信托"，以信托的收益大力支持建设了顺德社区公益慈善项目。目前，项目资助的"和美社区计划"公益项目已超 140 个，覆盖了 85 个村居，内容涵盖教育、养老、文化建设、社区发展等综合性公益慈善需求。

这一创新模式下，家族基金会和慈善信托公司能将优势互补，更好地实现委托人的慈善意愿。一方面，慈善信托能实现慈善资产的隔离保护和保值增值，其接受银保监会和民政部门的双重备案管理，也能强化公信力、解决公众的信任危机；另一方面，家族基金会又对整个家族的慈善战略做出统一规划，以满足不同层次的公益慈善需求。

（四）其他慈善安排

1. 直接捐赠的应用及创新

根据《慈善法》的规定捐赠人可以通过慈善组织捐赠，也可以直接向受益人捐赠。只不过，传统的直接捐赠方式也逐渐面临新慈善形式（如专项慈善基金）的竞争。但随着市场的变化，直接捐赠的方式再次显现了其灵活性。

在 2020 年疫情暴发之初，原本绕开红十字会直接向有关单位捐赠的防护用品的行为是有法律风险的，但在武汉疫情救援行动中，由于特殊情况对于效率的高要求，绕开红十字会直接向医院等机构捐助物资已经成为一种普遍的现象，不少个人、自组织、企业都选择以直接捐助的方式为抗击疫情贡献出自己的力量。面对现实的需要和压力，红十字会也对定向捐赠流程作出了适当调整，境内外单位或个人如有定向捐赠医院，可直接与定向捐赠医疗机构对接，确认后可直接将物资发往受捐单位。[①]

---

① 武汉市红十字会对社会公告（第六号），2020 年 1 月 30 日，http://www.wuhanrc.org.cn/info/1003/2630.htm。

许多互联网公司在医疗防护物资与居民生活必需品的捐助及运输中，发挥了极大的优势与作用。例如，腾讯公司从国外采购物资包机运回国内，阿里巴巴自行将物资送往医院，美团、饿了么平台为医护人员免费供应餐饮。一次疫情的暴发，各个企业在抗疫过程中表现出的精准的信息处理能力、高效的管理和行动力大放异彩，事实上也是对传统捐赠形式的一种挑战。

2. 专项慈善基金

专项基金也是个人或企业介入公益慈善的一种模式。近年来，国内不少基金会等公益组织相继设立一些专项基金。设立专项基金是指在基金会或社会团体基本账户下设立专项基金财务科目，按照捐赠人或发起人的意愿，专款专用的捐赠款项。基金会或社会团体下设的专项基金接受基金会或社会团体的统一管理，专门用于资助基金会或社会团体业务范围内某一项事业的活动，不具有独立法人资格。[①] 在公益慈善领域，专项基金则指用于专门公益慈善用途的基金。

《基金会管理条例》颁布以来，专项基金的形式被中国各大基金会广泛采用，成为资金筹募和公益运作中的重要手段。随着制度的逐渐完善，很多企业和个人都通过设立专项基金的方式做慈善。新冠疫情暴发后，更是引发不少捐赠人在和红十字会等机构设立专项基金。

设立专项基金会的优点在于高效率、"低门槛"、高参与度与一定的宣传作用。高效率指的是相比于设立基金会，设立专项基金在审批与备案制度上的要求与时间花费会更少；"低门槛"指的是设立专项基金的资金要求也相较更低；高参与度则体现在捐赠人可以参与专项基金的运作和管理，参与一些重大决策。并且捐赠人享有冠名权，比如中国红十字会在 2007 年设立的李连杰壹基金计划，一定程度上为李连杰打造了更好的公众形象。

但要注意的是，虽然专项公益基金对比基金会存在上述优势，但我国目前基金会的专业能力参差不齐，行业规范层面也需要进一步的改进，设立专项基金会之前需要多做前期了解和调查。

3. 捐赠者服务基金（DAF）的最新进展

捐赠者服务基金（donor advised fund，以下简称 DAF），是一种帮助捐赠人开设专属慈善账户、享受税收优惠、捐赠人对捐赠资产的投资和捐助拥有建议

---

① 《民政部关于进一步加强基金会专项基金管理工作的通知》（民发〔2015〕241 号）规定：基金会专项基金接受基金会统一管理，不具备独立的法人资格。

权的基金。DAF 以"为捐赠人服务"为核心理念，赋予捐赠人建议权，能最大限度地尊重和满足捐赠人的愿望，同时也能很好地保护捐赠人的权利和隐私。近年来，DAF 在美国有着雷鸣暴涨式的成长，行业发展极快，慈善机构排名高，受到越来越多富豪的青睐。

DAF 作为公益慈善的新工具、新平台，具有以下优势。

（1）灵活、便捷。 DAF 的捐赠资产类型灵活、种类丰富。对于非现金类资产，DAF 会协助其估值、变现。并且 DAF 资助安排灵活，捐赠人可以根据自己的慈善规划灵活地进行资助安排。

（2）减税。 在美国，DAF 的捐赠人能享有较高的税务减免，根据不同捐赠资产类型最高能享受调整后总收入 30%~60% 的税收减免，而其他如家族基金会仅为 20%~30%。

（3）自主。 捐赠人可以指定自己、他人或组织作为慈善账户顾问，对捐赠资产的投资、捐助、受益对象等提出建议，进而高度自主地、深入地参与到公益慈善中去。捐赠人合理的建议会得到 DAF 最大程度地尊重。

（4）有助于传承。 捐赠人享有账户命名权、账户共享管理权和指定账户继承权，可以联合家人共同参与慈善规划，以提升家人的荣誉感和使命感，同时实现 DAF 账户的存续与传承。

近年来，中国的慈善组织借鉴国外的成功经验，也积极探索 DAF 的本土发展路径。如 2017 年 4 月，北京市行远公益基金会宣布建立两个 DAF 家族永续基金会。这是国内首次公开宣布的 DAF 基金。2017 年 11 月，国内第一只私募公益金融类 DAF—明湾 DAF 设立；2018 年 6 月，深圳国际公益学院、北京中伦公益基金会、深圳中顺易金融服务有限公司三方机构共同发起设立了国内第一家纯粹以运营 DAF 为主的基金会——深圳市递爱福公益基金会；2020 年初，第一个由青少年发起的 DAF—上海联劝公益基金会达美诺青少年专项基金成立等。

随着"第三次分配"被逐步确立为推进"共同富裕"的重要补充性的制度安排，DAF 作为公益慈善的新工具、新平台，如果使用得当，必将为助力第三次分配、促进共同富裕带来价值。然而，根据我们的观察，目前 DAF 在中国的本土化实践仍面临不少挑战。例如：配套法律制度尚不完善；专业、全能的慈善顾问队伍建设不健全；缺乏相对独立、便捷、透明的智能化账户系统等。

因此，虽然目前高净值人士的慈善意愿和政策环境正逐步向好，但 DAF 在中国的本土化发展仍处于起步阶段，DAF 模式和生态要实现逐步规范和成熟，未来还有很长的路要走。

（五）企业内部"专项慈善基金"也是一种慈善方式

通过全球新冠疫情我们可以发现，很多大公司抗击疫情，都是通过建立专项基金对外捐赠，而不是直接把钱转给慈善总会。在武汉的捐赠榜上，能够看到许多知名企业成立的专项基金。以往哪里需要支援，基本都要通过官方慈善机构间接捐助，物资先在慈善机构进行汇总，而后再向外分配。这种形式对于有能力的企业来说，多走了一道程序，反而降低了效率，并且这种传统捐助的方式导致企业并不清楚所捐善款或物资的真正流向。

在抗击疫情的过程中，短短几天内，许多大型互联网公司急速响应，成立了自己的专项基金。阿里巴巴集团设立 10 亿元医疗物资供给专项基金，用于采购医疗物资，无偿赠送给武汉各大医疗机构；[①] 美团公益基金会宣布捐赠 2 亿元人民币，设立全国医护人员支持关怀专项基金；[②] 百度宣布成立总规模 3 亿元的疫情及公共卫生安全攻坚专项基金，用于支持包含新型冠状病毒在内的新疾病治愈药物筛选、研发等一系列抗击疫情工作等。[③]

企业本身就有很强的管理能力，在此基础上，于企业内部成立专项慈善基金，也不失为一种很好的选择。

慈善本身就是财富

慈善其实也是收获财富的一种举动，因为财富本身就分为物质财富和精神财富。台湾知名作家蒋勋先生曾经公开分享其在东南亚一些国家见到的布施场景。"早上僧众排队下山，百姓跪于路旁，等着布施僧众。当百姓以物质财富布施给僧侣的时候，僧侣接受的同时，也会诵经为布施者祈福（法布施），给百姓生命继续的信仰。因此，布施是相互的，百姓布施给僧侣物质财富，僧侣布施给百姓精神财富。做慈善亦是同理，去帮助那些需要帮助的群体，从而获得一个"物质

---

① 光明日报：《驰援武汉！阿里设立 10 亿元基金全球直采医疗物资》，https://politics.gmw.cn/2020-01-26/content_33508884.htm。

② 新浪财经：《美团设立 2 亿元专项公益基金支持全国医护人员》，https://finance.sina.com.cn/stock/hkstock/hkzmt/2020-01-27/doc-iihnzhha4898722.shtml。

③ 新华网：《战胜疫情百度大数据助力科学防控》，https://baijiahao.baidu.com/s?id=16572099294310755311&wfr=spider&for=pc。

财富往而精神财富来"的过程。

　　另外，做慈善最忌以施舍之心、以强者姿态去做。如果一个人做慈善却不能具备宽广慈悲的胸怀，不能放下面子、身段和傲慢，则难以让他人真正受益，更无法以谦卑之心静下来去思考慈善的本质与意义。

　　所以，一个人若能以慈悲心做慈善，获得内心的平静，能通过此举悟得人生的道理，真是莫大的财富。况且，做慈善的好处也是在给后代积累福报，因为福报才是最好的投资，很多基业长青的企业是因为其家族通过公益与慈善事业来不断地、延续地培养了子孙后代对社会乃至世界的责任感。

　　可见，慈善是一种更深远的无形财富。这种财富所带的是善果，是对社会的责任感，是更广阔的胸怀，是口碑，是认同，是他人受益后自愿给予的回馈。长远而言，万般带不走，唯有业随身，这些业不但随着施善者，也可能随着后人。

第五节
家族传承与家族宪章

一、最好的财富传承是血脉的传承

　　传承的话题越来越多地开始被关注。就高净值人群而言，通过每年的相关市场调研报告可以看到，更多的企业家已开始考虑或着手准备家族传承事宜。普通家庭虽然没有庞大的事业与资产，但依然会对子女的未来及对子女财产的继承十分关心，并存在着不同程度的困惑与问题。因此，有关财富传承的工具也开始成为财富管理行业热议的话题。遗嘱、保险、家族信托等，被前所未有地关注，其功能也被反复、充分、甚至过分地解读。那么是不是有了保险或信托就能很好地解决传承问题呢？我们首先应该从多个维度去了解传承的逻辑，才有助于更好地运用工具去做好财富传承。本书认为，一等的传承应该是血脉的传承，或者叫作基因与文化的传承。

（一）家族文化支撑家族传承与发展

回顾历史，几乎每个长盛不衰的家族都拥有自己独特的家族文化特色和至高无上的家族荣誉感、使命感、责任感。正是这些文化和精神支撑着整个家族走向辉煌发达。

【案例】贝家：以产遗子孙，不如以德遗子孙

知名华人建筑设计师贝聿铭可谓名满天下，中银大厦、苏州博物馆、肯尼迪图书馆早已成为建筑史上的名篇。和许多早期移民美国做工的华人不同，贝聿铭家世显赫。贝家以草药起家，后又涉足颜料、金融等行业，历经十几代人而不衰。虽然富甲一方，但贝家的家风却富而不骄。贝聿铭的叔祖父贝润生，年纪轻轻就出任上海商务总会议董，斥巨资在故乡园林中设立了贝氏祠堂，并在祠堂旁边捐资建立了贝氏承训义庄，用来赡养、救济族人。贝聿铭的祖父贝哉安捐资修建了沿用至今的平门桥，还热心孩童教育，一手创办了苏州首个公立幼儿园。

在乐施重教的家风影响下，贝家的后代都受到了良好的教育。贝哉安少年就中了秀才，20岁时就已经成为苏州府学贡生。贝聿铭的父亲贝祖诒是旧中国最早接受高等教育的一批人。他从苏州东吴大学唐山工学院毕业后，又把儿子贝聿铭送到美国深造。贝聿铭先后于麻省理工学院和哈佛大学学习建筑，他的4个子女们也分别从美国名校哈佛大学和哥伦比亚大学毕业，可谓书香满门。

贝家在教育上的高标准不仅体现在学校教育上，在家庭教育上也是如此。贝润生教导族人："以产遗子孙，不如以德遗子孙，以独有之产遗子孙，不如以公有之产遗子孙。"如此振聋发聩之语，值得每一位有志传承家族财富和家族文化的人士细细品味。良好家风的重要性胜过千万名校。这是贝家传承十余代而不衰的奥秘，至贝聿铭这一代，更是将其美名播撒天下。

（二）家族文化衰微导致家族没落

家族文化若衰微，则往往导致家族一落千丈、四分五裂，久而久之，家族基业也会随着家族文化彻底被瓦解甚至摧毁。

【案例】袁家的衰败

袁世凯因卖国行为和称帝闹剧，以"窃国大盗"的身份遗臭万年。

就家族传承而言，袁世凯却也一手带来了家族文化的衰败、基业的瓦解。

袁世凯的籍贯为河南项城，其家族是当地的名门望族。叔祖袁甲三官至一品大员，任漕运总督，掌握南北交通命脉，在镇压太平军和捻军的过程中也发挥了一定作用，是家族的主心骨；生父袁保中，是项城当地的地主豪绅，捐得同知官位；养父袁保庆早年从军，官至江宁盐法道，驻地南京，执掌一省食盐的生产、运销，可谓要职肥差。袁家人才辈出，许多人成名于行伍或科举，家风严谨务实，唯有袁世凯游手好闲，被养父打发至北京读书。后袁世凯一步步发迹，但仍然秉性不改，风流放荡，共有一妻九妾，17个儿子，所有子孙后代共计91人。

他去世后，子嗣们分割了他留下的家产。长期担任北洋重臣还短暂称帝的袁世凯家底非常厚实，即使子嗣众多，但每个儿子还是可以收获包括银圆、黄金、股票在内的财产，共计15万元，在当时可是一笔巨款，还不算每人分得的房子。袁世凯的每个女儿则分得1万元银圆。妻妾们虽然没分得现金，但随子女们各自生活，房产人人有份，看起来可保障所有人衣食无忧。

然而，在袁世凯生前骄奢淫逸的作风影响下，分家后的袁家后代，大多在耗光财产后快速衰落。四儿子袁克端，由于难以接受袁世凯称帝失败的打击，加上父亲逝世对其造成了巨大的打击，最后精神失常。根据袁世凯三女儿袁静雪的描述，袁世凯身故后其家族成员的状态均无比颓废："我二哥（袁克文）吃喝嫖赌抽样样都来……我们家里，大姨太太三姨太太、二哥三哥（袁克良）等，后来都抽（鸦片）上了瘾。"曾经显赫的袁家就迅速衰败下去了。

在咸丰年间，袁家还是人才济济，门中共出了六位一品大员、三位二品、一位四品、三位七品。可在袁世凯去世后，只留下了巨额的财富和不正的家风，最终苦了子孙，也毁了家族百年的家业。

（三）血脉的传承，应该是家族精神与文化的传承

清朝中后期政治家林则徐曾经说过："子孙若如我，留钱做什么？贤而多财，则损其志；子孙不如我，留钱做什么？愚而多财，益增其过。"

可见，林公认为传承更多的应该是精神、文化、能力等无形财富的传承，或者叫血脉传承，而非金钱或资产的实物继承。

然而，无论是高净值人群中占比超过70%的私营企业主，还是其他30%的非企业主占比人群；又或是普通阶层，在传承的种种诉求中，依然都会有一个简单愿望，那就是："我是富人，我过好的生活，我希望我的子孙仍然是富人，仍然过好的生活"或"我希望把我拥有的资产，尽可能地留给子女，让子女能过得好一些"。

然而，对于继承人而言，只有资产传承没有精神文化传承，则很难承载大量的财富；只有精神文化传承没有资产传承，则难以支撑家族文化的长久延续。资产传承固然重要，但如果继承人的能力、思维、水平、格局等，与资产不匹配，则未必能在未来保住所继承的资产，不用说发扬光大，反而有可能为其带来灾祸，恰如林则徐所言。事实上，从古至今，通过无数的传承案例可以发现，无论上一代有多么宏伟的目标、温厚的善心，或是多么完美的传承安排，也抵不住贪婪、失德、无能、败家的后代对家族财富的侵蚀与毁灭。所以，最好的传承一定是文化与家族基因的传承。只有让后代能够充分理解、接纳、认同家族的文化和精神，以及希望传递的社会价值观和财富观，并使之融入骨髓，才能使上一代的遗愿与希望得以传承，并发扬光大。

当然，很多时候一些舆论把传承不好归咎于二代自身的问题，并不尽然。父母的认知也决定了传承的结果。老话说，龙生龙凤生凤，老鼠的儿子会打洞。其实这里说的就是一种传承，人的基因、习性、环境所带来的传承。

产生一个富翁，一代就够了，而培养一个家族的家风则可能需要几代人。像穿衣吃饭等日常琐事如本书前面章节所讲，都要多代才能形成品位、习惯、文化，就更不要说其他方面的家风了。家风，就是家族绵延不断地教育所形成的家庭风气。所以，人们口中常说的"不要让孩子输在起跑线上"，这句话其实隐含着两大重要条件：

1. 家教与门风

这是最难移除的给予和传承，也是最能决定孩子输与不输的因素。我们的行为、思想、习惯，都有可能极大地影响着下一代。

我们希望子女好学，那么自己是否有读书的习惯；

我们希望子女文明，那么自己是否注意言行；

我们希望子女诚信，那么自己是否肯担当；

我们希望子女坚韧，那么自己是否不轻易放弃；

我们希望子女智慧，那么自己是否不贪图小利；

我们希望子女拥有健康的体魄，那么自己是否拥有良好、自律的生活习惯；

我们希望子女包容，那么自己是否懂得宽恕；

我们希望子女仁爱，那么自己是否具备善良品质。

一个人成年后，无论如何改变，骨子里最难改变的始终是家庭带给他的痕迹。它总会在不经意间影响着一个人的思维与行为。所以，"不要让孩子输在起跑线上"的意思是：父母的水平与生命的质地就是孩子的起跑线，这两根起跑线如果输了，就不要只顾着去逼孩子"玩命跑"，很难追得上。

2. 教育的重资本化

在任何一个国家，优质教育都是昂贵且稀缺的资源，孩子的将来很大程度上取决于此。环顾全球，优秀的人才都不是轻轻松松培养出来的。他们的家庭都需要做到在教育上重资本的投入，以及极大的精力和时间的付出。所不同的，只是在成长中给予压力的阶段与形式不同而已。故而，还是要非常注重下一代的教育，并且尽可能就读优秀的学校。一个家庭／家族，如果能维持三代、四代的高等教育文化，那么家族基因一定会因此而不同。别怕子女吃读书的苦，这是改造基因与塑造基因最好的途径之一。（当然，这里也须强调要依据子女的特质、兴趣、以及天赋来因材施教。一味地按照父母的喜好将成绩、学科等要求强加于子女身上，亦是不可取的）。

所以，一旦这种重视对自我的要求以及重视教育的行为与思维模式变成了习惯，习惯又固化成了家风，便融入了家族的血脉（也许要几代），而这种血脉是最好的传承。自己的经历、性格、能力、技术、人脉等难以完全复制给下一代，但家族的精神与文化却可以一直传承下去。所以，企业家郭凡生曾经说过："企业家可以传承血脉，却难以传承自己"所表达的也是同样的意思。

同时，我们想留给后代什么，与能够留下什么是两回事。财富的传承面临的最大挑战不是法律不健全，不是工具不完备，也不是财富拥有者的能力差，而是"理性思考的缺位与认知的局限"。是不是家教好、学识好、见识广，就一定可以做到如我们所愿的传承呢？也未必这里所说的"理性思考与认知的缺位"，一方面是我们希望子女成为什么样的人，且我们自己是否能意识到前面所说的言传身教的重要性。另一方面是我们总认为传承的方式或结果不是我们所想象的，就不是好的传承。这也是一种需要改变的认知。传承中，子女幸福是目标，喜欢是关键，自我选择是核心，资产的作用则应该是可以让他们拥有更广阔的选择空间。

往往我们觉得成功企业家的孩子一定还应该是成功企业家，优秀音乐家的孩子还应该是优秀音乐家，卓越职业经理人的孩子还应该是卓越的管理者，但这种概率非常非常低，也不符合人性及社会发展规律。从社会效率的角度来讲，这种传承观点也阻碍了社会的前进和发展。

如果一个企业主是优秀的企业家，他的后代能够青出于蓝，固然好。但如果他们不是优秀的企业家，而是成为优秀的医生，或音乐家，或画家，何尝不是好的传承。只要他拥有自强、自信的气质，保持家族的风范，具有敢于打拼，善用智慧的企业家精神，那么卓越的企业家出现是迟早的事，也许是第三代或第四代，但这绝对不是"传不过三代"。

笔者有一位企业家客户，曾因早期投资某知名大型互联网企业并任职高管实现了财务自由，成为真正意义上的高净值人士。后来，他辞去职务把精力和重心放在两个子女的教育上，过着每天陪伴孩子和培养孩子并乐在其中的日子。同时，他也一直在花心思打造属于自己的财富管理系统。他的目标是在两个孩子35岁时，将全部资产的支配权与收益权分配给他们，同时自己留下充足的养老金。这位企业家认为，如果他常年的陪伴与培养是有效的，那两个孩子将来则一定有能力用这些钱去开创自己的事业，并创造更多的财富，以及做出更多对社会有意义的事；如果将来孩子不具备这种能力，他也认了。因为他如此用心地培养，孩子的成长也一直在与时代俱进，却依然无法使子女长大后可以很好地运用和管理好这笔财富，那已经上了年纪的他肯定也管不好。届时，他就会把这些财富放入到自己一直打造的系统中，让孩子至少能有富裕生活，并做自己喜欢做的事。这让我们在沟通和协助其建立系统的过程中，由衷地敬佩他的智慧与清晰的规划。

正所谓：

富无经业，则货无常主；

能者辐辏，不肖者瓦解。

——《史记·货殖列传》

二、财富传承需要有效的安排与机制

很多人都看过二月河的《康熙王朝》这套书或拍成的电视剧，其实它是一部极好的财富传承指南。剧中详细地讲述了家族主要管理人（顺治）出现变故后（出家），其家族办公室（皇族）在处理危机以及培养新一代继承人过程当中的有效运作。这当中，信托制度的优势得以了充分发挥。顺治（委托人）透过遗诏（遗嘱）任命索尼、苏克萨哈、遏必隆、鳌拜（受托人）4位辅政大臣照顾辅佐幼年的康熙（受益人），直至康熙亲政。不得不说，如果没有这4位"受托人"的尽心尽力，康熙还真是难以顺利接班。

但是这种信托的机制并非万能，人性的私欲和贪婪是最难以控制和安排的。4位"受托人"虽尽职尽责，但也互相争权夺利，尤其鳌拜功高震主，成了巨大的隐患。于是，作为"保护人"的孝庄，掌控大局，平衡制约，拨乱反正，协助"受益人"一举除去这个不合格的"受托人"，其作用不可或缺。

最终，依靠整个家族办公室及家族"宪法"（皇族祖制）的有效机制，使康熙完成了从一名职场"菜鸟"到家族实际控制人；从上岗实习到接手管理权，从而最终掌握实际控制权。

在这过程中，我们可以看到家族办公室这一系统对新一代继承人的悉心、系统、细致地定向培养。让其逐步了解、学习、实践、反思并掌握了管理好一个庞大家族的全部技能。这使得不断成长与成熟起来的康熙无论是在处理"家族企业"分支机构的变故（"三藩之乱"），还是面对"国际资本大鳄"的狙击（俄寇），或是打击"商场上的劲敌"（噶尔丹），抑或是掌控"企业大型并购项目"（收复澎湖列岛及台湾）、还是在"企业"选拔及擅用人才方面（索额图、明珠、周培公、李光地……），还有制衡与管理内部高管及部门之间的争斗与矛盾（党争）中，都表现得张弛有度，控制有序，临危不乱，手段高明，气度不凡，实在不愧为一代成功的"家族掌门人"。

对于顺治皇帝而言，虽然在选择继承人方面大费周折，劳心伤神，但从最终结果来看，也不可不说是成功的。

即"顺治遗愿＋辅政大臣（索尼、鳌拜、苏克萨哈、遏必隆）＋孝庄＋祖制＝明确的遗嘱＋精挑细选适合的继承人＋刻意培养＋信托机制＋保护措施＋家族宪法＝成功的传承"。

其实，皇族的继位体系可以被看作是一种非常成熟的家族财富管理与传承体系，其中很多方面实在值得家族企业的企业家们学习借鉴。事实上，传承血脉、事业、资产是一个整体，在允许的条件下当然不希望割裂来看。但其中也有主次、轻重，以及相互关联与相互影响。财富传承是财富管理的重要组成部分，继承是一个点，传承是一个面。传承更广阔，更深远，更具影响力。传承更需要过人的智慧及有效的机制。

（一）财富传承的主要工具选择

家族财富传承是家族长远规划的重要环节。在传承体系建立的过程当中，传承工具的使用是不可或缺的。目前，能够帮助高净值人群进行财富传承的工具有很多，比较普遍使用的有遗嘱、保险、信托、慈善基金等。同时，每种工具都存在不同的优势与弊端。

1. 遗嘱

遗嘱是指人生前在法律允许的范围内，按照法律规定的方式对其遗产或其他事务所作的个人处理，并于创立遗嘱人死亡时发生效力的法律行为。继承开始后，按照《民法典》的规定，若立有遗嘱，按照遗嘱继承或者遗赠办理，遗嘱是优先于法定继承的。用遗嘱安排遗产分配是最常见的财富传承方式，程序相对简单，自由度也相对较高。

但要保证遗嘱效力上没有瑕疵并能得到妥善执行并不是一件容易的事情。怎样的遗嘱才算有效，我国法律针对遗嘱的形式和实质上都有明确要求。在形式上，遗嘱有自书遗嘱、代书遗嘱、打印遗嘱、录音录像遗嘱、口头遗嘱和公证遗嘱6种。[①]这6种形式以外的遗嘱，比如网络遗嘱均不具有法律效力。每种形式项下又有不同的要求，比如除自书遗嘱和公证遗嘱以外，其他形式都要求见证人在场见证，对于见证人的资格也有要求。在实质层面，首先要保证遗嘱人在设立遗嘱时有完全民事行为能力，并为真实意思表示且遗嘱内容不违反社会利益和公德；其次还要注意胎儿与老年配偶份额、财产所有权状态等问题，避免被认定为全部或部分无效。

此外，遗嘱会给继承人或受遗赠人带来无法规避的负担。首先是债务继承，继承人继承了遗产后，要对被继承人的债务承担责任；其次还有税务问题，比如非法定继承人通过继承得到房产后，会面临契税的征收等。

遗嘱对于大多数人来说，都是一个相对比较自主和便于操作的工具。虽然很多人都认为遗嘱很重要，但当被问到是否已经立好了遗嘱时，往往只有不到1%的人会给出肯定的答案。可见，在普遍认知中，这是一个重要而不紧急的事情。但什么情况下才算紧急呢？临终前，重病当下，发生了紧急状况的时候，年纪很大的时候？那我们就要考虑，在所谓紧急的情况下所立的遗嘱是否经过了深思熟虑呢？是否会因为当时的情况而被迫立下遗嘱呢？是否自己的意识和思维都是清晰的呢？是否将来在继承人对遗嘱有争议与分歧时，会以立遗嘱人年龄过大，意识不清而推翻遗嘱的有效性呢？还有就是要想想紧急事情发生后，是否来得及去立一份遗嘱呢？同时，要理性地认识到，坟墓里一定是死人，但并不一定是老人。任何人都不可能与生活签下一份"确定因老而死的契约"。所以，及早对自己的

---

① 《中华人民共和国民法典》（中华人民共和国主席令第 45 号）第一千一百三十四条至第一千一百三十九条。

财富做好万一情况下的安排，是一个明智之举。同时，我们应该考虑：

如果我们已经开始拥有财产了／如果我们不能让所有的亲人，我们爱的人，完完全全不在乎我们所拥有的财产，以及将来对财产的安排／如果我们将来想在离开世界的时候，把所拥有的财产留给谁，或不留给谁的话／如果我们有些重要的愿望、想法、事情等，想在离开世界之后去执行或继续的话／如果，我们不能确定何年何月何日离开这个世界的话。那么，我们应该立一份遗嘱。

正如胡适所说：人生中，今天预备明天，是真稳健；生时预备死时，是真旷达。

2. 人寿保险

越来越多的高净值人士开始购买诸如终身寿险、终身年金险等具有传承功能的保单来实现财富传承的目的。例如终身寿险，其优势在于，它具有通过杠杆放大财富的效果，能够在被保险人故去之后，将其保额确定地赔付给指定的受益人。假如某人为自己投保 2000 万元保额的终身寿险，该保单所指定的受益人就可以在被保险人百年之后拿到这 2000 万元的现金。本质上，就是被保险人为自己的生命所进行的一种价格量化。同时，保单在传承中的优势还有：

（1）相对可掌控（保额调整、分红领取、保单是否存续、受益人变更、受益人受益额度调整，均可由保单持有人决定，且手续简便）。

（2）受益人明确指定，可以避免类似财产继承人不明确所带来的纷争。

（3）可被放大的资产（用保费购买保额）。

（4）作为传承工具，操作难度低。

（5）现金赔付，不存在争议（如遗产估值有争议，遗产会被暂时冻结）。

（6）理赔手续相对简便快捷，人寿保险的赔款无须继承权公证。

（7）预留税金，存在减税的可能性（假如开征遗产税、赠与税）

（8）通过结构设计，可以在一定程度上实现个人财富风险隔离。

（9）身故赔偿金可以从被保险人的生前债务中隔离出来，避免受益人用赔偿金偿还被保险人债务。

我们可以看到，其中的大多优势是遗嘱所无法具备的。当然，有些保单在规划过程也需要配合遗嘱或信托才能起到更加完备的效果。当然，保险在传承中也有着它的局限性，无法满足一些多元化、个性化的传承目的，尤其是针对高净值人群。

3. 家族信托

一般来说，家族信托计划在各种传承方案中拥有出众的操作灵活性和制度持久性。

首先，可以灵活指定受益人和分配收益。信托可以指定的受益人范围非常广泛，无血缘关系甚至是未出生的人都可以成为受益人，能够较好地应对非婚生子或者未出生者预留份等特殊的情况。信托计划的本金以及收益分配可以灵活地制定。例如，可以设定子女为信托的受益人，按时发放生活费、教育经费，通过限制资金供给的方式适当限制子女的奢靡消费和不当爱好。如果出现违法犯罪等情况，可以酌情削减或者剥夺其相关权益等。

其次，相比遗嘱，家族信托是在委托人生前就开始发挥效用的，为委托人留有时间和机会观察和评估其运行情况，并可以进行适当的调整；人寿保险则是"一锤子买卖"，在被保险人辞世后进行一次性的赔付，并不能排除后代挥霍巨额保险金的可能。家族信托因其完备的制度，如安排得当，能够在多年后继续忠实执行委托人的传承意愿。

最后，家族信托更适应企业传承需求。在企业传承过程中，企业所有权和管理权的安排是重中之重，人寿保险对此一般束手无策，而且通过遗嘱则难以约束家族成员之外的人。信托可以通过设立股权激励方案等办法实现上述目的，避免家族企业在传承过程中出现震荡。

总体来说，遗嘱、人寿保险、家族信托是家族财富传承的主要手段，在实务操作中可在专业人士的帮助下，结合财富传承目标、具体的家庭成员关系、个案中财产情况等，综合运用其他法律工具或金融工具做整体筹划。

（二）家族财富传承的保护不可错过的关键时间节点

1. 婚前

毫不夸张地说，婚姻生变给财富带来的风险要在某种程度上远高于投资理财。在婚前对此进行规划是非常有必要的。亚马逊 CEO 杰夫·贝佐斯（Jeff Bezos）婚前没有签署协议。在离婚案中，其前妻拿走了总价值高达 360 亿美元的资产。2020 年，某上市生物医药公司董事长杜先生离婚，其直接持有的约 1.61 亿股、时价超过 230 亿元的公司股份被分割给前妻袁女士。在我国婚姻法律体系中，财产共有制是一条基本的原则。在离婚诉讼的司法实务中，如果缺乏其他有效的证据，法院一般都把婚姻中的一方所得、婚前财产在婚姻中的投资所得优先视为夫妻共同财产，进而由双方平等分割。

因此，"百年好合"的愿景固然美好，但是婚姻对于财富的潜在影响不可不察。在婚前如何对此进行规划，可参考前文"守护幸福婚姻的财富策略"下的内容。

2. 计划负债前

高净值家族经常因为投资、并购或者购置大宗资产需要负债，是非常正常且常见的。在债务产生之前，需要充分考虑债务偿还的风险，避免未来对债务的追偿影响家庭成员的生活，因此将一部分资产进行隔离保护，是非常有必要的。无论是因为融资、借款、担保，还是因为侵权赔偿、连带责任等特殊原因的负债，在债务已经发生、需求清偿时，才急匆匆安排财富保护传承安排，未免有些亡羊补牢，难以得到法律保护，致使财富在传承中大幅缩水。

3. 健康状况出问题之前

随着医学的进步和健康生活方式的普及，许多人固执地觉得传承是离自己很遥远的事情，对于一些年富力强的高净值人士尤其是如此。不能在日理万机中，突然发现自己力不能支，健康状况大不如前，才想到要对家人与财富进行合理的规划安排，方才着手安排传承工作。

然而，当健康出现问题后再开始去规划，很可能会出现因时间紧促而匆匆决定、因身体或精神原因导致决策出现偏差或无暇顾及、因身体问题导致决策受他人影响等问题。所以，建议还是应该在身体健康的时候从容地规划与执行。

4. 身份转化时

近年来，华人移民群体中高净值人士的比例日益提升，促成企业上市、改善子女教育、进行税务筹划、海外财富传承等都是其身份转化的动因。根据联合国经社部（UN DESA）的数据，在全球二十大移民目的国中，除了为高净值客户一贯青睐的美国、澳大利亚、加拿大，欧洲大陆的德国、法国、西班牙等老牌发达国家也榜上有名。这些国家的共同特征是对其税务居民的全球收入征税且税率较高。

因此对于拥有庞大资产的高净值客户来说，在移民时考虑进行税务筹划，合理合规地降低税务负担是一个非常现实的问题，甚至影响了部分高净值人士对于移民目的地的选择，税负更轻的如中国香港、新加坡、爱尔兰等地也更多地受到高净值人士的关注。

移民是一个家族的重要安排，无论是移民"移居"还是移民不"移居"，都应考虑移民可能给家族财富带来的各类影响，在享受身份规划带来红利的同时，对可能造成的消极影响早做打算，提前布局财富保护和传承安排。

5. 政策调整窗口

我们认为，我国的税务法规正处于制度建设期，我国接入 CRS、金税三期的出台以及金税四期工程的持续建设，企业所得税与个人所得税法的相继修改等都是具体的体现。总体趋势是向透明、规范、严格发展，监管深入之下可以自由操作的空间也随着减少。如谚语所说，唯一不变的只有随时变化，我们需要及时关注海内外法规的变迁，将政策变化作为一个重要的时点来认真对待，适时调整财富传承方案以适应新的法规与新的监管要求，在合法合规的同时合理控制成本。

6. 年迈之时

死亡是无法回避的。正如英国心理学家哈夫洛克·埃利斯（Havelock Ellis）所说，痛苦和死亡是生命的一部分，抛弃它们就是抛弃生命本身。在临终之前，能合理地安排和掌控自己的财产，让财产在自己身后仍然能按照自己的想法流动和创造价值，是年迈时对财富规划的主要诉求。

尽管传承规划有提前的趋势，但实务中老年人仍然是传承规划的主要人群。高龄的高净值人士不想自己辞世后后代因为财产继承而引发纠纷，从而影响家族团结，希望能够给后代留下资产的同时越来越追求一个更长远的、惠及身后多代人的传承安排。为了满足日益差异化的传承需求，除了遗嘱与家族信托外，家族传承基金及家族委员会等也是可以考虑采用的传承工具。

但年迈后由于体力、精力、健康情况都会大不如前，再加之如果需要传承的资产规模庞杂，涉及受益人数量众多且关系复杂，那就一定需要及早规划，提前设计。

（三）如何开展接班人计划

家族传承是一项系统工程，接班人的培养是其一个重要的方面。没有合适的接班人继承家业，财富传承便无从谈起。大部分民营企业家族中，让子女继承产业并成功经营的少之又少，更多的情况下是二代企业家因为种种原因导致家族企业无法实现平稳传承。为给家族的长远发展积蓄力量，尽早开始做传承规划和培养接班人是有必要的。

1. 人选与培养

接班人的选择，需要从接班人的性格、气度、人际关系、受教育程度等各个方面进行考察，最需要摒弃的是不充分接班人的意愿，仅凭借自己的认知和喜好做决定，最典型的有固守传统的"长子继承制"。对于较为年幼的子女，或者是女性的家族后代，如果展现出了管理企业的技能和才华，在接班人中都应予以考虑。固守传统的"长子继承制"不仅会限制接班人选择的积极性，也不利于调动子女间学习进步、良性竞争的氛围。接班人的培养需要从 3 个维度进行：

（1）**学校教育**。对于接班人的教育要提前做好计划。例如，许多高净值人群倾向于让子女出国留学。在选择出国留学的目的地时，当地的安全状况是需要考虑的首要因素。文化多样性、反歧视与平等对待、日常生活服务与照护水平，也都是应仔细考察的问题。当然，学校的学术水平与学术声誉也很重要，除了参考具有公信力的权威榜单，还可以从校友资源、学校历史、现有师资等各个方面加以综合考量。此外，学校的选择实际上也是对孩子学生时代交际圈的选择。许多学生时代的朋友都会在未来参与孩子的人生，或者称为家族社会关系网中的一部分。这种关系是孩子的无形财富，也是一个家庭的无形财富。

（2）**家族教养**。家族教育，就是要让家族中的年轻人从小接受家族教育，培养出一种对家族精神、文化、价值观的认同，将这种精神、文化和价值观传承下去。建立一个家族契约是初始的步骤：把家族成员的职责、定位、权利、义务都划分清楚，是培养家族价值观的基础。在中国，家族继承还是一个全新的现象，所以在家族事务方面，由一个专门的家族事务小组来协助制定一套完善的家族章程、管理机制和继承人的培养方案，会事半功倍。另外，定期举行家庭成员间的会谈或者聚会，也是一种不错的教育。通过父母或者其他长者，教导他们家庭良善的价值观，赞扬优秀品行，纠正顽劣习惯，在进行价值观引导的同时，也探索和孩子良性的沟通交流机制。

（3）**社会教育**。社会教育是学校教育和家庭教育的有效补充。在自我认知、财富管理、家族管理、社交礼仪等方面，可以聘请专业人士进行教育。对于成年的子女，可以在学校休假的时候，将他们送到自己的公司或者朋友的公司里去实习。在实践中，子女不但有机会应用学校和教师所传授的知识，更能明白营生不易的道理，并养成良好的工作习惯。

2. 决策权配置

【案例分析】山西海鑫钢铁有限公司（以下简称海鑫）的董事长李海仓在 2003 年 1 月 22 日不幸逝世，年仅 48 岁。由于事发突然，李海仓未就继任者做出安排。彼时的海鑫是山西钢铁产业的龙头，资产总额高达 40 亿元，位居山西钢铁大省的第二位。

然而，海鑫的股权结构非常不平衡。李海仓本人持有超过9成的股份。他过世后造成的巨大权力真空令公司上下手足无措，迫切需要选出一位新的董事长。于是不久后，李海仓的儿子，22岁的李兆会放弃海外学业归国，在没有任何钢铁行业从业经验的情况下就匆匆接管了海鑫。这种仓促安排一度招致了其他股东们的反对，但由于不合理的股权结构与决策机制，这种反对实际缺乏约束力。

于是在李海仓去世后的短短12年间，倾注了他毕生心血的海鑫一路由盛转衰。2014年4月，海鑫出现了资金链断裂的情况，被迫停止生产。究其衰落的根本，是由于公司的股权与治理结构的落后，在权力交接时产生了巨大的动荡。李兆会没有管理能力，但他利用绝对优势的股份和投票权，将持有股份不多，但是跟随父亲一路打拼、管理经验丰富，且在公司声望很高的功勋们排除在决策层外，造成了"能者不在其位"的怪象。李兆会接班后的数年，一批对企业经营有汗马功劳的老臣逐渐被挤出管理层或者出走，或者干脆隐入幕后，导致企业经营陷入了混乱，在商业决策中接连犯错。[①]

由此可见，为接班人配置合理的决策权至关重要。家族企业的股权比较集中是非常正常的现象。公司创始人作为大股东，经常兼任公司董事长、法定代表人、总经理，在老辈股东创业时，这样单一的治理机制也许更加高效，但是如果企业从打江山进入守江山时期，这样的治理结构就显得缺乏分权与制衡的机制，需要尽早进行现代化的改制。在接班后，接班人也应当保持审慎、谦卑，不急于进行公司人事方面的调整与换血，尤其要警惕任人唯亲。对公司元老保持尊重，向他们学习企业的管理经验与智慧，弥补自身经验不足等缺陷，齐心协力帮助公司平稳过渡。

此外，接班人的选任也要根据子女自身的条件和意愿来决定。如果子女缺乏经营管理家族企业的主动意愿，被强行推上接班的位置，就非常容易在千变万化的市场环境中抓不住企业升级转型机会。新的掌门人如果对公司传统业务缺乏主动管理的意愿与注意力，导致公司在激烈的市场竞争中未能及时抓住机会进行升级改造，常常让企业陷入经营失败的境地。

3. 股权与经营权的分离

股权和经营权分离，是家族企业长盛不衰的一个秘诀。一方面，家族的后代，未必具有创业一代的雄心，也未必具有专业的管理知识和技能；另一方面，在很

---

① 引用自中国经济网的报道：https://finance.china.com.cn/roll/20141119/2798249.shtml。

多情况下，家族的后代也倾向于选择自己的道路，而不是早早被选中承担繁重的企业经营管理工作。因此，许多家族企业都通过现代化企业改制，将股权和经营权分离开来，吸引职业经理人和其他专业的人士加入企业管理，同时将主要股权留在家族成员手中。这样的做法，一方面能够维护家族对企业的控制；另一方面也有助于让企业保持活力，能更好地为家族后代提供荫蔽。

4. 风险预案

"凡事预则立，不预则废。"当家族企业经营到一定规模后，企业家应当提早主动制订系统、周详的风险应对预案，以防风险发生时整个家族企业陷入巨大的传承危机，而且越是在顺风顺水、人生得意的时候，越是要保持清醒。

预案应该包括企业家身故后的紧急响应机制，不能让企业出现长期的"权利真空"。这里可以指定具有专业素养、值得信赖的人士或组织出任临时管理人。临时管理人除了负有在短期内维持企业经营的义务外，还有应忠实地按照预案开展权力交接程序，帮助指定的接班人有序地接管企业，避免权力"硬着陆"。

（四）做好财富传承而非资产继承

1. 财富传承与资产继承有何不同

继承是一个法律术语，一般指由《民法典·继承编》所规制的继承行为，主要有法定继承和遗嘱继承两种类型。财富传承并非一个严格意义上的法律术语，和资产继承既有联系又有区别。财富传承一般是一个系统的解决方案，资产继承是财富传承可以选择的一个工具，所以财富传承往往有比资产继承更丰富的内涵。具体而言，二者有以下区别。

（1）开始的时间不一样。《民法典》中的继承从被继承人死亡时开始。[①] 但传承在被继承人身故前就可以开始进行了。使用信托等工具在身故前指定子女为收益人，财产的所有权在委托人在世时就完成了移转，能让委托人监督和参与这个过程，最大限度地保障委托人传承意志的实现。

（2）对象不一样。法定继承由法定继承人按照顺位进行继承；遗嘱继承则可以选择遗嘱将个人财产赠与国家、集体或者法定继承人以外的组织或者个人。实务中，遗嘱继承往往只能影响一代，对于遗嘱设立时尚未出现的家族成员（除应当预留份额的胎儿外），一般无法在遗嘱中进行权利的分配。

---

① 　《中华人民共和国民法典》第一千一百二十一条。

综合利用遗嘱、信托等多种法律工具的财富传承方案可以惠及多代人，不受传承规划设立时家族成员情况的限制。如果被继承人有特殊需要，也可以更灵活地指定基金会等特定组织为受益人。

（3）操作的难度不一样。理论上，法定继承按照法定的继承顺位即可，但是实务中法定继承却经常引发争端。遗嘱继承的主要难度在于遗嘱的订立与效力的确证，文书数量并不多。财富传承则是一个系统的工程，涵盖了一整套复杂的法律文件，包括信托设立文件、资产管理相关的第三方文件、资产收益分配的相关文件 SPV 主体设立文件等，通常需要家族财富顾问、律师等专业人士的协助。

（4）功能不一样。继承的功能在于，将上一辈的积累财富平稳顺利地移交给年轻一代。财富传承的功能除了这点之外，还在很大程度上承担了委托人对于家族基业长青的愿景和期待。一份优秀的财富传承规划需要避免因继承可能带来的资产损耗（偿还债务、税务负担等）、股权稀释等问题，也需要考虑防止继承人短时间内拿到巨额财产而挥霍无度，做到既"传财"又"续业"。

（五）家族无形财富的传承

家族无形财富根植于家族，又在家族之外发挥作用，在社会网络中表达着家族的声音，协调着家族与外部社会关系。无论古今中外，"名门望族"的标准不单单是指掌握巨大的财富，还拥有有着巨大的社会号召力。具体而言，家族财富的传承要注意以下方面：

（1）家族信用的继承。家族企业在经营的早期阶段就已逐渐形成了家族信用，并随着家族企业与外界的交往、资源的交换而逐渐增强。维护良好的家族信用，对于家族商业活动的开展有直接益处。

（2）家族声誉的延续。家族声誉是公众对一个家族的总体看法。它不仅限于与其有直接联系的家族成员之外的人，还包括了整个社会对其的印象。影响家族名誉的因素，除了家族的信誉之外，也与社会对家族价值观、家族行为的认同程度有关。良好的家族名声可以为家族在经营、传承、慈善等各个方面提供助力。同时，家族的名声也要靠家族在经营、传承、慈善等各个方面的不断努力。

（3）家族成员的社会关系。家族的社会关系是在家族发展过程中逐渐形成的，他们依靠自己的资源和外部势力进行合作和沟通，同时也拥有自己的资源。良好的家族信誉和家族名誉，可以使一个家族建立更加深厚、长久的社会关系。这种联系不但可以促进家族的长期兴旺，而且也可以为家族的发展提供一个稳固的根基。

（4）家族影响力的延续。 一个家族的影响力，就是一个家族能够调动外部的力量。家族可以通过在慈善事业、公共传媒等领域进行影响力投资，提振家族的声望。对外，家族影响力就是家族成员的一张名片；对内，良好的家族影响力也是对家族成员无形的约束，能够引导家族成员从善而行。

（六）家族治理依靠文化与法治

1. 家族文化缔造千年望族：范仲淹家族的启示

在前文中，我们介绍了由北宋名臣范仲淹创办的范氏义庄。实际上，范家人才辈出，香火延续千年而不绝。除了义庄提供的制度支持外，其义举也与良好的家族文化密切相关。范仲淹生前忧国忧民，留下了"先天下之忧而忧，后天下之乐而乐"的名篇，身后也将"公而忘私，不独善其亲，不独爱其子"写入了祖训，成为范家在此后千年里为人处世的家族文化。

晚年的范仲淹将自家宅邸捐赠给佛教改作寺庙，身故时却几无分文，还不足以购置棺木，丧礼也从简。安葬之后，仁宗亲自题写范仲淹墓的碑额为"褒贤之碑"，加赠兵部尚书，谥号"文正"，后经又陆续加赠为太师、中书令兼尚书令，追封楚国公，可谓尽极人臣。范仲淹育有五子，两个官至宰相，一个官至御史大夫。次子范纯仁，在其父的循循善诱下，虽然贵为宰相之子，但是一直待人平易忠恕。季子范纯礼，官至尚书右丞，史料记载他"治民以宽，深得乃父、乃兄衣钵"。《宋史》也夸赞范家"自为布衣至宰相，廉俭如一"。

到了明、清年间，范氏子孙早已开枝散叶，迁至五湖四海，但范仲淹精神和范氏家族文化却旷代不断。根据《明史》的记载，范仲淹十五世孙范鏓嘉靖年间担任河南知府，曾遇到大旱灾。范鏓不顾其他官员反对，自作主张开仓放粮赈济灾民，因而百姓争相歌颂他的仁德，称其"有范文正公遗风"，最后传到了嘉靖皇帝的耳中。嘉靖皇帝下令调查，为范鏓的行为所感动，处罚了视百姓生计为无物的、尸位素餐的官员，并下旨升他为两淮盐运使，以表彰其不顾自身前程安危、愿为生民请命的壮行。

如今，距离范仲淹生活的年代，已经有了近千年的历史，范仲淹精神和其家族文化依然被海内外范氏子孙所继承。不计其数的范氏后人直到今天，还在为祖国的繁荣和人民的安居乐业而积极奔走努力。不仅如此，其"以民为本"等思想，早已超脱了家族宪章的范畴，更教育和鼓舞了一代代的中国人，为国家的发展、民族的利益鞠躬尽瘁，死而后已。由此可见，范氏家族堪称家族文化传承和发扬的典范。

2. 家族文化财富的传承

家族文化强调成员间的认同，重视家族的延续、发展与和谐，并要求个体遵从整个家族的文化观念。中华传统文化在数千年的社会实践中，形成了深厚的文化底蕴，是传统美德与人文精神的结合，反映了中华民族独特的思维模式和精神特质。

一种家族文化的形成，是由数代人的共同努力和积累而形成的，是一种具有鲜明个性的家族文化。回首过去，每一个家族都具有悠久的历史，并将其视为最崇高的家族荣誉感和使命感。正是这种文化特质，才能让这个家族走上光辉之路。具体而言，可以是：

（1）节俭的家族文化。 "石油大王"洛克菲勒富可敌国，但是非常重视对节俭家族文化的建设。为了培养子女的勤俭节约品格，洛克菲勒以身作则，从不乱铺张浪费。每当家里收到包裹，他总是把包装和绳子保存起来，以便重复利用。在孩子们很小的时候，就被要求对每一笔支出及其用途进行记账。在强调对自身节俭的同时，老洛克菲勒还教孩子对他人、对社会慷慨，使自己的投资为他人带来福利，鼓励孩子们从小拿出自己收入的10%作为公益慈善金捐出。这个优良传统也成为家族的价值观被传承下来，让洛克菲勒在慈善领域具有不亚于其在商业领域的巨大声誉。

（2）勤勉的家族文化。 "海运之王"包玉刚，被《亚洲周刊》评价为"香港首位世界级商人"。从一艘8200吨老旧老九货船船东，成长为拥有船只210艘，船队总载重吨位2100万吨的"香港船王"。勤奋是包玉刚立业的秘诀，也是他治家的秘诀。从银行半路出家的包玉刚能成为海运业的专家，靠的是他出了名的好学不倦。包玉刚膝下育有四女。他要求她们不能躺在功劳簿上，而是要走出自己的路。其4个女儿因此都小有成就；选择女婿时最重视的也并非家庭出身，而是勤劳踏实。在勤勉的家风下，包玉刚将父亲包兆龙"脚踏实地地工作，平易近人地待人，身体力行地做事"的教导贯彻终身。

（3）和谐的家庭文化。 厨房电器品牌方太集团作为一间家族企业，一向以"家"为企业文化。在创业初期，方太集团董事长父子在家人的支持下艰苦创业，虽在一些经营策略上有过分歧，但是最终还是齐心协力谋求企业发展。方太集团创始人家族认为，"让家的感觉更好"就是其企业的核心理念，其中即是创始人家族在艰苦创业中相互扶持、和谐共处，也是创始人家族在家族企业做大、做强历程中对于企业大家庭的感激和依赖，包含了对员工以及对消费者的深厚感情。这种文化把个人、家族、企业乃至社会的利益结合在一起，让家族企业的职工，甚至是整个的社会都感受到了家的温暖,展现了和谐的"家"文化的独特优势,很好地助推了企业的发展。

三、家族法治与家族宪章——定制化的家企治理和家业传承纲领

（一）什么是家族宪章

随着财富累积带来的治理需求增长,一些中国高净值家族开始尝试在家族治理中重新引入家族宪章。家族宪章旨在为家族传承确立原则性的框架,并明确某些特别事项（如婚姻、创业、分家等）和家族内部争议的处理程序。除了硬性的规则,家族宪章中的家风、家训和家规也往往占据不小篇幅,构成其中的倡议性和弱约束的部分。

（二）中国家族为什么要制定家族宪章

首先,是经济社会发展带来的家族结构变迁。规模巨大、集中聚居、同进同退的传统大家族已经逐步瓦解,在生活中已经不常见。社会生活的基本单位转变为现代的小家庭模式。这一灵活自由的模式也带来权威缺失和家风传承主体的消失。在这种大环境的影响下,不少家庭完全没有将家族精神和家族规则成文的意识,而依赖于口头的、日常的教育。

其次,传统道德流失带来的治理难题。在当今日趋激烈的社会竞争中,许多人为了成功可以不择手段。拜金主义、利己主义的盛行,使得谦逊、本分,诚实、守信等美德逐渐被淡忘,令不少有识之士相当痛心,而决心从修身、治家抓起,弘扬传统美德。

再次,家规、家训的消失,使得家风传承失去了重要载体。唐代的《颜氏家训》、清代的《曾国藩家书》依然脍炙人口,但如今的各个家庭却鲜有成文的家规家训。家规、家训的缺位,使得家庭教育具有一定的盲目性和不确定性。在没有成文规约作为约束和指导的情况下,依赖言传身教对一家之长也是一种挑战。

（三）如何制定家族宪章

一般来说,家族宪章会涉及以下几方面的内容:①家族使命、价值观、行为准则、做人理念;②家族历史及家族创始人的创业史;③家族成员间的争端解决机制;④家族治理结构和机制;⑤家族企业的治理机构和机制;⑥家族宪章的修订机制。

家族宪章的制度需要专业人士提供支持。家族宪章虽然是协调家族成员的规则，但是不乏需要律师等专业人士的意见。例如，家族宪章的规定是否与现行法规乃至公序良俗有所冲突？家族宪章的条款之间，特别是争端解决机制是否能流畅运作，是否存在体系上的矛盾之处？对于家族企业股东会的运作、家族财产的继承等事项，经常涉及公司法、家事法领域的专业法律问题，更是要由专业法律人士把关。

家族宪章也需要家族掌门人的深度参与。如同宪法是国家的根本大法，家族宪章也是家族的根本守则。作为保障家族精神和家族企业生命力世代延续的重要工具，只有家族掌门人或者其他具有话语权、对家族文化和家族精神有一定理解的人士加入其编制工作，才能将家族最核心的精神注入家族宪章。

四、家族企业股东会与家族管理机构的协同治理

（一）克林·盖尔西克的三环模式

美国经济学家克林·盖尔西克等人将家庭企业分为 3 个层次，即所有权、家庭和企业。[①] 这三大要素之间相互影响和联动，构成了一个关系家族企业存续与发展的体系，也就是所谓的"三环"。企业制度、所有权制度、家族制度三大体系相互交织构成的 7 个领域，分别代表着单一所有权人、企业股东、纯粹家族成员、纯粹企业雇员、不在公司任职但拥有股份的家属、在公司工作并拥有股份但非家庭成员的人、在公司里任职但没有股份的家庭成员，以及有职位也有股份的家庭成员。这一模式如图 6-4 所示。

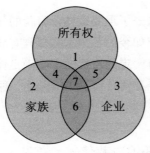

1 单纯所有权人，企业股东；

2 单纯家族成员；

3 单纯企业员工；

4 不在企业中担任职务，但享有股权的家庭成员；

5 在企业中工作且享有股权的人，但其不是家族成员；

6 在企业中担任职务，但不享有股权的家庭成员；

7 在企业中担任职务，同时享有股权的家庭成员。

图 6-4　克林·盖尔西克的"三环"模式

---

① 克林·盖尔西克.家族企业的繁衍：家庭企业的生命周期［M］.北京：经济日报出版社,1998.

从"三环"模式中我们不难发现，一些家庭成员可能会拥有多种身份。因为身份差异带来的职责差异可能会带来矛盾与冲突。在理想状态下，同一性的重合可以帮助家族在资金，人力资本，价值观等方面对家族企业进行有效的支撑。然而，家族成员的家庭认同与公司认同的矛盾，也会导致其行为在两种规范间摇摆。例如，家庭企业的创始人一方面希望自己的孩子健康、幸福成长，另一方面也期待自己的孩子可以成为一名优秀的家族企业领导者，但这两种诉求并不是天然兼容的。如果企业、家族、所有者3个方面的利益冲突不能有效调和或者达成共识，随之而来的可能就是家族企业治理的巨大隐患和危机。

（二）李锦记家族内部选拔模式

面对"三环"模型的困境，李锦记集团可能是一个值得借鉴的例子。李锦记集团在传承至第三代李文达先生时，便设立了针对家族全体成员的家族议会、家族委员会。在有管理企业意愿和能力的家族成员中，由家族委员推选其中的佼佼者到公司里担任大股东及董事会成员，并由家族委员会系统性负责对下一代领导人的培养，顺利完成交接班，促进传承。这一做法有利于把家族和企业适当分开，在家族成员中选拔优秀人才进入公司，形成有序的权力交接秩序和培养秩序，将权力更迭可能造成的动荡，在公司框架之外的家族委员会中加以解决，避免公司日常经营受到影响。这值得众多家族企业效仿。

（三）美的大胆引入专业社会力量参与管理

白色家电领域的巨头美的集团在传承时，也选择了将股权和经营权分开，引入社会力量为公司注入活力。来自家族管理机构的成员接手股权仍为企业的大股东，并进入董事会任职；在公司的具体治理和运营方面，美的选择大胆放权，让具有专业管理经验和技术的职业经理人把持公司经营管理权。美的通过公司章程，使得股东、董事会、经营团队处于"三权分立"的状态，并赋予了董事会关键的监督和咨询职能。这一治理方案在保障家族对企业控制权的同时，形成公司—家族的良性互动，给企业注入了新的活力；长远来看，也符合家族的利益。

第七章

选对财富管理从业者

前面的篇章谈到过管理财富不仅仅是对钱的打理，财富具有多元化的内涵意义与表现形式。所以，在管理财富的过程中就需要选择落地各项相关服务的专业顾问以及执行团队。事实上，无论是高净值人群还是普通富裕人群，大多数都更愿意所选择如同财富管家的服务模式。他们需要精准地服务于客户的各种需求，还要能够提供多元化的有效资源与资讯。很多人都不愿意只是找到一个单纯的产品提供方，因为其价值非常有限。但是寻找到合适的人或团队，并且能够准确地判断这些服务提供者的优劣，同时充分利用好专业人士的脑力资源，并防范他们与自己之间的利益冲突，对只专注于自身领域，一心经营企业的企业主而言，确实具有一定的挑战。所以，除了人们普遍认为专业人士需要具备的诸如专业、诚信、细心、高情商、战略性思维等特质之外，本书也会从笔者的经验出发，去罗列一些无论是在选择单一产品服务的提供者，还是挑选专业人士组建服务团队时，常忽略的一些细节，以便读者可以去参考。

第一节
要特别小心只谈优势与低价竞争的从业者

不要只听从业者讲服务的优势和产品的收益，很多从业者并不去管理客户的预期，而是一味地迎合客户偏好，用培训教给他的话术去推销服务特色及产品优势，却有意无意地忽略可能存在的风险和问题。他们希望用尽方法把产品尽快销售出去，甚至为数不少的销售人员并不完全清楚他们手中产品的真实情况，对他们而言，也是存在信息不对称的。所以，作为产品与服务的购买方，就必须要了解诸如自己所需要承担的显性与隐性的成本（包括手续费用、服务费用、提现费、汇率、所得税等），还要清楚地知道所接受的服务或投资过程中有可能发生的风险与隐患。就投资而言，投资者必须清楚市场有风险，投资即概率的道理。虽然行业规定卖者销售时必须要尽责（风险披露），但买者对结果也是要自担的（风险承担）。无论是要投资项目还是购买产品，抑或是购买某项服务，面前的销售人员如果能在展现产品或服务优势的同时，还能去协助购买者了解风险、披露风险、沟通如何控制风险，才是值得信赖与托付的从业者。

就关于各种"顾问"（理财顾问、移民顾问、投资顾问等）而言，他们只能在"如何把事情做对"方面给我们一些资讯和教一些技巧。这些东西虽然也很重要，但前提是我们一定要先知道什么是不对的事情，否则有可能被他们带入误区。市场中总会面临各种风险，但不要让选错从业者成为最大的风险。

不要选择一味低价竞争的从业者

我们必须知道，假如从业者不是我们的至亲挚友，在没有获得足够的劳动报酬的情况下，是不可能为我们提供尽心或标准服务的。当然，如果他在获得低廉且并不合理的报酬的情况下依然提供了尽心服务、标准服务，那么他将因为成本过高而难以长久地支撑下去；如果他无法提供应有的服务，那客户获得的就是打折的服务，总之吃亏的还是客户自己。其实销售者和消费者都需要搞清楚"客户"一词的本质，双方都要弄清这个词的含义才能明确地定位要销售什么和想消费什么。中文中"客户"一词的概念有些宽泛，借助英文，可以更好地做一个区分。

Customer: Someone Who Regularly Buys Products From A Place Or Somebody.

（顾客：经常从某处或某人那里购买产品的人。）

Client: Someone Who Pays For Professional Services.

（客户：为专业服务付费的人。）

"Customer"是买产品的人，而"Client"是更愿意为专业付费的人。只顾卖产品的业务人员碰上了追求专业服务的消费者，或追求低廉价格的消费者碰上了追求品质服务的专业人士，自然都是"鸡同鸭讲"。无论是一味地卖产品给"Customer"，还是把产品或服务赋予更多的专业价值给到"Client"，本质上都是一种销售行为。销售者是想单纯多卖产品达成业绩指标，还是愿意去尽心提供专业的服务，决定了他要去寻找什么样的消费者；消费者是只想买个低价产品，还是希望获得更多专业服务，决定了他应该去选择什么样的销售者。一味地追求低价格的客户和一味靠低价获客的销售人员，都难以获得对方真正的尊重。而且两方的关系一定不是长期且最佳的选择，往往成冤家的比例却很高。因为他们都认为别人的专业或自己的专业是没有价值的。当然，并不是说收费越贵的服务就一定越专业，但靠低价竞争的服务其专业性与品质一定有限。

真正的专业人士会从客户的角度去规划

有些专业人士在和客户沟通时，往往他们的惯性思维会为交流带来一定程度的障碍。曾有这样一个小故事："不要在别人的画里画海鸥"。这其实也是一个曾发生在美国真实的案例。

南希（Nancy）是一年级的小学生。一天在学校，老师让全班同学创作一幅画，题目是"海边"。南希很高兴并很快地完成了自己的作品，然后拿给老师看。老师看完说："南希你画得真的很棒，但如果再有几只海鸥，就会更完美了。"于是，老师几笔就帮南希在画上画了几只漂亮的海鸥。

南希回到家中很不开心。晚上，爸爸回来后，妈妈告诉爸爸南希整个晚饭时间都待在房间里不肯下来。于是，爸爸来到女儿的房间和她谈心。

"宝贝，什么事让你不开心？"爸爸问道。南希把画拿给爸爸，爸爸看后说："这是你画的吧，真是太漂亮了！"

南希说："但是那些海鸥并不是我画的，是老师帮我加进去的。"

爸爸说："没关系，你以后一定可以自己画出漂亮的海鸥。"

南希委屈地说："不，我并不想在我的画里出现海鸥，那不是我想要的！"

爸爸在劝说了很久后，没有办法，只得第二天找到老师，并和老师沟通了南希的想法。老师最终表示遗憾，并表示以自己所学的专业及多年的经验，绝对知道如何去构建一幅漂亮的图画，并且他的职责就是教给小朋友什么才是美。后来，南希的爸爸找到了校长，但校长依然支持老师的看法。

在沟通无果的情况下，南希爸爸把学校告上了法庭。在庭审中，法官需要南希出庭作证。当法官问到南希为什么不喜欢老师在画中画上的海鸥时，南希的回答是："在我想象的图画中，它是没有海鸥的。"最终，法官判学校要向南希道歉。

这在我们看来，是一个不可思议的案例，但它带给我们一个很好的启示。实践中，很多专业人士往往在与他人接触时，在面对客户并为客户做建议或规划时，常常用自我对事物的认知及其所学的知识来教育或说服客户，并希望告诉客户什么才是正确的选择，甚至什么才是对的生活态度。很多来自金融机构的客户经理也是如此，不去在意客户要什么，只考虑如何按自己的逻辑把产品推销给客户——因为他们要的是成交，就需要尽可能用自己学到的"知识"灌输给客户——他们总是企图在客户的"图画"中加上"海鸥"。这时，他们忽略了一件事，就财富与人生的规划而言，大多客户其实并不希望被告知什么才是对的生活态度，他们也不想去过专业人士认为对的生活。专业人士的价值在于，通过其掌握的专业、经验、产品，帮助客户评估如何获得他们想要的生活，并尽可能达成目标。事实上，每个人都有心中的图画，帮助客户去实现它，才能体现专业人士最大的价值。一个好的、对的专业人士一定愿意花时间去了解客户真正想要的是什么。

第三节
高知名度不等于高质量服务

很多人都对知名机构有着盲目的信仰与天然的信任，如知名律所、知名会计师事务所、知名三方、知名信托公司、知名保险公司等。事实上，一些知名机构的资产管理能力或客户服务能力可能远不如我们想象得好。同时，也不要轻易相信只注重客户关系的小机构，一时的开心可能换来未来长时间的不愉快。另外，过往的良好业绩可以作为参考，但不要作为唯一或重要参考。过往业绩并不代表未来，甚至可以说和未来毫无关联。德国《世界报》高级主编雷纳·齐特尔曼在他所写的《富人的逻辑》一书中也曾提道：用"后视镜视角"进行投资是极为盲目的。在投资时，很多人习惯用过去的市场数据作为未来投资的依据，但全球各个股市的数次起伏已经证明，通过股市过去一段时间的表现来评估未来的潜力，风险极高，也会造成盲目的跟风投资。

同时，知名机构不等于一定可以提供高质量的服务或为我们带来理想的收益率。曾经被称为美国历史上最大欺诈案的华尔街"麦道夫事件"导致许多富人资产深陷其中。当时麦道夫因可以为富人们提供高额回报而声名鹊起。并且由于回报稳定，麦道夫的名声越来越大。很多有钱的大佬都以拥有麦道夫投资账户为荣。另外，还有很多高净值客户把钱交给知名银行来打理，相当数量的客户都不知道自己的资产配置中有麦道夫的产品。某高净值客户，找了3家国际知名银行帮其打理资产，"麦道夫事件"发生后，其本来以为自己不可能受到影响；即便有，也是资产配置中的很小部分。然而，令人扼腕惊诧的是，3家银行都为这位高净值客户配置了麦道夫产品，总和超过其总资产的20%。资产缩水接近3成，不是一个小的损失。然而，对于这样的损失，银行是不可能承担责任的，因为他们早已通过服务合约与风险揭示文件把自己的销售风险完全规避。要知道，越知名的机构，规模越大的机构，也就越有经验排除自身的法律风险与声誉风险。所以，如何不被所谓的知名机构、国有机构、国际机构、知名法律税务专家的光环所迷惑，如何选择对的人、选用合适的财务顾问、私人银行客户经理、法律及税务顾问，防止自己成为行业潜规则的牺牲品，降低损失与风险，高净值人士非常值得花更多的精力与时间，去发现与聘用真正符合自己要求，并适合自己的专家顾问及执行团队。

处理问题的态度才是真实的面目

没有"不踩雷"的发行与代销机构，但要看这家机构及他们的员工在发生兑付问题或服务问题后的处理行为和态度，还要看最初推荐时及阐述产品优劣势时的态度和口径与出现问题后，是否前后一致或相差不大。对于开始态度好、说优势、隐瞒费用，但问题发生后，告诉客户合同都注明了、市场有风险、百般推卸责任、玩文字游戏的机构或个人，必须从此远离。有销售经理会说，"合同是投资人自己签字了，投资人自己理应看清楚"。道理是对的，但如果投资人都自己完完全全看透了合同，那未必就会在应该成交的时间点成交，投资人很大程度是基于对销售人员或机构的信任而成交。客户不信任他，他说客户多疑；客户信任了他，出现问题，他说"合同都写清楚了，本来投资就有风险"。这不叫专业，而叫"耍流氓"。没有不踩雷的发行与代销机构，作为客户首先要明白这个道理。有时兑付问题已然发生，假如客户是合格投资人，可能并不是非要让销售人员去挽回并弥补损失，但机构员工面对客户的态度及处理方法，决定了这家机构或这个人员的水平与品质。面对客户的不满，他的态度应该比销售时要更为诚恳、热情，敢于面对，不推卸责任，积极地配合客户降低损失。那么客户即便一时不满，事后也能够理解。保险行业有句话，"理赔时，才能真正体现出机构与顾问的服务和价值"。其他行业其实也是同理。当然，作为产品与服务的购买者，也有责任和义务在购买前弄清楚其商品的优劣与隐含的风险。如果自身都不对自身负责，那很难指望他人会负上全部的责任。

选择"三有"专业人士

　　财富管理行业的专家主要有两类：一类是垂直领域的专业人士，另一类是统筹或资源整合服务顾问。这两类专家起到的作用完全不同。垂直领域的专业人士无须赘述，意味着某些领域的专家在其专业领域有着多年的潜心研究、实务经验、成功案例，或良好的业绩与口碑，所以专业的事一定要交给专业的人来做。

　　统筹或资源整合服务顾问更类似于经验丰富的 RM（relationship manager，客户关系经理）。我们在一些金融机构当中所遇到的理财顾问、理财规划师、财富管理师，客户经理等，基本工作本质都是 RM。一个优秀的 RM 除了需要在本职业务领域应该具有专业专精的知识结构与素质之外，通常还需要学习多元化的理财或财富管理相关的知识。如法律、税务、投资、金融工具、健康养生等。然而，他们学习多元化知识的目的不是为了成为每个领域的专家，更不能把所学领域的知识断章取义地服务于自己的销售，而且他们所学习的多元化知识的精深程度也难以满足于他们所服务客户的所有需求。但专业的 RM 一定是一个"专才＋通才"的专家，也就意味着他们通过学习及丰富的实操经验使自己在其专业领域是绝对的专家，同时在其他涉猎的领域也是半个专家。他们学习多元化知识的目的除了丰富自我的认知以外，还可以提升对事物判断的精准度。其价值也体现在可以准确地判断客户的需求与问题应该由哪些专业资源，或哪位专业人士来为其服务与解决问题是最适合的。

　　不要小看这样的能力，绝大多数被服务的客户自身未必有能力和精力去做精准判断，因为其事业或企业已经需要投入巨大的时间和关注，也很难再拿出精力去对应自己的每一项需求，准确地找到最适合的服务机构与服务专家。不可否认的是，并非每家专业机构的服务人员或专家，如金融机构、私募基金、律所、移民公司等，都能在提供服务时以客户的角度为先，不偏不倚，不把销售任务和自身利益放在客户利益之上。同时，不同的行业有什么样的"潜规则"、各自的关注点是什么、利益点在哪、考核机制什么样、通常"坑"在哪里，都是客户难以逐一清晰了解和判断的。

这种具有统筹服务能力的顾问，由于专业性和常年的服务经验，其更具备架构性思维。除了可以精准地判断适合的服务机构与专业人员，更重要的是，可以把不同的专业有效地组合成体系，从而使其更好地运转与服务。另外，他们在行业中由于常年服务于高端客户，其所具有的议价能力，也可以让客户获得最优的成本与服务。

当然，无论是垂直领域的专业人士还是统筹服务顾问，当他们去服务高净值人士时，都必须要具备一些基本条件，这里总结为"三有"人士，即有阅历、有经验、有财富的人士。

（一）有阅历

这也意味着会和有一定的年龄挂钩。有年龄的未必都有很深的阅历，但有阅历的人大多是有一定年龄的人。年龄和阅历除了意味着人生的经验和对生活中诸多问题的理解程度与角度不同于年轻人，更重要的是，意味着在他所处的行业经历过更多的案例和市场与行业周期。如果说案例可以靠集中学习和大量上手来弥补（也有很大难度），那么生活经验和市场与行业周期就不得不靠年龄和从业时间去一点点地积累和经历了。所以，对判断从事投资管理和财富管理的从业者而言，从业时间绝对是硬指标之一。相关学术研究也表明，基金经理的年龄、从业年限，与基金业绩之间存在着正相关的关系，也就是说，一个基金经理的从业年限越长，其所管理的基金业绩较好的概率也更高。

一个人有一定的年龄，从业久，在所处行业活得久，至少证明以下几点。

1. 风格稳健，长期经营

很多急于挣大钱的人是不给自己时间的，不允许自己用很长的时间去赚钱。这就容易在风格上或道德上铤而走险。

2. 新客户源源不断及老客户持续跟随

客户是因为与某些从业者相处得久，认可其道德水准、做事风格、专业能力，才愿意给其足够的时间。具有这种特质的人同样也能吸引新客户。另外，其"拥有老客户的数量"更应该是个重要的考量因素。很多靠忽悠、误导、欺瞒获得的前期客户，不会再有重复成交的机会。

3. 有经历，穿越过市场起伏

没有历过牛熊市，没有见过诱惑，没有出现过亏损，没能挺过危机，没有经历过周期洗礼的从业者，本身就是一种巨大的风险。

（二）有经验

这意味着拥有长期行业实践操作的履历而非口头专业。很难想象一个讲得头头是道但缺乏实操的人可以把客户的需求与问题有效解决。财富管理行业中不乏以讲课谋生但却宣扬自己有着丰富经验的从业者。这些人有着较好的学习能力与表达能力，善于把书本上和听来学来的知识与经验转化为培训或演讲内容，但事实上他们缺乏甚至没有实操经验。市场中有不少这样的从业者，用自己的表达能力获得客户的信任，然后再用客户资金的亏损和服务上的"踩坑"（客户本应承担的风险除外）积累自己的经验。他们当中有些中途离开了行业，有些靠着损害客户利益竟也在市场上活了下来，只不过需要不断地去更换一批又一批客户，使其经营下去。这对一些从业者而言，确实是一个成长的过程，但对于客户而言，等于是在用自己的钱去换这些人的经验。这是大多数客户都不愿见到的结果。

（三）有财富

做富人财富管理业务的人，应该要具有一定的财富基础和较高的收入水平。当然，如果只是某些理财产品的销售人员，就未必非要具备这样的条件。但如果他是一个家庭/家族财富管理顾问、一个投资顾问，那么最好是已经通过自身的职业与投资积累了一定的财富。这标志着他的业务能力较好，同时生活也处于富裕水平，能理解富人的生活标准和消费观。他也应该是一位积极参与投资市场并拥有一套有效的投资或资产配置逻辑的财富拥有者。试想一位财富顾问或投资顾问自己的生活水准平平甚至拮据，也没有体验过投资市场的起伏，没有亏损的经验，以及因投资收益带来生活本质的改变，我们如何敢相信这样的人可以管理好我们的财富呢？同时，提供服务的从业者如果自身财务压力过大，进入这个行业必定会先让自己"活"下来，先让自己"活"好，就难以完全站在客户的角度来思考与提供服务，并推荐符合客户利益的产品或方案。

另外，有一些理财顾问称自己从业十几年，从未让客户亏损过。对于这样的表述，笔者不敢苟同。一来过去很长一段时间当中，市场上的银行理财、信托理财等大都是刚性兑付，曾经房产投资也处于价格上涨周期，选择了这样的理财方式，在很大程度上是不需要一位理财顾问的，客户自己也完全可以做到。这期间，理财顾问可能只是一位销售而已。二来如果十几年都没使客户亏损过，说明他大概率上选择金融工具的范围很窄，而且也没有使客户的资金获得最具效率的配置，而是一味保守。如此可以判断，或是他的客户已经完成了原始积累并有意退出市场，只是希望守住财富（但服务这类客户的从业者事实上很少去讲从不使客户亏损的话）；或是他服务的客户都并非富裕人群，无法承担更多风险，也没有获得过超额收益。随着市场的逐渐地成熟与改革，刚性兑付的打破，曾经没有经历过风险识别、风险控制、风险经营、风险承担的从业者或投资者，未来必定要重新接受市场的教育和洗礼。

所以在选择家庭 / 家族财富管理顾问或投资顾问时，十分有必要参考"三有"原则，这样可以大大降低自己踩坑的概率。

作为一个财富管理从业者而言，他自己应该是他所经手服务的客户当中最成功的一个案例。

所谓的成功并不是他要比他所服务的客户更富有，但他一定不能财务混乱、生活拮据。他应该有着可被验证的财富逻辑和健康的财务状况，以及富裕的生活条件。

所谓的成功并不是他要一定比他所服务的客户身体素质更强，但他应该崇尚健康的生活方式，以及拥有良好的生活习惯和健康的体魄。

所谓的成功并不是他一定要比他所服务的客户拥有更广泛的人脉，但他应该拥有较好的人际关系，以及良好的行业与朋友圈口碑。

所谓的成功并不是他一定要比他所服务的客户拥有更高的精神境界，但他应该具有正向的价值观、和而不同的思考能力，以及积极快乐的生活与工作态度。

所谓的成功并不是他一定要比他所服务的客户拥有更加幸福的家庭，但他应该懂得并践行孝父母、爱妻儿、顾家庭，并懂得如何与家人建立和谐的家庭关系。

第五节
如何评估职业道德

在 2021 年 12 月 29 日，中国人民银行正式发布的《金融从业规范　财富管理》（以下简称《标准》）中，明确对财富管理从业人员在职业道德与行为准则方面提出了四大道德要求和六大行为准则。其中道德要求包括守法合规、廉洁从业、独立客观、诚实守信。行为准则包括保守秘密、专业胜任、严谨谨慎、勤勉尽责、客户至上、公平竞争。

但职业道德又是一个相对宽泛的名词，因为不同的人，不同的行业，对职业道德确实有着不一样的理解和认知。职业道德不是一种口号，最终还是要延伸到服务标准和执业行为上。例如，有的企业在价值观当中写道："忠于所托、不负信任、方案匹配、有效执行、心存敬畏、言即契约、慧思敏行、勇于担当。"这既是企业价值观，也是全体员工要遵循的职业道德，更是一种服务标准。

所以，职业道德也是一种已形成的、普遍被大家认同或需要遵循的工作原则。企业价值观是一个企业的主观概念，或者说是某个人或某个群体所遵循的工作原则。但在金融领域中，无论哪个行业，无论哪种标准下似乎都不会缺少对"诚信"这个品质的共识。诚信是一种道德层面的标准，在商业活动中，会演变为信用。信用是金融行业的基石，也是获得信任的根本。信用，从传统的角度我们可以理解为："人之道德，有诚笃不欺，有约必践，夙为人所信任者，谓之信用。"从这一定义来看，其主要是在道德方面对信用进行的概括，强调行事靠谱，承诺必达。信用是一个人的无形资产。人无信不立，企业无信不长，社会无信不稳。客户对从业者的信任是来自点点滴滴且长期的行为积累。信用是长时间积累的信任，且信用是难得易失的。费十年工夫积累的信用，往往由于一时一事的言行而失掉。

大多客户在成交或委托时，并不一定会把所有的法律文件或合同协议研究得非常透彻，往往就是因为对从业者的信任而形成委托或成交。这就需要从业人员把应该披露的风险，有可能面对的结果，以及一些客户不容易留意到的问题讲解清楚，且交谈中不能过度地夸大效果。因为将来一旦出现纠纷，双方很容易就这些问题扯皮，最终不欢而散。所以，一定要选择那些谨慎自己言行的从业者，哪怕他在交流上有些保守。拉丁语中有一句话："我的话语即是我的契约。"生活中，我们一定更愿意成为这样的人，并愿意与这样的人交往与共事，这也是从业者必须具备的基本素质。

记得漫威电影中有一句台词曾被很多影迷广为流传，即"能力越大，责任越大"。在任何行业中，职业道德的定义亦是如此的。越是专业人士，专业水平越高，其职业道德的标准也应该越高。因为专业人士如果丧失职业道德，如果想利用自己的专业地位或职位去侵害他人利益是相对容易的。而且越专业的人如果道德败坏，那他将会带来比常人更大的危害，造成的影响也会是极其恶劣的。

　　还有一种体现职业道德的行为在财富管理行业中极其重要，那就是对客户隐私的尊重与保护。就这一点而言，目前国内市场中普遍还是存在一些分歧的。比如，市场中存在某些律师、会计师，或金融机构从业者，在公开商业讲课或分享时，会以公开网传但未经求证的案例或自己代理但未经当事人授权可以公开的案例（哪怕是有媒体公开信息也应避嫌）当作讲课素材，这也是不负责任且职业道德有亏的行为。以网传且未经求证的文章当作案例来分享，既是对谣言中当事人的伤害，也是极其不专业的表现。如果把自己委托人的案子在未经委托人授权的情况下当作分享与炫耀的案例，就更无法让人有安全感。试问，作为委托人如果碰上这样的受托人，把家族的纠纷与问题在公众面前公开宣讲，这是否会让人觉得不安与气愤。同时，更会导致家族隐私的泄露，或对家族造成无法预估的影响与隐患。

　　还有一些从业人员在分享自己客户的方案时，认为只要隐去姓名或企业名称即可。其实这样的行为也有可能为客户带来麻烦与困扰，尤其是一些知名人士或超高净值客户，他们的方案（例如保险规划、家族信托、身份规划、投资规划等）本身在市场中就不具备普遍性，很容易让外界根据某些信息猜测与联想到当事人是谁，其实就是一种隐私的泄露（客户授权可以分享的除外）。所以，高净值人士在选择服务人员时，这一点一定要留意观察，接洽业务的从业者在交谈或公开分享时是否有这样的行为。如果有，尽量避免与其成交，避免为自身带来隐患。

　　在财富管理中几种最凸显的风险莫过于：

　　（1）因缺乏专业导致的无知无畏；

　　（2）因具备专业导致的过度自信；

　　（3）因市场地位导致的信息不对称；

　　（4）因价值观扭曲导致的道德缺失。

后 记

据胡润《2021中国高净值人群财富风险管理白皮书》显示，2020年中国千万资产"高净值家庭"较2019年增长将近2%，达到了206万户。其中110万户家庭拥有千万以上可投资资产。在当下经济转型升级的时代转折点中，如何管理财富风险，从而保障财富的稳定安全、顺势增长与代际传承，是高净值人群持续关注与思考的问题。同时，《麦肯锡金融白皮书》显示，截至2020年底，以个人金融资产计算，中国已成为全球第二大财富管理市场。未来4~5年，中国超高净值人群个人金融资产总和将以13%的速度高速增长，管理资产规模将从2020年的21万亿元人民币，增至2025年的38万亿元人民币。超高净值家庭数量也将从2020年的3.1万提升到2025年的6.0万。目前家族财富掌门人平均年龄50~60岁，步入代际传承节点，需求日益增长且多元复杂，包括财富管理、家庭治理、企业经营等。

显而易见，财富的高层次、高水平、高质量的长期管理，已成为中国财富创造者与拥有者的"刚需"。在新经济与法治时代的背景下，财富创造过程中的合法依规、财富增值过程中的风险管理、财富持有过程中的系统打造、财富代际过程中的有效传承，以及财富运用过程中的社会责任，无论是对"Old Money"（久富人群）还"New Money"（新富人群）而言，都是必须要去深入思考与研究的课题。

在财富管理中，财是物质，富是精神。财的管理是财产、资产、现金的流动、风险与保值增值。富的管理是精神、文化、血脉的创建、打造与传承。财富的定义与作用已经远不只是资产多元、稳健增值、吃用不愁、奢侈享受那么简单。随着财富人群的逐渐增长、持有财富时间的不断推移、具有高素养与文化的财富人群数量的持续增加，必然会使得财富具有更深刻的内涵与意义，也会使得财富对社会具有更长远的价值。

同时，作为大量财富的拥有者，必须要意识到，任何人都不可能只依靠自身的努力、眼光、运气、聪明才智或与小部分人的协作，就可以创造出巨大的财富。尤其在我国，改革开放44年，得益于国家逐步建立和完善社会主义市场经济体制，极大地激发了经济社会发展所蕴藏的巨大潜力，才使得一部分人先富了起来。所以，个人所创造的财富既是个人的，也是属于国民与社会的。富人必须明白，社会财富的意义在于实现共享，尤其是对于企业家群体而言。一个社会的企业家群体往往与其他富有人群有着本质的区别。"生意人"常见唯利是图，"商人"选择有所为有所不为，"企业家"则更多地承担了社会责任。

吉利集团创办人李书福就曾说过："物质财富的本质是一种公共资源、公共财富，而财富的归属只是名义上的问题，其价值应该全民共享。"知名企业家曹德旺先生也曾经公开表示："改革开放之后，我们国家一部分人先富起来了，有些甚至富得离谱，所以最有效的办法就是企业家们把自己经赚到的钱拿出来与社会共享。如此一来，社会和谐，企业家的生意也就好做了。"中外很多成功的企业家也是因为拥有如此的智慧与胸怀，才得以成功地创造与持有着更多的财富。正如已故日本著名实业家稻盛和夫所言："钱不是赚来的，越想赚钱的人越赚不到钱。钱是帮助他人解决问题后的回报，什么时候开始明白这句话，你就开始赚钱了。"所以，从整个社会的角度来看，一个人拥有多少财富，并不代表他就可以任意挥霍多少钱财。究其本质，物质财富是一种社会公开化、共享化、公共化的资源。一个良性发展的社会，应该既要避免平均主义，又要实现有差别的共同富裕；既应该在法治上可以确保个人财富的独立性与安全性，又能在使用与分配上可以实现整个社会的财富共享。因为，只有共享财富，才能久享财富。而且，培养家族成员对社会的责任感也是对传承的安排之一。我国清朝末年的学者陈之藩在《剑河倒影》中写道："许多许多的历史，才可以培养一点点传统；许多许多的传统，才可以培养一点点文化。"这对一个国家、一个民族、一个社会，以及我们每个人亦是如此。家族想要形成某种传统和文化是很难的，需要每一代人坚持不懈地刻意打造与培养。有些富豪的子女平日在"秀"奢华生活、豪车豪宅、名包名表……而有些家族已经在培养他们的二代专注于家族责任与社会责任，甚至培养子女对世界的责任，更注重这种文化的积累与传承。如此，谁的家族与财富更能代代延续？相信通过时间会得以验证。

另外，无论是高净值财富人群还是财富管理行业的从业者，都应该意识到，财富管理并非暴富的手段，而是"保富"的策略；并非赚钱的方法而是管钱的系统；还要明白财富管理也并非规避风险的行为，而是一种管理风险（控制被动风险与经营主动风险）的逻辑；并非金钱数字的增长，而是物质财富与精神财富的平衡。

其实，从财富管理的角度而言，人生真正的财富高度不在于一个人最风光的时候峰值有多高，而是在于每个人给自己设定的难以击穿的底线有多高。正如习近平总书记在党的二十大的讲话中所提到的："我们必须增强忧患意识，坚持底线思维，做到居安思危、未雨绸缪，准备经受风高浪急甚至惊涛骇浪的重大考验。"一个国家如此，对于一个企业、一个家族甚至家庭与个人，亦是如此。

同时，人生真正的财富质量也并不取决于金钱可以让我们在物质上得到无限的满足，而在于金钱从创造到拥有，从拥有到传递的过程中，财富到底使我们成了什么样的人，而我们又赋予了本无善恶好坏品性的财富什么样的品格。

最后，本书由于各种原因，交稿期一延再延，要感谢清华大学出版社顾强先生在过程中给予的帮助，还要感谢来自美国著名国际法 WHGC 律师事务所的 Elaine Wu 女士在《美国本土信托》章节中提供的专家意见与编写指导。

同时，感谢美国著名国际法 WHGC 律师事务所罗苏晨先生、徐语晨女士，中伦律师事务所张梓涵律师、管欣律师、邱程航先生，未名律师事务所吴星翰律师，万时财富管理咨询单丹女士、郎淑峰女士、李彤嘉女士，对本书部分章节做出的编写和修订工作方面的贡献。更要感谢各界朋友的支持与建议，才能使本书得以顺利完成。书中所述虽不能尽全，但也是三位作者阶段性的反思与总结，望广大读者交流指正。

尚祖安